中国人民大学校史文库

# 吴玉章传

## 上卷（1878—1949）

中共四川省委党史研究室
四川省吴玉章研究会  主编

中国人民大学出版社
·北京·

# 编辑委员会

编委会主任：李吉荣　黄工乐

主　　　笔：邓寿明

编委会成员：李新卫　杨伯安　李仕根

杨世元　侯成亚　邓寿明

戴忠东　姜　忠　宋　键

徐丛花　李远强　陈明红

1949 年 10 月 1 日，吴玉章与毛泽东在天安门城楼上，参加开国大典

四川荣县双石桥蔡家堰吴玉章旧居远景

四川荣县维修后的吴玉章旧居

吴玉章与夫人游丙莲

吴玉章全家合影：后排右一为吴玉章，中排坐者左起为游丙莲和大嫂、二嫂

1937 年 12 月，吴玉章与儿子吴震寰在西欧

1938 年，吴玉章和夫人游丙莲、女儿春兰、儿子震寰合影于荣县老家

吴玉章二哥吴永锟,在日本加入中国同盟会,参加反清斗争。1913年逝世

吴玉章侄儿吴鸣和,1927年参加南昌起义,1933年牺牲于川陕革命根据地

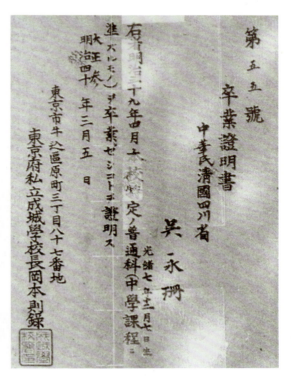

1904年吴玉章在日本东京

吴玉章在东京成城学校的毕业证书

1905 年吴玉章在东京和同学合影，右一为吴玉章

1908 年 1 月，吴玉章在日本东京主持创办了《四川》杂志，杂志以四川人民代言人为己任，被誉为"西南半壁警钟"

辛亥革命荣县独立时的军政府旧址

1912 年 3 月 12 日，孙中山给吴玉章的委任状

1914年吴玉章在法国巴黎法科大学攻读政治经济学

吴玉章和李石曾早年组织赴法勤工俭学运动

1916 年 10 月，吴玉章（右一）和蔡元培（右三）从法国巴黎回国，途经越南河内时与爱国华侨张南生（右二）商讨为中国华法教育会募捐事宜

1923 年，四川共产主义先驱。左起：吴玉章、童庸生、廖划平、杨闇公

1924 年 4 月，吴玉章在成都报纸和刊物上发表论文《马克思派社会主义的势力》。次年 4 月，在北京加入中国共产党

《汉口民国日报》关于吴玉章活动的报道

中国国民党二届三中全会合影。前排右起：吴玉章、经亨颐、陈友仁、宋子文、宋庆龄、孙科、谭延闿、徐谦、顾孟余、丁惟汾；二排右起：朱霁青、林伯渠、毛泽东、彭泽民、于树德、陈其瑗、邓懋修、丁超五、董必武、江浩；三排右起：谢晋、许苏魂、邓演达、恽代英、陈公博、詹大悲、夏曦、王法勤、王乐平、周启刚

1928 年 5 月，吴玉章在苏联完成《八一革命》报告，报告共 8 章 11 万字

1935 年 12 月，吴玉章在巴黎主持的《救国时报》

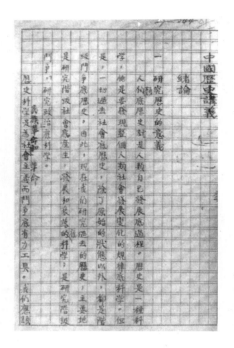

1931 年，吴玉章在海参崴　　　　　　　吴玉章在莫斯科东方大学编写的讲义

1938 年 4 月，吴玉章从欧洲回国，在武汉受到周恩来等的热情欢迎。左起：吴玉章、王明、周恩来、罗炳辉

1938年9月，吴玉章到延安，在中央党校和老战友们合影。后排左起：朱德、谢觉哉、吴玉章、林伯渠、李六如、徐特立

938年6月出版的《吴玉章抗战言论选集》

1938年10月吴玉章与林伯渠在西安合影

1939 年夏，吴玉章与董必武在重庆合影

1939 年 10 月，吴玉章与叶挺在重庆合影

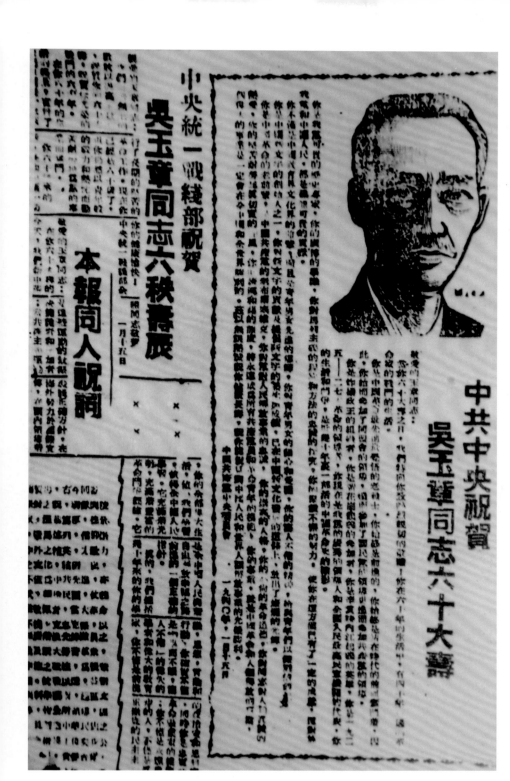

1940年1月17日，《新中华报》为祝贺吴玉章六十大寿刊载的各单位贺词

吴玉章与朱德、董必武、林伯渠、谢觉哉在延安合影

吴玉章在延安鲁迅艺术学院做报告

SIN WENZ Y SIN WENXUA YNDUNG

新文字與新文化運動

WU YZHANG ZHU

吴玉章著

吴玉章在延安领导新文字改革运动时出版的著作

1944年11月，吴玉章和毛泽东、朱德等中央领导人欢送359旅南下开辟新的抗日根据地

1946年春，吴玉章、邓颖超、秦邦宪在重庆

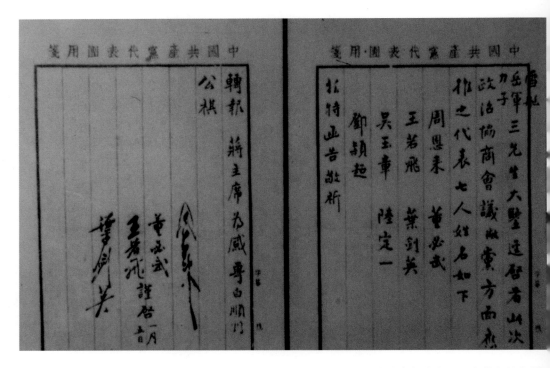

1946 年 1 月 5 日，中共负责人致函政治协商会议会务负责人，报告中共参加代表吴玉章等人的名单

1946 年 4 月，吴玉章在国统区以公开身份任中共四川省委书记

1947 年 3 月，《烟台日报》刊载的中共驻渝联络处人员撤回延安消息

1948年10月，华北大学领导送别南下干部。前排：钱俊瑞（左三）、吴玉章（左四）、范文澜（左五）、成仿吾（左六）

1948年12月30日，华北大学为吴玉章举行70岁祝寿会。吴玉章在会上发表了题为《永远随时代前进》的讲话

1949年9月，出席中国人民政治协商会议第一届全体会议的中国共产党代表团。前排右起：毛泽东、徐特立、吴玉章、董必武、林伯渠、刘少奇

开国大典上吴玉章与毛泽东、刘少奇在天安门城楼上亲切交谈

# 引　言

　　吴玉章，四川省荣县人，出生在危机四伏的晚清中国，成长在祖国山河破碎的忧患之中。在帝国主义侵略者的铁蹄下，国土沦丧，民众嗟伤，腐朽、软弱的晚清政府把中国人民带进了世所罕见的积贫积弱和半殖民地半封建社会的灾难时代。面对饱受欺凌的国家和民族，改革家谭嗣同沉痛地仰天呼喊：四万万人齐下泪，天涯何处是神州？为振救中华民族，一大批爱国志士，走上了救国救民的道路。吴玉章在他一度宣传、拥护的改良主义救国道路无法走通后留学日本，在东京参加了中国同盟会的筹备与创建，成为同盟会总部的核心领导成员。他还和他大哥吴匡时牵头创建了有广泛群众基础的同盟会外围组织——共进会。吴玉章在孙中山开创的革命路上不畏艰难与险阻，以极其坚韧和不怕烧毁自己的抗争精神，投身到一系列重大的反对清王朝的斗争中，在斗争中淬炼成钢。后经同盟会总部派遣，吴玉章回四川领导和发动革命，在四川荣县成功地策划和建立了中国第一个资产阶级革命政权。紧接着，吴玉章又领导了四川内江县（今四川内江市）独立。他在重庆时，严纪律，惩悍将，稳定蜀军政府。到南京后，吴玉章在临时总统府协助孙中山收拾残局，不屑于袁世凯的高官诱惑。他追随孙中山参加反对袁世凯的"二次革命"。革命失败后，他遭到袁世凯通缉，被迫流亡法国寻找救国救民真理。袁世凯垮台后，吴玉章回国参加孙中山以广州为中心的护法运动。在南北政府对峙的关键时刻，号称革命的南方军阀在政治上排挤孙中山，孙中山抱病愤然辞职回到上海。吴玉章果断出面，到孙中山上海的家中成功地说服了孙中山留任以继续与军阀周旋。在此前后，吴玉章参加和领导了对中国影响深远的留法勤工俭学运动，为转型中国革命道路培养和储备了一大批骨干人才。

吴玉章在资产阶级革命中屡败屡战，学习、研究、探索、总结，从各种救国方案中，最终选择确信只有社会主义才能救中国。孙中山逝世后，为了国家和民族的前途，吴玉章毅然离开当时对个人有巨大利益的资产阶级革命队伍，在北京加入李大钊领导的中共北方党组织，被批准为正式党员。之后，为了革命大局，他毫不犹豫地解散了在四川成都和北京亲手创建的中国青年共产党。从此，吴玉章融入到中国共产党领导的革命运动中，实现了从资产阶级革命家到无产阶级革命家的转变。在中共中央总书记陈独秀的安排下，吴玉章投入到领导第一次国共合作的大革命运动中。在国民党中央执行委员会常委廖仲恺的直接支持下，吴玉章回四川整顿了非常复杂的各级国民党组织，并创办学校培养四川革命人才，很快在重庆建立起国共合作的国民党左派四川临时省党部。

由于吴玉章跟随孙中山革命长达二十余年，在国民党内积累了相当深厚的资历、崇高的威望和广泛的人脉关系，当国共合作遭遇危机时，他挺身而出，努力争取国民党二大的准时召开。他被选入国共合作的国民党中央核心领导层，先后任国民党中央执行委员会委员、国民政府委员、中央执行委员会常务委员，曾负责中央执行委员会秘书处工作，还代理过国民党中央组织部部长。大革命中，吴玉章坚决贯彻执行中国共产党的国共合作路线，落实孙中山联俄、联共、扶助农工的三大政策，多次提出解决农村土地问题方案，注重革命武装力量的运筹和部署，发挥了巨大的作用。

吴玉章以他特殊的地位和身份，支持工农革命运动。在湖北宜昌，他以国民党中央执行委员和中央特派员的身份，在鄂西全权负责整顿军民两政中，保护贺龙民军。他把属国民革命军第九军的贺龙师抽调出来改为独立师，由贺龙任师长，安排出师河南。后来，贺部移师武汉，吴玉章又做工作使贺龙升任国民革命军暂编二十军军长，这为后来中国共产党领导的南昌起义奠定了重要基础。在中共四川地方组织领导泸州、顺庆川军万余人大起义后，吴玉章为任总指挥的共产党员刘伯承争取到国民革命军军长职务。

在大革命中，吴玉章坚决捍卫孙中山的三大政策，团结革命左派，同破坏国共合作的国民党右派展开坚决斗争。到大革命后期，吴玉章又以革命家的胆略和勇气，对掌握军政大权的蒋介石的反革命行为进行无情的揭露和批判。在革命危机来临时，吴玉章斗争勇气仍然不减，他以独到的政治眼光，高瞻远瞩地提出了保卫革命成果的政治军事战略构想。

大革命失败后，吴玉章参加领导南昌起义，任革命委员会委员兼秘书长。起义失败后，在生死考验面前吴玉章全力转移安顿同志，表现出一位革命家强烈的责任感。因吴玉章在国内具有很高的知名度，为了他的安全，中共中央派他前往苏联。在苏联，吴玉章主要担任培养中国共产党派往苏联学习的重要干部的教员，主讲中国历史和中国革命史课程。在此期间，他运用马克思主义唯物史观，结合中国革命实际，以革命家的眼光，写出了一系列具有新颖观点的历史著作和论文，用其中的智慧来启示、服务时代。日本帝国主义侵占中国东北后，他积极支持东北抗日义勇军、抗日联军的行动。土地革命战争时期，吴玉章远在苏联，但在瑞金召开的第二次全国苏维埃代表大会上，仍然当选为中华苏维埃共和国第二届中央执行委员会委员。在苏联时，吴玉章还代表中国共产党参加共产国际七大。在日本侵略华北，民族危机加深之际，吴玉章向共产国际提出中国应扩大反法西斯统一战线的策略，并提议可先行发表一个声明。吴玉章的提议和共产国际指导中国革命的思路不谋而合。随后，吴玉章参加了共产国际指导下的对国共第二次合作抗日救国起着推动作用的《中国苏维埃政府、中国共产党中央为抗日救国告全体同胞书》（亦称《八一宣言》）的酝酿、讨论和修订工作。该宣言后来正式在中共驻共产国际代表团创办于法国巴黎的《救国报》上发表。这个宣言在中国社会各阶层中引起强烈反响，有力地推动了抗日救亡运动高涨。共产国际七大之后，吴玉章受中共驻共产国际代表团的派遣到法国领导《救国报》（后改为《救国时报》）的工作。

卢沟桥事变后，吴玉章回到阔别十年的祖国投入抗日革命洪流。他经过研究和深思熟虑，提出了中国持久抗战必胜理论，得到各阶层有识之士的认同。到达延安后，吴玉章在中共六届六中全会上被增选为中央委员。同时，吴玉章和毛泽东等七人当选为国民参政会参政员。吴玉章还当选为延安各界宪政促进会会长。在重庆时，吴玉章当面拒绝了蒋介石的"归队"劝说。为贯彻中国共产党的抗日民族统一战线政策，吴玉章在国民党上层人士和著名的民主人士中，宣传中国共产党的抗战路线和建国方略，取得了很好的成效。在此期间，吴玉章还多次参加群众集会，为唤起全民族的抗日热情呐喊。解放战争前夕，年近古稀的吴玉章在重庆领导《新华日报》，在国民党统治区担任公开的中共四川省委书记。他以无所畏惧的姿态，和国民党反动派斗智斗勇，为中华民族的独立不懈奋斗着。

吴玉章在教育、文化等战线上，也有许多开拓性的贡献。他精通日、法、俄三国语言，学贯中西，熟知古今中外的教育利弊，他是中国新型教育的开拓者。他早年教过私塾幼童，走上革命道路后，办过多所留法勤工俭学学校，担任成都高等师范学校（今四川大学）校长，在重庆创办中法大学分校，任校长。在苏联时，担任过东方大学中国部主任、远东伯力共产主义大学中国部主任。回国到延安后，先后任鲁迅艺术文学院院长、新文字干部学校校长、中国共产党创办的首个综合大学——延安大学校长，后担任华北大学校长。吴玉章还担任过陕甘宁边区文化委员会主任、陕甘宁边区新文字协会会长、陕甘宁边区文化协会新文字运动委员会主任委员等多个领导科学文化方面的职务。在争取民族独立的革命时期，吴玉章创办的专科学校和担任过的学校领导职位数量之多，是少有人能及的。更为主要的是，他在极其艰难的条件下，领导教育工作时，围绕争取民族独立和培养急需人才不断推出新的教育理论并付诸实践，为中国培养了一代又一代德才兼备的革命和建设人才。

在延安时期，吴玉章还长期担任具有现代科技行政管理职能的陕甘宁边区自然科学研究会会长。在延安经济和生活极端困难的条件下，他努力改善科研人员的物质条件和工作环境，支持科研人员进行大胆创新和实践。

吴玉章在领导早期中国文字改革上也是成绩斐然。他是中国拉丁化新文字运动的主要倡导者之一，从20世纪20年代末到苏联时起，就开始深入研究文字改革理论和撰写文字改革的宣传文章。在多种方案中，他选择拉丁字母拼音作为扫除中国文盲的工具，第一次把文字改革由理论推向较大面积的实践。他先在苏联的华侨工人中，后在陕甘宁边区的群众中开展识字扫盲运动，这些运动都取得了可喜的优异成绩。这些早期的文字改革和扫盲工作，为新中国成立后开展全国规模的扫盲工作提供了第一手宝贵经验。为了迅速提高中华民族的文化水平，吴玉章对中国文字改革可以说达到痴迷的程度。在全国革命即将全面胜利时，他向毛泽东致函提议进行文字改革，并在华北大学举办了一场全面回顾文字改革的展览。

吴玉章熟悉西方文化思想，但又能深深扎根于中华文化之中，传统与现代在吴玉章身上紧密结合。他在古今中外的文化思想研究上，既博且精，从而在革命、教育、文字改革、历史学等方面都创立了被党和人民认可的理论观点，做出了非凡的实践成就。

吴玉章以钢铁般的意志把自己的一生全部奉献给了争取独立的祖国和人民。在延安时期，中共中央就对吴玉章不屈不挠的革命豪情给予中肯的评价："你是中国革命的老前辈，是中国共产党的老布尔什维克"，"你是中国革命最先进最觉悟的老战士，你始终是前进的，你始终是站在时代的前面奋斗着，因此，你始而参加了同盟会的领导，继而参加了国民党的领导并进而参加共产党的领导"。"你的生活和斗争，是近几十年里一部活的中国革命史的缩影"。"你是我党可贵的历史专家"，"你不仅是中国教育界文化界的前辈，而且是青年男女先进的导师"，"你是中国新文字的创始人之一，你对新文字的贡献及提倡新文字的热忱与成绩，已在中国新文化发展的道路上，放出灿烂的光辉"。"你的事业，就是中国革命和人类解放事业，一个伟大的事业是一定会在全中国和全世界胜利的"。

中国近现代史上三位伟大的巨人孙中山、毛泽东、邓小平，对吴玉章高贵品质在不同时期都做出过很高的评价。孙中山称赞吴玉章"是一位对革命忠贞不屈的老同志、好同志"。毛泽东在延安评价吴玉章的革命经历时说："一个人做点好事并不难，难的是一辈子做好事，不做坏事，一贯地有益于广大群众，一贯地有益于青年，一贯地有益于革命，艰苦奋斗几十年如一日，这才是最难最难的啊！""我们的吴玉章老同志就是这样一个几十年如一日的人。""因此，我们要学习他的各方面的好处，但特别要学习他对于革命的坚持性。这是最难能可贵的一件事，这是我们党的光荣，这是中国革命的光荣。"1987年，邓小平怀着深厚的革命情谊为吴玉章题词："我国杰出的无产阶级革命家、教育家、历史学家、语言文字学家。"对国家、对人民、对党赤胆忠心、高风亮节的吴玉章确有资格独享这份生前身后的崇高评价。

纵观吴玉章为民族独立的奋斗历程，他的每一步都展现出他对国家、对民族倾注的最深情的爱。无论顺境逆境，无论职务高低，无论在国外还是国内，他都忘我地、不知疲倦地辗转奔走在万里途程上，寻觅和实践着振救中华民族的真理。吴玉章性格耿直，严于律己，对人友善，不违背内心，不向恶势力低头，只服从于真理，用豁达的心胸去拥抱祖国和自己的命运，始终站在革命运动的巅峰之上。

　　吴玉章不论在多么恶劣的环境中，追求民族独立的意志一直没有丝毫动摇过。他忠于职守，敢于担当，尊师重教，全力保护和举荐英才。他不争名，不夺利，淡泊超然，以实干闻名于党内外，具有高尚的爱国主义情怀。就连一些政治上的对手也佩服他高尚的品格。吴玉章惜真情若珍宝，忠贞不渝的革命情操与爱情观，为世人传颂、称赞。吴玉章身上展现出的伟大人格魅力，闪耀着中华民族传统美德的光华。他的身上，还承载着中华民族传统文化的精髓，他高贵的人格品格，长期受到各阶层人们发自内心的景仰与崇拜。

　　吴玉章出生入死为之奋斗的崭新中国，终于在他和一大批革命先驱前仆后继的努力奋斗下，于 1949 年 10 月 1 日诞生了，中华民族正式向世界宣告了百年屈辱历史的结束。七十一岁的吴玉章，与全体共产党人一道，以充满青春活力的激情投入到建设新中国的伟大事业之中。

　　吴玉章在争取民族独立的道路上，所展示出的无私无畏、有胆有识、智勇并用、百折不回的革命精神，指引我们不忘初心、牢记使命，为中国特色社会主义不懈奋斗。

# 目　　录

第一章　青少年时代 ………………………………………… 1

　一、淳厚的家风中度童年 ………………………………… 1

　二、拥护变法　立志救国 ………………………………… 6

　三、赴日留学 ……………………………………………… 10

　四、革命路上决不回头 …………………………………… 13

　五、成城学校的中国留学生班长 ………………………… 17

第二章　同盟会里的实干家 ………………………………… 20

　一、中国同盟会评议员 …………………………………… 20

　二、困境中的奋争 ………………………………………… 23

　三、创办《四川》杂志 …………………………………… 27

　四、推动同盟会总部工作向前 …………………………… 32

　五、暗杀清廷要员的行动 ………………………………… 34

　六、采购枪弹参加广州起义 ……………………………… 37

　七、策划荣县独立 ………………………………………… 41

　八、领导内江独立 ………………………………………… 45

　九、严明纪律　惩治悍将 ………………………………… 48

　十、临时总统府秘书处负责人 …………………………… 51

第三章　在曲折中探索革命真理 ………………………………… 57

一、不屑袁世凯重用　投身"二次革命" ………………… 57

二、在法国接受社会主义理论 …………………………… 60

三、护国军政府的外交代表 ……………………………… 62

四、进言孙中山"承认七总裁职" ……………………… 65

五、领导留法勤工俭学 …………………………………… 68

第四章　走上新的革命路 ………………………………………… 74

一、新道路的起点 ………………………………………… 74

二、国立成都高等师范学校校长 ………………………… 79

三、创建中国青年共产党 ………………………………… 84

四、加入中国共产党 ……………………………………… 89

五、中共中央安排参加国共合作的领导 ………………… 94

六、筹建国共合作的四川省党部 ………………………… 99

第五章　在大革命洪流中的巨大作用 …………………………… 107

一、反击国民党右派的斗争 ……………………………… 107

二、在国民党第二次全国代表大会上 …………………… 110

三、到黄埔军校宣讲革命理论 …………………………… 115

四、和蒋介石的独裁做斗争 ……………………………… 119

五、为刘伯承争取革命军军长职务 ……………………… 123

六、整顿鄂西军政与保贺龙民军 ………………………… 128

七、揭露蒋介石的阴谋 …………………………………… 133

八、在国民党二届三中全会上 …………………………… 138

九、应对变幻的政治形势 ………………………………… 142

十、危局中的艰难支撑 …………………………………… 147

十一、从容离开国民党中央机关 ………………………… 152

第六章　参加南昌起义和在苏联十年 …………………………… 156

一、建立九江办事处 ……………………………………… 156

二、南昌起义的秘书长 …………………………………… 159

三、《八一革命》报告 …………………………………… 165

四、勤奋学习与工作 …………………………………… 170

五、研究中国历史的成就 …………………………………… 174

六、起步中国文字改革与实践 …………………………………… 180

七、参加共产国际七大和参与《八一宣言》的制定 ……… 184

八、领导《救国时报》 …………………………………… 187

九、在欧洲的抗日宣传活动 …………………………………… 192

十、致力华侨工作 …………………………………… 197

第七章　抗日战争中的贡献 …………………………………… 202

一、宣传党的抗战路线 …………………………………… 202

二、回乡不忘动员抗日 …………………………………… 206

三、在国民参政会上 …………………………………… 208

四、拒绝蒋介石的"归队"劝说 …………………………………… 216

五、延安各界宪政促进会会长 …………………………………… 220

第八章　延安办学 …………………………………… 226

一、鲁迅艺术文学院院长 …………………………………… 226

二、中共中央贺吴玉章六十寿辰 …………………………………… 231

三、新文字干部学校校长 …………………………………… 235

四、延安大学校长 …………………………………… 240

五、朱德邀请考察南泥湾 …………………………………… 245

第九章　抗战胜利前后 …………………………………… 251

一、在延安整风运动中 …………………………………… 251

二、揭穿蒋介石《中国之命运》第四章的谎言 …………… 258

三、领导延安的科学文化工作 …………………………………… 261

四、参加党的第七次全国代表大会 …………………………………… 269

五、解放区战犯调查委员会主任 …………………………………… 272

第十章 迎接新中国诞生 ………………………………………… 276

　　一、在重庆政治协商会议上 ………………………………… 276

　　二、国统区公开的中共四川省委书记 ……………………… 281

　　三、领导《新华日报》 ……………………………………… 287

　　四、哭祭爱妻游丙莲 ………………………………………… 290

　　五、带队安全回延安 ………………………………………… 295

　　六、参加后甘泉宪草的起草工作 …………………………… 300

　　七、华北大学校长 …………………………………………… 303

　　八、参加共和国的筹建 ……………………………………… 309

　　九、向四川人民的广播讲话 ………………………………… 313


后　　记 …………………………………………………………… 317

# 第一章　青少年时代

## 一、淳厚的家风中度童年

1878 年 12 月 30 日（农历十二月初七），吴玉章诞生于四川省荣县双石桥蔡家堰"庆余堂"吴家。按吴家族谱排"永"字辈，取名吴永珊，号玉章，字树人。后来加入中国同盟会时用名吴永珊，加入中国共产党时用名吴玉章，在苏联加入联共（布）时用名尼可拉·伊里奇·布列宁，出席共产国际第七次代表大会时化名王荣，在法国时曾化名岳平洋、平洋、岳镇东等。

吴玉章的祖上并不是土生土长的四川人，据《渤海郡吴氏族谱》记述，他们世代居住在江南江宁（今江苏南京）城中，是一官宦人家，其后人中有一位叫吴罗政的考取进士，做官至福建地方，他的子孙遂在福建汀州府连城县定居下来。经过明朝末年战乱之后，有一脉子孙于清康熙二年（1663 年）迁于福建的长汀县坪坑，这时虽然已经家道中落，因是书香门第，族人在耕种之余，仍然不忘读书，从书中关注和了解社会大事。到吴应丙（号子贵）、吴应亮（号子贤）兄弟俩成人时，他们从一些传说和正常渠道得知明末清初的大战乱后，四川出现了大面积的土地荒芜，据 1661 年官府统计，偌大的四川只有一万六千余人！为了尽快恢复四川经济，清朝初年，朝廷就开始进行规模巨大、影响深远的"湖广填四川"的移民运动，对移民给了许多优惠政策。据说移民到川后，只要用竹、木牌写上自己的名字，插在你想要的土地上，政府就承认这块土地是你的了，也不花一文钱，随便占多少，都算是你的私有财产。这被称为"插占为业"，而且朝廷还免税三年。吴家两兄弟还从一些史书上看到，四川处在高山峻岭环抱之中，独特的地理环境，形成少有的暖湿气候，两千多年前就被人们称为"天府之国"，尤其是成都平原，沃野千里，物产丰富，不知饥馑。俗话说，穷则思变。吴应丙、吴应亮兄弟俩经反复商量，做通父母和亲友的工作后，一致同意闯四川。在清康熙六十年（1721 年）春暖花开之际，家中为兄弟俩准备了一副约八十斤重的行李担子，内有一些干粮、散碎银子、衣物和母亲做的几双布鞋，以及两块防雨布、几本书、两个新斗笠，父亲特地把家中供奉多年的一尊十几斤重的泥塑土地神，用红布包好装在担子里保佑儿子一路平安，也保佑儿子到四川后得到肥田沃土。选好良辰吉日出行的那一天，兄弟俩和前来送行的亲友们互诉离别衷肠，亲人、朋友依依不舍地将两兄弟送到大路旁，挥泪告别。

从长汀县启程，兄弟俩轮换挑着行李，经江西、湖南、湖北，饥吃干粮，渴饮山泉，晓行夜宿，翻越崎岖难行的高山，穿越莽莽的原始森林和幽深曲折的峡谷，在难于上青天的入川路上，跨千山，越万水，听闻了虎叫狼嚎，经受了瘴气、酷阳的考验和蚂蟥、蚊子的叮咬，历经千辛万苦，仲夏时节抵达成都。由于先期到达的移民已将好田好土占尽，吴家兄弟只好在成都郊外的华阳租佃一处地方住下来，开始了在川的漫漫创业途程。经过近六年的艰苦奋斗，待稍有积蓄后，于雍正五年（1727 年），两兄弟决定迁徙到川南的荣县，因为这里的土地要便宜一些。

荣县，唐宋时期称荣州，明朝以后称荣县。荣县位于四川盆地南部，境内多丘陵，西北高，东南低。域内不仅物产丰富，而且人才荟萃，南宋诗人陆游任官荣县时，曾写诗赞誉："其民简朴士甚良，千里郁为诗书乡"。吴玉章出生地就与闻名的富（顺县）荣（县）盐场相邻，荣县还是古代"卓筒井"的发祥地之一。井盐文化的历史源远流长，特别是精湛的井盐钻凿技艺，被称为中国四大发明之后的第五大发明。到 19 世纪中叶，这里聚集了灶户、佣工、商贩等各色人等达数十万，成为中国最大的手工场所之一。19 世纪末叶，随着盐业生产向近代工业的转变，生产方式的变化导致人们思想意识、思维方式、生活习惯等等也跟着变化，富荣地区也成为近代资产阶级维新变法思想得以较早输入的地区之一。1938 年，区域调整，将富顺县的自流井和荣县的贡井等产盐地划出，两地各取一字，名为自贡市，其主业就是生产、经营盐业，因此，自贡市亦有"盐都"之美誉。

吴家兄弟到荣县后，吴应丙一房定居于雷家坝，吴玉章祖上吴应亮一房先居住在泌矾塘，后迁梅家山。乾隆五年（1740 年），吴应亮又在双石桥大塘冲置地构屋居住。吴玉章祖上在大塘冲住了二十余年后，又看中了蔡家堰一片将要出售的田土。这里离大塘冲不远，吴家人见这里山不高，水源充足，土地肥沃，决定安居于此。于是，吴家出卖了大塘冲的田土，在蔡家堰靠东面的大坡山半腰一处平地上修起一栋坐东朝西的穿斗结构瓦房。房后有一百多米长、二十几米高的陡峭崖壁屹立。房屋的左侧是一个占地几亩的人工蓄水湖，清水泓泓，用作农田灌溉，当地人称为堰塘。吴家房屋下面不远处，有一条无名小河，从大坡山下的北面而来，在吴家右边的山下转了一个弓形弯后向东南方向流去。在吴家到来前，每到秋季，为了蓄积来年春季的灌溉用水，当地一蔡姓财主出一些钱，带着周围的住户在小河的最窄处修起一道土质拦水坝。时间长了，人们就习惯称之为蔡家堰。堰的下面不远处，有一座小石桥供行人通过。从吴家堂屋靠左一点往西边的前方遥望，对面的山顶上有一圆形垄丘，当地人称之为墨盘山。此山正和吴家的房屋遥遥相对，当地人说这就是预示吴家将要出大官、大文豪的风水宝地。吴家的房屋、院子周边植树栽竹，院后不高的大坡山上，有高大茂密的松、柏、香樟、槐树和杂木覆盖，白鹤、灰鹭等成群地栖息于树上。田地也环绕在房前屋后。吴家从此在这一带扎下根来，绵延两百多年，吴玉章为吴应亮一系入川的第五世孙。蔡家堰距双石桥 5 里，距荣县县城 28 里，距自贡市 56 里。吴家处在一个由东向西的交通要道上。

吴玉章的祖上带领家人辛勤劳动，开荒扩地，饲养牲畜，人丁也逐渐兴旺，日子一天天红火起来。但宅院靠右的一房吴家人丁不旺，家境衰败，准备出卖房屋。按族规，这些房屋地产一般不先卖给外姓人，先由本家购买，本家不要，然后才可外卖。吴玉章的祖上就将整个右边的祖屋买过来，整座院子有几十间房屋，视野开阔，取名"庆余堂"。庆余堂的院门上除悬挂堂匾外，还有"耕读传家，泰伯遗风"的匾对。堂屋有"光前裕后""三揖天下让"诸匾。正厅屋门联是："百年还振延陵绪，三让犹存泰伯心。"下堂屋门联是："荆树有花兄弟乐，书田无税子孙耕。"客厅门上的联对是："创业难，守业亦难，须知物力维艰，事事莫争虚体面；居家易，治家不易，欲自我身作则，行行当立好规模。"

　　吴氏家族子孙在荣县繁衍，勤耕苦作，闲时读书写字，在后辈中形成了敦孝悌、睦乡邻的家风，良好的家风在当地传为美谈。《荣县县志》还专门为吴玉章的先祖吴自能立传称颂，吴自能逝世十几年后，仍为人们称道。吴玉章曾祖父是一名监生，其妻罗氏在重视子孙的教育上更是使人佩服。族谱一般是不为妇女立传的，时任知县得知罗氏事迹后，亲自撰写评语，当时称为行状，对罗氏的家教方式给予了很高的评价。吴玉章的祖父吴国煌，号锦堂。祖母黄氏，慈爱温和，勤劳贤惠。吴玉章儿时多受祖母教诲。他在后来的回忆中，无限深情地说："原来我兄弟姐妹五人，我是最小的一个。我出世时父母年龄俱在四十以上，身体十分羸弱，人人都以为此子未必能养得活，而年近八旬的祖母及我父母却非常钟爱，十分注意来抚养，时时以戒慎恐惧之心来看护，并时时申儆之曰：'从艰难困苦中长成的人才更有用处。'我因此就受了很大影响，不敢自暴自弃。我祖母是一有名的节孝者，爱整齐严肃、清洁勤俭，极讲究卫生，极恨烟赌，不许妄取人物，尝戒童孩曰：'小来偷针大来偷金，不义之物宁饿死不接受。'我父母也极孝顺，中农家庭，衣食勉强足以自给，世世以耕读传家。我父极爱读书，但以务农管家，不能遂其求学之愿，故亟望其子学有成就。他尝说：'汝等必须立身行道以扬名于后世。'我二哥十九岁即入学为秀才，使我家老人稍慰。我小时颇聪明沉静、老实可靠，家庭儿童应作之事，如洒扫庭除、整理什物等等都能负责完成任务。不偷懒、不苟且、不半途而废、不需大人督责；不放肆、不轻浮，循规蹈矩，有大人气概。亲朋见着必誉之曰：'此子必能有成！'我八旬余的祖母稍慰之余尝戒亲朋曰：'不要过于夸奖他，锅盖子揭早了会出气。'（乡间用大锅烧开水，如水未真开，锅盖揭早了水就难开。这是一种毋使骄满的警语。）而我倾听之余内心常自矢曰：'必不负你们之望！'我作事必有始有卒，以求贯彻，偶觉疲劳欲辍，则心中自儆惕曰：'这不会贻笑于人吗?'于是又忍耐下去必使事之完成而后已，虽有时也不免困难，觉得毅力终能克服一切，于是提高了我的自信心。"①

吴玉章的父亲吴世敏，字时逊，号学斋，1837 年 3 月 24 日出生于大塘冲，务农而兼读书，分得祖业田土五十亩。母亲曹氏，1835 年生于荣县小桥坝琵琶嘴，是农村妇女，没有文化。吴世敏时常告诫儿子们，要学有成就，做到"富贵不能淫，贫贱不能移，威武不能屈"和"临财毋苟得，临难毋苟免"②。总体来说，吴玉章幼时受祖母影响要深一些，温馨的家庭和周围的人文与自然环境，共同滋养出聪明的吴玉章敦厚、沉静、认真负责、诚实坚毅、努力践行的优良品质。

吴玉章兄弟姐妹五人，他是最小的一个，得到全家人的细心照料。两个姐姐先后出嫁，吴玉章七岁时父亲离世，十一岁时又丧老祖母，十三岁时失去慈母，"哀痛几绝"，少年时代的吴玉章主要由两位兄长抚养。

吴玉章的大哥吴永椬，后改名吴匡时。他学有根底，父母过世后承担起务农理家重任，支持两个弟弟读书，为筹措两兄弟去日本留学的费用，借贷典当毫不吝惜。1907 年到日本考察实业时，经吴玉章介绍加入同盟会，成为四川反清斗争的重要人物。大革命时期是四川国民党左派省党部的领导人之一，大革命失败后，曾以六十多岁的高龄追寻南昌起义的队伍至汕头，未能如愿，困居上海。卢沟桥事变后，回到荣县，于贫困忧愤中逝世于家中。

吴玉章的二哥吴永锟，聪明好学，十九岁时就考中了秀才，崇拜宋儒理学，孝顺父母，母亲去世后，守墓三年中不吃肉不喝酒。1903 年，赴日本留学，参加革命运动后，加入同盟会。回乡后创办新式小学校，其后在成都铁路学堂任教，并创办淑行小学。中华民国建立后，因双目失明回到荣县家中。1913 年，吴玉章参加反对袁世凯的"二次革命"失败后被袁世凯通缉，大哥吴匡时遭迫害，二哥吴永锟在极端愤恨中自缢逝世。

吴玉章六岁发蒙读书于宗祠。家塾在双石桥张家祠，离家太远，他又

---

① 中共四川省委党史工作委员会《吴玉章传》编写组. 吴玉章文集：下. 重庆：重庆出版社，1987：1256-1257.

② 同①1256.

转到距家三里的大才寨就读。吴玉章博闻强记、成绩优异，读书回家后，主动做家务活，不需要大人督促，他自己也觉得毅力是能克服一切困难的好东西。童年时代形成的良好品格，是终身受用的。像古今中外的许多著名人物一样，吴玉章伟大的革命精神、高尚的道德操守、浩然的正气、百折不回的奋斗精神，乃至于生活中的习惯、爱好等等，都能从他的家庭、亲人中找到榜样和影子。正如吴玉章自己所说：家庭的"这些教育，对于我后来参加革命活动，对于培养我的民族气节和革命气节，对于我参加革命后的生活习惯和作风，都曾发生过积极的影响"[①]。潜移默化的优良家风和家教，使吴玉章从小养成好学上进、忠厚善良、沉静笃行的品格。所以家风、家教对人的影响很大，从小受到好的家风教育和熏陶，应该说是一生的宝贵财富。

## 二、拥护变法　立志救国

吴玉章出生的年代，正是中国两次鸦片战争失败后，西方侵略者纷至沓来，穷凶极恶地发动一次又一次对中国的侵略战争的时代。"从 1840 年到 1905 年的 66 年中，中国人民一直被笼罩在列强侵华战争的硝烟之中。几乎所有资本主义、帝国主义强国都参与了对中国的侵略和掠夺。几十年间，这些国家对中国不断加强军事、政治、经济和文化等方面的侵略，通过一个比一个苛刻的不平等条约，强迫中国割地、赔款，贪婪地攫取在中国的种种特权。英国割去了香港，日本侵占了台湾，沙皇俄国攫夺了中国东北、西北约 150 万平方公里的广袤领土。不计由外国侵略战争所造成的巨大损坏，仅支付战争赔款一项，中国就损失白银十几亿两（含利息），而当时清政府每年的财政收入不过 8 000 多万两白银。"[②] 帝国主义和封建主义相勾结，狼狈为奸，把中国人民推入赤贫的困境，使中国整个地跌进了痛苦的半殖民地半封建社会深渊。

晚清政府在把中华民族带进即将亡国的灾难时，却对世界大势茫然不

---

① 中共四川省委党史工作委员会. 吴玉章教育文集. 成都：四川教育出版社，1989：445.
② 中共中央党史研究室. 中国共产党历史：第一卷：上. 2 版. 北京：中共党史出版社，2011：6.

知，仍然自诩为"天朝上国"，将中国以外的国家一概视为"夷狄蛮貊"，把西方先进的科学技术成果斥为"奇技淫巧"，不屑一顾，锁国自慰。自身的经济、政治、军事、文化全面滞后，却又虚骄、傲慢、冥顽不化。帝国主义对中国进行军事、政治、经济侵略的同时，还进行一系列以传教为中心的文化侵略。传教士们披着慈善的外衣，深入中国城乡各地甚至穷乡僻壤，他们在"传教"名义的掩护下进行多方面的侵略活动，干涉地方行政，霸房占地，侮辱妇女，鱼肉乡里。全国各地反洋教斗争此伏彼起，仅四川就先后发生了几十次反教群众斗争。1879 年，天主教堂在荣县桂林街建成①。随后，基督教会也进入荣县设堂传教。

在国家内忧外患加深之际，吴玉章于 1892 年春随二哥到成都求学。成都是巴蜀大地的政治经济文化中心，有着三千多年的文化积淀和历史，自古以来就文化名人辈出。吴玉章就读于闻名蜀中的尊经书院。这所书院是张之洞任四川学政时创办的，它坐落于成都南门文庙街西侧，规模宏大，大门上有"考四海而为隽，纬群龙之所经"的对联。书院在教学安排上与旧式书院不同，八股文被排斥在课程表之外，书院还翻译刻印了部分西方资产阶级学者的著作供学生阅读，从而使学生的知识结构开始大变。尊经书院对蜀学的振兴起了重要作用，培养了一批对四川乃至全国都产生影响的人物，同时，尊经书院还为维新思想在四川的传播开辟了道路。

在尊经书院的学习，对吴玉章产生了重要的影响。他后来回忆这段难忘的时光时说："进了尊经书院，这使我的眼界扩大了许多。我们的同伴中有一个名叫黄芝的，他和我二哥是同榜秀才，因为他父亲是个'刻字匠'，当时人们都看不起他，但我们却成了很好的朋友。他比我年长，读书很多，对文字学、汉学颇有研究。我们时常在一起去游览武侯祠、草堂寺等名胜古迹。每当傍晚我们在城墙上散步的时候，他总是要指点胜迹，为我讲诸葛亮和杜甫等人的故事，有时还联系到当前国家的危机，大发感慨之词。这样，我从小便养成了关心国家大事的习惯。"② 吴玉章在尊经书院求学的时间虽然很短，但收获却很大，特别是学长们议论时政、评价人物给他留下了极其深刻的印象。

---

① 四川省荣县志编纂委员会. 荣县志. 成都：四川大学出版社，1993：540.
② 吴玉章回忆录. 北京：中国青年出版社，1978：3.

1892 年夏天，吴玉章同二哥辞别长辈，带着一些干粮和盘缠，赴嘉定（今四川乐山市）应试，途中多次见到死于路边的乞讨人。在嘉定时得知母亲病故，兄弟俩急忙赶回家中。二哥为母亲守墓三年，吴玉章提出与二哥每晚同为母亲守墓，二哥坚决不许。守墓三年，吴玉章都在家陪伴二哥，与二哥继续学习与切磋学问。吴玉章喜读人物传记和历史书籍，经常读的是《通鉴辑览》《天（启）崇（祯）百篇》等书，好多精彩的章节他几乎可以背诵下来，由此打下了深厚的史学功底。吴玉章对诸葛亮的前后《出师表》、岳飞的《满江红》、文天祥的《正气歌》、史可法的《复多尔衮书》、黄淳耀的《见义不为无勇也》等名篇更是反复诵读，对一些描写侠士除暴安良的书也感兴趣。吴玉章非常仰慕诸葛亮、范仲淹、岳飞、文天祥、史可法等历代名臣之高风亮节。其中最为仰慕崇拜的是诸葛亮，他说："我幼小时很佩服孔明的小心谨慎，尤以他'淡泊以明志，宁静以致远'感人最深。我的镇静沉毅的功夫就从他学来"[1]。在二哥的影响下，吴玉章还很重视经世致用的学问。

1894 年 7 月，日本发动侵略中国的战争，中国惨败，当年为中国农历的甲午年，所以称之为甲午战争。战败的中国被迫与日本签订屈辱的《马关条约》，确认朝鲜"独立"；割让辽东半岛和台湾全岛及所有附属各岛屿、澎湖列岛给日本；赔偿日本军费二万万两，相当于清政府三年的财政总收入；增开沙市、重庆、苏州、杭州为商埠等。消息传到荣县，吴玉章和二哥拥抱在一起，愤怒地痛哭了一场。他在年少的心灵中，深深地埋下了渴望中国独立富强的愿望，他极度痛恨封建专制王朝把国家和人民带进了死胡同。守孝期满，吴玉章的二哥返回成都尊经书院，吴玉章则到旭川书院（今自贡市贡井区旭川中学的前身）求学。

这时，中华大地上维新变法思潮在各地涌动，四川的变法运动更是不落人后，倡导变法的学会、报刊、书籍在知识界掀起了广泛赞成变法的大好局面。吴玉章的二哥将大量的新书报寄给他。正在茫然、苦闷，为国家的前途忧心如焚之际，吴玉章读到康有为、梁启超、谭嗣同等人鼓吹维新变法的文章，顿感心清气爽，痛快淋漓。他读到当时风行海内外的《时务

---

① 中共四川省委党史工作委员会《吴玉章传》编写组. 吴玉章文集：下. 重庆：重庆出版社，1987：1264.

报》《万国公报》《蜀学报》《盛世危言》等报刊书籍时，深为变法理论所折服，很快成为康、梁的崇拜者，自己也暗下决心"要做变法维新的志士"①。这时的吴玉章，忠君意识还占据着他的思想。他把自己知道的维新理论在同学、同事中不遗余力地传播，因此，同学们给他取了一个"时务大家"的雅号。维新变法运动失败后，被人们称为"戊戌六君子"的谭嗣同、林旭、杨锐、杨深秀、刘光第、康广仁血洒北京菜市口，力推变法的光绪帝被囚禁。消息传来，一些守旧人物立刻嘲笑吴玉章。吴玉章并不生气，而是引用变法者的英雄壮举来反击守旧分子，并宣传说"新政仍要实行"。吴玉章"俨然成了新政的辩护人维新派"②。他进一步研读康有为推行维新变法的理论性著作《新学伪经考》《孔子改制考》等，还读了严复翻译的《天演论》之类的西方社会政治著作，达尔文的"物竞天择""优胜劣败"思想给了他深深的刺激，使他"惊怵于亡国的危险，不得不奋起图存"③。吴玉章"不但没有因为变法失败而灰心丧气，相反的更加积极要求进一步探求救国救民的真理"④。

维新变法运动失败后，以义和团运动为代表，全国许多地方爆发了反帝爱国斗争。这时，四川大旱，赤地生烟，饥民成群。在川内，义和团、红灯教掀起的争生存和反教运动风起云涌，传教士们惶惶不可终日，特别是大足县（今重庆市大足区）余栋臣领导的两次反教起义，影响遍及川中三十余县，在荣县主要是红灯教活动。吴玉章对他们迷信的一面很不赞同，但对他们那种不畏强暴、敢于反抗、敢于斗争的精神还是大加赞赏的。认为他们的行为类似《史记》里所描写的游侠，"实有不少真正豪杰英雄的史迹"，在他们身上"才是真正保存了一些人间正气"⑤。

1901 年时，吴玉章已有一子一女，家庭经济较为拮据，他应聘到县城一富绅家教书，次年又到威远县的凤翔书院求学。在这里，他读到了不少

---

① 吴玉章回忆录. 北京：中国青年出版社，1978：7.

② 中共四川省委党史工作委员会《吴玉章传》编写组. 吴玉章文集：下. 重庆：重庆出版社，1987：1258.

③ 同①15.

④ 同②899.

⑤ 同②1289.

新书报，眼界进一步开阔，民族自尊心和爱国情怀日益炽烈。

吴玉章先后在多处求学，当时科举制仍在实行，这也是当时社会衡量一个学者知识水平的标准。吴玉章虽然对科举考试没有兴趣，但也不得不去参加科考。有一年，他的县、府考的成绩是很好的，有一科还得了第一名，但在院考做策论时，吴玉章思路大开，洋洋洒洒地把政论文写得太长，到时间还没有写完想表达的全部爱国思想，又因言辞过于激烈，最终一分未得而落榜。亲戚朋友都为他惋惜不已，而吴玉章自己"却并不感到多么难受"，在他看来"这恰是一件好事"，他说，"它促使我走上了革命的道路"①。为此，吴玉章还作诗一首述怀，其中有两句是：变法维新关国是，功名余事等浮云。

科举落第，时局扰攘，国势倾危，吴玉章求变革社会之学的愿望愈益升华，他听说泸州经纬学堂不错，就考入该校。进校后他很快体会到，所谓的新式学校，还是以大量的时间来讲旧学，至于英语课，一个星期只教了六个字母。吴玉章对经纬学堂深感失望和不满，只住了十多天就愤然弃学回家，从此再也不想在四川上什么新式学堂了。

青少年时期的吴玉章，亲身经历了国家和民族一波又一波的屈辱。这使他异常愤慨，整顿、改良中国社会和争取民族独立，成了吴玉章愈益迫切追寻的目标。

# 三、赴日留学

中华文明曾为世界发展进步做出过巨大贡献，然而却在近代跌入谷底，实现民族复兴，成了近代中国人的梦想。无数仁人志士为此上下求索，前仆后继，流血牺牲。在 19 世纪末年维新思想的影响下，地处偏僻的四川已开传播资产阶级文化思想的风气。义和团运动失败，清政府在八国联军的枪炮下，签订了空前辱国的《辛丑条约》，震惊全国。国人对列强的痛恶与对强国之路的向往，总是并行不悖的。日本通过明治维新，成为向西方学习最有成效的国家，而中国戊戌变法为什么会失败呢？为了学

---

① 吴玉章回忆录. 北京：中国青年出版社，1978：15.

习强国之路，国人心中的痛恨只好暂时隐忍，因此，在 20 世纪初年一个时期，中国青年留学日本盛行一时，相望于道。

　　1901 年，四川总督奎俊就首选了二十二名青年留学日本。1902 年底，正当吴玉章在家里感到前途渺茫的时候，他的二哥从成都回到家中，并和黄芝等同学办好了自费去日本留学的各种手续。吴玉章听到二哥说可以自费留学，兴奋得很，因为这之前吴玉章就从教会中流传出来的一些书籍中了解到国外的先进技术和一些新鲜的理论，早就萌发了找机会到外国去走走、看看的愿望，这也许对个人、对国家都有好处。这时吴家已经是家道中落，三兄弟和一大家子人守着几十亩田地勉强度日。吴玉章把自己打算去日本的想法与大哥二哥商量，没想到大哥二哥立即答应了他的请求，这使吴玉章十分激动。吴玉章在后来的回忆中谈到这一关键决策时，充满深情地说："这时我刚结婚六年多，已有一个不到五岁的女儿和一个不到三岁的儿子，妻贤子幼，实在不忍分离。但是，为了挽救祖国的危亡，为了争取自己的前途，我没有因儿女私情动摇上进的决心。我大哥替我筹措留学经费，费尽了心血。他为此不惜变卖田产，也只凑到银子二百余两。"当时到日本留学的先期基本费用大约要四百两银子，"钱少也挡不住我们远行。我们于是这样计划：我第一步先随他们到上海，第二步再设法去日本"①。吴玉章在大哥二哥的支持下决定冒险出行，没有执着的决心和胆量是不敢贸然上路的。

　　1903 年 2 月 9 日（农历正月十二），吴玉章的两个姐姐和姐夫、大哥、大嫂、二嫂及夫人游丙莲，以及侄儿侄女等一大家人，吃过早饭后，簇拥着吴玉章和二哥吴永锟一直走到双石桥小镇上。和亲人将要分离，吴玉章拥抱了一双儿女后，从大哥手里接过简单的行李，便和二哥一道挥手向送行的亲人告别。吴玉章和二哥出去留学的事除了家中亲人知道外，他们没有告诉朋友邻居。那时已近元宵节，到处锣鼓喧天，人们沉浸在欢度节日的氛围中。吴玉章和二哥与其他七位赴日的同学会合后，"一行九人，好像唐僧取经一样，怀着圣洁而严肃的心情，静悄悄地离开故乡"②。经过几天的步行，到达重庆朝天门长江码头，他们在附近寻一小客栈住下，购好

　　① 吴玉章回忆录. 北京：中国青年出版社，1978：16-17.

　　② 同①17.

出川的船票。次日黎明，吴玉章一行乘坐一艘不大的木船，顺流而下，几天后的一个下午，木船到达万县（今重庆万州区）码头停靠。当时所有出川的船，当日无论早晚都要在万县过夜，夜晚是不能过急浪滔天、暗礁林立的三峡的。吴玉章一行下船上岸用过晚餐，逛了一会儿依山而建的万县城，才返回船上休息。第二天东方出现鱼肚白时，客船、货船齐发，一路向下游奔去。过奉节县时，吴玉章和同行的人一齐遥望了三国时期刘备托孤的白帝城，木船很快进入江流湍急的长江三峡。长江发源于青藏高原，穿过无数高山深谷，流经许多丘陵平原，汇百川，联千湖，以气吞万里的雄姿，自西向东，直入东海。在四川盆地东面，长江开山劈岭，横切巫山山脉，在万山丛中汹涌而下，形成闻名中外的长江三峡。三峡群峰夹峙，悬崖千丈，"万峰磅礴一江通，锁钥荆襄气势雄"。

　　一叶扁舟在汹涌的江水中起伏颠簸，滩险浪涌，水花四溅，吴玉章首次经长江三峡出川，就被名山大川震惊了。他兴趣很高，站在船头，迎着寒风，眺望着风光雄伟壮丽的祖国河山，思绪翻滚，触景生情，杜甫诗中"风急天高"的景象不断浮上心头。他乘兴以《东游述志》为题，吟出胸中寻求救国救民真理、决心振兴中华的凌云壮志和浓烈的爱国情怀：

　　　　不辞艰险出夔门，救国图强一片心。
　　　　莫谓东方皆落后，亚洲崛起有黄人[1]。

　　船到湖北的宜昌，江水收敛了汹涌澎湃的英雄气概，平静温柔地在宽阔的江面上缓缓向东。由于木船速度太慢，吴玉章一行在宜昌换乘到上海的汽轮船。上船后，很快结识了邓孝可，他是重庆一家火柴公司的老板，这次是到日本采购机器，彼此便慢慢地攀谈起来。由于他们在思想上和康有为、梁启超的改良主义救国思想有许多相同点，所以，一路上谈得颇为投机。邓孝可见吴玉章谈吐不凡，还约定了一起到日本横滨去见梁启超。后来邓孝可拜在梁启超门下，成了四川著名的立宪党人之一。

　　吴玉章到上海后，怀着忐忑的心情去打听留学日本的花费，得到花费不多的确切消息后，他一直担心的经费不足问题解决了。于是他改变了原

---

　　[1]　陈述琪. 吴玉章对联导读. 成都：四川人民出版社，2010：2.

先考虑的经费不足就滞留上海的安排，决心同二哥他们一起前去日本。在上海等船期间，吴玉章收获不小。以前，吴玉章只知道康有为、梁启超他们那一套改良主义思想，并且表现出热烈而坚决的支持态度；到上海后，开始接触到孙中山、章太炎他们关于资产阶级革命的理论，虽然没有时间去全面深入研究、理解这些理论，但吴玉章稍做比较，朦胧中觉得孙中山的革命思想更为充分有用。虽然改良主义的思路也是不错的，但是，由顽固拒绝全面改良的清政府来实施，失败就成了必然。因此，只有推翻清政府，才有实现中华民族独立的可能性。于是，吴玉章对康、梁的改良救国思路开始冷落。

在从上海到日本的航程中，吴玉章还结识了来自福建的林宗素（女）。从闭塞四川出来的吴玉章，看到女子出洋留学甚感惊奇，再听她那些滔滔不绝的言辞，又全是些新鲜的革命道理，更觉十分佩服，好像忽然找到了振救民族的思路和前进方向，心中顿感豁然开朗。在短短的时间里，吴玉章不断地把握到时代前进的脉搏，革命的思想把他头脑中原来的忠君改良方案进一步冲淡了。他开始认识到，爱国主义不是忠于君王，而是忠于国家，忠于人民。新思想、新观念使他耳目一新，资产阶级的革命理论和道路开始在吴玉章心中萌生。路过日本横滨时，看望改良主义大家梁启超的念头早已消失了。

# 四、革命路上决不回头

1903 年 3 月，吴玉章到了日本东京。当时，中国留学日本的人不多，总共不到千人，四川人更少，在四川同学的欢迎会上，宾主合计只有大约三十人而已。大家都感到有发动家乡人出来留学的必要，遂决定写一篇《劝游学书》。同时又向四川学务处提调方旭去信建议：每县以官费派一二人到日本学速成师范，以便回国创建新式学校，并请各县酌量资助自费生。这两个建议起了很大的作用，加上方旭也比较支持，从第二年起，四川的留日学生大增，最多时达两三千人。四川留日学生的劝游学办法，其他各省的同学随之效仿。特别是 1904 年以后，全国各地纷纷开办学校，于是各省都派人到日本速成师范等校学习，至 1905 年废除科举，中国留日学生总数达两万人以上。

　　吴玉章到日本不久，中国革命的潮流又开始高涨，留日学生和全国人民一道，正在为反对沙俄强占东北领土主权而斗争，这就是著名的拒俄运动。国内各地群众掀起规模巨大的拒俄运动，在国外则以留日学生的拒俄运动最为轰轰烈烈，吴玉章正赶上这个运动的浪潮。留日学生在锦辉馆召开留学生大会，成立拒俄学生会，吴玉章参加了会议，当会上发出拒俄学生会的签名号召时，吴玉章和他的二哥毫不犹豫地签了名。同去日本的老朋友黄芝却不肯签名，而且对吴玉章和他二哥的签名非常不满。黄芝比吴玉章和他二哥都年长一些，又比他们有地位（因黄在 1902 年考取过清朝的"优贡"），而吴玉章和他二哥几乎又是他带出来的，因此，黄便俨然是他们的家长。这位"家长"当时很崇拜康、梁（他因此以后成了立宪派），只赞成做点"文明的改良"，怎么能允许他的"家人"去参加轰轰烈烈的革命运动呢？他见吴玉章和他的二哥不听自己招呼，便给吴玉章的大哥写信，说吴玉章和吴永锟兄弟为革命之说所惑，与乱民逆党为伍，要他们的大哥以大哥之尊来告诫挽救他们。信中特别强调了吴玉章简直就以留学生会馆为家，不受管束，不听他的意见，参加了革命。这一下可了不得，荣县乡民怕官，何况皇帝。黄芝来信如此说法，家乡的亲友们听到这个消息，大为担忧，说什么参加了革命纵不掉头恐怕也永世回不了家啊！幸好大哥同吴玉章的妻子一向认为，吴家这兄弟俩忠诚老实，绝不会做出任何于国家人民不利的事情，因此不算十分惶恐。当吴玉章的大哥将此事写信告知他们时，吴玉章非常气愤。不过这样一来，当真把吴玉章逼上了"梁山"。吴玉章后来对此事评价说："我当时心想：'反正回不了家，干脆就在外边搞革命吧。'"[①]

　　就在外边搞革命，看起来是吴玉章一句气话，其实是吴玉章内心的真实表白。吴玉章坚定地走上革命道路，是有深厚的政治思想基础的，他自己对此就做过具体剖析。他说：走向革命道路的原因，是那个时代思潮发展的影响，在维新变法运动中，康、梁的改良主义思想曾风靡一时，而且确实起过一些积极的作用，但义和团运动特别是唐才常自立军起义失败以后，康、梁的思想影响随着他们政治威信的下降而逐渐削弱了，本来，唐

---

　　① 吴玉章回忆录. 北京：中国青年出版社，1978：20.

才常的自立军起义，从保皇会到兴中会各派都曾有人参加。但起义失败后，革命派和改良派分化即趋明显。1902 年 4 月，章太炎等发起和举行"支那亡国二百四十二周年纪念会"，表示坚决反对清政府的反动统治。这时，《苏报》也开始了革命的宣传，至 1903 年夏，邹容发表《革命军》，革命的旗帜就更为明确了。邹容以无比的热情歌颂了革命，其犀利沉痛的文章，一时脍炙人口，起了很大的鼓动作用。虽然由于时代和阶级的局限性，他所宣扬的革命基本上是资产阶级民族主义革命加上一点点资产阶级民主主义革命，而且其中尚有不少狭隘与偏颇之处，但是，在当时，《革命军》对人们从资产阶级改良主义思想跃进到资产阶级革命思想，起了很大的推动作用。因此，其历史意义是不可磨灭的。与此同时，章太炎除在《苏报》上介绍《革命军》外，还发表了一篇《驳康有为论革命书》，直截了当地把康、梁奉为神圣的光绪皇帝称为"小丑"，打击了改良主义，提高了革命思想的影响力。从此，改良派的思想阵地日益缩小，革命派的思想阵地日益扩大。

吴玉章放弃改良主义而树立坚定的资产阶级革命思想，其另一思想来源是，出川留学后，他如饥似渴地接受和呼吸到大量的新鲜革命空气。正如吴玉章自己说的那样："我在去日本的途中，就已经呼吸到了革命的空气；到日本以后，又受到了更多的革命思想的影响，而且还参加了拒俄学生运动；这样，改良主义思想在我头脑中就逐渐丧失了地位。正因为如此，所以黄芝写信回家说我参加了革命，不但未能使我发生恐慌，反而更加坚定了我参加革命的意志。我一怒之下，马上将头上的辫子剪了，以示永不回头的决心。当时在留日学生中，剪了发的人固然很多，但留辫子的人也还不少。例如许多士官学校的学生，就留着半边头发，并用帽子把它盖着呢。由于经过了这许多的变化，所以当我读了邹容的《革命军》等文章以后，我在思想上便完全和改良主义决裂了。"[1] 吴玉章还应大哥要求写信和照了一张相片寄回家。在家信中，吴玉章除叮嘱妻子切切不可给女儿缠脚外，还恳切地向大哥表示：可与家庭脱离关系，使革命事业失败不至累及家庭。吴玉章短发的照片英姿飒爽，显示着所剪去的不只是一根辫子，而且是奴性的标志。他还赠诗给即将归国的仲兄吴永锟：

---

[1]　吴玉章回忆录. 北京：中国青年出版社，1978：21.

> 中原王气久消磨，四面军声遍楚歌。
> 仗剑纵横摧虏骑，不教荆棘没铜驼[①]。

吴玉章在诗中沉痛地环顾了帝国主义列强对中国的无耻入侵，以及国家衰弱不振的现状，表达了为国为民冲杀疆场、以自己的身躯效命祖国的决心。同时，吴玉章对广大群众在封建主义、帝国主义沉重压迫下一时未能觉醒和奋起感到悲伤。他热烈呼唤亿万血性男儿起来斗争：

> 无计能醒我国民，丝丝情泪揾红巾。
> 甘心异族欺凌惯，可有男儿愤不平[②]。

吴玉章不仅呼吁人民奋起，自己更以满腔义愤首先投入到具体的革命活动中。1904 年，日本和沙皇俄国侵占中国东北和朝鲜，在中国东北的土地上进行了一场罪恶的帝国主义战争。面对屈辱，软弱的清政府却宣布对战争保持"中立"。吴玉章对此痛心疾首，激愤之下赋诗一首：

> 剑气虹光出国门，迢迢万里赋东征。
> 国尚少年人渐老，睡狮何日得惺惺！[③]

吴玉章借用"剑气虹光"来称颂中国无数的救国仁人志士；"国尚少年"则用梁启超所作的《少年中国说》中的比喻，指革命已经开始萌芽；中国还被西方人嘲笑为"东方睡狮"，亡国的紧迫感，国人何时全面警醒，无时无刻不在搅扰着吴玉章的心。

1905 年，吴玉章组织留日学生进行了抗议美国虐待华工、迫害华侨、拒不废除期满的限制华工条约的反美运动。

经过多次的革命运动洗礼，吴玉章已经从改良主义的崇拜者和追随者，转变成了坚定的资产阶级革命者。同时这也奠定了吴玉章从政治上、思想上、行动上，成为后来孙中山领导的资产阶级革命的忠实执行者、策划者、领导者的重要基础。

---

① 胡国强. 吴玉章诗选注. 重庆：西南师范大学出版社，1991：34.
② 同①.
③ 自贡市玉章旅游开发有限公司. 吴玉章诗文选析. 成都：四川人民出版社，2017：11.

# 五、成城学校的中国留学生班长

到日本留学，选择什么样的学校呢？吴玉章的二哥决定进入六个月毕业的弘文师范，吴玉章没有盲目地做出决定，他想从中学起读到大学，学习理工科。他听说成城学校很好，便找当时在成城学校读书的两名四川学生了解情况，可惜，成城学校已经停收中国学生。吴玉章请那两位老乡再去与校长商量，请成城学校照以前那样为中国人开办两年半的速成中学班，专办文科。校长同意了，但要求至少二十人才能开班。吴玉章立即在中国留日学生中串联，动员大家到成城学校读书，有几次眼看成了却又垮了。吴玉章并不因为失败而灰心，坚持继续做工作，最终组成了一个班。大家推荐吴玉章任班长，学校也同意了。成城学校的确办得很好，有日文、历史、地理、数学、物理、化学、博物、图画八门课和体操，要求学生将日本学制中学五年的课程在两年半学完。功课很严、很紧，学生全部寄宿，只有星期三、六的下午和星期日才许外出。学校重视师资培养，教员也很认真。有一个数学教员是高师的研究生，教得很好，深受学生欢迎。于是，中国留学生跟着来的就越来越多了。

到成城学校的第二年初，吴玉章的经济出现了困难，离家时带出来的钱到他二哥回国的时候，已经基本用完了，大哥筹措的钱不能按时到来，他常常拖欠学费。同学们看到他的情形，提议把县里给的一个官费生名额给他。以吴玉章到日本早、又是成城学校中国留学生的一名班长、学习成绩也好、家庭确实困难等为由，如果大家替他去申请，获得批准是不成问题的。但吴玉章坚决地谢绝了同学们的好意，他提议把名额给同县学军事的罗厚常，大家见他真心相让就同意了，结果罗的官费资格得到了批准。吴玉章让利给同学的事，得到大家的一致好评，同学们和他关系更加密切，他的威信也日益提高。学校也很赞赏吴玉章的无私精神，不但不催交欠的学费，而且照常按月发给零用钱。吴玉章也非常自觉，只要家里的钱一寄到，便首先去交欠的学费。学费就这样时欠时交，在同学们的帮助和学校的照顾下，吴玉章居然一直维持到毕业而未中断学业。为此，吴玉章深情地回顾这段经历时说："由此可见，一人若能顾大家，大家也一定能顾这一人。相反，一切自私自利者，都常以损人始而以害己终。违背群众利益的人是永远不会有好下场的。"

学校对吴玉章照顾得比较好，但吴玉章却并没有因此而放弃原则。在1904年元旦，学校挂的万国旗中竟没有中国的国旗，中国学生大为愤慨，吴玉章领导大家坚决斗争，向学校提出：若不道歉和纠正错误，我们便不上课、不吃饭。学校的领导找到吴玉章并对他说："我们对你这样好，你为什么领着大家来反对学校呢？"吴玉章平静而坚定地说："学校对我好，我很感谢，但是，对于国家荣辱的大事，我们是不能不誓死力争的呀！"学校当局无法，只得在团结一致的中国留学生面前让步。日本帝国主义当时对中国留日的学生，一向采取拉拢和收买政策，而留日学生中也确有一些不肖之徒，见利忘义。吴玉章说："一个人是否把国家民族的利益看得比个人的利益更为重要，是决定这个人能否坚持民族气节的关键。我从来把民族大义看得至高无上，所以，一碰到日本帝国主义侮辱中国的事情，便马上抛弃了过去对它比较友好的感情，转而和它斗争"①。

在成城学校读书期间，虽然功课很紧，但吴玉章并没有停止过革命活动。他既要当好称职的班长，又认真履行着留学生会馆接待联络干事的职责，不管是校内还是校外，他的社会活动都很多，而且都是毫无报酬的工作。吴玉章还是兢兢业业为同学服务，为革命聚集力量。1903年6月，上海《苏报》案发生，章太炎、邹容被捕。蔡元培、章太炎组建的爱国学社也遭到解散，该学社是当时国内最重要的一个爱国团体，聚集了不少的革命青年。社里的余睡醒（遂辛）等重要人物到日本进入成城学校，成了革命活动中的积极分子，为推动留日学生的革命运动起了有力的作用。吴玉章和余睡醒朝夕相处，志同道合的革命理想使他们成了很好的朋友。此时，吴玉章还与同在日本留学的廖仲恺相识，在共同的革命斗争中，两人结下了深厚的情谊。

1904年11月22日，吴玉章参加了四川留日学生三百人在东京召开的同乡会，会议反对帝国主义掠夺四川路矿权，号召川人集资自办川汉铁路。会后上书四川总督锡良，提出集股办法和改进川汉铁路公司意见。27

---

① 中共四川省委党史工作委员会《吴玉章传》编写组. 吴玉章文集：下. 重庆：重庆出版社，1987：978.

日，发出《为川汉铁路事敬告全蜀父老书》，并指出，帝国主义掠夺铁路是"列强之灭国新法"，"四川铁路入他国之日，即四川全省土地人民永服他国之日"。呼吁全蜀父老：自办铁路！速办铁路！[①] 吴玉章一直对国家的前途忧心如焚，1905 年初，在致故乡友人的书信中指出：中国的救亡之道，一在开放，二在改革。关于开放，他说："夫今日之势，既不能闭关自守，则必与各国交通；与各国交通，则不可不观世界之大势。"他劝告故乡父老不可阻挠子弟求学出洋。他说：日本在明治以前，内外患迭起，明治维新后，不数十年，使国家列为世界一等强国。在强调改革时，他批评家乡人的僻陋说：闻言改革则以为学洋人，抱着先王之制不放，故一切应改革之事，无不起而非之。他婉言开导道："吾甚钦佩父老保祖国之心，然我辈之日所行之制度礼仪，衣服器具，何一为古先圣王之制乎？"他明确地指出：救国就得反专制体制，清廷治下"社会政治无一不腐败，朝野上下，其所言所行，混混浊浊，几令人不欲置身于其丛中"。观世界大势，"今日号独立国者，其政体非立宪即共和，其专制而称独立国者，仅俄罗斯与中国"[②]。

吴玉章这封信，是他在成城学校读书时，在接受先进革命理论后，结合中国社会现状提出的医治中国病的良方，也是中国同盟会成立前夕，中国留日学生政治思想演进的一份重要的爱国主义文献。

在日本留学期间，吴玉章以坚强的毅力、远大的抱负，脚踏实地地刻苦学习，用两年半的时间读完了日本五年中学的全部课程，以优异的成绩毕业于成城学校，后来又考入日本冈山第六高等学校工科学习。此时，吴玉章不仅在学业上升到一个新台阶，在救国的道路上也进入到一个崭新的时代。

---

① 中共四川省委党史研究室. 吴玉章年谱. 成都：四川人民出版社，1998：12.
② 同①13-14.

# 第二章　同盟会里的实干家

## 一、中国同盟会评议员

历史的车轮总是不停地前进，历史不断地呈现出新的内容。随着民族危机的进一步加深，随着中国资本主义近代工业的初步发展，日益高涨的中国革命运动，迫切需要一个比较集中统一的领导机关。在当时的中国，会党、教门之类的组织，显然已经过时，不能担负资产阶级革命的领导责任；而无产阶级政党的产生，那时还缺少必要的土壤；只有资产阶级政党的出现，才符合当时的历史条件。在当时，略具资产阶级政党性质的革命团体，如兴中会、光复会、华兴会等已经先后建立，问题是如何把它们联合起来，使其具有更为明确的纲领和更加统一的行动。同盟会的产生，恰好完成了这一历史使命，因此，它可算是应运而生了。

历史的重担，落在了孙中山的肩上。孙中山，出生在广东香山县（今广东中山）一个农民家庭，从小受到太平天国革命的影响。稍长，去美国檀香山他哥哥那里读书。他哥哥家是一个资产阶级家庭，他住的学校也是资产阶级的学校，这种环境使他很容易地接受了西方资产阶级思想。1894

年，他曾给清廷要员李鸿章上书，劝他做些改良政治的工作，但结果如石沉大海，毫无作用。甲午战争爆发后他愤恨清政府的腐败无能，痛切地认识到清政府无可救药，必须将其推翻，便在檀香山组织兴中会，并于1895年联络会党准备在广州举行起义未成，从此开始了百折不回、愈挫愈勇的革命活动。在孙中山确定推翻清朝的目标后的几年时间里，众多的革命团体经历了由反对、怀疑、观望到赞成和追随的过程。把革命的小组织"合成一个大党"，成了20世纪最初几年革命风潮发展的必然趋势。由于历史条件所限，这个"大党"没有创建于国内，而出现在了中国留学生及革命者群集的日本东京。当时留日学生提倡革命者甚多，而内地革命志士，在清政府的打压下也纷纷集聚东京，这为在日本建党提供了有利的条件。

1905年7月中旬，孙中山由欧洲辗转到达日本，受到中国留日学生和革命团体的热烈欢迎。孙中山在留日学生和各革命团体领导人中间做了许多工作，倡议成立一个全国规模的统一革命组织，取名为中国同盟会，合力领导全国人民推翻清政府的民主革命斗争，这一倡议得到大家的认同和响应。孙中山及其追随者积极地开始联络筹备建立同盟会的工作。吴玉章有幸第一次见到孙中山，在交谈中孙中山使他茅塞顿开，他也投入到同盟会的筹备工作之中。

7月30日，孙中山约集各省在日本的革命分子，在东京赤坂区桧町三番黑龙会本部（内田良平宅），召开中国同盟会筹备会议。到会者有黄兴、张继、陈天华、胡汉民、冯自由、吴玉章等七十余人，吴玉章所在的成城学校就被他动员来了二十人。特别是兴中会、华兴会、光复会来人较多。以省籍人员论，当时的十八个省中，就有十七个省的人到会。孙中山在会上做了关于革命理由、形势和实行方法的演说，讲了革命须团结的理由，阐明了将分散在全国各地的革命组织结成新的统一组织的必要性。会上对新组织的名称、章程、宗旨进行了热烈的讨论。

8月13日，东京中国留学生在麹町区富士见楼举行了欢迎孙中山的盛大集会，吴玉章提前到达会场做接待工作。到会者一千多人，会场内外，阶梯上下，到处挤得水泄不通。孙中山富有鼓动性的演说，一再激起人们不绝的掌声，使人们明白改良主义在中国当时的状况下已经是死路一条的道理，更加相信选择推翻清政府的统治是正确的必由之路。

8月20日下午，中国同盟会成立大会在东京赤坂区灵南坂日人坂本金弥子爵（众议院议员）宅第召开，有一二百人参会，还有近十位日本友好人士列席①。会议进行了三天，通过了《中国同盟会总章》，确定同盟会总部设东京，并推选孙中山为同盟会总理。会议通过了"驱除鞑虏，恢复中华，创立民国，平均地权"为其革命宗旨。按资产阶级共和国三权分立的原则，设执行、评议、司法三部为最高权力机关；国内分设东、西、南、北、中五个支部，支部下按省设立分会；海外华侨分设南洋、欧洲、美洲、檀香山四个支部，支部下按国籍、地区设立分会。由于同盟会有了一套新的政治纲领和组织形式，所以它就和过去的一切封建迷信团体——会门、道门之类在性质上大不相同，成为中国最早的比较完备的资产阶级政党组织。由于吴玉章到日本后就投入到中国留日学生的革命运动中，又以公而忘私的高尚品德，在中国留日学生中赢得了很好的口碑，并积极参与孙中山到日本后的一些会务筹备工作，因而在民主推荐和选举中，被选为同盟会总部评议部的评议员。吴玉章在大家的信任中，成为同盟会最高权力机关的领导成员之一。革命组织建立后，吴玉章高兴地吟诗一首：

> 廿世纪初零五年，东京盛会集群贤。
>
> 组成革命同盟会，领袖群伦孙逸仙。

孙中山用民主共和国的纲领来号召推翻清朝统治，不但是新兴民族资产阶级的要求，而且符合一切有反清传统和其他政治上不满清朝统治的人们的愿望。同盟会纲领反映了中华民族的觉醒，并把人民群众大量地吸引到了革命的旗帜下。11 月 26 日，中国同盟会机关刊物《民报》创刊。孙中山在他所撰写的发刊词中正式提出了民族、民权、民生之三民主义。《民报》也表明，中国同盟会以"颠覆现今之恶劣政府""建设共和政体""土地国有"等为主旨，为奋斗之最终目标。吴玉章认为："这样，同盟会就有了一套比较完备的资产阶级革命纲领。它不仅明确地提出了要根本推翻清朝政府二百多年来的反动统治，从而和改良主义彻底地划清了界线；提出了要彻底推翻二千多年来的封建君主专制制

---

① 茅家琦，徐梁伯，马振犊，等. 百年沧桑：中国国民党史：上. 厦门：鹭江出版社，2009：25.

度，建立中华民国，这又比简单的反满复汉思想大大地前进了一步；而且它还提出了平均地权的主张，想以此来解决土地问题和预防资本主义在中国的发展。"① 同盟会的建立，标志着吴玉章开始进入了有组织的革命斗争的新阶段。

同盟会建立后，逐步完善了各级组织，在当时清政府极端残暴的统治下，它的活动十分秘密，并且还采用了一些中国过去秘密结社的办法，例如它的一套秘密口号，就是从会党那里学来的。吴玉章所在的评议部，虽说是最高权力机关之一，但活动是不多的，固然有环境方面的关系，而更主要的还是由于同盟会毕竟是一个资产阶级政党性质的团体，其组织形式还是相当松散的。同盟会是以兴中会、光复会、华兴会为基础建立起来的，其中资产阶级居于领导地位。

吴玉章选择了追随孙中山的资产阶级革命道路后，就没有产生过动摇和回头的想法。革命需要实干家，吴玉章在多次临危受命的考验中，逐步成长为同盟会东京总部的中坚和骨干。

## 二、困境中的奋争

同盟会成立后，革命志士的反清活动更加活跃，清政府鉴于革命的活动中心在日本，便要求日本政府对中国留日学生的革命活动施以镇压。1905 年 11 月 26 日，日本政府文部省发布了《清国留学生取缔规则》（简称"取缔规则"）。日本各校据此纷纷贴出告示，要求中国留学生限期"呈报其原籍、住址、年龄、学历等。若逾期不报者，则对该生不利"②。

日本对中国的图谋，常常采取两面乃至多面的手法：它一面支持清政府，一面支持革命运动。在支持清政府方面的时候，它又同时培养两个以上的走狗；在支持革命运动方面的时候，它又同时扶持几个不同的派别。它以为这样，就无论在什么时候，无论什么人当权，都可以通过其支持对象在中国扩张其势力。在日俄战争期间，它对中国留日学生尽力拉拢，中

---

① 吴玉章回忆录. 北京：中国青年出版社，1978：32.
② 中共四川省委党史研究室. 吴玉章年谱. 成都：四川人民出版社，1998：16.

国留日学生也确曾把同情寄托在日本方面。但自日俄战争结束后，它就和清政府勾结起来，对留日学生的革命活动实行镇压。这样就不能不引起中国留日学生的反对。而且，这时的朝鲜，事实上已经被日本占领控制，日本在"取缔规则"中，竟把中国和朝鲜并列，这完全暴露了它侵略中国的狼子野心，因而使中国留日学生感到无比愤慨。与此同时，有一个日本议员公然大发谬论，说什么日本帝国的范围应以东京为中心，用三个不同的半径，画三个圆周，第一个圆周内包括了朝鲜等地，第二个圆周内包括了中国东北等地，第三个圆周则把中国全部包括进去了。这一狂妄无耻的叫嚣，激起了中国留日学生的愤怒。中国留日学生反对"取缔规则"的斗争，就是在这一系列的刺激下爆发的。

12月1日，吴玉章以留学生会馆调查干事身份首先在致中国驻日公使杨枢的《学生公禀》书上签上名字。随后他又参与奔走联络，和其他干事会成员一道，在留学生会馆多次召开干事会和各省同乡负责人会议。3日，吴玉章和弘文学校、成城学校等八校留学生代表在会馆开会，提出会馆干事同赴中国公使馆请愿。但干事会总干事杨度却迟迟不到会，会议决定将请愿活动推迟到次日。第二天杨度依然未到会，会馆职员决定进行改选，推举收支干事科干事曾鲲化为干事长，又推吴玉章任重要的收支干事。5日，留学生派出代表再往公使馆力争，反复驳议，但杨枢仍然拒绝学生提出的条件，最后还表示再来请愿将拒绝接见。中国公使不支持学生的行动，吴玉章与留学生代表三百余人会商于富士见楼。秋瑾在演说中失声痛哭，众人激愤之下，通过了联合罢课的提议，发表了《东京留学生对文部省取缔规则之驳议》。6日，弘文、成城等八校留日学生罢课，之后，日本各校中国留学生均相继罢课。罢课学生不满留学生会馆的组织能力，成立罢课各校学生联合会，同盟会会员胡瑛被举荐为会长，吴玉章也被推选为联合会成员。联合会为维护罢课秩序组织了纠察队，并制定了《学生自治规则》和《纠察学生自治规则》。至此，反对"取缔规则"终于发展成为全体留日学生的抗议运动。

留日学生对于日本侮辱性的"取缔规则"，都表示出极大的愤慨，决定全体罢学回国，不在日本求学受辱。这一决定是在一时激愤和高度热情的支配下做出的，实行起来确有困难。但是，既然决定，若不实行，必然会被日本帝国主义所耻笑，吴玉章的好友陈天华看到了这一点。当时，日本的《朝日新闻》发表恶意评论，诋毁学潮系"清国人特有之放纵卑劣性情所促成"①。陈天华向吴玉章表达了对《朝日新闻》言论的愤怒之情，又看到留日学生总会的领导人都不肯负责与担当，在毫无征兆的情况下愤而蹈海，其目的是以此来激励人们坚持斗争。陈天华是中国资产阶级民主革命的先驱者之一，又是出色的资产阶级革命理论宣传家，在留日学生中有很高的威望，他所写的《猛回头》《警世钟》《狮子吼》等通俗宣传文章，在革命者和青年中传诵，产生过重大的鼓动和影响作用。他临死前，还以平静的心情留下了一篇发自肺腑的《绝命辞》，谆谆告诫留日学生必须奋起斗争；同时，他还给留日学生总会写了一封信，其中说："闻诸君有辞职者，不解所谓。事实已如此，诸君不力为维持，徒引身而退，不重辱留学界耶？"② 吴玉章得知陈天华以命相搏的壮举后，悲愤不已，认为陈天华的行为其志可嘉，其行可悯。但革命应该有更高的理论、理想和更好的办法。陈天华的信在留日学生中公布后，虽然感动了不少的人，但却没有使留日学生总会那些冥顽不灵的领导者受到感动。当时留日学生总会主要负责人杨度，自己不负责任，却把责任推给曾鲲化，而曾也一样不负责。这样作为留日学生总会干事的吴玉章，就挺身站在了第一线来奔走联络、聚集人心。

留日学生反对"取缔规则"的活动开展起来后，吴玉章等面临的困难是巨大的，一方面要领导众多学校、一万多名学生罢课，另一方面要组织他们分批回国，难度是可以想象的。这时，绝大多数的中国留日学生都罢了课，但个别学校如东京法政大学的中国留日学生却不肯罢课。这些人中，有许多都只是以升官发财为目的，对国家民族的荣辱存亡置之不顾。大家对这样的行为都很生气，但又无可奈何。当时在法政大学任翻译的范源濂非常生气，他认为同是中国人就该共同行动，因此，便对法政大学的中国留学生说：你们要上课，我就不给你们当翻译了。这样，法政大学的中国留学生也参加了罢课运动。这么多人都罢了课，都要回国，船只怎么办？路费怎么办？特别是回国以后又怎么办？到 12 月中旬，先后归国的留日学生达两千多人。

---

① 中共四川省委党史研究室. 吴玉章年谱. 成都：四川人民出版社，1998，17.
② 吴玉章回忆录. 北京：中国青年出版社，1978：35.

当大批中国留日学生准备陆续回国的时候，在东京的中国留日学生中忽然出现了一个维持会组织，放出话来说：愿意回国的仍可继续回国，不愿回国的可以留在日本。而这一组织是由法政大学的中国留日学生发起的，有不少人签了名，其中就有汪精卫。大家知道汪是同盟会的人，都感到很惊奇，不明白是什么原因，猜想联翩。经过吴玉章的询问，汪精卫才把孙中山来电报的事告知。原来孙中山得知留日学生掀起爱国运动，并准备全体回国的事，立即打来加急电报，不赞成留日学生全部回国的安排。因为在留日学生中有一大批同盟会会员和革命骨干，全体回国后有被清政府一网打尽的危险。吴玉章认真思考后，觉得孙中山的指示是完全正确的，全体回国的决定，的确很不合乎策略，应该适时加以调整和改变。不过汪精卫接到这个指示后，不和大家商量，不经酝酿，就自作主张地贸然组织起维持会，则是十分错误的。这时有汪精卫出来维持，又有孙中山的指示，大家也就自然地听从了。但已经起来的运动也不能就此停止，总得要有一个说得过去的结果才能较为体面地复课。

中国留日学生反对"取缔规则"的斗争，引起了国际舆论的正当同情，因而使日本政界也发生了很大的波澜。日本政府的反对派曾借此向执政党大肆攻击，日本执政党为了缓和国际舆论、对付反对派的攻击，不得不对中国留日学生表示让步，派人来和中国留日学生总会商谈条件。这时留日学生总会的负责人都已星散，留学生会馆里虽然还有少数人在办公，但对来商谈的日人尽是埋怨之词。吴玉章看在眼里，思考着这样下去，对留日学生是不利的，更不要说把孙中山的指示落到实处，必须和日本政府派来的人进行沟通，谈留日学生需要的条件。面对这样的机遇是不能放弃的，吴玉章后来在回忆时说："在这种情况下，我觉得必须把责任担负起来。我很小的时候，祖母就告诉我：'设筵席容易，收拾碗盏难'。她教我作事必须有始有终，并说：'有头无尾的人，是没有出息的。'这个教训，我一生铭记不忘。所以对于收拾残局，我是很乐意的。有人说我'命苦'，我倒很高兴；一个人正是要敢于去和'苦命'作斗争，才能取得最后的胜利。我们家乡有一种说法：吃甘蔗要从尾吃到头，那样便越吃越甜；反之，从头吃到尾，便越吃越没有味道了。我认为这其中颇有些哲理，先苦而后甘，恐怕是人生最幸福的道路。正因为我有这种思想，所以当我看到留日学生总会陷于瘫痪状态时，我毫不气馁，反而更加振作，每个星期总要到会馆去一两次，鼓励那里的办公人员坚持到底。"① 吴玉章找到胡瑛交换意见，胡立即表示愿意和吴玉章一道来收拾这个残局。二人经过商量，觉得还应该找一位精通日语和了解熟悉日本情况的人，才好和日人交往，订出有利于留日学生的条件。吴玉章想到了范源濂，胡瑛十分赞同，不管范源濂是否同意，吴玉章和胡瑛决定一试，立即打听范源濂的住址。这时的日本已经是千里冰封、万里雪飘的隆冬季节。12 月 30 日晚上，吴玉章和胡瑛冒着大雪和严寒，坐火车到乡下去见范源濂。见面后，吴、胡二人说明了来意，范源濂满口答应出面，并对他们说："现在应该趁日本政府让步的时候，把留日学生会馆恢复起来，我可以代表留日学生出面交涉。"吴玉章和胡瑛听了十分高兴，这样一来，既落实了孙中山的指示，又使中国留日学生复课有一个好下的台阶。范源濂为实现承诺，到中国驻日公使馆活动，又和日本政府反复交涉，迫使日本政府答应了十多项有利于留日学生的条件，还使日本政府拖延几年不肯承认的中国留日学生会馆得到合法的权利。一场轰轰烈烈的反对"取缔规则"的斗争，在得到一定程度的胜利后结束了。1906 年 1 月 11 日，留日学生会馆召集各校代表开协商会议，大家一致赞成，为祖国前途计，议决全面复课。

这次留日学生掀起的运动，可以说是在吴玉章等的不断努力和坚持下，才取得了比较满意的结果。事后，留日学生们对吴玉章表现出的不屈毅力纷纷赞扬。

## 三、创办《四川》杂志

反对日本政府"取缔规则"斗争结束以后，吴玉章投入到迎接毕业考试的复习中，1906 年 4 月，他以优异的成绩从成城学校普通班毕业。吴玉章一方面为新的升学考试做准备，一方面继续革命工作。虽然他做同盟会的工作已经快一年了，但还没有履行正式入盟的手续。4 月 26 日，由黄复生主盟，丁厚扶为介绍人，吴玉章补行了中国同盟会的入盟手续，先后补办入盟手续的人不在少数，由此可见同盟会组织的松散状况。这时，孙中

---

① 吴玉章回忆录. 北京：中国青年出版社，1978：39.

山来到东京。5月6日，吴玉章参加孙中山主持召开的同盟会主要领导人会议，会议研究通过了对会章的个别地方修订，吴玉章仍任总部的评议部评议员。会后，吴玉章召集多名川籍同盟会会员和宋教仁等，筹商解决同盟会和机关报《民报》的财力、人力困难问题。7月15日，吴玉章参加了欢迎由国内到日本东京的章太炎的大会，《民报》从第六期起，由章太炎接任主编。吴玉章也接到被日本冈山第六高等学校录取的通知书，学习他向往已久的电气工科。喜事之后，又带来了另一个大问题，就是吴玉章的温饱出现了问题，时常面临吃了上顿没下顿的状况。由于已经从成城学校毕业，学校也不可能再给补贴，家中困难，汇寄钱来暂时没有指望。吴玉章只好向一些同学借钱，以维持最低的生活消费。四川同乡会也将吴玉章纳入应补官费生的名额。在如此的困境中，吴玉章的革命热情没有稍减，他仍然将饱满的情绪展现在同学们面前。

12月2日，吴玉章参加同盟会机关报《民报》周年庆祝大会，到会数千人，孙中山、黄兴、章太炎等登台演说。孙中山在《三民主义与中国前途》演说中，首次提出了"五权宪法"的理论，作为建立共和国的具体方案。吴玉章听后大受鼓舞，1907年1月至2月的寒假中，吴玉章多次参加了孙中山和黄兴召集的革命方向和策略的研究。这时，吴玉章的大哥吴永枏因参加反清起义失败，也东渡日本，住在东京，经吴玉章介绍加入了中国同盟会。吴玉章考入冈山第六高等学校读书已经半年，公费补贴读书的事犹未得到结果，生活陷入进一步的困境中，几乎到了山穷水尽的地步。吴玉章只好去信向清廷驻日公使馆问询官费生的批准情况，但仍然没有得到确切的答复。一些同学也帮助做工作，到了5月，官费生资格才得到批准。标准为每月三十七元，使馆代扣四元交给学校，每月可得三十三元。拿到这笔钱后，他依然是省吃俭用，每月抽出三分之一或多一点的钱，还给曾借给他钱的同学，这总算基本解决了冻馁之虑。

吴玉章在冈山第六高等学校读书一年后，同盟会推动下的革命运动逐步向深入发展。一批川籍同盟会会员，在先前针对四川宣传的反清的《鹃声》杂志被查封后，为了继续宣传革命、动员四川人民起来推翻腐朽的清政府，决定重新创办一个刊物，定名为《四川》，并一致推举吴玉章主持其事。吴玉章也感到革命宣传正逢其时，答应牵头来创办《四川》杂志。大家凑了一笔开办经费。在搭班子时，吸收了《鹃声》杂志的雷铁崖等人，又聘请龙鸣剑等为编辑和撰稿人。吴玉章在东京租了两处房，为《四川》杂志的编辑处、事务所兼发行地，编辑处同时也是川籍同盟会会员聚会的革命机关。

吴玉章着手筹备《四川》杂志时，深感要办好这个杂志，工作量是非常大的，事事都要经过周密策划，不全身心投入是办不好这个杂志的。再者，吴玉章就读的冈山第六高等学校距离东京坐火车也得半天路程，两头跑显然不现实。于是，吴玉章决定休学一段时间，向学校提交了一份因病请假一年的申请书，学校批准了他的请求。

从 1907 年 8 月开始，吴玉章投入全面筹备刊物的启动工作，在选址、选择编辑人员、管理经费、对外联络、报批等等事项上，投入了全部精力。经过几个月的精心准备，《四川》的创刊号（也是《四川》的第 1 号）于 1908 年 1 月在东京问世。吴玉章亲自撰写了发刊词。

吴玉章在《四川》第 1 号的《本社重要广告》中宣布："本社同人，以中夏阽危，乡邦锢蔽，爰推爱四川以爱中国之义，创办本志，专为西南半壁警钟"，号召四川的"忧时志士、爱国名流"，挥笔撰文，揭露清政府的黑暗统治和人民群众的困苦情形，而"使此黑暗世界大放光明"。《四川》在日本东京设事务所，在成都、重庆设支社，还在四川嘉定、荣县、大竹县、冕宁县、会理县、云阳县（今属重庆）、奉节县（今属重庆）、泸州等二十州县，以及上海、北京、昆明，乃至河内、巴黎、新加坡等地设立代办所。《四川》一开始便加强了同国内外，特别是同四川省内的联系，以四川人民的代言人为己任。

《四川》杂志对帝国主义提出的在中国要"门户开放""机会均等"的侵略政策痛加鞭笞，指出所谓"门户开放"，就是"任彼放纵"，所谓"机会均等"，即是"分割土地之机会也"，尖锐指出了帝国主义侵略中国的"最后之目的即殖民地也"。吴玉章等在《四川》杂志发表了多篇揭露帝国主义本质的文章，我们从中看到了其最精华、最可贵之处。这也充分说明：在辛亥革命时期，随着帝国主义对中国侵略的加深、中华民族和帝国主义矛盾的深刻化，以及中国人民反帝反封建斗争的深入发展，资产阶级革命派中的一部分人相当认真地思考了反帝这一严峻的主题。他们努力地探索，使中国人民对帝国主义的认识前进了一步。在对帝国主义有了比较深刻认识的基础上，《四川》杂志号召人民起来进行反帝斗争，"一出而雪东南之耻，再出而挫英美之锋"①，表现出了资产阶级革命派在上升时期所具有的革命性和战斗性。

《四川》对作为帝国主义走狗的清政府的卖国罪行进行了无情的揭露，说："盖以中国危弱之原，实政府腐败之故"。"比年以来，政府卖铁路、卖矿产、卖航路、卖海港，以及森林、渔业、关税诸权。他国所视为重要而倚如生命者，政府则慷人之慨，咸三揖三让，拱手而献诸外人。"

《四川》杂志对当时处于列强虎视鹰瞵下的四川的严重局势极为关注。20世纪初年，帝国主义各国正在四川疯狂抢夺铁路、矿山，开办工厂、洋行，造成了四川地区严重的民族危机。帝国主义的行为，向四川人民敲起了警钟，特别现实的是针对当时列强攘夺川汉铁路修筑权的阴谋，《四川》杂志就把保卫路权的斗争放在重要地位，站在发展民族资本主义的立场上，发表了《为川汉铁路当先修成渝谨告全蜀父老》。文中发出"铁路关四川之存亡，四川关中国之存亡"② 的呼声，主张加快川汉铁路的修筑，来挽回利权，抵御外侮。《四川》杂志的斗争表明，资产阶级革命派在推动四川以保卫路权、自办铁路为中心的反帝爱国运动中是起了积极作用的，充分说明了资产阶级革命派对发展民族资本主义的向往。

在《四川》杂志中，反对帝国主义的文章有较多的篇幅，而揭露清政府卖国残民的也占了很大的分量。此外，即使是诗词小品，也大都是沉痛的忧时爱国之声，刊物的思想"大抵是爱国主义的、民主主义的，同时并有若干无政府主义的成分。当然，那时的爱国主义思想还是比较简单和笼统的。那时的民主主义思想也只能是资产阶级的旧民主主义，有着很大的局限性。而无政府主义思想，谁都知道，对共产主义思想说来乃是一种反动的思潮，但在当时，它却鼓舞着人们去进行冒险的革命斗争，主要的作用还是积极的；不过同时也产生了一些崇拜英雄、轻视群众的消极作用"③。

《四川》杂志虽然有上述局限，但它对振奋中国人民的革命精神，推动中国人民反帝反封建斗争，起了不小的积极作用。它的第一期出版后，又再版至五千册，第二期印数约四千册，第三期刊载了歌颂四川革命党人

---

① 《四川》第 2 号.

② 同①.

③ 吴玉章回忆录. 北京：中国青年出版社，1978：47.

反清斗争的小说《成都血》等文章。《四川》杂志在国外印刷，在国内有数千的销售量，这在一个文盲占 80％以上的国度里是相当不简单的，是一个非常了不起的发行量。

吴玉章在编辑《四川》杂志中，对所发表的每篇文章都要进行仔细审读、修改，拿不准的，就和编辑们商量，对于编排、校对、发行等各项工作，都细心把关。

正当《四川》杂志在吴玉章的领导下顺利刊行的时候，中国同盟会机关报《民报》遭遇到极大的困难。由于经费不继，《民报》主编章太炎等人几乎有断炊之虞。他派陶成章到南洋去募捐，可能陶成章对募捐对象说得不清楚，还有南洋华侨与孙中山领导的兴中会关系较深而与章太炎等领导的光复会素少联系的缘故，陶成章无功而返。因此，章就认为孙中山不支持他办《民报》。其实，孙中山这时候到处搞武装起义都遭到失败，也很困难。章的埋怨陡然暴露了同盟会内部派系之间的裂痕。吴玉章看到这种情形，觉得孙中山没有过错，而章太炎也可以理解，于是站出来设法解决。当时四川的留日学生多，有不少人都参加了同盟会，吴玉章将《民报》的困难处境在川籍会员中宣传，大家对吴玉章的话深信不疑，都踊跃出钱。家境富裕的捐得多，家境困难的也是尽力而为，有的官费生为了捐钱，甚至把官费存款折子拿去当了（当时的官费折子是可以拿到小当铺里当现钱的），可见大家一片爱国热心。吴玉章把大家捐出的一笔钱亲手交给章太炎去维持生活时，章太炎很感动地对他说："同盟会中只有四川人才是好的，才靠得住"。"他这话虽是对四川同盟会员的夸奖，并且出自衷心，但却是错误的。章太炎的门户之见过深了，所以到处都流露出来，无怪其后来走向分裂革命的道路"①。

解决了《民报》的经费问题后，吴玉章又投入《四川》杂志的组稿工作。在当时的中国，《四川》"要算是最进步和最革命的刊物之一"②。正因为这样，它引起了帝国主义和清政府的极端仇恨。1908 年 10 月 19 日，日本政府应清政府驻日公使之请，查封了《民报》和《四川》杂志。《四川》杂志被日本帝国主义控告有鼓吹革命、激扬暗杀、煽动日本殖民地反对帝

---

① 吴玉章回忆录. 北京：中国青年出版社，1978：48.

② 同①47.

国、反对天皇四大"罪状"，判决罚款一百元，处以编辑发行人吴玉章徒刑半年，缓期执行。《四川》发行至第三期即被禁止出版，即将出版的第四期也遭没收。但《四川》杂志作为"西南半壁警钟"，对四川人民的觉醒起到了重要的促进作用，吴玉章的心血没有白费。

# 四、推动同盟会总部工作向前

1906 年至 1908 年，中国同盟会在国内组织的多次武装起义都遭到失败，有些不坚定的分子因此表现消极，而吴玉章还在积极奔走，联络革命志士。有人劝吴玉章不要再搞革命了，有的干脆拒绝吴玉章的约请。在日本的同盟会总部组织也很涣散，缺乏号召力，同盟会长期没有聚会和工作安排，似一盘散沙。吴玉章看在眼里，十分着急，这样下去，必然会给革命造成无可挽回的损失，他左思右想，以总部评议员的身份出面与四川的张懋隆、李肇甫，湖南的欧阳振声、彭允彝、刘彦，广东的何天炯、熊越山，广西的覃超，江西的王有兰，江苏的陈剑虹，安徽的常恒芳、陈策（不是后来国民党政府里搞海军的那个陈策），福建的林时爽、李恢、郑烈，云南的吕天明、张大义，贵州的平刚，山西的景定成，陕西的井勿幕、赵世钰，山东的丁惟汾等人经常联系，不断集会，商讨革命工作。这样，在吴玉章的努力下，实际上形成了一个各省同盟会负责人的联席会议，维系着同盟会组织，基本坚持了革命工作的正常进行。这时，由于国内环境更加险恶，许多会党中的革命分子纷纷逃亡日本。吴玉章的大哥也到了日本，和吴玉章同住在《四川》杂志社内，见此情况，便与吴玉章和同盟会的一些骨干如焦达峰等研究。吴玉章提出了他的一些思路：最近一个时期，同盟会只顾去搞武装起义，差不多把各会党的工作忘记了，现在何不趁各省会党都有人在日本，把全国所有的会党通通联合起来，这对革命是大有益处的。对于吴玉章的提议，过去和会党有联系的同盟会领导和会员都大加赞成，因为他们知道下层社会有着巨大的革命潜力。吴玉章建议大家分头和到了日本的中国会党领导或骨干成员联系，同时宣传同盟会和孙中山的革命主张，使同盟会的革命方略得到各会党领导人的认可。

吴玉章的大哥也很赞成他的意见，还建议说："你要做会党的工作必须加入进去，且先补一个'老幺'吧，然后一升'老五'，就能在实际上管事了。"为了革命，吴玉章通过大哥的介绍，就算入了袍哥。有了一定的头衔和级别，他便开始在一些"大爷"当中进行联络。那时四川的"大爷"有张百祥、唐洁和吴玉章的大哥三人；而湖南的焦达峰，湖北的孙武、居正，江西的邓文辉，广东的熊越山等人，或是"大爷"，或是会党中较有地位和较为积极的人物。吴玉章和他们一起商量，决定将联合组织定名为共进会，很快召开了共进会筹备会。吴玉章的大哥德高望重加之年长，被推为临时主席——"坐堂大爷"，吴玉章因为表现突出则升任"管事"，实际负责组织联络等筹备工作。经过吴玉章和会党中的同盟会会员的积极活动，到日本东京的中国各地哥老会、孝友会、三合会、三点会等会党首领和来自长江中下游诸省的同盟会会员，于1907年8月在东京赤城元町清风亭召开大会，到会者近百人，正式宣告结成统一的组织——共进会。由于四川孝友会的首领张百祥在下川东一带拥有相当多的会党群众，而且他在会党中的资格最高，对各地码头最熟，所以他被推为共进会的领袖。吴玉章的大哥吴永梱也被推选为领导成员之一，他还以匡救时弊之意改名吴匡时。共进会以同盟会的宗旨为宗旨，会党中的上层分子，对同盟会的宗旨总的来说是赞成的，但有不少人是地主阶级出身或与地主阶级有着密切联系，所以有部分人对"平均地权"有不同意见，提出改为"平均人权"。二者虽是一字之差，但谬之千里，吴玉章等对他们进行耐心的解释与说服，他们还是难以接受。吴玉章等经过认真研究后，决定退一步，把同盟会纲领中的"平均地权"改为"平均人权"写入共进会纲领，以示尊重他们的不同意见。尽管后来共进会的某些首领极力辩解，说什么"平均人权"比"平均地权"更有意义，更便于向会党群众宣传，但以后的事实证明：共进会放弃了"平均地权"的主张，终于使它无力去发动广大农民群众，实际上是犯了一个历史性的错误，这是时代的局限性造成的。虽然共进会的纲领有严重缺点，它的组织也比较涣散，各派会党仍按原来的系统和各自的堂口去进行活动，并无集中统一领导，但是自有共进会这个组织招牌以后，中国南方各省绝大部分的会党都联合起来了，共进会总机关也由东京转移至国内的武汉。共进会的建立，使同盟会增加了一个群众基础较为广泛的外围组织，是有利于壮大革命力量和促进革命运动高涨的。

从思想方面来说，一些会党的领导人在参加筹备共进会的过程中，对同盟会的资产阶级革命路线有了一定了解，对资产阶级革命理论的认识有了较大提高，对克服狭隘的民族主义是有所帮助的，因而才能在推翻清王朝这个大目标上和同盟会达成共识。虽然共进会不是同盟会领导下的一级组织，但在共进会旗帜下的许多会党组织和领导成员，在后来参加推翻清王朝的辛亥革命时都有很好的表现。

吴玉章等中国同盟会总部领导与成员，促成了会党的联盟，是对中国资产阶级领导的革命向深入发展做出的一个重大贡献。

# 五、暗杀清廷要员的行动

中国同盟会多次领导的武装起义都以失败告终，革命一时陷入低潮，叛变的、灰心失望的、变节而求个人出路的不乏其人。俄国 1905 年的革命失败后，许多俄国的无政府党人逃亡到日本，在日本的一些中国革命者，从他们那里受到了无政府主义思想影响，而且还学到了许多从事恐怖活动特别是制造炸弹的技术。于是，同盟会在发动武装起义的同时，也组织了对清朝官员的暗杀。本来，行侠仗义的刺客行为，在中国历史上一直受到人们的赞扬，青少年时期的吴玉章对侠客行为也是十分佩服的，而孙中山在他的革命活动中，又把组织暗杀作为革命手段之一，其目的是造成影响，凝聚力量，不断提振多次失败后的革命信心。因此，在起义多次失败的情况下，同盟会总部再次将暗杀清廷要员提高到一个非常重要的位置。1909 年初，经过反复研究，孙中山等在同盟会总部下面，设立了一个专做暗杀清廷要员的部门，由方君瑛（女）负责。大家晓得吴玉章胆大心细，足智多谋，他也被安排进了这个部门，川人黄复生、喻培伦（又名喻云纪）和黎仲实、曾醒（女）等也都进入了这个部门。方君瑛对这项工作基本上是不过问的，一切事情都是吴玉章在筹划。吴玉章成为积极贯彻孙中山暗杀计划的主谋者之一。后来，吴玉章谈到为什么积极参与暗杀活动时说："我们怀着满腔的热忱，不惜牺牲个人的性命去惩罚那些昏庸残暴的清朝官吏，哪里知道暗杀了统治阶级的个别人物并不能推翻反动阶级的政治统治，尤其是不能动摇它的社会基础呢？这些道理，是必须掌握马克思主义的唯物史观以后才能理解的。"①

1909年1月，吴玉章参与策划暗杀两江水师提督李准的行动，负责东京方面的组织后勤工作。黄复生、喻培伦、黎仲实、汪精卫等赴香港，密设机关于黄泥甬道，在离香港二百里的屯门岛试验爆炸方法。后来因为顾忌暗杀活动影响计划中的广州起义，撤销了暗杀李准的计划，改为北上图两江总督端方。

1909年夏，启动暗杀端方的计划后，喻培伦等几人到汉口察看形势，布置一切，吴玉章等在日本购置器材和筹措经费。根据端方的行动，喻培伦准备在汉口刘家庙火车站附近暗杀赴北洋大臣任的端方，但因端方临时改乘轮船北上，计划失败。这时，大哥吴匡时和川籍同盟会会员余际唐、朱华经、吴景英等人，因筹组川流电气公司考察设备到了东京，他们想办一个实体来为革命准备经费，吴玉章立即帮助联络安排。

送走他们以后，喻培伦等人也都回到日本，大家都想在革命低潮时制造一个大的声势鼓舞士气，决心入北京谋刺清廷最高掌权者——摄政王载沣。庶几霹雳一声，天下震动。因黄复生和喻培伦都会照相手艺，遂决定先派黄复生、喻培伦在秋后赴北京。因吴玉章与日本朋友宫崎寅藏相熟，通过宫崎的关系可以搞到武器弹药，所以，后勤保障工作由吴玉章负责。黄、喻到北京后，在琉璃厂开了一家名为"守真"的照相馆作为职业掩护。11月中旬，喻培伦将吴玉章购到的机械、炸药混装在照相器材中，亲自运送到北京。这时，汪精卫和陈璧君正在恋爱，他们说过多次，要亲自去北京炸摄政王，但要等黄复生、喻培伦准备好了才去。后来，汪精卫和陈璧君确实到了北京，对于汪精卫参加的这次暗杀活动，孙中山曾经说过：几次起义失败后，"汪精卫颇为失望，遂约集同志数人入北京，与虏酋拼命"。孙中山算是把汪看透了，汪的确是由于失望才想去拼命的，并不像其他人那样满怀壮志和雄心。吴玉章说：北京的行动主要归功于黄复生和喻培伦，汪精卫只是后来才同陈璧君一道去参加的，而且他们自始至终都没有做什么事情。12月20日，黄复生还实施了谋炸出洋考察归来的两位清朝高官的行动，他把炸药置于茶壶内，安上引火装置，夹于皮包中，伺机在高官下火车时混入站台行事。黄复生进入站台，因前来迎接的

---

① 吴玉章回忆录. 北京：中国青年出版社，1978：52.

官员太多，车站内红顶花翎攒动，无法辨认对象，又怕伤及无辜，只好作罢。

　　黄复生和喻培伦在北京找到一个西瓜般大的铁罐，拿到一家铁工厂去造了一个炸弹壳，然后把从日本带来的炸药安装进去，制成一个大型的特别有效的炸弹。1910 年 3 月底 4 月初的一个晚上，黄复生和喻培伦将炸弹埋在摄政王必经的桥下，因准备不足，发现引线少了几尺。就在他们决定收起炸弹重来之时，摄政王府大门开处，有打灯笼的一行人出来，黄、喻恐怕被人发现便悄然离去。第二天晚上再去挖取炸弹，发现炸弹已经被人取走。他们分析，若是敌人取走，肯定已是满城风雨。但此后几天都无动静，他们估计无事，遂决定再干，便派喻培伦和陈璧君回日本到吴玉章处取炸药。喻培伦找到吴玉章说明事情经过，吴玉章又开始准备炸药，这时，报上忽然登载了黄复生、汪精卫被捕的消息。原来敌人发现炸弹后，并未声张，先拿到外国使馆找专家鉴定。外国专家说：这炸弹威力强大，技术高超，绝非中国境内制造的；但这个外壳做工粗糙，像是才做的不久。于是清政府侦缉人员根据弹壳的线索，找到了那家铁工厂。然后便衣侦卒带着那家铁工厂的老板四处寻找，在琉璃厂附近认出了黄复生，找到了守真照相馆，抓捕了黄复生和照相馆的人，接着又利用一个给汪精卫送饭的人带路，将汪抓捕。陈璧君看到汪精卫被捕的消息，竟然无理辱骂喻培伦怕死。喻培伦见她失去理智，也不愿在她悲痛之时和她争吵，只好把无穷的委屈压在心底。陈璧君在吴玉章等的劝说、安慰下，情绪稍安，吴玉章答应她对汪、黄一定努力营救。有一天，喻培伦对吴玉章说："她同我一起回来，却说我怕死，……唉，谁怕死，将来的事实是会证明的。"①言罢不胜唏嘘。

　　清政府的一些要员，对革命党人实施的暗杀行动，也是终日惶恐不安。黄复生和汪精卫被捕后，清政府鉴于单纯的镇压不足以消灭革命，没有立即杀害他们，只是把他们监禁起来，计划慢慢地实行软化政策。4 月29 日，清廷为缓和人心，羁縻党人，做释怨之举，从轻治罪，由刑部判处黄复生、汪精卫永远监禁。

　　吴玉章为了落实营救黄复生、汪精卫的诺言，以筹建火柴厂立案为

---

　　①　吴玉章回忆录. 北京：中国青年出版社，1978：56.

由，取道朝鲜、东北至北京。到北京后，住在姐夫张国熙寓所，以曾季友（曾醒之弟）为联络员。他在东京时曾与同志们设想过劫狱计划。到北京了解情况后，确认劫狱计划无法实行，一时找不到万全之策。徘徊月余，张国熙知道吴玉章加入了革命党，又见其行踪可疑，害怕在北京出事，也不征求吴玉章的意见，便悄悄买好车票，临时将吴玉章骗上火车，将他送到上海。

在上海，吴玉章碰到了熊克武、但懋辛和井勿幕，于是邀约一起南下，四人到香港后，见到了黄兴和喻培伦。看到黄兴与孙中山商订的革命计划信件，吴玉章也参加到商议发动广州起义的战略部署中。

# 六、采购枪弹参加广州起义

1910 年 2 月，同盟会南方支部部长胡汉民与黄兴、赵声等在广州策动新军起义失败后，孙中山、黄兴、胡汉民、赵声等在槟榔屿召开会议，决定在广州再次举义，邀集各省革命党之精英，与清廷再做一次搏击。

1911 年 1 月 18 日，中国同盟会在香港跑马地鹅井三十五号，设立统筹部作为领导广州起义总机关，由黄兴任部长，赵声副之，下设调度、交通、储备、编辑、秘书、出纳、调查、总务等八课。在摆花街设立实行部，专门负责制造炸弹。并分派专人负责发动新军、防营、巡警，联络番禺、三水、顺德、惠州等地会党和绿林。通知在日本和南洋各地的同盟会会员尽量参加。吴玉章认为：这次起义计划是很庞大的，当然，也是鉴于过去几次分散性起义都归于失败的教训，因此，要集中全力，实行决战，而不计成败如何。所以这次起义仍是一种军事投机性质的冒险，并不是客观条件成熟了有把握的行动。当然起义的准备工作，还是做得比较充分和周密的。为筹措经费，孙中山亲自到海外华侨中去募捐。经大家的努力，共募集二十万元左右。为储备军火，选派了几批得力的人，到好几个国家去购买。吴玉章一到香港，黄兴立即找他谈话，安排他到日本去负责购运枪弹，安排喻培伦等设立专门制造炸弹的机关。为了这次起义，特别组织了五百人的选锋队（即敢死队），其后增至八百人，还为这次起义组织了秘密机关达三十余处。四川参加起义的同志以吴玉章的名义在广州城内组建了一处机关，名曰吴老翁公馆（吴公馆）。

　　购买军火是一项非常艰巨的任务，特别是批量购买难度更大，买到后还要将其秘密运至香港和广州，真是难之又难。吴玉章接受任务后，进行了精心策划和安排，充分利用以前建立的人脉关系，很快购买到手枪一百一十五支，子弹四千发，交周来苏运往香港。香港原是无税口岸，向来不检查旅客行李，吴玉章把军火打扮成普通行李后，送周来苏从日本横滨上船。吴玉章刚回到住处，忽然接到黄兴来电，说香港近日对美国总统号轮船曾经检查行李，要吴玉章特别注意，而周来苏这次坐的轮船恰恰就是美国总统号。可是，轮船已经启航，怎么办？吴玉章想到轮船要在神户停靠几个小时，于是，立即派王希闵赶赴神户，把周来苏的船票换为头等舱位，头等舱位旅客的行李一般是不查看的。谁知周来苏胆小如鼠，当船过门司时，他忽然害怕起来，竟把所有的枪弹，全部投入海中。船到香港时，根本没有检查。香港同人听说周来苏押械到来，无不欢喜雀跃，待周到后，才知周已经把枪弹完全丢了，大家在失望和愤恨之余，便给周取了一个外号，叫"周丢海"。这样一来，吴玉章购买军火的压力就更大了，当时的日本是严禁私人购买和贩运军火的。

　　吴玉章凭借可靠的人脉关系和细心的安排，多次化险为夷，有时还亲自运送军火。有一天下雨时，为了及时运走所购的子弹，他把子弹用布带捆好，在两腋和腰部拴上全部两千发子弹，再用布带从肩上联结，捆扎牢靠后，外套一件日本和服。好在他身材瘦削，个子高，看不出来体形的异样和臃肿，但这两千发子弹，至少应该有七八十斤，负重行走极为不便。吴玉章手执雨伞，脚穿高脚木屐，加之地面泥泞湿滑，每迈出一步都格外小心。不巧他刚从秘密住所出来，就碰上一个警察在前面走。吴玉章怕被发觉，故意放慢脚步，和警察拉开一段距离，慢慢地走在警察的后面。好不容易走了半里之遥时，在雨伞的掩护下，吴玉章向后看到从右面的街上突然又走出来一名警察，正好在后面跟着他，两名警察把他夹在中间。吴玉章心中紧张，外表又不敢露出惊慌，就这样慢慢地朝前走动，大约走了一里之地时，在一个街口，他趁势转上另一条街，才算摆脱了为难的处境。当他安全到达目的地，卸下子弹时，内衣湿透，浑身还在冒汗。

　　购买和运输军火是半点都不能马虎的。每次装箱，吴玉章都是亲自动手，有一次因实在忙，就安排另一个人去包装。这人把一百二十支手枪装在一个长不过三尺、厚不过几寸的皮箱里，箱子看起来不大，但非常重，引起车站人员的怀疑，被扣在横滨，要求开箱检查。吴玉章想了许久也没有万全之策，最后，他想到让身材比较高大、力气也大的陈策去相机取货。陈策找到看守箱子的人说：箱子是朋友的，钥匙被带走了。又不断地说了不少的好话，在看守犹豫时，就大胆地故作轻松地提着箱子走了。当陈策提着箱子胜利回到寓所时，大家互相拥抱庆贺。

在购买军火时，大笔的经费都是经吴玉章一人之手支付出去的。有一天，黎仲实来了，他不负责购买军火，一见吴玉章就说："把回扣给我吧，我要去救汪精卫。"吴玉章回答说："我为革命买军火，从来没有拿过回扣，并且以拿回扣为可耻……现在既然要救汪精卫，那么就拿去吧。"当时，吴玉章对汪精卫的印象还比较好，听说救汪，立即给了三千元。吴玉章经手购买军火的款项前后约六万元，黎按百分之五拿到三千元就回香港去了。

军火运到香港后，黄兴等想尽各种办法将武器安全运进了广州城内。广州起义的时间，一改再改，最后确定在1911年4月27日（农历三月二十九）。吴玉章等必须在26日赶到，但在26日才接到黄兴27日起义的电报，而香港到广州每天只有早晚两班船，船票有限。吴玉章和胡汉民只好先安排一部分敢死队员第二日乘早班船出发，他和胡汉民等搭乘晚班船到广州，同时，又急电黄兴务将起义展缓一日。等电报到达黄兴手上时，他的起义命令已经下达了。

4月27日午后5时半，广州起义爆发了。黄兴亲自领着一队人直攻总督衙门，攻入后堂，发现两广总督张鸣岐早已逃避。再返出衙门时，恰好遭遇敌人大队人马。林时爽误信其中有革命党人，便欲晓以大义。他刚喊话出口，即中弹牺牲，黄兴亦伤右手而断两指。此后黄兴仍领着队伍奋勇杀敌，且战且走，直到最后只剩下他一人时，才避入一家小店，换了衣服，逃到广州的河南女同志徐宗汉处，由她看护。起义的那天，喻培伦、熊克武、但懋辛等在另一路，他们从后门攻入总督衙门。喻培伦胸前挂着满满的一筐炸弹，所向披靡。他用炸弹炸开督署后墙时，但懋辛受伤了。熊克武一面扶但，一面战斗，颇为不利。他们走出督署，又率众往攻督练公所。喻培伦沿途抛掷炸弹，奋勇当先，敌人见之无不丧胆，但终因寡不敌众，横身被创，最后弹尽力竭，为敌所俘。当敌人审问他的时候，他慷慨激昂地说：学说是杀不了的，革命尤其杀不了。最后英勇牺牲。之后，黄兴和徐宗汉辗转到了香港，后两人结为夫妻。

吴玉章等到达广州时，起义已经失败了，并且官兵正在四处捉拿革命党人，一行人只得返回香港。

广州起义中，革命党人虽然英勇无比，但由于没有发动广大群众参加，单纯的军事行动终于无法避免其失败的命运。这也是广州起义失败的根本原因。此外，如运送军火的失事、叛徒的混入，以及陈炯明、胡毅生等人临阵脱逃等等，也是造成失败的重要因素。后来，黄兴用左手在草纸上写了一封万言长信，让吴玉章带交同盟会总部，其中说：实不啻集闽、蜀之同志而歼之。又对那些不顾大局的分子表示极大的愤慨。对于陈镜波那样的叛徒，人们更是切齿痛恨。所以，当陈不久后到香港时，同盟会会员洪承点便把他诱至郊外，用匕首将他刺死，使他受到了正义的惩罚。

广州起义中牺牲的人很多。起义失效后，革命党人潘达微将七十二具烈士遗骸掩埋于广州郊外白云山红花岗下，此岗后改名黄花岗，因此，此次起义又被称为"三二九黄花岗之役"。在此役中殉难的革命党人，均为同盟会极优秀的干部。

起义前，在广州城内设立吴老翁联络点，起义失败后，找不到吴老翁，就风传他已经牺牲，因此，吴玉章也被定成了七十二烈士之一。其实吴玉章根本就没有到过吴公馆，而是到日本购买军火去了。找不到吴玉章，就把他"定为"烈士，这也从一个侧面说明吴玉章在同盟会内有很高的名望，同时也说明大家对吴玉章的尊重和对他革命忠诚的肯定。后来的碑记中称吴玉章为"当日未死同志"，吴玉章还作诗一首答谢：

> 飘摇清室遇狂风，革命潮流汇广东。
> 七十二贤成烈士，至今凭吊有吴翁。

广州起义虽然失败了，并且付出了无比高昂的代价，但是，烈士们的鲜血没有白流，它激发了无数的人继起斗争。紧接着广州起义，辛亥革命的高潮就来到了，这并不是偶然的。因此，广州起义在中国历史上特别是在旧民主主义革命历史上发挥了重要作用。起义失败后，吴玉章等一大批革命志士并没有消沉，他们又以新的战斗姿态投入到更加宏伟的革命运动中。

# 七、策划荣县独立

广州起义失败后，吴玉章等退到香港，因洪承点杀了陈镜波，香港成了不可久留之地。吴玉章和熊克武、洪承点等又匆匆乘船到了日本。不久，湖南、湖北、广东、四川几省的铁路风潮兴起，坚决反对将地方的修建铁路权收归国有，再以出让路权去向帝国主义换取借款。特别是湖南和四川的铁路属集股商办，四川除个别边远县份外，都有股份在铁路上，有钱的富绅股份更多。铁路变为国有，又拿来出让给外国人，对人们已投入的股份也没有给出可靠的说法，因而引起了巨大的民愤。沉寂的成都古城，掀起了震惊中外的保路运动。消息传到日本，吴玉章预料革命运动会因铁路而发展起来，便决心回国。1911 年 6 月下旬，吴玉章到达上海会晤谭人凤、淡春谷等人，商议营救但懋辛和办报、运动军队、川陕联络、以武昌为中心起义等事。又会晤了孙武，约定川鄂起义联络办法。7 月中旬，吴玉章从上海到宜昌，一路上，他所见所闻都是人们对清政府的不满和对革命的极大同情；到宜昌又看到那里的川汉铁路职工正在为保路而斗争，吴玉章还在川汉铁路职工和会党中做革命宣传和组织工作。这一切，都使吴玉章预感暴风雨即将来临。

7 月 31 日，以宋教仁为首的一些同盟会会员在上海搞了一个同盟会中部总会（中部同盟会）。这个组织号称为同盟会的分支机构，主张以长江流域为中心在中国的中部发动革命，而反对在边疆继续搞武装起义，这个意见在当时是正确的。吴玉章在上海时，并未停留多久，也没有见到宋教仁，但宋教仁却让他主持四川同盟会工作。吴玉章在宜昌搭乘行驶川江的蜀通轮船，船虽然十分简陋，由一艘机器船牵着驳船前行，但比当年出川时坐的木船安稳迅速多了。就是这样的船，也竟然要请外国人来管，技术员和船长都是外国人。

8 月下旬，吴玉章到重庆，见到了谢持、杨庶堪等先期回川的同盟会会员。这时四川的铁路风潮正在迅猛地进行着，但重庆的革命党人却没有大举起事的图谋。在重庆住了一天，继续赶路回家。路过永川时，吴玉章见满街都挂着黄布，到处都扎起"皇位台"，台上供着光绪帝的牌位，两旁写着一副对联：一边是"铁路准归商办"，一边是"庶政公诸舆论"。这是从光绪帝的"上谕"中摘出来的两句话。市场两头的街口上还有"文官下轿、武官下马"的牌子。一切都像皇帝死了办"皇会"一样。这种情形，看起来有点可笑，但仔细想来，确实是一种高明的斗争方法。这种斗争方法虽是由立宪党人倡议的，但毫无疑问也是得到了革命党人同意的。立宪党人取其温和而无犯上之嫌，革命党人则利用它来广泛地吸引群众参加革命斗争。立宪党人用光绪帝的"上谕"来为自己服务和表示对清廷的忠诚，而革命党人又用立宪党人的方法来发动群众为革命服务，真是意味深长，十分有趣。

　　9月6日，吴玉章到达荣县贡井盐场，会晤了共进会重要成员何其义。何向吴玉章汇报了游说士绅、掌握民间武装、利用贡井学校化学药品制造炸弹、准备响应武装起义的情况。吴玉章夜宿贡井，第二天一早，即起身赶往双石桥蔡家堰，中午时分回到离别八年的家中，全家老少都围在吴玉章身旁，畅叙离别团聚之情。吴玉章的大哥、二哥也为革命长期奔波在外，他看到这个家全靠大嫂、二嫂和妻子游丙莲三个女人撑起，游丙莲的额上也多了几道皱纹，吴玉章的歉意油然而生。游丙莲叫过十三岁的女儿和十一岁的儿子，要他们喊爸爸。女儿和儿子初见眼前这个爸爸，感到比较生疏，因为在内心深处对这个爸爸也没有什么很深的印象，只听妈妈说过："爸爸在外边干重要的大事，有空的时候就会回来看我们"。女儿和儿子虽然盼望早日见到爸爸，但陌生感使他们迟疑地站在吴玉章身旁。坐在凳子上的吴玉章，拉过儿女，左一个女儿、右一个儿子拥抱在怀中，询问他们的读书情况。他特地看了女儿穿着布鞋且未经缠过的"大脚"，心中深深地感谢妻子的开明。亲朋好友和乡邻们听说吴玉章回来了，也都纷纷前来看望这位留学东洋、还敢于和清政府较劲的同乡。在家时，吴玉章还收到同盟会会员刘光烈6月23日的来信。此信自上海寄出，辗转两个多月才至荣县。信中除告知营救但懋辛情况外，主要谈到陕西方面同盟会的革命情况。

　　家是温暖的，也是和谐的，但听到乡邻们都在热烈地议论着县城里罢市、罢工，传说各地发生的激烈的保路运动消息，吴玉章在家待不住了。因为家乡的人们也都是川汉铁路的股东，关心之情是可想而知的，加之荣县的革命志士努力宣传动员，创建的同志军武装不断发展壮大，使荣县逐步成为川南同盟会活动的重要据点。9 月 10 日一早，吴玉章告别了大嫂、二嫂和妻子，又去看了熟睡中的女儿和儿子，便直奔县城而去。

　　不到正午，吴玉章就赶到了县城南门外，远远地看见一支队伍，一个人站在队伍左侧行进，看似指挥员的模样。吴玉章加快脚步跟了上去，快要赶上队伍时，才看到了指挥员熟悉的背影，认出这个人就是龙鸣剑。吴玉章听说龙鸣剑在成都，他怎么会出现在荣县呢？原来，龙鸣剑从日本回国后，在成都创办法政学堂作为掩护，联络川西南哥老会首领秦载赓等，开展革命活动。8 月 4 日，龙鸣剑等以秦载赓的名义在资中县罗泉镇召开四川各地哥老会首领大会，商定全省起义方略。会议之后，龙又回到成都。9 月 7 日，四川总督赵尔丰制造了"成都血案"并封锁了全城。龙鸣剑当晚凭借自己的武功底子好，顺利地从戒备森严的城墙上跃下，同朱国琛、曹笃选用数百块木板，上面写着"赵尔丰先捕蒲罗，后剿四川，各地同志会速起自救自保"等字句投入锦江。后来，人们称这个传递消息的办法为"水电报"。龙鸣剑投了"水电报"后，星夜赶回荣县，决定和王天杰带着早已准备好的武装队伍去成都。吴玉章兴奋地快步追了上去，拍了一下龙鸣剑的肩头。龙鸣剑回头一看，见是吴玉章，便觉得真是喜从天降。龙鸣剑双手拉着吴玉章的手，惊奇万分。吴和龙两年前在日本分手之后，各自忙于革命，也没有互通信息。短暂地互致问候后，龙鸣剑将身旁站着的年轻人王天杰介绍给吴玉章。王天杰十六岁参加同盟会，先后多次参加四川同盟会领导的武装起义。王天杰也早就听龙鸣剑多次说到过闻名乡里的吴玉章。时间紧迫，容不得闲话多说，龙鸣剑快人快语地给吴玉章安排任务说："你回来就好了。同志会由蒲（殿俊）、罗（伦）等立宪党人领导，作不出什么好事。我们必须组织同志军，领导人民起来斗争，才有出路。我马上要到前线去，一切大计望你细心筹划吧！"荣县的事简单议定之后，龙鸣剑和王天杰领着一千多人的起义军赴成都而去。吴玉章随队相送，出城门后，龙鸣剑招呼队伍暂停行军，他站上一处稍高的台阶，异常激愤地从腰间拔剑举过头顶高声起誓道："不杀赵尔丰，决不再入此门。"[①] 一千多人也跟着高喊"不杀赵尔丰，决不再入此门"，吴玉章和在场的群众都很感动。

---

　　① 吴玉章回忆录. 北京：中国青年出版社，1978：70.

　　自龙鸣剑和王天杰率领起义军离开荣县后，吴玉章就承担起荣县的安全和支持前方的全部责任。在龙鸣剑启程的当天，荣县城里的大地主张子和请客，吴玉章也应邀参加。宴席上，有人持大地主、大当铺老板郭慎之上县官一书，说什么"三费局"（征收局）被匪（暗指龙鸣剑、王天杰）劫去了八百两银子，要张子和签署。吴玉章一看，事情不对，即问张子和道："龙鸣剑和王天杰领着同志军去打赵尔丰，是替我们大家争铁路、争人格，他们是为国争权、为民除害，做的是正大光明的事情，怎么能说他们是土匪呢？"被吴玉章这么一问，满座的士绅们都哑口无言。吴玉章又继续说道："同志军到前线去为我们打仗，我们在后方应该继起支援。我提议全县按租捐款，替他们筹军饷。"[①] 对于吴玉章的提议，士绅们心中一百个不愿意，却没有人敢站出来反对。席散，吴玉章趁热打铁，立即派人请未赴宴的县城内的各界知名人士参会，好在县城不大，很快，人员就到齐了。众人商议通过了按租捐款的办法，这样就为同志军解决了军费问题。有了军费以后，吴玉章又指示安排并派人到各乡镇加紧训练民团，还开了一个军事训练班，准备不断扩大队伍，支持前线之需。

　　龙鸣剑率队离开荣县后，在仁寿县与秦载赓的民军会合。民军发展到万人以上，他们在成都郊外与清军激战二十余次，取得了多次胜利，但民军的损失也比较大，后又转战于嘉定、宜宾一带。秦载赓、龙鸣剑、王天杰商议，决定由王天杰率部分民军回到荣县，清政府的荣县知县和郭慎之等土豪劣绅一听到王天杰率民军即将回县，十分害怕，赶快收拾金银财宝连夜逃走了。王天杰一到县城，就带着一队人来找吴玉章商量对策，深思熟虑过的吴玉章向王天杰提出了自理县政、宣布独立的想法。推翻清朝、建立共和国是同盟会的宗旨。在当时，这是个胆大包天的决定，在全川、全国是没有先例的，若不成功，按照大清的律令，是犯杀头之罪的，弄不好还要连累家族亲人。吴玉章的提议，得到大家的赞成。谁来主政荣县？吴玉章考虑到自己是本县人，有好些事情不便处理，而且易于引起纠纷。吴玉章忽然想起广安县（今四川广安市）的同盟会会员蒲洵来荣县联系工作，住在自己寓所，还没有走，此人不错。吴玉章征得蒲的同意后，立即通知王天杰等开会讨论人选，大家一致拥护吴玉章提出的人选。

---

　　① 吴玉章回忆录. 北京：中国青年出版社，1978：71-72.

1911 年 9 月 25 日（农历八月初四），吴玉章和王天杰在城内召集各界开会。吴玉章发表演说，宣布荣县脱离清政府独立，并提出由蒲洵主持县政，事前不知的人，震惊不已。当然，大家都知道吴玉章是东京同盟会总部回来的人，自己不图官职，却把蒲洵推出来主政，蒲是外县人，与各方面全无矛盾，因此都很满意。在一致的欢呼声中荣县的革命政权宣布建立，从此，东路民军也有了一块可作依托的根据地。

荣县起义，发动于 8 月初，比武昌起义早两个月。在吴玉章等的谋划下，荣县宣布脱离清政府独立，比武昌起义也早半个月。荣县建立了全国第一个脱离清政府的资产阶级革命政权，在荣县的影响下，四川各州县纷纷效法，推倒清政府、实现独立的浪潮迅速席卷全川。

# 八、领导内江独立

在四川保路反清斗争激烈进行之际的 1911 年 9 月 2 日，清政府命令川汉、粤汉铁路督办大臣端方，从湖北的鄂军三十一标及三十二标两部中抽调两千人，入川镇压保路运动。10 月 13 日，端方率部到达重庆，始知革命党人已在武昌起义。

吴玉章主持荣县独立后，深知这样一个小小的县级革命政权是难以长期单独存在的，必须向外发展。他派王天杰率军攻打井研县，旗开得胜，实现了井研县的独立，然后还派民军攻打贡井盐场，但因驻盐场的巡防军武器精良，攻打受挫，形成相持。这时，端方率鄂军分水陆两路向西、向南进攻，准备包围以荣县为中心的起义根据地。

11 月 4 日，鄂军前哨抵达威远县高石场，驻贡井巡防军开始反攻荣县和威远县民军，同民军在内江县（今四川内江市）与威远县交界的界牌发生战斗。界牌离荣县不远，导致荣县形势骤然紧张起来，人心不免惊慌，大家都来请吴玉章想办法。吴玉章和大家约定说：由你们死守，一个星期以后必有救兵到来。因为吴玉章全局在胸，知道端方所率鄂军中，一定有不少革命党人，湖北的孙武一定会安排他们派人来找他，所以他才敢这样大胆承诺。大家知道吴玉章从来不说假话，深信不疑，都表示愿意死守待援。11 月 21 日一早，吴玉章同侄儿吴庶咸各骑一匹快马，向鄂军必经要道内江县扬鞭飞奔而去，偷偷越过清军防线，当夜宿于贡井一位同盟会会员家中。第二日黎明上路，向内江赶去。这一天，重庆宣布独立，成立蜀军政府。吴玉章当晚夜行，在马上打盹休息，23 日到达内江县城，住喻培棵家中。吴玉章与途经内江的鄂军党人（共进会会员）接上头，决定由鄂军党人在资州（今四川资中县）杀端方，内江方面同时起义。送走接头人后，吴玉章立即联系内江的革命党人，安排布置内江独立准备工作。

端方率军于 11 月 18 日到达资州，在天后宫设行辕。端方知道武昌起义爆发，还风闻湖南、陕西、江西、山西、云南、广西、贵州、安徽等省革命党人起义并宣布独立，所处的四川更是革命浪潮汹涌，州县宣布独立之声不绝于耳。11 月 22 日重庆独立，端方后路被断，感到自己仿佛成了急流险滩中的一叶孤舟，随时都有覆灭的可能。端方不敢再往前走了，决定滞留资州以观动静。

吴玉章对鄂军的判断是正确的，在端方带领的鄂军中，革命党人不少，与同盟会、共进会的孙武、季雨霖等人早有联系。孙武还命入川鄂军中的党人到川找吴玉章。共进会成员三十一标第一营督队官陈镇藩是日本警监学校毕业的，还是与孙中山过从甚密的老同盟会会员。还有鄂军后队田智亮等一批革命党人，他们入川在万县时就和四川同盟会会员取得联系，到内江后，又与吴玉章取得联系。11 月 27 日凌晨，鄂军中的革命党人在资州起义，杀端方，公推陈镇藩为统领，张贴大汉国民军布告，通电回应武昌起义，并立即派人驰报在内江的吴玉章。

吴玉章得报鄂军起义成功，大喜，立即展开内江独立的工作。内江知县听到端方在资州被杀的消息，大惊，立即收拾细软和财宝逃走。巡防军见知县都跑了，也一哄而散各自保命去了。吴玉章得报，决定马上行动起来，他首先想到的是要解决地方武装，便带着几人到团练局，赶到时，见到有革命同志正在同团练局局长谢仲辉谈判。吴玉章也参与进去。谢说什么土匪来了他可派兵去打，同志军来了他可派人去交涉，如果鄂军来了，治安问题他就无法解决了。吴玉章听后，当即回答说："治安问题完全可以保证，但你必须首先将团练局交出。"谢不肯答应，革命党人招集在院子外的千余群众大声怒吼："非交不可，一定要交！"谢不得已才被迫将团练局交出。

接收团练局后，吴玉章决定召开大会，宣布内江独立，喻培棣的父亲和当地的同志分头去召集群众。11 月 28 日，数千群众到天后宫的大戏台前开会。吴玉章在会上宣布内江独立，发表独立讲话。会上通过成立内江军政府，吴玉章被推选为行政部长，吴庶咸被推选为军政部长。这时，董修武、康宝忠奉成都同盟会之命，由成都赴荣县找吴玉章，扑空之后，又从荣县追踪到内江，邀请吴玉章立即和他们一道去成都主持起义大事。吴玉章答应一个星期后到成都，董、康二人立即返回成都。

当资州鄂军返回至内江时，吴玉章组织群众大会表示欢迎，内江人民看见这么多装备精良的军队和人民站在一起，情绪更为兴奋。起义部队受到人民的热烈欢迎，也非常感动。欢迎会后，吴玉章设宴招待起义部队，席间问陈镇藩是否可把军队留在四川，共图大举。陈对吴玉章说："现在军心思归，而且武汉方面战争还很激烈，我要赶快率队回鄂，替革命效力，但求你们沿途替我疏通，我就万分感谢了。至于四川的事情，还望四川同志好自为之。"[1] 随后，陈送吴玉章快枪四十支，吴玉章也筹款一千五百两银子送鄂军，并且告诉了沿途的联系方法。

送走陈镇藩后，吴玉章立即组织接收县衙门，设六个管理处进行管理，抽调隆昌民军和改造后的旧军共任保卫之职，清查在押犯人，遣散无辜，处决劣吏，使内江的社会秩序和新生革命政权得到巩固。

鄂军起义，内江独立成功，荣县之危自然解除，荣县人民称赞吴玉章神机妙算，料事如神。正当吴玉章忙于安顿内江的各项工作时，他接连收到重庆蜀军政府及同盟会同志函电，请他速去重庆。看来，成都是去不成了，吴玉章给成都方面的同志去了信函说明。但荣县还有一些善后事情要处理，内江工作大体就绪后，吴玉章就辞去了内江革命政府的行政部长职务，吴庶咸也辞去了军政部长职务，和吴玉章一道回荣县处理善后事宜。12 月 2 日，吴玉章从荣县启程，吴庶咸、喻华伟同行，三匹快马飞驰，路过双石桥时，也没有回家看望妻子儿女，连夜奔向重庆。12 月 5 日，吴玉章抵达重庆，居停于蜀军政府新设之礼贤馆，立即会晤老朋友但懋辛、刘光烈等，了解蜀军政府情况。

---

[1] 吴玉章回忆录. 北京：中国青年出版社，1978：79.

# 九、严明纪律　惩治悍将

重庆是四川同盟会活动的中心，中国同盟会在日本东京成立第二年，重庆同盟会支部就建立了。在杨庶堪、张培爵等人主持下，聚集革命力量，密谋发动武装起义，由于端方率鄂军入川，重庆党人一时未敢盲动。在成都龙泉驿驻守的清军排长、同盟会会员夏之时运作部队起义，被推选为总指挥，率八百余人东下重庆，促成了重庆起义成功。重庆蜀军政府成立，张培爵为都督，夏之时为副都督，杨庶堪、朱之洪为顾问，林畏生为总司令。安排就绪后，蜀军政府决定立即组织军队，西上成都讨伐赵尔丰。重庆蜀军政府还委任吴玉章为出席南京临时政府会议代表。吴玉章之所以没有去成都，而是到了重庆，是因为他还有一个重要安排，就是准备从重庆出川，尽快与领导全国革命的总机关取得联系，以便开展下一步的工作。他把想法与重庆的同志做了交流，打算早日成行。这时，蜀军政府都督张培爵到吴玉章的住处，跟他谈了一件他们难于处理的大事。

原来，蜀军政府在安排西征成都时，决定由夏之时以蜀军政府副都督的身份亲自领兵出征，而以总司令林畏生兼任北路支队长。

对西征军的安排，林畏生发生了误会，以为是摘掉了他的总司令职权，大为不满。他参加革命本来就是出于被迫，根本没有什么觉悟。当了蜀军总司令后，他自以为过去在新军中的地位比夏之时要高，因此，对夏之时常出不逊之言，态度非常傲慢。现在又误认为夏之时在故意打压他，一怒之下，即将支队长的委任文书和一切印信当众撕毁并且破口大骂，持枪握拳，闯进军政府，声言要找夏之时拼命。其手下有两个团长，更是横行不法，纵容士兵四处扰民。吴玉章在重庆街上也碰到过军人无纪律的情形，人们街谈巷议，惴惴不安。而张培爵和夏之时对此却毫无办法，刚刚成立的蜀军政府差不多陷入了无政府状态中。张培爵说完大致情况后，请吴玉章想个办法。吴玉章听完张培爵的叙说后，立即干脆地回答说："只有严明纪律，才能维护革命政权，现在必须召开一个紧急会议来讨论这件事情，并准备实行军事裁判，整顿军纪。"

张培爵完全赞成吴玉章的意见，吴玉章也接受张培爵的邀请同意参加会议。12 月 17 日，张培爵召集了蜀军政府全体军政负责人会议，特地告知不许携带武器，又安排警卫人员妥为戒备。人一到齐，会议开始。夏之时首先报告事情发生的经过，请大家讨论解决。这时，林畏生毫不在意地站起来大声说道："我林畏生罪多得很！砍官防，其罪一也；撕委任状，其罪二也；辱骂都督，其罪三也；闹军政府，其罪四也。看你们敢把我林畏生怎么样！"他气势汹汹地说完就坐下了。过了许久，没有一个人敢站起来发言。

吴玉章看到这种情形，非常气愤，心想："既为革命党人，对清朝反动政府都敢起来革命，为什么对这样一员悍将就不敢斗争了呢？"他控制了一下愤怒的情绪，从容地站起来说道："我们革命的宗旨是推翻清朝专制政府，实行民主政治，解除人民痛苦，并不是以暴易暴。我们革命党人是不侮鳏寡，不畏强暴的。扶正义，打抱不平，正是我们革命党人的本色。如果我们今天一胜利，就横行霸道，和清朝官吏一样，实在违反革命初衷……"

吴玉章心情十分沉痛地讲了两个小时，最后主张执行革命纪律，把这个会议变为军事裁判。许多在场的人都是初次见到吴玉章，他讲完之后，全场热烈鼓掌，表示同意。坐在一旁的林畏生不时地看看吴玉章，对这样一个陌生人义正词严的讲话，感到有些惊异，也不知道他是什么来头。

夏之时接着说："我是当事人，不便主持裁判。我提议请最近由同盟会总部派来的、孙中山先生亲密的朋友吴玉章同志做裁判长。"大家都表示赞成。夏之时的这个提议，完全出乎吴玉章的意料，让他真是骑虎难下。吴玉章心想："由于我提议才召开这次会议，现在要我来主持裁判，岂不是故意把杀人的事情推给我做吗？"但接着又想："如果推辞，旁人也是一定不干的，事情又怎么解决呢？"于是，吴玉章便毅然接受了大家的推举，并向大家提出了新要求：

"第一，我说明犯罪的行为时必须得众人的同意；第二，我判决的处罚也必须得众人的同意；第三，判决后犯罪人得申诉或声明不服，并说明不服的理由；第四，判决后一定要遵照实行。必须大家都赞成这四个条件，我才能就职。"

对吴玉章说出的四条，大家都觉得法理适当，都说："这是最公平的裁判法，我们赞成。"

于是，军事裁判就由吴玉章唱主角了。吴玉章详细地说明林畏生的犯罪行为违背了革命宗旨，危害了人民利益，无异于企图推翻革命政府，应照军政府规定的军法处以死刑。吴玉章问大家同不同意，大家表示赞成；吴玉章又转向林畏生，问他是否服罪，限他两分钟以内回答。林畏生开始的气势没有了，沉默着，又延长五分钟，他仍不说话。经吴玉章再三催促，他才慢慢地说："说我想推翻军政府，我没有这个心思。"

吴玉章接着林畏生的话说："我不知道你有没有这个心思。但判断犯罪以客观行动为标准，你的行动是危害军政府的。"

林畏生再也不说话了。吴玉章请夏之时执行判决。夏却犹豫起来了。他结结巴巴地说了几句应该特设什么什么的话。夏的意思是说，裁判既是特设的，执行也应该特设。因为他说得不清楚，有些人就以为是"特赦"。于是他们又反过来为林畏生辩护，说林畏生也是参加了起义的人，应该从宽处理，赦免他。

吴玉章对此坚决反对，认为大家刚才约定的条件，不应该马上就自己推翻。辩论了一个小时，还是没有结果。有一个激烈的革命党人站起来愤慨地说："像你们这样懦弱畏缩，我拿炸弹来把大家炸死算。"大家又纷纷反对他。吴玉章站起来对大家说："不必性急；我试问林畏生这样蛮不讲理的人，谁能保他以后再不做乱事呢？"

这时，一位姓舒的团长起来说："我保他，我们四团人保他。"

他话犹未了，卫队中几个士兵就齐声说："就是这个家伙最坏！"因为士兵们说话时过于激动，挤得刀枪碰击作响，那位舒团长恐怕有人打他，急忙把头低下去躲藏，猛地一下碰到桌子角上，流出血来。大家以为士兵们开了枪，都赶快逃避。石青阳竟把茶几顶在头上跑了出去。这时，会场上就只剩下吴玉章和张培爵、夏之时、林畏生四人。林和张、夏两人一同劝士兵们注意安静。士兵们说："就是那个舒团长劝林司令做坏事。"吴玉章说："现在暂时把舒团长扣下，另案办理。今晚上还是要把这个案子结束。"

接着又把大家请回来。好在军政府戒备森严，没有一个人逃得出去。大家重新坐定后，吴玉章看林畏生并未趁扰乱逃走或者有什么不好的表现，也就有从轻处罚的意思了。因此，吴玉章就以商量的口吻对大家说："有人说要特赦他，但谁能替他保证呢？"[①] 谢持、朱之洪说他们愿意担保。

---

① 吴玉章回忆录. 北京：中国青年出版社，1978：86.

吴玉章最后决定立刻解除林畏生的职务，并且请张培爵派人将其送回湖北原籍。

在军政会议的第二天，蜀军政府逮捕处决了乱军扰民将领四人，化解了军阀篡权的危险。

12月22日，成都的同盟会诛杀四川总督赵尔丰，成立四川军政府后，重庆的蜀军政府罢西征成都计划。

从重庆蜀军政府这件久拖不决的大事上看，正是因蜀军政府的软弱无力，才使问题日趋严重。这一事件最根本地表现出这些革命党人的畏缩、妥协。吴玉章大刀阔斧、快刀斩乱麻的处理，使处于涣散中的重庆蜀军政府得到了暂时的巩固，更重要的是，通过整顿，严明纪律，重庆人民都高兴为他们除去了一个祸害。


# 十、临时总统府秘书处负责人

重庆问题解决以后，12月25日，吴玉章乘轮船离开重庆东下。在这之前的12月14日，独立十七省的代表在南京开会，选举出议长和副议长，计划在16日选举总统。这时，革命党内有一批人，对南北议和抱有绝大希望，看到袁世凯的势力强大，觉得只要袁同意共和就行，不想与袁争锋，并想利用袁世凯反正，逼迫清帝退位，然后举袁世凯为共和国大总统。因南北议和还没有最终确定，先拟举孙中山为临时政府大元帅。25日孙中山从国外回到上海，正在召开的代表会议，派出马君武等6人代表团到上海看望孙中山，并征询拟举孙为临时政府大元帅之事。孙中山毕竟是奔赴海外多年、富有政治经验的革命家，对回国筹组中央政府的重任是明确的，也是有思想准备的。他针对代表们的提议明确地说："要选举，就选举大总统，不必选举大元帅，因为大元帅的名称，在外国并非国家元首。"代表们又把议和的条件说给孙中山："代表会所议决的临时政府组织大纲，本规定选举大总统，但袁世凯的代表唐绍仪，到汉口试探议和时，曾表示如南方能举袁为大总统，则袁亦可赞成共和。因此代表会又决议此职暂时留以有待。"孙中山回答说："那不要紧，只要袁真能拥护共和，我就让给他。不过总统就是总统，临时字样，可以不要"①。

孙中山送走代表后，也及时到达南京。代表们从上海回南京后，马君武将孙中山的意见在各省代表会上做了传达，大家同意孙中山的意见，但临时参议会在 28 日发出的选举讨论材料上，仍然出现了临时总统的安排。孙中山再次建议除去"临时"二字，代表们又讨论认为：因各省有未独立者，正式宪法尚未制定，正式总统亦无从产生，因此，选举仍须以"临时"出现为妥当。孙中山表示服从大家意见。29 日，正式选举，一省一票，已经独立的十七省参加投票，孙中山全票当选为临时大总统，黎元洪当选为副总统，胡汉民为总统府秘书长。下设陆军、海军、内务、外交、财政、司法、教育、实业、交通九个总长。临时总统府设在南京②。至此，中国近代第一个资产阶级政党——中国同盟会，建立革命政权的目标初步实现。这不仅是辛亥革命的胜利，也是中国历史上的一座重要的里程碑。

1912 年 1 月 13 日，中国同盟会总部由上海迁到南京，吴玉章当时不在南京，仍然为他保留了总务部干事职务。3 月 3 日，同盟会在南京总部召开会员大会，正式宣布同盟会改组为政党，由秘密转为公开。1 月下旬，吴玉章抵达南京。当他还在途中时，重庆蜀军政府即已经和成都大汉军政府达成协议，由双方共同派遣黄复生、李肇甫、熊成章三人为四川省参议员，吴玉章就不再以四川代表的身份出现了。吴玉章在南京看到为之奋斗多年的革命愿望实现了，也可告慰为革命牺牲的一大批战友了，心情还是很好的，便去拜访了一些老朋友。一天，临时政府的内务部次长居正和秘书长田桐遇见吴玉章，十分亲切地和吴玉章交谈。当谈到临时政府职务安排时，居正非常抱歉地对吴玉章说："你来晚了一步，若早来点，怎么也有一个次长当的。现在的部长、次长都安置完了，内务部的司长、局长或是参事，你任便选一个吧！"因为内务部是居正说了算，也看得出他对吴玉章是有深厚情谊的，但是，他还是不了解这位对革命只顾实干的老朋友。吴玉章也知道居正和田桐是在真心实意地关心他，吴玉章在感谢他们好意时表示："我们革命不是为了做官，你们且不谈这些吧。"居正和田桐还以为吴玉章说的是客套话，第二天就给他送来一张疆理局（即管土地的

---

① 茅家琦，徐梁伯，马振犊，等. 百年沧桑：中国国民党史：上. 厦门：鹭江出版社，2009：75.
② 同①79.

部门）局长的委任状。这可是一个有实权的职务啊！但吴玉章马上退了回去。接着，他们又换了一张政府参事的委任状，吴玉章再次退了回去。居正这才相信老朋友说的话是真的，从内心对吴玉章的人品更加佩服。

不久，孙中山知道吴玉章到了南京，也可能是居正告知的，立即派人请吴玉章到总统府见他。吴玉章奉命到总统府孙中山的办公室时，孙中山从椅子上起身相迎，紧紧握住吴玉章的手说："你来得好，现在正要收拾残局，很需要你的帮忙。"即请吴玉章负责秘书处的工作，吴玉章愉快地接受了孙中山的邀请。原来，在总统府秘书处负责总务工作的李肇甫丢下工作当参议员去了，孙中山安排吴玉章接替李的工作。当时南北议和已成，袁世凯当总统成为定局，和议一定，临时总统孙中山就要让位，临时总统府和秘书处都将不存在了，人员的前途何在？因此，开始很红火的秘书处，现在变成了冷门。从前很多人到秘书处钻营，现在谁也不愿意来了，甚至秘书处有的工作人员也在另做打算，有的干脆到袁世凯处去找官做了。还有更典型的人，如一个姓秦的，利用工作之便，偷着为自己填写了一张委任状，盖上临时总统府大印，准备回到家乡无锡去做知县，一时传为笑谈。对此，孙中山也深感无奈。孙中山对吴玉章能愉快地负责秘书处工作，协助他解决一些具体事务很高兴。稍后，吴玉章还兼任了重要的内务参事工作。

本来，孙中山已经看到不断深入的南北议和是在中外反动派联合压迫下进行的，因此，孙中山对当时的和议条件很不满意。孙中山的观点一提出，立即遭到南京临时政府绝大多数有力人物的非难。汪精卫甚至对孙中山说："你不赞成和议，难道是舍不得总统吗？"[1] 在各方面的压力下，孙中山也无力再坚持自己的意见了。

南京临时政府方面向袁世凯提出：议和成功后，保证举他为大总统，但必须以清帝退位和他赞助共和为条件。袁世凯得到南京临时政府的确切信息后，便开始逼宫，清帝被迫退位。孙中山为了保证共和的真正实现，提出两个条件：一个是颁布约法，想用法律来限制袁世凯；一个是建都南京，想把袁世凯弄出北京这个当时帝国主义和封建势力的老巢。袁世凯明确表示不愿南下。吴玉章积极参与落实孙中山两个策略的工作。这时，日

---

① 吴玉章回忆录. 北京：中国青年出版社，1978：92.

本友人宫崎寅藏和夫人槌子到南京谒见孙中山，宫崎寅藏也是吴玉章的老朋友，吴玉章在日本为同盟会购买武器时，得到宫崎寅藏的大力支持。孙中山接见宫崎时，吴玉章作陪。宫崎寅藏在和孙中山谈话时，特别对孙中山说："你不要忘了吴永珊啊！"显然，宫崎寅藏对孙中山没有给吴玉章安排相应的政治职务是有意见的。

2月14日，南京临时参议院开会，竟然通过了迁都北京的决议。本来，在参议院中，革命党人占据多数，是完全可以根据孙中山的意见通过建都南京、反对迁都北京的决议的。开会的时候，革命党人李肇甫却在大会发言中大肆鼓吹迁都北京的优越性和必要性；参议员中本身就有不少的人对袁不愿南下表示同情，而李又善于辞令，他这么一说，赞成迁都北京的人便成了多数。孙中山和黄兴知道结果后，非常生气，当天晚上把李肇甫叫到办公室大骂一顿，并限参议院次日中午前必须复议改正过来，又安排吴玉章加班加点务必于当晚把总统提请的复议咨文做出来。15日早晨，吴玉章等将做好的咨文送总统府盖印，而这时孙中山已经动身祭明孝陵去了。吴玉章转身又快跑去找到陆军总长黄兴，黄兴正在穿军装，也准备去明孝陵。吴玉章请他延缓时间再走，黄兴说："请你转告参议院，今天，过了十二点如果还没有把决议改正过来，我就派兵来！"显然黄兴的怒气还没有消，说完他就走了。情况紧急，这怎么办呢？吴玉章略一思考，决定去找总统府秘书长胡汉民。吴玉章一路小跑，找了几处才找到胡汉民，说明事情紧迫。吴玉章拿到钥匙，开了总统的抽屉，取出图章盖了印，迅速安排人员把总统咨文发出去，同时通知全体革命党人，必须按孙中山的意见投票。经过一天的努力，当天召开的参议院会议终于把14日的决议纠正过来了。但是，袁世凯是不会按参议院决议行事的，诡计多端的他自有对付的办法。袁世凯表面上不再坚持定都北京，却故意提出一些问题请南京方面考虑，孙中山等认为不是大问题，于是派出蔡元培、宋教仁、汪精卫等要员为专使，去北京迎接袁世凯南下。袁世凯极其隆重地高规格接待南京专使，暗地里却在专使住地附近安排了一场兵变。专使们吓了一跳，觉得袁走不得。专使们连续几天给南京致电陈述袁走不得的理由，说让袁就在北京就职算了，首都定在北京。至此，南京临时参议院也不得不允许袁世凯在北京就职总统。孙中山等的计划完全失败了。

3月3日，中国同盟会在南京召开会员大会，吴玉章出席并继续当选为总务部干事。会议明确规定总务部职权是：协助总、协理指挥本会一切事务，图谋各部事务之调和，联络本部与支部的关系，并处理不属他部之事务。一个月后，同盟会召开全体会员会，决议把总部迁往北京。

南京临时政府即将结束，不少革命党人感到革命的理想并没有实现，内心非常痛苦。当时在南京的川籍党人很多，大家提议，决定召开一个四川革命烈士追悼会，对奋斗牺牲的烈士们表示崇敬和悼念，同时借此排遣自己的悲伤。吴玉章十分赞成并牵头准备这项工作，又去给孙中山做了汇报并请他到时参会。开会的时候，孙中山果然到会。追悼会开完后，吴玉章和黄复生等四十三名川籍革命党人向孙中山请求追赠川籍烈士荣誉。因为吴玉章等深知，孙中山现在还是临时大总统，他的追赠还具有法律效力，根本不要想以后袁世凯会给革命党人追赠荣誉。根据吴玉章等川籍革命党人的建议，孙中山以临时总统的名义立即签署了一道命令，追赠邹容、喻云纪（喻培伦）、彭家珍为大将军，谢奉琦为中将。其他各省也继起效仿，孙中山都一一做了安排。死者安置完了，活着的人怎么办？吴玉章和秘书处的人，都表示决计不到袁世凯那里去做官。有人提议继续出洋留学，完成以前未竟的学业。大家都很赞成。当时，蔡元培任教育总长，经过他的批准，大批革命党人获得了公费留学的资格。其中有不少人以为，民国既然成立，自己应该学点真本事，将来好从事建国工作。1912 年3 月 10 日，袁世凯在北京就任临时大总统，既标志着另一个时代的开端，也标志着南京临时政府和临时总统的工作该正式结束了。同盟会的革命党人们没有想到，虽然辛亥革命推翻了腐朽的清政府，但继起的袁世凯仍然是帝国主义和封建势力的工具。他们更没有料到，民国成立以后，中国不但没有兴盛起来，相反，民族危机和人民的灾难更加深重了。

4 月 1 日，孙中山在南京宣布解职，第二天，临时政府人员迁去北京。负责裁撤整理南方军队的黄兴，因袁世凯故意刁难不给经费，独力难支，心力交瘁，故于军队整理大体就绪后，即迭请辞职，6 月 14 日获批后离去。辛亥革命以孙中山的解职和袁世凯的登台而结束，辛亥革命结束了中国两千多年的封建君主专制制度，但并未完成中国人民反帝反封建的民主革命任务。当时的革命党人当中有不少的人对帝国主义和袁世凯还存在着幻想。1912 年 8 月，孙中山应袁世凯邀请到北京。袁故意隆重地接待他，并百般地曲意相从，孙中山也受其迷惑，从袁世凯那里出来后，就对人说："今日之中国，唯有项城（即袁世凯，河南项城人）治理。"因此，孙中山接受了袁世凯全国铁路总监的任命，想在中国修建经营二十万里铁路，实现他实业救国的梦想。为了这个目的，孙中山去了一趟日本，但是不久，孙中山的梦想就被现实打破了。

辛亥革命开创了历史的新纪元。从国家角度来说，辛亥革命推翻了皇权专制，建立了民国，它胜利了；但在帝国主义和封建势力的压力下，其政权被袁世凯窃取了，它失败了。同盟会为什么会失去政权？仁者见仁，智者见智，给人们留下了无尽的沉思。

# 第三章　在曲折中探索革命真理

## 一、不屑袁世凯重用　投身"二次革命"

1912 年 3 月后，南京临时政府进入全面收摊子的阶段。3 月 29 日，吴玉章出席同盟会为孙中山举行的饯别会，同时，临时总统府内务部官员总辞职致函孙中山。吴玉章向孙中山递交出国留学报告，经孙中山批准，获得官费留学的资格。因还有不少的善后工作，吴玉章没有立即出洋。南京工作结束后，吴玉章到了北京，看到、感到如果这样就算革命成功，未免使人难信，他认为斗争还没有完结，必须准备继续斗争，因而拒绝了袁政府的任何官职。

这时，四川的都督尹昌衡在川排挤革命党人，引起革命党人的不满。袁世凯怕四川的问题闹大，在未告知吴玉章的情况下，欲任命他为四川宣慰使。6 月初的一天，吴玉章的一位友人在一份报纸上看到袁世凯将任命他为四川宣慰使的消息，赶快将消息告诉他。吴玉章感到很奇怪，因为他和袁世凯素无交往，后来得知是朱芾煌引荐的，因为朱和袁世凯早就有交往，得袁信任。袁世凯也知道吴玉章在革命党人中的影响大，尤其在四川的影响力更大，想拉拢吴玉章为其服务。宣慰使相当于帝制时期的钦差大臣，权力是很大的，吴玉章坚决拒绝了袁世凯给的官职。袁不得已，同意不给任何名义，只要吴玉章同朱芾煌一起回川，去"慰问"四川人民，并促成四川的统一即可。后来吴玉章才知道袁之所以要他回川"慰问"和解决问题，是因为朱的资望不够，恐怕难以替袁完成统一四川的重任，因而袁一心想利用吴玉章为他服务。吴玉章觉得促成四川的统一、避免人民涂炭、为家乡人民做点事情是不可推辞的义务，因此就答应了。

6月11日，吴玉章与朱芾煌一道作为中央政府派出的四川"慰问"使，从北京出发赴四川。7月22日抵达成都，省上的都督、议长等到城外十里相迎，场面非常隆重。四川的政治状况比吴玉章想象的复杂得多，由于四川都督胡景伊从中作梗，调解工作毫无进展。袁世凯在吴玉章不接受他的职务安排后，就对吴玉章不放心了，当然也不可能支持吴玉章对川中的人事安排，川督胡景伊甚至对吴玉章以暗杀相威胁。8月下旬，吴玉章赴自贡调查盐业情况，顺便回荣县家中一趟。吴玉章没有接受袁世凯给的任何官职，加之回川后，替革命党人说话和争取职务安排，袁世凯知道后，感到吴玉章靠不住，不是自己的人，当然也就不放心他在四川久留。8月31日，袁世凯以所谓重大事情相商为由，急电吴玉章火速回京。到北京以后，吴玉章也没有去给袁"复命"。

吴玉章回到北京后，知道以中国同盟会为基础改组的国民党已于8月11日组建。国民党是由中国同盟会与统一共和党、国民共进会、共和实进会、国民公党等五党在北京合组的新党，取"共和之制，国民为国之主体"之意，定名为国民党。8月25日召开正式成立大会，推举孙中山为理事长。孙中山对党务兴趣不大，不久就委托宋教仁代理。

1913年3月20日，宋教仁在上海车站被刺。宋案的发生，可以说是中国近代社会一大转折，标志着17世纪以来欧美国家广为采用的资产阶级议会政治在中国的破产，也象征着近代中国与世界民主潮流接轨的努力归于失败。

宋教仁死后，吴玉章在北京参加了国民党本部召开的职员会议，会议的主题就是对宋教仁被暗杀的事商讨解决办法。吴玉章在会上提出宋教仁遇害一事谜团甚多，预感袁世凯可能就是后台。3月29日至30日，吴玉章出席了国民党在湖广会馆连续举行的宋教仁追悼大会，之后，动身去了上海。4 月 13 日，吴玉章在上海出席国民党人追悼宋教仁大会，并在会上的演说中强调政治革命。他指出："宋先生之被害，实为击触吾民起向政治革命之精神之机会。吾人最宜注意政治革命之痛苦，比种族革命更难。他日平民政治、政党内阁主义，非急起以继不可"①。

这时，孙中山自日本回到上海，对宋教仁遇害事非常气愤，并肯定地说这是袁世凯所为，决计兴兵讨袁。吴玉章去见孙中山，对孙中山说，最近袁世凯在大搞善后借款，同时风传袁世凯要撤销国民党人掌控的粤、赣、皖、湘四省都督之职。吴玉章又向孙中山建议，主张四督联合通电，反对袁世凯违法，并声明在合法政府成立以前，不接受违法政府的命令，以此先发制人。孙中山很同意吴玉章的建议，但黄兴不赞成。黄兴说，这样一来，就暴露了他反袁的军事准备。吴玉章认为，这时国民党反袁，正如袁世凯反国民党一样，彼此都明白，还有什么秘密呢？结果是袁世凯抢先宣布了免除国民党人的都督职务，使反袁在政治上陷于被动。

7 月 12 日，李烈钧在江西宣布独立，组织讨袁军。15 日，黄兴在南京就任江苏讨袁军总司令，江苏都督程德全宣布独立，响应江西讨袁。程德全宣布独立后托故离开南京潜赴上海。吴玉章急忙从上海赶赴南京参加起事，见程不在，就责问黄兴。黄兴说，他自己要走，谁也无法。于是，吴玉章赶紧去追赶程。而程到上海后即通电要黄兴取消独立，吴玉章见到通电后，气愤极了，也不再找程了。这次所谓赣宁之役，和稍晚一点的广东、上海、安徽、福建、湖南、四川等地的独立，由于国民党缺乏明确纲领，内部涣散，在袁军大举进攻下，陷于被动应战，各省相继取消独立。不到两个月，江西、江苏等地的国民党军队均被袁军击溃。"二次革命"失败。

吴玉章并没有因革命的失败而灰心，仍在上海继续活动，一心想着革命。奔走中，他突然有了一个大胆的设想：如果能炸毁曾经归向革命后来又被郑汝成收买过去的肇和军舰，或者把它抢过来，上海就可能支持一个时期，革命也许能以上海为基点，重新发动起来。于是，吴玉章就向孙中山建议，拿出两万元由他去布置这件事。虽然张静江反对，但孙中山同意了。吴玉章就开始落实，在法租界组织了一批人，准备好炸弹、炸药和小

---

① 中共四川省委党史研究室. 吴玉章年谱. 成都：四川人民出版社，1998：53.

船。一切就绪后，在一个晚上，吴玉章带着这队人乘汽车前往，结果因过法租界时被阻，不得不返回，最后一次希望也落空了。

"二次革命"失败后，有的革命党人愤而自杀了，有的牺牲了，有的叛变了，有的消极了。面对现状，吴玉章决定继续在上海隐蔽下来，他并不认为革命从此就完了，相信袁世凯的统治不会长久，他可以继续在上海为革命做一些工作。但是，袁世凯是不放过吴玉章的，他公开说，吴玉章是重庆反袁起义的策动人，必须捉拿归案，对吴玉章下了通缉令。吴玉章双目失明的二哥在成都听到小弟被通缉的消息，觉得国家和家庭的前途都无希望了，在贫病交加中愤而自缢。袁世凯还下令解散国民党北京本部及各地机关，取消国民党籍议员的议员资格，国民党一夜之间成了非法组织。吴玉章只好再度出国。好在他的公费留学资格早已取得，又有北京教育部的朋友将为他办好的一切手续秘密送到他的手中。

# 二、在法国接受社会主义理论

1913 年 11 月 4 日，吴玉章在上海乔装改扮后乘轮船赴法，被迫踏上了流亡国外的旅途。在轮船上，吴玉章望着渐渐远去的祖国，想着自己又成了无根漂泊的小草。他在后来回顾当时的心情时说："我对于祖国的前途总是抱着无限的希望。我相信我们伟大的祖国既有着几千年悠久而光荣的历史，又有着数万万勤劳而勇敢的同胞，她一定会冲破重重的黑暗而走上光辉灿烂的前程。但是，对于祖国的危难、同志的牺牲和兄友的自杀，我毕竟也不能无动于怀。当我踏上出国的征途以后，有时一个人站在轮船的甲板上，看着无边无际的海洋，波涛汹涌，我胸中的热血，也不禁翻腾起来。啊！亲爱的祖国，你何时才能从沉重的枷锁中解放出来呀！"[①]

说来也很凑巧，吴玉章这次出国，偏偏坐的又是日本轮船，在船上过1914 年的元旦，而且这轮船上挂的万国旗中依然没有中国的国旗！对此，吴玉章非常生气，立刻鼓动全船的中国同胞起来向船长斗争。但是，除了让船长道歉之外，又能有什么别的结果呢？十年前，吴玉章在日本成城学

---

① 吴玉章回忆录. 北京：中国青年出版社，1978：101–102.

校曾因万国旗闹过一场斗争，也是元旦发生的事。吴玉章说："谁知十年之后，我们的国家在世界上仍然毫无地位呢？难道我们的道路错了吗？还是没有正确的方法呢？我必须研究明白。我迫切地追求着新的救国救民的真理。"

1914 年 1 月，吴玉章到达巴黎，与先期到法的川籍学生何鲁以及朱芾煌的三个弟弟等人合住一私家公寓，共同学习法文。吴玉章因遭袁世凯通缉，公费留学的资格也被取消，幸而有蔡元培等教育部里多人，经常给他寄一些留学经费勉强度日。不久，蔡元培等也到了巴黎，吴玉章很快与到法的蔡元培、汪精卫、李石曾等相聚，他们时时关注国内形势，希望革命再起。这时，到日本东京的孙中山决定改组国民党，改名为中华革命党。6 月 22 日，中华革命党召开了选举大会，建立机构。会议公推孙中山为总理。吴玉章对中华革命党入党时要打手印等很不赞成，因而没有加入中华革命党。

11 月，流亡南洋的老朋友黄复生辗转到达法国，找到吴玉章，和吴玉章同居一室。吴玉章从黄复生处得知二哥不幸辞世的确切情况和逃亡上海的大哥的住址，以及国内讨袁运动的情况，很快给大哥去信谈了自己在法国的学习和思想情况。

秋季，吴玉章考入巴黎法科大学，专攻政治经济学。这时，正值第一次世界大战爆发，交战的两个帝国主义集团，彼此疯狂地屠杀，整个欧洲沉浸在血泊中，好像一个大屠宰场。世界资本主义制度的危机，已经暴露无遗。同时，社会主义思潮开始风起云涌，各色各样的社会主义思想流派，盛行一时。1903 年，吴玉章在日本东京曾经读过幸德秋水的《社会主义神髓》，已感到这种学说的新鲜，不过那时候吴玉章一面在学校紧张地学习，一面从事革命的实际活动，对这种学说也没有进行深入的研究，就放过去了。吴玉章没有想到革了十余年的命会是这样的结果，到巴黎后，再学习这种学说，一种亲切感油然而生。他又找了一些类似的书籍来看，社会主义书籍中所描绘的人人平等、消灭贫富差距的远大理想，大大地鼓舞了吴玉章，他说："使我联想起孙中山先生倡导的三民主义和中国古代世界大同的学说。所有这些东西，在我脑子里交织成一幅未来社会的美丽远景。这个远景虽然是美丽的，但是如何能够实现它？我们当前应该做些什么？我仍旧是茫然的。"吴玉章就自己心中存在的迷惑，曾和李石曾进行交流。李是崇拜无政府主义的，李对他说："我们只要搞教育，宣传互助、合作，传播这种美丽的理想，努力去感化别人就好了。至于总统、皇帝及其他官职和议员，让人家去当没有关系。"吴玉章反驳李的意见说："教育、宣传工作固然要做，但是组织工作也要做，没有强有力的组织，团结和培养人才，是干不了革命的，你不去侵犯皇帝、总统，人家就要侵犯你。"① 吴玉章和李石曾谁也说服不了谁，只有让革命的实践去检验吧！吴玉章还从以往的革命实践中隐约感到，这种不要组织革命团体、不要牵头人的主张是根本行不通的，仅仅是一个难以实现的美丽设想，如果没有一套实现理想的革命纲领、革命组织和革命策略，那又有什么用呢？吴玉章在法国接触并研究了各种社会主义的流派，相比较后，认为马克思的社会主义才是科学的社会主义。在理论上初步接受了马克思主义后，应该怎么去实现科学社会主义呢？吴玉章还没有看到可供参照的模式，拯救中国的光明大道只能继续地探索下去。

## 三、护国军政府的外交代表

1915 年 5 月，袁世凯接受日本帝国主义提出的丧权辱国的"二十一条"。在帝国主义的支持下，12 月 12 日，袁世凯正式宣布在中国恢复帝制，自己不再任总统而要当皇帝，准备次年登基，改年号为洪宪。正当他准备沐猴而冠、黄袍加身的时候，12 月 25 日，蔡锷、唐继尧等在全国人民反对复辟的浪潮中宣布云南独立，在昆明成立护国军政府，举起了反袁护国大旗。1916 年 1 月 1 日，护国军政府发布誓师讨袁檄文，全国各省立即响应。在最艰难的日子里，吴玉章的心始终和祖国的命运共沉浮，在法国得知云南讨袁义举，吴玉章兴奋异常，立即致信云南党人，声援讨袁壮举。同时给上海和南洋以及其他一些地方的同志去信，要求他们捐弃党派之争，与反袁力量联合起来，为反对袁世凯复辟帝制、维护民主共和而斗争。

因护国军的行为不被外国政府理解，急需加强外交宣传。护国军政府

---

① 吴玉章回忆录. 北京：中国青年出版社，1978：105.

请在欧洲留学或从事其他工作的党人推举适当人选，代表军政府开展外交活动。在欧的党人经过酝酿推荐吴玉章牵头来做此项工作。吴玉章联络谢东发、李汝哲，三人一起开展争取国际社会对护国军政府支持和承认的工作。

吴玉章等代表护国军政府在欧开展外交活动，认真了解分析英法等国对护国军的态度，将所得信息及时地提供给军政府参考。他们又委托一法国议员去探询法国政府对护国运动和护国军的态度，然后有针对性地开展工作，逐渐使法国政府对护国军政府深表同情，对袁氏提出的借款要求做出决不准许的回答。在英国，吴玉章等游说工党领袖、自由党领袖和国会议员，使之"愿意赞助民军"。吴玉章还积极活动于英法两国的新闻界，介绍护国军政府的正义性，使英国的一些主要报纸都刊登了称誉护国军政府的文章。唐继尧致电吴玉章等，对成功游说英议员、争取舆论支持"赞助民军"深表感谢，并称赞"具见诸君联络有方，交际得道"①。吴玉章还组织同人为法国的《人道报》撰写文章，积极宣传中国国内的反袁护国斗争，争取法国舆论和人民的同情与支持。《人道报》做出回应民军、排斥民贼之呼吁。吴玉章还印发宣传品，分别送往欧洲各国，请求支持和承认护国军政府。

在政治上、思想上、宣传舆论上开展工作的同时，吴玉章和同事们还展开了积极阻止袁世凯政府向欧洲各国借款的行动。反袁运动爆发后，袁世凯为筹措镇压护国武装运动的军费，不惜出卖国家主权，向欧洲国家和美国借款。为斩断外国给袁世凯输血的路子，唐继尧专门给吴玉章等来电告知，要求吴玉章等想方设法阻止外国给袁世凯借款。吴玉章等发表文章揭露和谴责袁世凯的卖国行为，又与准备借款给袁世凯的比利时的多位议员频繁交涉，通过这些议员转达借款给袁世凯的危害。吴玉章等还找到袁世凯在欧洲的外交代表汪荣宝等人，跟这些代表交谈，指出袁世凯倒行逆施，想当皇帝的做法是违反社会进步的，中国人民都在声讨和反对，希望外交代表不要做跟着袁世凯逆潮流而动的坏事。在吴玉章等的反复规劝和陈说利害下，外交代表们也深知国内的反袁运动波澜壮阔，因此，也不敢贸然在和比利时借款的条约上签字。还怕不牢靠，吴玉章又给护国军政府

---

① 吴达德. 吴玉章与中国民主革命. 重庆：西南师范大学出版社，1998：70.

去电，请护国军政府从两个方面考虑：一是给驻北京的比利时公使去电或交涉，说明护国军政府反袁的正当性，请其不要借款给袁，以顾邦交；二是全面深入公布袁世凯的罪行，使中国人民认清袁世凯的本来面目。至此，袁世凯在欧洲各国的借款计划全部成为泡影。

为了使国内和国际反袁斗争的工作相衔接，身处法国的吴玉章深感对国内反袁斗争的形势知之不够，而且也不及时。为此，吴玉章专门致电国内的反袁军政府，希望国内遇有重要事件，如关于政治、战况、外交等项，及时赐电，以便设法登报宣传，并希望随时函示各种详情，以免隔阂，而失机宜。吴玉章在巴黎，不仅得到护国军政府来电通报的情况，还从国际国内朋友处，尽量收集和掌握国内反袁运动的信息，随时关注国内革命斗争的发展。4 月 29 日，吴玉章根据自己多年来的革命经验和对狡诈善变的袁世凯的了解，将自己深思熟虑得出的见解，致电唐继尧，指出："斯时袁已处绝地，急宜从根本上推翻。苟且言和，姑息养奸，国势阽危，何堪再误。况斯时列强咸不在袁，彼外援已绝，不乘此机去之，将来恐又有变。"[1] 吴玉章发出的电报明确提出要彻底解决袁政权，不能给他有喘息的时间，使其无卷土重来的机会。

6 月 6 日，袁世凯在全国人民的反对怒吼声中，一命呜呼，结束了可耻的一生。吴玉章得知后，欢喜异常，和留学巴黎的革命志士举杯相庆。欢庆之余，吴玉章将自己新的思路和想法在 12 日又致电唐继尧，分析了袁世凯死后欧洲各国的舆论和态度及列强之间的矛盾，说："窃维吾国屡濒于危，所以不至灭亡者，以列强均势相制之故。欧战起后，均势似破，而不知暗中亦有两势力以为平衡，即英法与日俄之暗斗是也。盖俄国人欲出黑海之心，未尝或懈；日人图霸东亚之焰，至今愈张。近来日俄屡有协约，英日迭有违言，端倪见矣。欧战而后，列强对于我国，将分二派，一曰英法，一曰日俄，美或助英法，德或辅日俄。一以财力盛，一以兵力强。"据此，吴玉章希望国内反袁护国领导人在"吾国国力未充"的情况下，"必须熟审事机，妥为应付，以图控制"。9 月 20 日，吴玉章再次致电唐继尧，指出"袁氏暴毙，破坏之事虽终，蒙建设之业方始"，"惟吾人际此运会，益当振刷精神，融通中外，应世界之潮流，副国民之希望，以树

---

① 程文，陈岳军. 吴玉章往来书信集. 重庆：重庆大学出版社，1993：46.

亿万年有道之基。此心此志，窃愿与贤者共勉之"①。吴玉章反对专制、维护共和、振兴中华之爱国爱民心情，跃然于纸上。

护国战争阻止了封建帝制的复辟，推翻了袁世凯的专制独裁统治，避免了一次历史的大倒退，使民主共和制度在形式上得以保存下来。但是，中国人民的反军阀、争民权的斗争远远没有结束。

## 四、进言孙中山"承认七总裁职"

袁世凯垮台后，对吴玉章的通缉令自然失效。在大家的帮助下，吴玉章一度被停的公费留学资格恢复，吴玉章得以重新领取留学费用。1916年9月30日，吴玉章和蔡元培启程回国，自马赛乘轮船离开法国。11月初，蔡元培从安南（今越南）北上至上海。吴玉章经安南入云南，至昆明会见唐继尧等政要，筹集到一笔用于开办留法学校的经费。12月，吴玉章从昆明返回安南，由海路北上至上海。1917年1月，吴玉章在上海与久未见面的大哥吴匡时、侄儿吴甘泉、外甥张克勤团聚。在上海时，上海的救国组织出版的《救国报》，以及宣传介绍各种社会主义流派的《劳动音》遇到经费困难，吴玉章先后多次给予赞助。

1917年7月，段祺瑞再任国务总理，拒绝恢复《临时约法》和国会。孙中山是中华民国的缔造者，他把国会和《临时约法》看作共和国的象征，任何毁法行为他都是不能容忍的。7月中旬，孙中山毅然举起"护法"的旗帜，8月在广州组织中华民国军政府（护法军政府），9月1日被多数护法议员推选为大元帅，中国形成了南北两个政府对峙的局面。孙中山掀起护法运动，吴玉章毫不犹豫地投入到他领导的护法运动中。

12月13日，重庆镇守使熊克武通电护法。1918年2月，熊克武指派吴玉章代表四川参加广州护法军政府，蔡元培致电吴玉章速到北京商讨留法学校事宜。吴玉章在广州拜会了孙中山之后，又匆忙赶到北京安排了华法教育会的有关工作，然后回到广州。

孙中山领导的护法运动，是以西南军阀为依托的，尤其是以控制两广

① 程文，陈岳军. 吴玉章往来书信集. 重庆：重庆大学出版社，1993：53.

地区的桂系为骨干。桂系军政府的领导陆荣廷对孙中山从附和、疏离，逐步变为干预、牵制，最后发展到独断专行、我行我素，使孙中山十分地气愤。为护法宏愿之实施，孙中山对桂系有迁就也有斗争，但桂系陆荣廷的嚣张气焰更盛。孙中山也曾联合云南的唐继尧以制约陆荣廷。在平衡这种复杂的关系中，孙中山痛苦地感到，唐继尧并不比陆荣廷好。唐对孙中山阳奉阴违，事事刁难，凭借自己掌握的军权，使孙中山的各项决策得不到落实。陆、唐沆瀣一气，与政学系杨永泰等推岑春煊为领袖，排斥孙中山等革命派，又操纵国会，掀起一股夺取军政府最高权力的逆流。吴玉章极力维护革命势力，与杨永泰等做无情的斗争，终因势单力薄无法与之抗衡。吴玉章到北京后，北洋军南下，军事逼迫之际，陆、唐趁此又串通政学系政客，决定改组护法军政府，向孙中山"逼宫"分权，把大元帅制改为七总裁"合议制"。孙中山因有巨大的影响和威望，也被列为七总裁候选人之一，但他们在实质上要尽量缩小以至取消孙中山对护法运动的领导权。在军阀们的操纵下，广东非常国会通过《修正军政府组织法》。孙中山在军阀的包围和打压的夹击下，痛苦万分，感到与其被军阀们玩弄，不如离开以示抗议。1918 年 5 月 4 日，孙中山宣布辞去大元帅职并发表通电，在通电中愤怒地说："顾吾国之大患，莫大于武人之争雄，南与北如一丘之貉。"然后离开广州回上海去了。

吴玉章从北京返回广州后，孙中山已经离开了。5 月 20 日，吴玉章以四川代表的身份参加了非常国会召开的改组军政府会议。会议根据军政府组织大纲修订案废除了大元帅制，选举出七总裁，孙中山虽然已经离开，但仍名列其中。七总裁组成政务会议以行使职权，剩下的六总裁觉得孙中山出走，他们都要承担排挤孙中山的恶名，为此，想到了吴玉章"为中山所信任"，一致同意派吴玉章去做孙中山的工作。吴玉章权衡利弊后，认为孙中山不放弃总裁职务对革命有利，决定出面劝孙中山"承认七总裁职"的安排。

7 月初，吴玉章从广州启程赴上海。到了莫里哀路孙中山寓所时，宋庆龄将吴玉章迎送到孙中山的卧室，吴玉章见到"中山先生忧伤后生病在床上"。孙中山见吴玉章到来，招呼的同时起身披衣斜靠着床头坐起来，吴玉章拿过卧室中一把椅子，就坐在孙中山的床边同他谈话。在问了病情后，吴玉章开门见山地说了来意，又简单地谈到国会非常会议选举七总裁的经过，最后请孙中山就职，以反对北洋政府。孙中山听完吴玉章的叙说后，仍然怒气未消地说："坚决不干。"还说："他们那些人还革命?! 他们根本不革命! 他们想拿军政府同北方议和以保个人权位，我坚决不与他们同流合污!"吴玉章静听着孙中山愤怒的怨言，他和孙中山相识以来，看到孙中山在振救中华民族的道路上，遇到任何艰难困苦都没有退缩过，从没有见他发过如此大的火。吴玉章很理解孙中山为国为民的痛苦心情，但他是抱着必须做通孙中山思想工作的决心而来的，是不轻言放弃的。等孙中山发完怒气并平静一些后，吴玉章又继续对孙中山说："时局这样混乱，南方各省当局虽然还不很好，但他们还打着护法以反对北洋军阀的旗帜，这点是好的。现在南方北方都很混乱，南方各省有势力的当局虽然同床异梦，各有野心，但他们还想利用革命招牌以壮声势。我们必须保持一些革命势力以图发展，革命道路是曲折的，我们不能脱离革命战线。南方的势力派虽然排斥先生，但又不敢完全丢掉先生，他们还想利用先生的威望，所以还给先生安一个位置。先生如果不同他们合作，而离开他们想自己搞革命，这是不容易的。因为这会受到两面夹攻，一方面是南方军政府打击先生，另一方面北方军阀更要打击先生。南方各派所以还要给先生一个总裁，是怕舆论攻击。先生不去，他们就有话可说了。拥护先生的革命力量还是有的，如广东有陈炯明的队伍，陕西有于右任的队伍，湖南有程潜的队伍，湖北还有一些革命力量，尤其是老同盟会员熊克武已经统一了四川有很大的力量。这些力量都希望先生来维系他们，团结他们。南方势力派想出卖军政府与北方议和，如果先生在其中团结真正的革命力量，也能制止他们的出卖，以保存革命势力。先生不要看岑春煊（七总裁之一）现在烜赫一时，如果他不好自为之，将来他的失败会比先生更凄凉得多。希望先生委曲求全保持革命的联合战线，先生如果不愿亲自前去，派一代表去也可以。"吴玉章入情入理地纵论天下大事，孙中山静静地听着，也没有打断吴玉章的说话。孙中山为吴玉章的赤诚所感动着，等吴玉章说完后，"他不胜感慨地流下了热泪"，然后对吴玉章说："我听你的话决定派汪精卫去。"① 吴玉章劝说孙中山的成功，对革命前途

---

① 中共四川省委党史工作委员会《吴玉章传》编写组. 吴玉章文集：下. 重庆：重庆出版社，1987：1220-1221.

和大局、对孙中山都是一个很大的贡献。几十年后的 1961 年 4 月，吴玉章在上海拜会宋庆龄，在谈到当年劝孙中山的往事时，宋庆龄还记忆犹新而深有感触地对吴玉章说："你那次来得好。当时孙先生正是烦、病交加，你的到来，给他增添了力量。事后，孙先生称赞你是一位对革命忠贞不屈的老同志、好同志。"①

　　事实也证明，孙中山没有放弃这一革命阵地是英明正确的。吴玉章回广州后，在护法军政府的各种会议上，仗义执言，揭露桂系和北洋军阀勾结的事实，反对桂系排挤粤军，极力保全陈炯明的部队，希冀孙中山回广州后，能有一支革命党人领导的武装力量做依靠。桂系军阀对吴玉章愤恨之极，要求四川撤换吴玉章的代表职务。到 1919 年，南北军阀达成"和议"时，吴玉章的代表资格被取消了。护法战争的最后失败，使吴玉章更深刻地体会到孙中山所说的"南与北如一丘之貉"论断的正确。吴玉章苦心孤诣所要保全的陈炯明又何尝不是与南北军阀同属"一丘之貉"呢？不久以后，陈炯明利用国民党和孙中山的威信，驱逐桂系，重返广州，随后又背叛了孙中山。拥兵自重的军阀们，翻手为云，覆手为雨，把中华大地搅得天昏地暗，人民在痛苦中、在死亡线上挣扎。辛亥革命打倒皇帝快十年了，但中国又冒出了大大小小称霸一方的"土皇帝"。吴玉章对革命的道路和方式产生了怀疑，在此情况下，他将革命的重点转向了早已开展的中国留法勤工俭学运动。

# 五、领导留法勤工俭学

　　20 世纪初期的留法勤工俭学运动，是继 19 世纪末 20 世纪初留学日本之后掀起的又一次向国外学习的热潮。吴玉章是留法的首倡者之一。从 1912 年到 1920 年，在长达八年多的时间里，吴玉章一方面肩负着民主革命的重任，另一方面又抽出大量的精力和时间从事留法勤工俭学活动。很多留学法国的事情，都是他亲自出面操办的，在五四运动前后组织的留法勤工俭学中，吴玉章多次给留法学生讲，要他们在勤工俭学中关注世界革

---

①　中共四川省委党史工作委员会《吴玉章传》编写组. 怀念吴老. 重庆：重庆出版社，1986：27.

命大势，留意对社会主义理论的学习与研究。

留法勤工俭学运动开端于辛亥革命后，当时热心教育事业的蔡元培、吴玉章等人，就积极倡导和组织留法勤工俭学活动。这样，大批有志青年便把目光转向了资产阶级革命和社会主义运动兴起的欧洲。法国历史文化悠久灿烂，第一次世界大战后劳动力奇缺，较易勤工俭学的法国就成了中国青年知识分子留学的首选地。

1912 年 2 月，李石曾与稍后回国的吴稚晖以及张静江、吴玉章、张继等九人发起组织留法俭学会。留法俭学会提出留法的目的是：输世界文明于国内，造成新社会的新国民。其宗旨是：以节俭费用，为推广留学之方法；以劳动朴素，养成勤洁之性质。吴玉章更明确地说："留法俭学会之设，即欲为国人作求学之津梁也。"①

由当时著名的同盟会会员出面成立的留法组织，在国内立即引起了巨大的关注。一些有志青年纷纷报名。为指导和帮助自费青年赴法留学，俭学会于 1912 年 4 月在北京方家胡同建立了一所留法预备学校，由吴玉章等筹办和主持，聘请法国人铎尔孟担任法文教授。招收的第一批俭学生二十名，其中女生两名。这是中国最早的男女合班上课的学校。6 月，紧接北京之后吴玉章还发起成立了四川留法俭学会，仿照北京的做法，在成都少城济川公学内开设留法预备学校。

1912 年 12 月，第一批留法俭学会学生六十余人从北京出发，取道西伯利亚赴法留学，其中有四川学生十六人。到第二年 6 月，又有四十余人赴法留学。

吴玉章因反袁斗争失败而流亡到法国巴黎留学，在学习中，他最关心的问题之一是中国青年的教育培养和国家建设人才的塑造。之前成立的俭学会虽然可以使学生用较少的钱得到学习的机会，但仍然不能使家庭困难的青年实现留学愿望。当时，李石曾办的边工作边读书的小厂取得了成绩，于是，吴玉章和蔡元培等前去参观了李石曾在巴黎开设的中国豆腐公司，并考察了法国地浃泊人造丝厂的"以工兼学"模式。吴玉章等都觉得这个方式不错，值得推广。于是，蔡元培、吴玉章等发起，与李石曾、吴

---

① 中共四川省委党史工作委员会《吴玉章传》编写组. 吴玉章文集：上. 重庆：重庆出版社，1987：29.

稚晖等于 1915 年 6 月成立了勤工俭学会。勤工俭学会是由俭学会发展起来的，但又与俭学会有所不同。俭学会者，专持以俭学的目的而留法；而勤工俭学则是把"勤于工作，俭以求学"两者结合起来。俭学生的留学费用是由家庭父母供给的，而勤工俭学生靠自己劳动所得，不用家里的钱而达到留学的目的。这样，就为更多家庭不富裕的有志青年留学法国开辟了道路。

第一次世界大战爆发后，法国的成年男子差不多都上前线打仗去了，法国政府试图招募中国工人。于是，在法国政府和法国友好人士的支持下，李石曾等和法国政府达成协议规定：第一，工价与法人平等；第二，新招之工须选其有知识而无恶习者；第三，招工之人不经手费用与工资；第四，劳方须设工人教育。基本平等的协议，激发了中国青年到法国留学的热情，留学生的增加，使吴玉章等都感到在接待学生、安排住宿和介绍工作等方面，迫切需要有个相应的机构帮助办理，而原有的勤工俭学会组织已经不能适应。于是，蔡元培、吴玉章、李石曾等勤工俭学负责人，经过与法国教育界人士商议筹备，于 1916 年 3 月 29 日在巴黎发起召开"华法教育会"预备会，推选出干事，拟定会章。中国方面的会长是蔡元培，法国方面的会长是欧乐（法国索布纳大学的教授），书记是李石曾和法国人裴纳，会计是吴玉章和法国人宜士。同年 6 月 22 日，华法教育会召开了正式成立大会。

华法教育会成立后，鉴于华工勤工俭学的效果良好，蔡元培、吴玉章等认为，如果动员国内青年学生赴法勤工俭学，其成绩必将更加显著。因为学生的文化程度较高一些，可以直接进入法国的专门学校或大学学习，很快便可掌握先进的科学技术，归国后，就可以将所学用于振兴实业之途。因此，他们提出借用华工的以工兼学的形式，代之以学生做工，工余时间学习，用其工资收入作为留学费用。于是，他们随即派人回国赴北京、保定等地组织留法勤工俭学预备学校。这一倡导，受到国内广大贫困学生的热烈欢迎。

袁世凯在万人唾骂声中死去，国内形势发生变化。吴玉章和蔡元培等回到国内，留法勤工俭学的活动开始在国内活跃起来。

回国后，蔡元培被任命为北京大学校长，吴玉章则继续推动留法勤工俭学运动，在北京重办留法预备学校。1917 年 5 月，北京留法预备学校开学，吴玉章在开学典礼上做了演讲。与大多数的留法倡导者不同的是，吴玉章不仅送学生到法国学习先进技术，还要求学生到法国特别注意法国的各种社会思潮。他说："如社会主义一名词，早已通行于世界，而东亚人士尚有惴惴然惟恐其发生者，亦有援引而妄用者，殊不知今日为社会主义盛行时代。"从吴玉章如此推崇社会主义理论的态度来看，原来残存的无政府主义理论，这时显然已经被他完全放弃了，这标志着社会主义世界观已经成了他唯一的选择。在北京推动留法运动时，吴玉章又给四川、湖南的同事去信请他们成立留法勤工俭学分会，希望在这个动乱的环境中能够培养出一些建设人才。在吴玉章等的召唤下，四川、湖南等地掀起了留法勤工俭学的热潮。尤其是四川，在吴玉章的老朋友杨庶堪和熊克武的支持下，1918 年 3 月后，在成都创办了留法预备学校，杨和熊还拨出一万二千元资助成绩在前 30 名的学生以解决赴法费用，同时重庆也筹办起留法预备学校，也为留法学生提供了补助。因此四川的留法学生总人数居全国之冠。

　　到 1919 年春，华法教育会、勤工俭学会和留法俭学会掀起的赴法勤工俭学运动进入高潮期。3 月 17 日，89 名首批赴法勤工俭学生乘日船"因幡丸"号离开上海，远航法国南部港口城市马赛。行前，华法教育会上海分会等团体及各界人士为赴法勤工俭学生举行了送行会，吴玉章亲临送行会，并发表热情洋溢的讲演，鼓励青年抱定宗旨、持之以恒。五四运动后，吴玉章就在成都留法预备学校的一次讲演中说："近来新思潮颇盛，因为这种时势，更易产生此等思想。俄国革命进步最快，是因为俄国有新党主政。俄国党人无不曾历法国。吾人欲察其发动之源，亦不可不一往考察。诸君遇着这举世混浊之时，新潮汹涌之会，不可不勇往直前，造最新的时势。前途远大，诸君勉之！"[①]

　　在吴玉章等掀起的熙熙攘攘的留法勤工俭学潮中，汇集了身份、职业、年龄、学历各不相同的青年和社会各界人士。他们以青年学生为主体，普通中学生、肄业生人数最多，既有少数小学生，也有一批大学生，包括因抗议签订中日密约而罢课归国的留日学生，以及在五四运动中因参

---

① 中共四川省委党史工作委员会《吴玉章传》编写组. 吴玉章文集：上. 重庆：重庆出版社，1987：39.

与爱国运动而被除名的上海高校的学生，还有数量可观的各省工业、农业、商业等专门学校与师范学校的在校生和毕业生。从职业上看，有普通中小学的校长、教员、职员，有新闻记者、银行雇员、店员、医务工作人员，还有少数下级军官和机关职员，其中年龄最大者 50 余岁。在赴法勤工俭学生中，有一家数口、兄弟姐妹、师生同行者，一时传为佳话。如湖南的葛健豪，时年 54 岁，偕其子女蔡和森、蔡畅同船西渡。湖南的萧瑜、萧三，安徽的陈延年、陈乔年，四川的陈炎、陈毅，黎纯一、黎重夫，均为同胞兄弟。已任校长的徐特立及其学生，也相会在巴黎。贵州教育界颇有名气的黄齐生与外甥王若飞，亦相约共赴法国，在上海时吴玉章与黄齐生、王若飞相识。吴玉章的儿子吴震寰、吴虞的女儿吴若膺，也先后赴法勤工俭学，为人称道。从 1919 年初到 1920 年这一年多的时间，中国赴法学生达 1 700 余人（其中女青年有 40 人），四川的学生达 511 人①。加上 1918 年前吴玉章等组织的留法学生，截至 1921 年共计 1 900 余人②。

在吴玉章等掀起的留法勤工俭学运动中，绝大部分的留法学生为中国革命和建设事业做出了突出的贡献。在振救中国的道路上，涌现出了周恩来、邓小平、蔡和森、赵世炎、陈乔年、陈延年、王若飞、李富春、蔡畅（女）、李维汉等一大批中共革命和建设时期的领导人。当然，在法国的岁月虽然不是他们成才的全部过程，但毕竟是他们走向成功的起点或重要环节。

在吴玉章努力推进留法勤工俭学运动之际，中华革命党成员和一部分原国民党党员，纷纷要求恢复国民党名称。孙中山顺从民意，同意重组国民党，并向党内及有关的同志发出信息。经过三年多的筹备，1919 年 10 月 10 日，正式宣布改组中华革命党为中国国民党，从前所有中华革命党总章及各支部通则，一律废止。所有印章图记，一律改用中国国民党名义。所以加"中国"二字，是为了有别于 1912 年成立的国民党。"更改名称的意义，就是以统一名称来统一党的组织和统一党的力量"③。民国元年建立的国民党由五党合并而成，此时的中国国民党乃由中华革命党递嬗

---

① 中共四川省委党史工作委员会. 四川留法勤工俭学运动. 成都：四川大学出版社，1993：8.
② 鲜于浩. 留法勤工俭学运动史稿. 成都：巴蜀书社，1994：314.
③ 茅家琦，徐梁伯，马振犊，等. 百年沧桑：中国国民党史：上. 厦门：鹭江出版社，2009：164.

而来。

　　辛亥革命失败以后至五四运动期间，在内外部政治条件十分恶劣的情况下，吴玉章等在经济上没有任何正常收入的条件下，凭借爱国赤心，以自己的顽强毅力，参加组织领导了在中国大地上掀起的留法勤工俭学运动，取得了巨大的成效。可以说，留法勤工俭学运动，为推动中国革命的转型注入了一股新的强大能量。对于吴玉章个人而言，组织留法勤工俭学运动，也是他探索救国道路的重要组成部分。

# 第四章　走上新的革命路

## 一、新道路的起点

　　袁世凯的统治垮台后，吴玉章从法国回到中国。虽然袁世凯死了，但北洋军阀继承了袁氏的衣钵，分化成直、皖、奉三大派系，这些派系展开了激烈的争权夺利斗争，一些小的军阀又依附于大的派系，他们互相交织，互相利用，使中国腐败的政治局面愈益混乱。吴玉章回国参加孙中山领导的护法运动失败后，感到从前的那套革命办法非改不可，要从头做起。但是应该依靠什么力量呢？究竟怎样才能挽救国家的危亡呢？这是藏在他心中的迫切问题，这些问题时刻搅扰着他，使他十分苦闷①。

　　正当吴玉章徘徊寻觅振救中华民族出路的时候，在中国的近邻，发生了震动全球的大事件，这就是伟大的俄国十月革命。十月革命开辟了人类历史的新纪元。

　　1919 年 5 月 4 日，中国发生了划时代的五四爱国运动。五四运动前

---

　　①　中共四川省委党史工作委员会《吴玉章传》编写组. 吴玉章文集：下. 重庆：重庆出版社，1987：1063.

夕，第一次世界大战所有的战胜国齐聚巴黎，召开和会，中国是以"战胜国"的资格参加和会的。中国人民都盼望通过这次和会，收回德国在山东所抢夺的权利。但巴黎和会决议却把德国在山东权利一概让与日本。收回山东权利宣告失败，中国以"战胜国"的资格参加和会，却得到"战败国"的待遇。

山东问题交涉失败的消息传到国内时，吴玉章正在上海。全国人民激愤了，沸腾了。5月4日，北京十几所学校的数千名学生齐聚天安门前示威，他们高呼"外争主权、内除国贼""废除二十一条""还我青岛"等口号，强烈要求拒绝在和约上签字，并惩办北京政府的三个亲日派官僚曹汝霖、章宗祥、陆宗舆。6月5日起，上海工人发动声援学生的大罢工。随后，北京、唐山、汉口、南京、长沙、成都、重庆等地工人也相继举行罢工，许多大中城市的商人举行罢市。斗争如燎原之火蔓延全国，扩展到二十多个省、一百多个城市。五四运动突破了知识分子的狭小范围，成了有工人阶级、小资产阶级和资产阶级参加的全国规模的革命运动。运动的中心由北京转移到上海，斗争的主力由学生逐渐转为工人，标志着工人阶级开始以独立的姿态登上中国的政治舞台。五四运动是中国革命史上具有划时代意义的大事件，它标志着中国新民主主义革命的伟大开端。

吴玉章在上海亲身感受到五四运动的狂波巨浪，在苦心寻求救国道路而迷惘之际，他深深地感到"这是真正激动人心的一页，这是真正伟大的历史转折点。从前我们搞革命虽然也看到过一些群众运动的场面，但是从来没有见到过这种席卷全国的雄壮浩大的声势。在群众运动的冲击震荡下，整个中国从沉睡中复苏了，开始焕发出青春的活力，一切反动腐朽的恶势力，都显得那样猥琐渺小，摇摇欲坠。以往搞革命的人，眼睛总是看着上层的军官、政客、议员，以为这些人掌握着权力，千方百计运动这些人来赞助革命。如今在五四群众运动的对比下，上层的社会力量显得何等的微不足道。在人民群众中所蕴藏的力量一旦得到解放，那才真正是惊天动地、无坚不摧的"①。吴玉章看到，人民群众的力量才是真正置一切反动派于死地的伟大力量。

6月13日，吴玉章返回广东，在广州军政府政务会议上兴奋地畅谈五

---

① 吴玉章回忆录. 北京：中国青年出版社，1978：111-112.

四运动情况，报告上海详情，阐述对时局的意见。对巴黎和会问题，他主张"如不能得多国赞助，宁使我国代表退出和会"。政务会议接受吴玉章的主张，随即"电巴黎王专使，请其严拒和约"①。9月，吴玉章被西南军阀排挤，退出军政府，准备经上海回四川，调停督军熊克武和省长杨庶堪两派之间的矛盾。

五四爱国运动是中华大地上一次新旧文化全面剧烈的碰撞，形成了思想大解放，各种主义、理论、救国方略纷纷登台，使人眼花缭乱，有的是吴玉章早已悉知的，也有的使吴玉章感到新鲜，在各种思潮激流的交锋中，吴玉章最肯定的还是社会主义。回到四川后，吴玉章又读到一本日文版的名为《过激派》（日本对布尔什维克的恶意称呼）的书。在反复阅读研究、理解这本书的内容后，吴玉章结合自己过去的经历，认真思索，把自己以往的思想和行动做了一次详细的批判总结。读过这本书后，吴玉章觉得豁然开朗，体会最深的有四点：一是工人和农民是社会财富的创造者，他们用辛勤的劳动哺育了整个社会；二是工人阶级是最革命的阶级，工人阶级必须依靠自己的力量才能够得到解放；三是从前读无政府主义的著作，觉得他们不要组织的做法是不可能成功的；四是辛亥革命时，革命党对掌握政权和改造国家机器太不注意了，当时为了迁就袁世凯而让出政权，结果导致辛亥革命的迅速失败。布尔什维克关于政权和国家的理论，解决了吴玉章困惑已久的问题。但在具体建党建政的方式、方法上，吴玉章还是感到有些模糊，为此，他决定去一趟北京。

1920年下半年，吴玉章到了北京，正好遇见老朋友王维舟。王是四川宣汉县人，他放弃川军团长的职位到上海寻找革命真理，在上海加入朝鲜共产主义组织②。吴玉章听了王对俄国革命情况的介绍，对苏俄有了一些了解。王维舟还和吴玉章说：苏俄目前正处在非常困难的时期，物资非常短缺。吴玉章利用他在北京的关系，和王维舟召集了许多青年学生，在东安市场组织了一个"俄灾赈济会"，向各方募捐到几万元，买了面粉和日用品寄往莫斯科。

五四运动后，吴玉章读了约翰·里德写的《震动寰球的十日》，书中

①　中共四川省委党史研究室. 吴玉章年谱. 成都：四川人民出版社，1998：76.
②　中共宣汉县委党史研究室. 王维舟的一生. 北京：中共党史出版社，2008：14.

对十月革命有生动描写，使吴玉章了解到北方邻国已经建立了一个社会主义国家，建立了一个工农政府，摆脱了剥削制度，获得了真正的自由解放。吴玉章深深地感到，"从前我在法国接触了社会主义各种思想流派，深深为社会主义理想所吸引。今天这个理想居然在一个大国内开始实现了，心中感到无限兴奋和鼓舞"①。这是一个活生生的榜样，吴玉章非常迫切地想了解俄国革命成功的全面情况。他资助了几个学生到苏俄去学习，希望他们能为中国带来新的革命理论和革命方法。但是，出去的人，后来都失去了联系。其间，吴玉章还读到李大钊的《由经济上解释中国近代思想变动的原因》《五一运动史》和瞿秋白的《帝国主义侵略中国之各种方式》等文章和著作。

11 月初，吴玉章离开北京，中旬到达武汉，下旬回到四川。沿途，吴玉章都深切地感受到群众中焕发出的革命力量、不断兴起的浓烈氛围。他也带着全新的认识投身于新的革命运动实践。这时，中国南方诸省掀起了一个"联省自治"风潮。所谓"自治"，就是由本省人制定省宪法，选举省长，管理本省事务。各省参加运动的人既有马克思主义者、急进的民主主义者和资产阶级，也有为保全和扩充自己地盘的地方军阀和政客。四川的一些地方实力派也在倡导"自治"，并推举吴玉章来领导开展四川的"自治"运动。吴玉章知道"自治"是不能彻底挽救中国危亡的，但考虑到当时人民最痛恨北洋军阀，而"自治"口号也受到群众的一定支持，可以利用"自治"这个名义来宣传教育群众，抵制北洋军阀，同时为了避免地方军阀控制运动，他便答应了领导四川"自治"运动的安排。四川"自治"运动以重庆为起点，吴玉章借着这样一个讲台，宣传马克思主义的理论原则，经常写文章做讲演。川内的《川报》《国民公报》《新蜀报》等以大量的文章报道吴玉章领导"自治"运动的进展情况，一时间，"自治"成为人们街谈巷议的主题，全省人心振奋。1921 年 4 月 1 日，全川自治联合会在重庆召开成立大会，一百多个县每县都派出一至二人参加会议。可容千余人的重庆商会大礼堂，座无虚席，门窗外还有许多人伫立而听，许多人都说从来没有看到过这样的盛会。吴玉章在会上发表了讲话，大会通过了吴玉章起草的全川自治联合会的宣言和十二条纲领。宣言以"建设平

---

① 吴玉章回忆录. 北京：中国青年出版社，1978：110.

民政治、改造社会经济"为总目标，强调民主政治以反对军阀专制；提出
"不作工、不得食"以反对社会寄生虫；提出"民众武装"以反对军阀武
装；提出"合作互助"以改善工农生活。十二条纲领是：全民政治、男女
平权、编练民军、保障人权、普及教育、公平负担、发展实业、组织协社
（即合作社）、强迫劳动、制定保工法律、设立劳动机关、组织职业团体
等。其间，吴玉章还应四川嘉陵道尹黄金鳌和张澜的邀请赴南充。吴玉章
连续几次讲演都是安排在南充中学大礼堂，听讲的每人还发放了一份油印
的讲义。据 1928 年担任过中共四川省委代理书记的张秀熟回忆，他聆听
了吴玉章的讲演，当时对吴玉章讲的一些经济学问题还不十分理解，后来
他见到吴玉章时，还直接向吴玉章请教当年的一些讲演内容。吴玉章告诉
他说，当时讲的已属于马列主义的经济学。张秀熟回忆："我们当时还不
能分辨，但有个印象，就是讲得非常好，因为不是宣传资本主义，而是宣
传社会主义。"①

　　吴玉章拟定的宣言和"自治"纲领，虽然提出了诸如全民政治、保障
人权、制定保工法律等目标，但所主张者，不过是改良社会政策而已，其
要点是以平和的改良手段，实行经济革命，改造社会经济，而没有反帝反
封建的根本前提和目标，想要打破强权，铲除阶级，实行社会主义革命是
不可能的。从吴玉章所发表的言论来看，此时的他虽然接受了社会主义理
论，但对马克思主义还没有很清晰、很深刻的了解和认识，在思想理论上
还是有些模糊的。

　　吴玉章领导的"自治"运动，在方向上和四川军阀的"自治"思路完
全成了两股道上跑的车，全川自治联合会宣言和纲领的发表，对四川军阀
的统治来说，无疑似一颗重磅炸弹。军阀们又不敢明目张胆地反对吴玉章
领导的"自治"运动，他们开始暗中收买自治联合会的成员，以图达到使
自治联合会成为他们的御用机关的目的。自治联合会的成员构成本来就复
杂，一些人被收买了，吴玉章觉察到这种情况，在处理好后续工作后，为
了不使自治联合会被军阀利用，到成都后宣布解散了自治联合会。重庆的
军阀们费了很多心机、用了许多钱收买代表、捞取资本，结果是人财两
空。吴玉章还利用"自治"这个平台，造起了革命舆论，使军阀们失去了

---

① 中共四川省委党史工作委员会《吴玉章传》编写组. 怀念吴老. 重庆：重庆出版社，1986：32.

很多人心。军阀们有一种被愚弄的感觉，气愤之余，下令通缉吴玉章。

吴玉章在总结这次运动的经验教训时说："四川'自治运动'本身，并无成效可言，但这个运动却使我有了一个面对广大人民讲话的机会，使我把新近体会到的一些想法得以倾吐于广大人民之前，而且得到了热烈的反响，这不能不说是一个重大的收获。而且通过'自治'的失败，使我又有了两个教训：第一是进一步体会到在军阀统治下毫无民主可言，要拯救中国，必须首先用武装的革命来推翻封建军阀统治。第二是自治联合会那种地域性的临时的组织极容易为敌人破坏，必须要有一个坚强的革命的战斗的组织来领导革命"①。正是从这个时候起，吴玉章深深地感到，一个没有革命纲领的党，只是乌合之众，绝不能成事，这使他更加坚决地相信列宁的革命理论，认为依照列宁方案组织斗争的、革命的党是必要的。吴玉章的这一思路，反映了中国社会发展的一个必然的趋势，也昭示了革命者追求新的革命道路是必然会应运而生的。

1921 年底，吴玉章到绥定（今四川达州市）讲学，介绍社会主义各种流派，宣传马克思主义的基本观点，号召知识分子、青年学生要积极投身到工农民众中去，唤醒民众起来革命②。在绥定讲学后，吴玉章去北京了解革命运动情况，后于 1922 年春返回四川，在成都多个青年学生参加的活动中宣传革命理论。

# 二、国立成都高等师范学校校长

1922 年 8 月，成都高等师范学校校长因学生发起的教育经费独立运动被当局免职。在社会各界的推举之下，川军总司令兼临时省长刘成勋决定任命吴玉章为高师校长，并接连函催吴玉章早日到校接办。

国立成都高等师范学校（简称"成都高师"）的前身是 1905 年由四川总督锡良奉旨创设的四川通省师范学堂，1912 年 7 月改称四川优级师范

---

① 中共四川省委党史工作委员会《吴玉章传》编写组. 吴玉章文集：下. 重庆：重庆出版社，1987：1071.

② 中共达州市委党史研究室. 中国共产党达州历史. 北京：中共党史出版社，2009：10.

学校，1913 年春改为四川高等师范学校。1916 年 11 月根据教育部决定改为国立成都高等师范学校。当时全国有六所国立高等师范学校。成都高师不仅是四川的最高学府，而且也是西南各省培养中等学校师资的最高学府。1926 年从成都高师分出一部分成立国立成都大学，1927 年 9 月成都高师升格为国立成都师范大学。1927 年成都原有五所专门学校组合成立公立四川大学。1931 年 11 月 9 日，国立成都大学、国立成都师范大学、公立四川大学合并，由教育部定名为国立四川大学①。

1922 年 9 月 4 日，吴玉章正式到成都高师接任后，便深入各部门和教职员工中了解情况，根据学校存在的不足，采取了一系列大胆而又切合实际的改革措施。吴玉章明确提出了"崇尚学术，启用新派"的思想，不拘一格，广延名师，聘请了许多学有所长、具有新思想的人任教。又下了很大的功夫来整顿教师队伍，提拔了一些留学归来和学有专长的年轻人担任各科主任，让"五四"时期顽固反对新文化运动的少数所谓"蜀学宿儒"淡出了学校。1922 年 12 月的教职员人数是 56 人，其中有海外学历背景的 29 人，外籍教师 4 人。1923 年 12 月的教职员人数是 72 人，其中有海外学历背景的 32 人，外籍教师 7 人②。经过吴玉章的努力，学校具有新思想、新科学的师资队伍可以说是阵容强大，当时的学生姜亮夫后来深情地回顾说："我们学生对这里的先生佩服极了。"③ 在保证师资优秀的同时，吴玉章又抓了校风校纪建设，制定可行的校规校纪，很快"扭转了散漫的风气和革除了落后的封建陋习"④。在教职工会上，吴玉章对学校纪律松弛、秩序混乱现象提出了严厉的批评，要求教职工严格遵守学校的规章制度。特别是教师，不仅要在学术上有高深的造诣，而且在行为上必须为人师表。吴玉章对学生也制定了校纪校规。定下制度后，吴玉章自己首先身体力行，一切经手的事都按规矩办，还坚持经常巡视校风情况，在很短的时间内就使学校面貌焕然一新。

为了使学生学到真本领，吴玉章改革了专业和课程的设置，强调加强学生的社会实践。吴玉章接任校长前，成都高师只有国文、英语、数理、

---

① 四川大学校史编写组. 四川大学校史稿. 成都：四川大学出版社，1985：150.
② 党跃武. 四川大学校长传略：第一辑. 成都：四川大学出版社，2014：39.
③ 同②.
④ 吴玉章回忆录. 北京：中国青年出版社，1978：118.

博物四部（系），吴玉章到校后，根据他的社会实践和留学日本与法国的经验，结合学校的实际，按照教育部的总体要求，在成都高师增设了史地部、理化部，从原来的四个部扩充到六个部。在课程设置上，他对学校过去的《成都高等师范学校学科编制大纲》开设的课程和使用的教材，重新加以审定，去掉陈腐的内容，补充进新的知识，增设新的课程。吴玉章不仅重视专业设置和课程改革，而且十分重视教学方法的改革，提倡采用西方的"自学辅导主义"等教学方法，要求教师积极引导学生"感触时代思潮"。他明确规定："本校教授历年均取自学辅导主义，凡对于一学科之基本原理，由教师讲授或实验，后由学生自行研究练习，以养成自动的理论为原则。其有研究不得解，实验无结果者，即向教师陈述，详为指导。"

同时，吴玉章根据学校"养成师范学校及中等学校教育人才"的宗旨，十分重视学生的业务实践和社会实践能力的培养。国文、英语、数理、博物各部的三年级学生，安排四周实习，各部每周开批评会一次，批评时先由学生自述教案准备是否完善，再由学生互评，最后由教师点评。图画科的学生安排到"灌县（今四川都江堰市。——引者）实地教授写生、图画"，让"重峦叠嶂"和"绝妙天然图画"陶冶学生，同时进行美学教育。

吴玉章非常重视学生的全面发展。他亲自为学生讲授"经济学"，而且备课十分认真。他对同学们说："你们将来一定要同经济、政治碰头的，不学经济，不知中国将来前途怎样走。"[①] 为了发展学生的业余爱好，吴玉章支持学生按学科组织国文学会、英文学会、数理学会、博物学会、音乐学会、体育学会、教学研究会等学术团体的活动，支持学生出版学术杂志、开展学术交流。吴玉章曾设想开办农事试验场、植物栽培所、动物饲养园，均因经费奇缺、任职时间不长而未能实现。在对学生的管理方面，吴玉章支持学生组织群治会，"分股办事，由学校予以指导，一面养成自治，一面接近社会，成绩至为可观"。高年级学生在课余担任了学校附设平民夜课学校的教员，同时进行教学法的实习。在体育方面，除开设专门课程外，学校还聘有拳术教习，每天举行十分钟的早操。学校还举办全校

---

① 党跃武. 四川大学校长传略：第一辑. 成都：四川大学出版社，2014：42.

运动会，开展足球、网球和田径等多项运动，竭力提倡学生锻炼身体，以期养成健全之国民。

由于吴玉章长期留学海外，又曾经担任教育部欧美学务调查员，对国外教育的优劣了如指掌，因此，在成都高师任职时，他十分注意推动教师海外进修。吴玉章认为实行新的办学理念，改进传统的教学方法，教师进修很重要，派人"出洋研究精深之术"是"为国家教育前途储备人才"。他 1922 年 9 月正式上任，11 月 12 日即派出教员邓胥功取道法国去美国留学，同时考察欧美的教育发展和教育制度。自己派教员出洋留学并在留学期间发放半薪，这在学校历史上是第一次。邓胥功是巴县（今重庆辖）人，日本东京高等师范学校毕业，曾任《四川教育杂志》主编，主讲教育学，兼成都高师附小主任，在教学方面有独特见解。吴玉章在《呈教育部为派员出洋留学以资深造事》中说："欧战告终，世界思潮的日新月异，科学进步大有一日千里之势，我国教育、我国教育人员势不能不急起直追，期与列强并而驰。派教员出洋留学一节，洵属目前急不可缓之图。"①

在艰难困苦、出生入死中成长起来的革命家吴玉章，非常关心广大学生正义事业，坚决支持学生的爱国民主运动。1923 年 6 月 7 日，成都高师学生举行"争还旅大，废止二十一条游行警告大会"，吴玉章不仅指示校内提供方便，而且亲自到会表示支持。12 月 15 日，英国总领事粗暴干涉成都各校学生参加王右木（四川江油县（今江油市）人，留学日本，四川共产主义党、团组织创始人）领导的"四川省民权大同盟"在少城公园（今成都人民公园）举行的反帝集会。后来，军阀借口学生斗殴，传讯并准备逮捕四川全省学生联合会负责人黄代国等，吴玉章以三年级学生实习为名把黄代国等送出省外考察。吴玉章把关心学生看成自己的本分，姜亮夫有一件记忆深刻的事，他说："昭通一共有三人参加复试，有一人不合格。当时校长是吴玉章先生，当得知我们三人从云南来，路上走了一个月，很苦，就同意那位考不取的同学做旁听生，一学期及格就转正，我们三人都很感激校长先生。"②吴玉章对所有青年学生所付出的赤诚大爱，确实令人感动万分。

---

① 党跃武. 四川大学校长传略：第一辑. 成都：四川大学出版社，2014：41.
② 同①42.

在成都高师期间，吴玉章利用自己独特的身份和地位，以高师为基地开展革命活动。到校不到两个月，他就将被无理解聘的四川地区马克思主义先驱王右木续聘回校，使之继续担任经济学和日文教员，并在学校附中任职。当恽代英在泸州川南师范学校被军阀赖心辉扣押后，吴玉章立即去电函保释，并于1923年2月下旬将其聘请到学校担任教育学教员，还让他在大礼堂给学生讲"阶级斗争"。这在当时的四川地区是绝无仅有的举动。对于恽代英的事，吴玉章是听别人介绍的，恽代英在川南师范的教育改革中实行的许多措施是吴玉章赞成的。恽代英生于湖北武昌，武汉地区早期马克思主义理论家，1921年底加入中国共产党，中国社会主义青年团中央领导人之一，《中国青年》主编。吴玉章当时并不知道王右木和恽代英与中国共产党的关系。但是，王右木和恽代英他们所开展的革命活动，和吴玉章的思路是一致的，所以吴玉章才对以前从未见过面、更谈不上友谊的恽代英和王右木伸出援助之手，这应该归结为志同道合的无形牵引。吴玉章还说，恽代英是"最受学生欢迎的教师，他在成都高师期间，把马克思主义在四川的宣传活动推向一个更高的阶段"[1]。在此期间，吴玉章还结识了在成都养伤的熊克武部的团长刘伯承，共同的志向使他们成为革命路上的至交。作为校长，吴玉章对成都高师"推进新思潮的扩展"起到了非常重要的作用。他组织学生到工人和农民中去做宣传和组织工作，组织工会和农会。吴玉章回顾当年的情景说："当时成都经常发生罢工事件，我的一个老朋友跟我开玩笑地说：'只要把吴玉章捉来杀了，罢工就不会发生了。'的确，当时四川的一些军阀对我很头痛，但是因为我和同盟会、国民党的历史关系，更因为当时群众伟大力量的支持，反动派也奈何我不得。"[2] 吴玉章在成都高师时，积极关心学生进步社团的活动，为四川全省学生联合会活动提供方便，支持他们的反帝反封建斗争。

吴玉章从1922年9月至1924年2月，在成都高师的教育实践中，崇尚学术和起用新派，充分实践面向世界的、开放的办学理念，真正体现了四川大学"涵乾纳坤，合而能融"的文化精髓。

吴玉章在成都高师的教育实践中，最重要的成就是促进了人才的全面

---

① 党跃武. 四川大学校长传略：第一辑. 成都：四川大学出版社，2014：38.

② 吴玉章回忆录. 北京：中国青年出版社，1978：119.

发展，培养了以杨尚昆、张秀熟、姜亮夫、邓胥功等为代表的一大批国家栋梁和各界精英，真正体现了四川大学"仰副国家，造就通才"的文化脉络。

吴玉章在成都高师的教育实践中，最根本的经验是适应社会发展需要，把国情和世情结合起来，真正体现了四川大学"与人民同甘苦，与祖国同命运，与时代同呼吸，与社会同进步"的文化路标。

吴玉章在成都高师任校长期间，为学校制定了具有现代素质教育思想的课程结构体系，实施了具有现代学分制理念的教学管理制度，开内地安排本科和专科学生到海外进行教育考察之先河，为学校指明了教育现代化的发展方向，为学校创造了前所未有的发展条件和前景。在吴玉章的领导下，成都高师不仅是"大师作范，群士响风"的"西南文化之根芽"，而且是"西南一带传播革命种子的园地"和"进步势力的大本营"。当年吴玉章在成都高师的教育实践已经成为四川大学教育传统的不可或缺的重要组成部分，被视为一笔极其珍贵的无形财富。四川大学为了永恒地纪念为学校教育改革开先河并留下十分珍贵经验的革命家兼教育家吴玉章，建立了四川大学玉章学院，使吴玉章成为四川大学和国人世代不忘的千秋师表。

# 三、创建中国青年共产党

随着吴玉章对马克思主义的深入研究和对俄国革命的进一步了解，结合之前的革命经历，他对领导革命的政党组织进行了认真的对比与研究，深深地感到：中国同盟会及国民党的松散且大小派系林立，决定了它无战斗力；中华革命党的领袖独裁，决定了它无广泛的群众基础；只有布尔什维克的建党方式，才是严密组织与凝聚战斗力的最佳方案，它的民主集中制，也能避免独裁主义和克服松散状态。从五四运动以来，一有时间，吴玉章就在考虑如何建立无产阶级政党的问题，越是深入研究苏俄政党的组织形式，越是兴奋地感到这就是自己需要的建党模式，通过这种模式建立的政党，就一定能取得革命的最后胜利。担任成都高师校长后，有了一个安定的环境，杨闇公和高师的一批革命学生、革命青年聚集在社会主义革命的旗帜之下，因此，吴玉章组织无产阶级政党的强烈愿望和要求愈益迫切。吴玉章知道，成都的社会主义青年团组织的纲领和指导思想，和自己的思路是不谋而合的。但是，自己已经是四十多岁的人了，没有资格加入成都的社会主义青年团组织。由于僻处四川，消息闭塞，王右木和恽代英都没有向他透露过中国共产党的情况，在不知道处于秘密状态下的中国共产党已经成立两年多的条件下，吴玉章于是和理念相通的好友、从日本留学归来的杨闇公，经过一段时间的反复研究，商量决定按照十月革命的原则和模式，仿效苏俄布尔什维克的建党原则，建立无产阶级政党。他们草拟出建党纲领和章程，将其定名为中国青年共产党，简称 YC 团。1924 年 1 月 12 日，在成都娘娘庙街 24 号杨闇公寓所里，墙上挂着马克思、恩格斯、列宁画像，有 20 多人参加会议。经过 3 个小时的讨论，通过了 YC 团的纲领和几个决议案，选举吴玉章、杨闇公、刘仲容、张保初、廖划平、傅双无 6 人为负责人。

《中国 YC 团纲领》首先简明具体地叙述了国际帝国主义和中国封建主义对中国劳动人民的残酷压迫和人民遭受的痛苦，然后指出："世界的灾祸及世界上第四阶级的苦痛，都是国际侵略主义和国际资本主义造成的；中国的祸灾及中国第四阶级的痛苦，都是国际帝国主义和中国的军阀及未成熟的资本家、绅士或守财奴的有产者共同造成的。"提出 YC 团最大的五项使命："也就是马克思所说的"——（1）"脱离一切国家界线，代表无产阶级指示全体利害"；（2）"无论什么时候无论什么地方代表无产阶级运动全体利益"；（3）"纠合无产者团成一个阶级"；（4）"颠覆有产者的利益（包含现在的政府、军阀、国际帝国主义）"；（5）"无产阶级掌握政权"。表示"我们救国救世的方针，就是集中在这种旗帜下面，决不犹豫，决不踟蹰"。"我们反对国际帝国主义，反对国内政阀、军阀、财阀。同时并反对改良派、修正派、投机派、空谈派及一切时髦的社会党，至于国际康尼斯党及国际少年康尼斯党，中国康尼斯党①及中国青年团，我们对于他们均立于友谊地位。"最后号召"各地的同阶级同宗旨的朋友呀，赶快些团结起来合作。照着红的明灯，蘸着红灼灼的热血，以求达到我们救世救国

---

① "康尼斯党"意为共产党，"少年康尼斯党"意为共产主义青年团。

的最后目的"①。《中国 YC 团章程》对团员、组织机构、纪律及职权都做了具体的规定。全团组织，纵的方面分中央部、干部、支部三部，横的方面分总务股、宣传股、劳动股三股；横的方面少数服从多数，纵的方面下级服从上级。

吴玉章、杨闇公等人还设想把中国 YC 团建成一个全国性的组织。其《章程》第六条不仅对支部、干部没有省的限制，而且明确指出中央部"现设于成都，于必要时得移往上海或北京等处"。1924 年下半年，刘云门等在北京筹备成立了 YC 团，以吴玉章、刘弄潮为领导，但在组织上并不直接隶属成都的 YC 团中央部。北京 YC 团曾决定在成都、重庆、广州、上海、长春等地发展团员，后来因形势改变未着手进行。

上述事实说明，中国 YC 团是一个独立政党性质的组织，虽名为"青年"，却不是附属于某个政党的青年团体。当年为何不公开称"党"，而称"团"呢？据北京 YC 团成员刘弄潮说，主要是为了减小目标，避免引起军阀当局的注意。

中国 YC 团的纲领和章程，基本上体现了无产阶级革命政党的本质特征，反映和代表了无产阶级的利益，提出了反帝反封建、推翻军阀统治、建立无产阶级专政的根本任务，旗帜鲜明地与一切机会主义、修正主义和种种小资产阶级政治派别划清界限，明确规定了以民主集中制原则建立和规范自己的组织。虽然没有明确提出以马克思主义为指导，但中国 YC 团是按照马克思建党学说、依照布尔什维克的组织原则和形式创建的，并提出按"马克思所说的"进行革命和斗争，提出了要与国际共产党组织建立联系等等。对照中国共产党的革命纲领和组织原则，可以看到，中国 YC 团与中国共产党的纲领是基本一致的。可以说，这一时期，在闭塞的西南四川地区，吴玉章和一部分先进分子，不等不靠，已经按照无产阶级政党的要求建立了领导革命斗争的政党组织。

中国 YC 团建立后，吴玉章等人即开始积极筹办机关报《赤心评论》。由于 YC 团是秘密组织，故以"赤心评论社"的名义向政府申请立案。获批后，《赤心评论》与群众见面了，创刊词说："好了！好了！红灼灼的安琪儿——赤心评论——于 1924 年 5 月 1 日劳动节，诞生到这个百孔千疮黑

---

① 周勇. 杨闇公纪念集. 重庆：重庆出版社，1993：320.

暗沉沉的世界上来了!"他们宣布,《赤心评论》的宗旨"是在助革命派的同志,与反革命党作战,以求全世界的赤心集合拢来,造成一个赤心的世界"。他们祝愿"赤心的复萌! 赤化的流行! 赤世的造成!"自称是"无数被压迫阶级的喉舌,许多男女同志的化身,列宁先生的一个小兄弟"。他们表示,"要继续列宁先生的活动与完成列宁先生的功夫,使赤化之光普照人们未来之世界!"①

吴玉章十分重视《赤心评论》,在创刊时捐赠 50 元大洋作为印刷费,YC 团成员每人捐 5 角。吴玉章撰写的重要文章《人类生活问题当如何解决》连续刊登于创刊号及第二期。杨闇公把《赤心评论》称为 YC 团的化身。《赤心评论》为 8 页 16 开铅印刊物,原拟每周出一期,后"因各种反动势力之压迫,暂改为月出一期"。从创刊到 1926 年 10 月,共出 16 期。除 11 期后在傅双无主持下刊登了一些错误甚至反动文章外,大多数刊登的都是宣传马克思主义、宣传苏联、宣传反帝反封建的革命文章。由于它在国内外公开发行,北京、上海、天津、广州、武汉等大都市和巴黎中国书报社、东京丸善书局都设有分售处,故影响广泛。中国马克思主义理论宣传家、共产党员萧楚女看到《赤心评论》后,曾专门在《中国青年》撰文说"这是一种急进的青年刊物。第一期为追悼列宁号,介绍列宁很见热情"。1924 年 8 月 20 日上海出版的《新建设》(这时由共产党员恽代英主编)也称其是"大胆来解决政治经济根本问题的《赤心评论》"②。

为了发现和吸引人才,扩大马克思主义宣传教育活动,吴玉章和杨闇公在 1924 年 4 月 13 日发起建立了"成都社会主义研究会",亦称"马克思主义研究会"。成立会上,吴玉章做了《马克思主义的势力》的演说,热情地赞颂:轰动世界的社会主义运动,特别是马克思派的社会主义,因为经过苏联的试验,人人已知道有实现的可能性。演说还科学地论述了世界法西斯主义的产生、帝国主义对中国的侵略和中国实行社会主义的必要性,提出中国劳动阶级要奋起,与苏维埃俄国联盟,大联合于波尔希维主

---

① 周勇. 杨闇公纪念集. 重庆:重庆出版社,1993:90—91.
② 中共四川省委党史研究室,中共重庆市委党史研究室,四川杨闇公基金会. 中国 YC 团. 重庆:重庆出版社,1997:8.

义（布尔什维克）旗帜之下，实行暴力革命。吴玉章满怀信心地预言：
"20 世纪光明的世界为期不远了"①，最后的胜利必归于劳动阶级。这个讲
演稿，从 4 月 16 日至 30 日，分九次在四川的《国民公报》上连载。后又
改题为《马克思派社会主义的势力》登载于成都社会主义研究会《追悼列
宁纪念号》专刊。

以吴玉章为核心建立起来的中国青年共产党和他所发表的《马克思
派社会主义的势力》一文，是代表吴玉章在二十年革命路上经过艰难曲
折的探索，才真正找到的指引革命胜利道路的方案，成为吴玉章在政治
上、思想上自觉走上无产阶级革命道路的光辉起点，也是吴玉章艰难地
转向无产阶级革命理论的标志。由中共中央党史研究室著、经中共中央
审定出版的《中国共产党历史（第一卷）》（上），在叙述中国共产党创
立时期的组织情况时，对吴玉章等创建的中国青年共产党给予了充分的
肯定："1924 年 1 月，四川的吴玉章、杨闇公等 20 余人，秘密组织中国
青年共产党，并创办《赤心评论》作为党的刊物。1925 年 2 月，当吴玉
章在北京对中国共产党的成立经过和活动情况有相当了解后，即提出解
散中国青年共产党，其成员'个别加入中国共产党'。这些事实说明，建
立一个全国统一的无产阶级政党来领导中国革命，已经成为当时中国革
命者的共同愿望。"②

马列主义的建党原则，是指引吴玉章走出徘徊忧虑的政治勇气和目
标，他所创建的中国青年共产党，是在中国大革命的历史条件下和四川特
定环境中产生的，它在四川、北京等地，特别是成都地区产生了重大的影
响。它同成都、重庆的共产党和社会主义青年团组织之间，在成员的组织
关系上互有交叉，革命动机上高度契合，所以在革命运动上经常采取一致
行动。随后中国青年共产党的主要领导者吴玉章、杨闇公和重要成员都先
后以个人资格申请加入了中国共产党，并构成大革命时期中共四川地方组
织的领导核心。吴玉章等创建的中国青年共产党，存在时间虽然短暂，但
是，它在中国共产党的创建史上却占有一席之地，也是中国共产党四川地

---

① 中共四川省委党史研究室，中共重庆市委党史研究室，四川杨闇公基金会. 中国 YC 团. 重
庆：重庆出版社，1997：9.
② 中共中央党史研究室. 中国共产党历史：第一卷：上. 2 版. 北京：中共党史出版社，2011：71.

方建党史上极具地方特色的一页。

# 四、加入中国共产党

1924 年 2 月初，刘湘、杨森攻占成都，刘成勋部退新津县，熊克武、但懋辛部退仁寿县，不久，熊克武退到贵州遵义、铜仁一带。刘伯承因属熊克武部重要军官，在杨森进城前已经赴嘉定张仲铭家养伤去了。杨森占领成都后，被北洋军阀委任为四川军务督办，杨立即派人接收成都高等师范学校。2 月中下旬，吴玉章交出校务工作，学生群起反对，兴起择师运动。为了学生的学业和安全，吴玉章出面劝导学生平息事态。这时，吴玉章收到戴季陶（在国共合作的中国国民党第一次全国代表大会上当选为中央执行委员、中央常务委员和宣传部部长）广州的来信，始知中国国民党第一次全国代表大会召开。

这时，列宁逝世的消息传来，4 月 28 日，由成都社会主义青年团建立的成都劳工联合会、成都劳动自治会，由中国青年共产党建立的社会主义研究会和省学联等十余单位联合发出《追悼列宁大会公启》。宣称：我们成都市民在国际帝国主义、武人封建政治压迫之下，对于反对强权，改造社会之先觉逝世，能不哀悼！号召群众参加五一追悼和游行。第二天有人密告杨森，说五一纪念会是吴玉章的阴谋，其本意在组织工农和学生推翻杨森，夺取政权。杨森原本已同意了这次集会，闻密告后大怒，并扬言要捉拿吴玉章。杨森特派亲信副官查办，欲逮捕吴玉章。杨森的高参黎纯一、叶秉诚等极力解说、阻拦，事情稍缓。黎、叶对吴玉章的为人和才华是很佩服的，黎是留法的学生，叶曾任川东道尹。杨森对吴玉章将下毒手的事传出后，在朋友们的苦劝下，吴玉章决定离开成都，把自己的大概行程与安排告诉了杨闇公。5 月初的一个早上，吴玉章在王尔常的陪同下，趁进出城人多之际，出成都西门经双流县、彭山县、青神县直奔嘉定去会刘伯承。在嘉定，吴玉章和刘伯承畅谈时政终日不倦，吴玉章告知刘伯承，自己准备出川赴上海。刘伯承原计划与吴玉章和同行到嘉定的王尔常一同到河南新乡冯玉祥部李养泉旅工作，这时的刘伯承身体已经基本恢复，吴玉章与刘伯承商定，决定一起到上海去。经重庆乘船是最便捷而熟悉的路，但重庆为刘湘所控制，四川"自治"运动中，吴玉章得罪了刘湘，遭到刘的通缉。吴玉章和刘伯承在重庆都有不少熟悉的人，人身安全不敢保证。他们听说熊克武、但懋辛等率部退到贵州遵义一带，最后商定从贵州到上海。吴玉章在嘉定休整了一段时间后，便告别刘伯承，顺着通往荣县的大道回家。吴玉章大约在5月底到达荣县，会见了一些朋友，又应荣县旭阳中学校长谷醒华之邀请，在全校师生大会上做《革命与读书》的讲演。几天后，吴玉章回到阔别十余年的家中，大哥在外，二哥早已西去，成人的子侄们也都外出，只有大嫂、二嫂和自己的夫人三个女人守在家中艰难度日。家是港湾，不管任何时候，任何条件，有钱无钱，有权无权，都会无私地接纳归来的游子。吴玉章计划在家中待上一段时间，好好休整和理一下思绪，也没有去走亲访友，在炎炎夏日中度过了约三个月，这是一次难得的清闲。

1924年9月初，吴玉章收到杨闇公8月28日自重庆发出的信。原来，在吴玉章离开成都后，杨闇公也离开成都回到潼南县（今重庆市潼南区）双江镇家中。6月初，杨闇公乘船东下去上海，在上海谋求与中共中央联系，争取寻求中共中央认同中国青年共产党组织，但没有达到目的。杨闇公与老朋友恽代英进行了多次长谈后，带着一丝遗憾回到重庆，立即给吴玉章去信谈了上海之行的情况。9月中旬，吴玉章再次收到杨闇公自重庆发来的信，信中比较详细地谈了中国共产党组织的事。四川外面的革命组织和革命运动在飞速发展，吴玉章决定马上出川，立即给刘伯承去信，约定从泸州出行的时间。

9月下旬，秋高气爽，暗气初消，桂花皎洁，正是硕果采摘之际。吴玉章、刘伯承、熊晓岩三人约好地点，行色匆匆地步行从川南泸州往贵州境内进发。一路上都是秋雨绵绵的泥泞小道，他们翻大山，越河流，经过十多天的行程到达贵州遵义时，听说熊克武、但懋辛已经离开遵义一带。他们决定休整两天再走。吴玉章在家时先后收到过杨闇公两封来信，一直没有回信，10月6日便利用在遵义的休息时间给杨闇公写了回信，赞扬他加入重庆社会主义青年团的工作和对青年共产党组织的关心。8日，吴玉章和刘伯承等三人从遵义出发。金秋十月，午暖早寒，深山大川染上一层淡淡黄色，景色格外美丽，但吴玉章和刘伯承等三人无心赏阅美景，只顾埋头赶路，晓行夜宿，穿越林海，翻越崇山峻岭，不时和马帮、背夫擦肩而过，经过蜿蜒不断的盘山小道由湘西向长沙行进。11月中旬，在寒风萧瑟的初冬时节，三人才到达长沙。同行的熊晓岩分手到常德去了，吴玉章和刘伯承则继续赶往上海。到了上海后，吴玉章和刘伯承立即感受到热烈的革命气氛扑面而来，愉快的心情不言而喻。吴玉章说："到上海一看，全国工人运动的浪潮汹涌澎湃，国共合作已经开始，广州革命政府日益巩固，革命局面蒸蒸日上，真是感到无比的兴奋鼓舞。"① 吴玉章原本计划到广州去找孙中山，却听说孙中山为召开全国的国民会议已赴北京，各省选出的国民会议促成会代表也纷纷赴京。在上海短暂停留后，吴玉章和刘伯承在冷风似刀、雪花飞舞的 1925 年 1 月初赶到北京，住进大同公寓，后迁至石驸马大街太平湖饭店，知道了孙中山抱病入京受到北京各界群众十万余人热烈欢迎等盛况。孙中山已经因病住进医院，吴玉章决定到医院看望他，但探视未果。

3月初，吴玉章在北京见到"国民会议促成会全国大会"的四川代表、已是中共党员的童庸生。童庸生是成都高师毕业的学生，他们在匆忙中进行短暂的交谈之后，便分手离开。

1925 年 3 月 12 日，孙中山因肝病恶化，在北京逝世。弥留之际，他仍念念不忘革命，留下"必须唤起民众，及联合世界上以平等待我之民族，共同奋斗"的遗嘱，并在《致苏联遗书》中，表明了实行三大政策的坚定信念。

孙中山逝世的消息传出，吴玉章异常地悲伤，他带着无限沉痛的心情参加了孙中山的治丧委员会。因治丧委员会的事很多，孙中山行馆秘书处另组治丧秘书股，吴玉章和李大钊被安排在秘书股负责中文主稿工作。吴玉章曾读过李大钊宣传马克思主义和论述中国革命的著作和文章，可以说李大钊在吴玉章心中早就是熟悉的人了，李大钊对吴玉章也是早有所闻的，在短暂的相处和共同工作期间，吴玉章和李大钊建立起相识、相知的友谊，情谊日笃。李大钊，字守常，河北乐亭人，1913 年赴日本留学，1916 年归国后任《晨钟报》总编辑。1918 年 1 月起任北京大学图书馆主任，参加《新青年》编辑部工作，撰文歌颂俄国十月革命胜利，是中国接受与传播马克思主义的先驱。是年与陈独秀创办《每周评论》，1919 年领

---

① 吴玉章回忆录. 北京：中国青年出版社，1978：120.

导并参加了五四运动。1920 年 10 月，领导成立北京的共产党早期组织。被誉为"南陈（独秀）北李（大钊），相约建党"的中国共产党重要创始人。中国共产党第一次全国代表大会后，李大钊任中共北方区执行委员会负责人兼中国劳动组合书记部北方区分部主任。1922 年 8 月在上海与孙中山商谈改组中国国民党及共产党人加入国民党问题。1924 年 1 月，中国国民党第一次全国代表大会在广州召开，李大钊当选为北京代表，在会上被孙中山指定为主席团五人之一，和廖仲恺参与了改组国民党的重要工作。还参与了审定大会宣言和国民党章程草案等工作，并当选为国民党中央执行委员。1927 年 4 月 28 日，在北京被军阀张作霖杀害。

1925 年 3 月 19 日，孙中山灵柩由北京协和医院移置中央公园社稷坛拜殿，十几万民众护灵。吴玉章参加护柩抬榇，为右执绋。在孙中山灵堂，吴玉章敬献挽联："为东亚造和平，拯斯民于水火；与列宁相伯仲，亟世界之荣哀"①。从 24 日起，在乍暖还寒的早春北京，10 天内悼祭者达十几万人以上。4 月 2 日，灵柩暂停西山碧云寺石塔内，送殡者数十万人。吴玉章在怀念孙中山时，认为孙中山一生中有两大革命高峰：一是领导辛亥革命，推翻了封建帝制的最后一个王朝——清王朝；另一就是顺乎潮流，适应人心，改组国民党，实行联俄、联共、扶助农工三大政策。

4 月，孙中山治丧工作告一段落后，童庸生再次与吴玉章相见，童庸生向老师吴玉章介绍中国共产党的情况时说："中国共产党完全是按照布尔什维克的建党原则组织起来的，并且提出了切合中国实际情况的革命纲领，同时已和孙中山领导的国民党建立了革命统一战线，从而推动了中国革命走向高涨。"童庸生还告知老师吴玉章，自己已加入了中国共产党。吴玉章听了童庸生的介绍，"非常兴奋，决定加入中国共产党"。童庸生将吴玉章的要求，转告给中共北京地委书记赵世炎。赵是吴玉章的学生，知道老师的愿望后，亲自找到老师，简略地介绍了中国共产党的组织原则，征求吴玉章的意见，吴玉章正式向学生提出申请加入中国共产党的要求。吴玉章加入中国共产党可是一件大事，赵世炎将此事给李大钊做了汇报，李大钊在孙中山治丧期间对吴玉章有所接触和了解，看到吴玉章对孙中山的忠诚和对革命执着的精神，很为赞赏，爽快地答应吴玉章加入中国共产

---

① 中共四川省委党史研究室. 吴玉章年谱. 成都：四川人民出版社，1998：121.

党组织。于是，吴玉章的三位学生——赵世炎、童庸生、李国暄成了他的入党介绍人。吴玉章正式成了一名中共党员。

入党后，吴玉章对自己走过的革命历程做了深情的总结，他说："我入党的那年已经四十六岁，我的前半生一直在一条崎岖不平的道路上摸索行进。从我少年时代听到中日甲午战争失败起，就为国家的忧患而痛苦、而焦虑、而奔走；我们在豺狼遍地的荒野中想寻找一条出路。许多我所敬仰的、熟悉的同志为此而献出了生命，但是直到'五四'运动以前，还没有找到一条光明出路。感谢十月革命，它的万丈光芒照亮了殖民地人民的前途，我们找到了'放之四海而皆准'的马克思列宁主义理论，这个理论武器一经与中国工人运动结合，立即发挥出无坚不摧的伟大力量。在这个新的历史条件下，我才能够通过自己的具体历程完成个人思想上的革命转变，参加了共产党，从一个民主革命者变成了一个共产主义者。"①

吴玉章加入中国共产党后，知道了要加入中国共产党只能是个人申请，组织批准才行，没有集体加入的条款，经过反复思考后，感到中国YC团已无继续存在的必要，决定解散，其成员可以按照中国共产党的章程，以个人名义申请加入共产党组织。吴玉章把个人的设想和意见写信告知重庆的杨闇公，杨完全同意吴玉章的意见。但在四川成都的有些成员一时接受不了，认为既然纲领、宗旨相同，集体转入中国共产党组织的要求是不过分的。吴玉章不赞成、不支持集体转党的意见，持坚决的反对态度，吴玉章与赵世炎、李大钊及后来与陈独秀见面时，只字未提是否可以集体转党的事，以此可以看出吴玉章遵守中国共产党章程的坚定意志。因为吴玉章心中想到的是振救民族的大业，而不是小团体的名誉与利益，中国共产党的组织形式，正是他多年寻找而不得的正确方向。后来，经过吴玉章、杨闇公耐心工作，在成都，刘愿庵（中共成都党组织负责人）多次出面做YC团成员的工作，除个别坚持己见者外，大多数人接受了以个人资格申请加入中国共产党组织的决定。

吴玉章解散自己亲手创办起来的、没有任何过错的中国YC团，这是需要宽阔的胸怀和伟大的气魄的，也是吴玉章革命大局观的生动体现。在

---

① 吴玉章回忆录. 北京：中国青年出版社，1978：121.

这一点上，吴玉章认为，一个国家的无产阶级要取得胜利，马列主义的真正信仰者，必须实现全国的联合和统一，无产阶级的先锋队成员——共产党人更需如此，只有这样才能领导全国无产阶级实现统一。事实也雄辩地说明，涓涓细流归大海，中国各地早期的马列主义者和共产主义组织，最后都归集到中国共产党内。这是大势所趋，也是中国革命能够最终胜利的历史必然，中国 YC 团的大多数成员后来都加入了中国共产党就是最好的证明。

# 五、中共中央安排参加国共合作的领导

吴玉章加入中国共产党时，中国共产党第四次全国代表大会在上海结束不久，党的四大总结了一年来国共合作的经验教训后指出：无产阶级在民族运动中既要反对"左"的倾向，也要反对右的倾向，而右的倾向是党内主要危险。中共四大在党的历史上第一次提出无产阶级在民主革命中的领导权和工农联盟问题。党的四大以后，以工农为主体的革命群众运动进一步高涨。

吴玉章在处理北京的中国青年共产党组织的善后工作时，也在等待中共北京地委对他的工作安排，中共北京地委李大钊、赵世炎等领导对吴玉章的工作进行了研究，鉴于他在国民党高层内的地位和革命经历，认为北京地委不好安排他的工作，觉得把吴玉章的工作安排上报至中共中央，请中共中央来考虑他的工作才是比较恰当的。赵世炎代表李大钊和中共北京地委到吴玉章的住处，传达了李大钊的意见和北京地委的决定。并将地委的介绍信交给吴玉章，又把到上海后和中共中央的联系方式给吴玉章做了详细说明。送走赵世炎后，吴玉章立即开始准备上海之行。

1925 年 5 月初，吴玉章到达上海，顺利地和早已熟知的留法学生、中共中央秘书长王若飞接上关系，递上中共北京地委的介绍信，在王若飞的安排下，时任中共中央总书记陈独秀亲自出面和吴玉章交谈。陈独秀对吴玉章是熟知的，只是未曾谋面，吴玉章对陈独秀之名也是早有耳闻。吴玉章在和陈独秀的交谈中，将组建中国青年共产党，以及自己加入中国共产党后对中国青年共产党的处理情况向党中央做了汇报。中共中央认为，吴玉章对中国青年共产党组织的处理方案是正确的。陈独秀对吴玉章说："对你的工作安排，我们还要慎重地考虑一下再说，你先休息，有了结果就及时告诉你。"

在等待中共中央的工作安排时，吴玉章一天也没有闲着，他四处联络，和许多同志商量工作，研究情况，设想工作步骤。

当时，虽然国民党经过改组和整顿，与共产党合作有一年多了，但国民党组织涣散的状况仍然是很严重的。国民党在广东已经初步建立起一片根据地，但是这片根据地陷在帝国主义和反动军阀四面包围之中。在全国范围内，大军阀张作霖、孙传芳、吴佩孚等都企图进攻广东根据地；就是负隅东江的陈炯明、割据云南的唐继尧、统治湖南的赵恒惕等军阀，也都环伺着广州，虎视眈眈，待机而动；还有广东根据地内部的滇军杨希闵、桂军刘震寰，也在酝酿叛变。根据地的情况正是内外交逼、险象环生。同时，在国民党的中枢领导机构内，右派的力量也还不小。以邹鲁、谢持、林森等为代表的西山会议派正在形成。左派和右派之间的一场政治决斗看来已是不可避免的了。在这种形势下，怎样进行统一战线工作呢？怎样巩固和整顿国民党组织以发展左派力量呢？这是摆在吴玉章面前的大问题。通过对马列主义的学习和多年的实践，吴玉章认为："整顿和巩固国民党应该从基层做起。基层是联系群众、进行革命活动的最直接最基本的单位，一个革命团体若没有健全的基层组织，就不可能有雄厚的实力和广泛的影响，也不可能有强有力的中枢领导。所以我很愿意去做基层工作，并希望党中央派我回四川去，把四川的国民党组织整顿好。"[①] 吴玉章经常把自己的想法和王若飞、恽代英、李立三（留法学生，时任中共上海区委职工运动委员会书记）等同志进行交流。他们也很赞成吴玉章的意见，并给他分析形势说：上海工人运动的高潮不久就会到来，全国性的高潮也会随之而来，应该抓紧时机，扩大革命影响，吸收进步的工人和其他革命群众参加共产党和国民党以壮大左派的势力，一定要使统一战线工作紧紧地跟上工人运动的发展，用工农群众的革命积极性来健全国民党的组织。他们的想法，和吴玉章的思路是契合的。在上海期间，吴玉章还和国民党上海

---

① 吴玉章回忆录. 北京：中国青年出版社，1978：123.

市党部的人有所接谈。

中共中央总书记陈独秀等人在研究吴玉章的工作时，认为吴玉章与国民党和孙中山都有深厚的历史关系，中共中央决定不公开吴玉章的共产党员身份，认为留他在国民党内做统一战线工作是最为适当的。吴玉章愉快地接受了组织的安排，以此为分水岭，吴玉章由二十余年的资产阶级革命的实干家，转变成了坚定的无产阶级革命的实干家，在中国共产党指引的道路上，为民族的独立又出生入死地奋斗了二十多年。

根据中共中央的指示，吴玉章先到广州，与国民党中央取得联系，然后再回四川。对于中共中央的安排，吴玉章心里是暖融融的，他说："这时我已经没有以前那种单枪匹马地搞革命的感觉了，在我的背后，有着马克思列宁主义政党的领导和工人运动的支持。当我看到上海的许多同志在工人群众中忘我地进行组织和宣传工作的时候，我对于自己的工作抱着更大的勇气和信心。"①

工作任务确定以后，吴玉章收拾行装，准备立即启程。夏天将至，自己还是几件冬装，于是在 5 月 30 日下午，他去南京路一家布店买布料。南京路上人来人往，也没有什么异常现象。吴玉章正在埋头挑选布料的时候，突然门外传来一片吵闹声，布店里也起了一阵骚动。许多人都跑到门口去观看。吴玉章也跟了出去，只见从黄浦江边拥来黑压压的一片人群。外国巡捕荷枪实弹，如临大敌。走在前面的几个巡捕像凶神一样挥舞着棍棒，后面几个巡捕抓着两个学生连拖带搡地向前去，学生嘴里高喊着"打倒帝国主义"等口号。再后面跟着许多徒手的学生，路上很多行人，也陆陆续续地参加进学生队伍里去，南京路上交通为之阻塞。吴玉章看到这种情景，心里感到又愤怒又兴奋：愤怒的是帝国主义分子竟敢穷凶极恶，无理逮捕徒手的学生；兴奋的是中国人民终于觉醒了，觉醒了的人民群众，一定能够战胜黑暗势力，一定能够把万恶的帝国主义赶出中国去。

面对当时的情景，吴玉章后来说："我挤在人群里看了一会儿，队伍逐渐走远了。我返身回到布店，匆匆忙忙地买了衣料，心里惦念着被捕去的学生，想去打听打听消息。我的脚步刚跨出店门，突然一排响亮的

---

① 吴玉章回忆录. 北京：中国青年出版社，1978：124.

枪声从不远处传来，几秒钟后又是一排枪声。接着街头上一片骚动，我立即意识到这是发生了什么样的事情。我激动得不能抑制自己，我的心几乎要随着加快的脚步而跳出胸膛来。我一直往西走，想到现场看个究竟。但是，队伍像潮水一样退下来了，不能前进。只听得人们惊呼：'巡捕开枪啦！'人们沉浸在严肃、悲愤的气氛中，却没有慌乱的迹象。我目送着这些站在斗争最前列的人，向他们默默致敬。我的心中交织着愤怒和悲痛，很久不能平静下来。一直到傍晚，我才带着沉重的心情回到寓所。"①

　　这就是日资纱厂枪杀工人而引起的震惊中外的五卅运动。五卅惨案发生后，立即引起了上海和全国工人、学生以及各界人士的强烈反响。上海和全国各地相继罢工、罢市、罢课，反对帝国主义的暴行。在此情况下，吴玉章也推迟了行期，暂住上海，参加了国民党上海执行部的工作。为扩大反日宣传，吴玉章等提议出一个刊物，定名为"反日战线"，却遭到了戴季陶的反对。戴是当时国民党上海执行部的主任，他搞了一套所谓"孙文主义"的谬论，拿着刚刚逝世的孙中山先生作为招牌，到处招摇撞骗，和五卅反帝运动风马牛不相及。在讨论出版刊物的第一次会议上，他就说："'反日战线'这个名字不好，这次惨案要英国负责，跟日本没有关系，日本和我国是东方友邦，应该争取团结它，现在应该联络日本，单独对英。"吴玉章听了戴的一通发言，深感气愤，立即反驳说："逮捕青岛纱厂工人，是不是日本人干的？残杀福州学生的主谋者，是不是日本人？顾正红是不是死在日本资本家手里？日本帝国主义从来就是我们的凶恶敌人，假使连'反日战线'的名称都不敢提，那么罢工、罢课、罢市都用不着搞了，我们只有坐待当牛马做奴隶了！"② 接着吴玉章的话头，大家都起来反对戴的主张，戴被大家说得面红耳赤，哑口无言。后来他仍旧到处宣扬"单独对英"的谬论，除了在资产阶级的一部分人中间有些影响外，他的主张在群众中是完全孤立的。

　　五卅惨案发生后，中共中央多次召开会议，及时提出指导斗争的方针、策略和口号，并进行大量的宣传和卓有成效的组织工作。运动在各地

---

　　① 　吴玉章回忆录. 北京：中国青年出版社，1978：125.

　　② 　同①125-126.

共产党组织的领导下，取得了重大成就。因此，中国共产党领导的五卅运动，是中华民族直接反抗帝国主义的伟大运动。它冲破了长期笼罩全国的沉闷的政治空气，大大促进了群众的觉醒，显示了各革命阶级、各阶层民众在无产阶级领导下联合斗争的巨大威力，给了帝国主义和军阀势力一次前所未有的打击。

吴玉章在上海参加五卅运动至6月下旬才动身去广州，6月24日，到达广州，直接去到国民党中央常委廖仲恺的办公室。廖见吴玉章突然到来，十分高兴，起身迎接，热情握手问候，请吴玉章坐下后，泡上一杯热茶递到吴玉章手上，关切地询问了吴玉章的一些情况。吴玉章直截了当地跟廖仲恺谈了从基层组织入手开展工作的想法，把回四川整顿国民党组织的计划向廖仲恺做了汇报，准备尽快启程回川。廖仲恺非常赞成吴玉章的思路。廖仲恺把广州刚刚镇压了杨希闵、刘震寰的叛乱，正在酝酿将大元帅府改组为国民政府等近期安排给吴玉章做了通报，请吴玉章不要急于回川，等国民政府成立以后再去四川。第二天，廖仲恺带吴玉章参观了黄埔军校和其他地方，廖仲恺在沿途又向吴玉章介绍了广州的许多事情，吴玉章看到的是一片朝气蓬勃的景象。随后，吴玉章又拜访了汪精卫、胡汉民等，回川整顿四川基层组织的想法也得到他们的赞同与支持。

1925年7月1日，国民政府在广州正式成立，汪精卫任主席，廖仲恺任财政部部长，胡汉民任外交部部长，许崇智任军事部部长，聘请苏联来的鲍罗廷为国民政府高等顾问。

吴玉章看到，在新成立的政府中，右派有着很大的势力。要改变这种情况，必须继续发展工农运动，发展国民党内的左派势力。吴玉章感到整顿国民党基层组织的工作已刻不容缓，想回四川的愿望更加迫切了。吴玉章去与廖仲恺道别时，廖问了他启程安排，知道他回川整顿组织在经费上肯定有较大的困难，代表国民政府给他准备了一千元大洋的活动经费。7月初，吴玉章以国民党四川党务筹备员的身份从广州赴上海，准备取道长江入川。

# 六、筹建国共合作的四川省党部

国民党在四川的组织曾经有过辉煌的历史，为辛亥革命在全国的胜利做出过重大的贡献。在中共三大以后的 1923 年 10 月 15 日，王右木曾和四川的国民党合作建立了全国最早的省级国共合作组织①。孙中山逝世以后，国民党右派在川占据了优势，他们排斥四川的共产党人。要解决四川的问题非吴玉章不可。1925 年 5 月 27 日，重庆共青团地委负责人杨闇公致函团中央说：由于军阀和国民党右派势力的压迫，重庆的环境恶劣极了，请求团中央给党中央报告，催促吴玉章回川办理国民党事务。8 月 3 日，杨闇公再致共青团中央报告，说："吴玉章尚未到，如滞沪上，请促其速归。盼切！"②

吴玉章即将回川的消息传来，国民党右派抢先于 7 月筹备了国民党四川临时省执行委员会（即临时省党部）。8 月 15 日，吴玉章到达重庆，8 月 16 日，临时省党部召开成立大会，邀请吴玉章到会指导。因为右派的操纵，只有一名国民党左派进入临时省党部负责人名单。为了扭转这一局面，吴玉章召集临时省党部改组会议，指出，石青阳冒用并未成立的"四川执行部"名义，擅自委派党务筹备员九人，筹备员人数远超中央规定的一至二人的要求，必须进行调整。为了不引起大的波动，吴玉章决定，临时省党部各部负责人职务暂时不变，但组织部部长一职由他亲自担任。

为了摸清情况，实施整顿计划，吴玉章首先找到国民党四川负责人黄复生、朱之洪商量。这两人是老同盟会会员，当年和吴玉章也算是出生入死共同奋斗的战友。吴玉章向他们提出了整顿国民党四川组织的计划。黄、朱二人听了都摇头说："现在人家听到政治和党派就头痛，已经参加国民党的不过是挂着名儿，没有参加国民党的，今后也未必肯加入。你的想法倒不错，只怕是白费力气。"吴玉章对他们说："从前国民党的声誉，

---

① 中共四川省委党史研究室. 中国共产党四川历史大事记：民主革命时期. 成都：四川大学出版社，1997：34.

② 中共四川省委党史研究室. 第一次国共合作在四川. 成都：四川大学出版社，1996：31.

虽然被一些政客所玷污，但自从中山先生主张国共合作、实行改组国民党以后，情形就不同了。今后正要我们好好地去整顿。只要我们目标远大，做法正确，群众自然就会拥护我们，国民党的威信也就能够树立起来。"黄复生心有所动，反问吴玉章："你看这一堆烂摊子，怎样整顿法？"吴玉章回答说："第一，要有一个严密的强有力的组织机构；第二，要培养一批效忠革命的干部；第三，要在群众中进行广泛的活动。做到这三件，我们的整顿工作就算成功了。我计划先办一个学校，一方面可以集合和培养一批干部，另一方面也可以作为进行组织和宣传活动的据点。"他们听了吴玉章的设想，认为好是好，但怕难以实现，对吴玉章说："你以为办学校是容易的事情吗？我们很久想办学校，都没有办成呢！"① 吴玉章和他的这些老同事谈了大半天，他们对吴玉章的设想始终表示怀疑，没有信心。吴玉章离开时，他们相送至门外，还是向吴玉章表示了个人的支持态度。

国民党旧人暮气沉沉，进取心早已丧失，有的还走到革命的对立面，成了军阀政客，成了帝国主义、官僚资本家的走卒。看来筹建国共合作的国民党四川党部的工作，只能完全由重庆的中共党员和共青团员来完成了。

杨闇公得知吴玉章回到重庆，立即来见。吴玉章把离开成都后，到北京、上海、广州了解到的情况与杨闇公做了简略交谈，然后将回川整顿国民党组织的计划和杨进行商量，杨同意吴玉章的安排。于是，部分中共党员、共青团员和一些积极分子齐聚吴玉章寓所，大家听了吴玉章的计划，都表示非常赞成，立即进行分工。吴玉章把廖仲恺给的一千元分文不少地拿出来作为办学经费，但办学的经费缺口还是很大，吴玉章又把在成都高师任校长期间支持卢作孚而购买的川江轮船公司股票两份拿出来押当。这个股票的利息很高，当即以两千元售出，全部充作学校经费。

吴玉章一方面筹集经费，一方面联系熟人，安排人员找校址、买家具。夏天的重庆被称为中国的四大火炉之一，大家头顶烈日，每天清晨就到外面去做各自的工作，中午到杨闇公家里开会，交换情况，下午又出去。不几天，就在大溪沟找到了适合的校址，把一切筹备工作都办好了。

---

① 吴玉章回忆录. 北京：中国青年出版社，1978：127-128.

学校取什么名称恰当呢？吴玉章后来回忆道："早些时候，华法教育会曾计划在北京、上海、汉口、广州、重庆办五个中法大学。我是华法教育会的发起人之一，于是就把新办起来的学校定名为'中法学校'（大学部称中法大学）。"①

学校的筹备工作差不多了，学生从哪里来呢？恰好重庆江北中学、重庆省立第二女子师范、合川联合中学都因学潮罢课而有许多学生被开除。吴玉章立即安排大家把这些学生招收入校，各地的进步学生也都闻风而来，一下子招了近三百人。9月4日中法大学四川分校（简称"中法大学"）正式开学上课。吴玉章任校长，童庸生任教务主任，杨伯恺（杨洵，中共党员）任训育主任，杨闇公、冉钧、廖划平、萧华清、程子健等在重庆的共产党员都在学校兼任教员。后来，学校的学生经过培训后被派往四川各地，参与当地国民党党部的组建。

在筹备学校的同时，吴玉章又着手整顿国民党的组织，首先把临时省党部迁到莲花池新址，这里联络方便，后来莲花池成了四川左派党部的代名词。吴玉章对四川各县的国民党情况是比较熟悉的，特别是在1921年搞四川"自治"运动的时候，他就有意识地物色了一批干部，于是分头去信安排他们筹建党部。当时，全国工人运动蓬勃发展，革命形势日益高涨，群众的革命情绪再次高涨起来。回川不到两个月的吴玉章，既办起了学校，还把许多重要的市县党部都成立起来了。国民党党员发展到八千人以上。以前对整顿工作缺乏信心的黄复生看到这种情形，非常惊奇。他对许多人说："吴玉章的手段真高明，好像有神仙帮助一样。"其实，哪里有什么神仙帮助，吴玉章所依靠的是中国共产党组织的领导和群众的支持，不过黄复生当时并不知道吴玉章已经是一名共产党员罢了。

1925年10月初，杨闇公在致团中央的报告中，对吴玉章回川后的工作给予了很高的评价。他说："玉章同学较返川时要彻底得多了，并能努力工作，且非常切实。对于校义（指党的方针。——引者），也非常的明白而有真认识了。此次归川的同学，渠当首屈一指。"②

10月10日，川东学联和后援会等团体联合在重庆举行纪念国庆和反

---

① 吴玉章回忆录. 北京：中国青年出版社，1978：128.
② 中共四川省委党史研究室. 吴玉章年谱. 成都：四川人民出版社，1998：125.

帝示威水陆大游行时，学生们突破军阀王陵基禁令在打枪坝举行集会，工人队伍因不能入城而与军阀队伍发生冲突。王陵基认为这是吴玉章、杨闇公、童庸生等安排的，下令通缉吴玉章等。由于革命形势的大发展，军阀对立即逮捕吴玉章等还有所顾虑，只是想以通缉来逼吴玉章等离开重庆。大约 10 月中旬，吴玉章接到广州国民政府的加急电报，说 11 月 25 日要在广州召开国民党第二次全国代表大会，望四川及时选出代表参会。时不待人，吴玉章赶紧筹备起来，通知各县市代表就地开会选举。10 月 29 日，汇总选举结果为吴玉章、黄复生、杨闇公、邓懋修、童庸生、廖划平、谷醒华、廖竺君（苏华）八人多数票当选。

当选的二大四川省代表即将离开重庆，这一走至少要几个月才能回来。为了保持临时省党部的正常运行和争取在下年初召开国民党全省代表大会，10 月 30 日，吴玉章主持召开了国民党四川临时执行委员会会议。会上通过了省、县代表大会组织大纲和选举法，以便定期召开全省大会及成立正式省党部。为了防止右派捣乱，会议还特别做出决定，在代表离川赴广州参加二大期间，临时省党部不处理重大事项，只由秘书处负责人邓劼刚和干事张克勤、冉钧办理例行公事。

11 月 1 日，吴玉章等离开重庆赴上海，决定从上海至广州出席国民党二大。9 日抵上海，吴玉章到中共中央驻地向中央汇报了回川的工作情况。中央对吴玉章在川的工作通过杨闇公和杨伯恺的报告信已经有所了解，加之吴玉章的当面具体汇报，对吴玉章的工作表示满意。中共中央又致信广东党组织，特别指示：对吴玉章可给予重要工作。

19 日，吴玉章受上海大学"中山主义研究会"成立大会之邀请，在大会上做《民族问题与阶级斗争》的演讲。上海大学是第一次国共合作时期，国共两党合作创办的一所培养革命干部的新型大学，前身为私立东南高等专科师范学校。

吴玉章离开重庆后，国民党右派疯狂地破坏四川临时省党部，使工作陷于瘫痪。鉴于四川的情况复杂，国民党中央于 1926 年 1 月 23 日，指定吴玉章为国民党中央驻川特派员。《中央执行委员会特派员规程》规定：特派员于所指定之区域内，有指导及执行党务之权。遇到临时紧急事宜时，不及呈请中央时，得直接取决之。吴玉章还在国民党二大中央执行委员会常委会第一次会议上提出《整理四川临时党部案》，中央同意指派吴玉章前往指导四川党部之进行，并准兼临时省党部执行委员职，还同意吴玉章的提议，增补邓劼刚、李筱亭、陈宣三、张克勤4人为临时省执行委员。吴玉章时刻关注和支持四川的革命进展，并不是因为四川是他的家乡，而是因为中国革命的大局需要四川的稳固与支持。他认为：四川的国民党组织建立不久，急需继续巩固，而且四川又是吴佩孚——湖北的一个侧翼，如果把四川的革命工作搞好，对于即将到来的北伐，一定会起良好的作用。

2月下旬，参加国民党二大后先行回川的杨闇公，从上海带着中共中央批准四川建党组织的指示回到重庆。3月初，正式建立了中共重庆地方执行委员会，成为领导全川党团组织的核心，杨闇公任书记，吴玉章任宣传部部长（因吴玉章留国民党中央工作，改为钟梦侠），冉钧任组织部部长[①]。

2月底，吴玉章连续接到关于四川右派活动猖狂的报告，他向国民党中央报告，决定立即回川。许多同志劝他留广州，中央也有许多事情需要他做，他觉得稳固四川的工作更需要他。在匆匆忙忙离开广州时，吴玉章先给四川的张克勤发信一封，说国民党中央派李筱亭回川办党，省党部干事要坚决反对右派窃据，要把执行三大政策的国民党组织起来，进行起来。重庆的国民党左右派的斗争比吴玉章想象的厉害得多，因为右派背后有四川军阀的支持，表面上看是左右派的争斗，其实质是要不要国共合作、要不要共产党参加国民革命的大是大非问题，更深层次的是四川军阀和国民党右派在反对共产党，国民党右派用党派的私利与军阀勾结来阻止共产党争取民族解放的运动。

3月1日，四川的国民党右派在重庆石青阳寓所召开另立省党部会议，不久迁移到一个叫总土地的地方挂牌办公。重庆形成了两个对立的省党部，这在全国都是唯一的典型事例，可见推进四川革命之棘手与复杂。

3月8日，李筱亭回到重庆，会同杨闇公等商量，根据国民党中央的委任，决定由李筱亭、张克勤、邓劼刚三人暂行负责执行省党部一切党务，等吴玉章回来后再做调整。

3月初，吴玉章以国民党中央驻川特派员身份到达上海，向中共中央汇报了国民党二大及其他情况，并对回川的工作打算也做了汇报，中共中

---

① 中共四川省委党史研究室. 中国共产党四川历史. 北京：中央文献出版社，2009：68.

央同意他的工作思路。吴玉章在路过上海、南京时做过多次宣传国民党二大会议精神的宣讲。由于长期超负荷地紧张工作，吴玉章感到身体有些支持不住了，到达宜昌时，需要换船，一上岸就在人力车上晕了过去。同行的熊晓岩赶忙请车夫和他一起把吴玉章架扶到一座教堂的墙根靠着墙坐下。熊晓岩进教堂要了一小杯药酒给吴玉章灌下，吴玉章才慢慢地苏醒过来。熊晓岩说："咱们休息几天再走。"吴玉章拒绝了，说船上可以休息。于是，吴玉章抱病溯江而上，回到重庆后，立即投入紧张的工作，不几天后再度晕厥，被迫住院治疗。医院的规矩很严，不准走动，不准会客。大家也都商量好，再大的事也不能告诉吴玉章，让他安心休养。

这时，蒋介石于 3 月 20 日在广州制造的中山舰事件传到重庆，重庆的形势也在发生着变化。为安全起见，刘伯承将病未痊愈的吴玉章接出医院，住到刘在重庆浮图关的家中休养。这时，吴玉章才对外面的情况有了详细的了解。吴玉章决心组织力量，对右派进行反击。并和杨闇公做了分工，由杨负责发展共产党的组织，发展工农运动，吴玉章负责整顿国民党组织，并在上层和军队中进行活动。5 月 13 日，吴玉章和杨闇公介绍刘伯承加入中国共产党。

5 月 24 日，驻成都的刘文辉派人到重庆，礼请吴玉章去担任国立成都大学校长，还表示愿意出资创办一家日报为国民党做宣传，并希望国民党派人去他的部队做政治工作。此前，驻川北南充的川军第五师师长何光烈，也屡次邀请吴玉章到南充"主持大计"。吴玉章对两者进行了权衡，考虑到何光烈原是熊克武的部下，此时何又自称是无政府主义者，为了分化川军，减少北伐阻力，他决定去南充何光烈处，婉言辞谢了刘文辉的邀请。

到了南充后，吴玉章动员何光烈参加北伐，将所部易帜，改编为国民革命军序列的一个军。何只同意由自己一人代表部队参加国民党，下属一律禁止。吴玉章经常去何部演讲，何部秦汉三、杜伯乾两旅长几年前就听过吴玉章的讲课和演讲，同情革命，经吴玉章做工作后，进一步倾向革命。在南充时，吴玉章还支持整顿国民党组织，支持左派党部，批评右派党人，使共产党员吴季蟠组建的左派党部声势大振，也促进了南充的学生运动、农民运动和工人运动的发展。何光烈仰慕吴玉章的声望和才华，聘请吴玉章担任筹建中的嘉陵高级中学校长，吴玉章答应了何光烈的聘请，着手中学的筹备工作①。在南充时，吴玉章还接见了罗瑞卿等进步青年知识分子，鼓励他们说："你们青年人要有志气、有抱负，应该担负起救国的责任，要救国救民，要威武雄壮，要朝气蓬勃，要大展宏图，不要平平庸庸地过一辈子！就像演戏一样，要像英雄武松一出场就要显出英武之气，观众很喜欢，不要像那些旧县官那样萎缩缩的，没有一个人喜欢他们，作那样的官有什么意义！"②罗瑞卿后来到重庆时，住在中法大学，经中共重庆地委介绍考入武汉中央军事政治学校。吴玉章在离开南充前，向何光烈推荐童庸生担任嘉陵高中校长，又推荐刘伯承担任何师参谋长。何表面接受，等吴玉章离开后就借故推辞了。

在重庆时，吴玉章与袁祖铭部师长王天培、杨其昌谈过话。王、杨颇为悦服，表示愿意加入广州革命队伍。吴玉章几次到川军第四混成旅旅长袁品文在重庆的家中，与其促膝长谈，动员和争取袁参加革命。

吴玉章支持中共重庆地委以国民党临时省党部的名义，分别在合川、泸州、涪陵、万县等地做军事调查，在此基础上写成《四川军事调查》和《四川各派军阀的动态》两份重要报告，为中共中央确定四川军事运动方针提供了重要依据。

7月底，召开国民党四川省第一次代表大会的组织准备工作已经基本成熟，在全国革命大趋势的促进下，在四川革命运动的强大压力下，刘湘被迫查封了国民党右派省党部。这时，广州国民政府连电催促，吴玉章与刘伯承一道离开重庆东下上海。

8月初，吴玉章到了上海。他向党中央详细汇报了四川情况，认为：川军派系纷杂，朝令夕变，各自均企图扩张个人势力。在革命潮流高涨时，一定有投机军人倒向国民党、国民政府方面。这样做，可能分裂军阀势力，我们"可乘此机会中逐渐培植出一种新的力量来"③。吴玉章还向中央建议在四川发动共产党领导的左派军队起义。

吴玉章抱病第二次回川四个多月，调整了国民党四川临时省党部人选，使一批共产党员进入党部工作，扭转了对革命派不利的局面，巩固了

---

① 《南充高中九秩史话》编辑委员会. 南充高中九秩史话：上. 2.

② 中共四川省委党史工作委员会《吴玉章传》编写组. 怀念吴老. 重庆：重庆出版社，1986：37.

③ 中共四川省委党史研究室. 吴玉章年谱. 成都：四川人民出版社，1998：134.

四川的革命基础。他还抽出大量时间深入在川的黔军部队和川军做工作，为后来党领导的泸（州）顺（庆）起义准备了重要条件。1926 年底，国共合作的国民党四川省党部正式建立。吴玉章在四川的革命布局，为造成四川的革命运动迅猛发展做出了重大贡献。

# 第五章　在大革命洪流中的巨大作用

## 一、反击国民党右派的斗争

吴玉章在 1925 年 8 月回到四川，整顿国民党四川组织，很快在重庆建立起国共合作的国民党四川临时省党部。10 月中旬，他接广州国民政府通知，决定在 11 月 25 日召开国民党第二次全国代表大会。四川立即按规定选出吴玉章等八名代表，他们于 11 月 9 日急急忙忙地赶到上海时，才知道会议已经延期到次年 1 月 1 日，吴玉章等悬着的怕迟到了的心才放下来。虽然时间还宽余，但也没有时间再返回四川，吴玉章等于 11 月 28 日到达广州。吴玉章到广州后，了解会议推迟的原因时，才知道在自己离开广州这四个多月的时间里，国民党的政治形势发生了很大的变化。广州国民政府内部左右派的斗争非常激烈。右派看到左派力量日益发展，非常害怕，竟于 1925 年 8 月 20 日，暗杀了左派领袖廖仲恺。这是孙中山逝世以后，右派势力对左派的一次最严重、最卑鄙的挑衅。共产党和国民党左派依靠省港罢工工人的力量，立即进行反击，驱逐了国民政府内部公开的右派头子胡汉民、许崇智，并解除了粤军魏邦平、梁鸿楷部的武装。10 月 1日广州革命军举行第二次东征，盘踞在东江的陈炯明虽然得到英帝国主义和奉系军阀的援助，但在革命军队的英勇进攻下，仍不堪一击。广州国民政府先后收复了惠州、潮州、汕头等重要城市，陈炯明叛军被肃清，广东革命根据地得到巩固。

与此同时，吴玉章看到，国民党内一些旧的右派失败了，跟着又有新的右派产生。这时，戴季陶之流的所谓"理论家"正在大肆贩卖其"纯正的三民主义"的反动理论。邹鲁、谢持、林森、石青阳等组成西山会议派，也打着国民党的招牌，于11月23日，在北京西山碧云寺召开所谓的"国民党一届四中全会"，史称"西山会议"。广州黄埔军校中的一部分军官和学生在蒋介石的卵翼下也搞起"孙文主义学会"的反动组织。身为国民政府主席的汪精卫，虽然还没有暴露他的反革命身份，但在左派力量日益增长的形势下，也感到十分恐慌，办一切事情都缩手缩脚。国民党的第二次全国代表大会原定在1925年11月召开，由于右派的阻挠，会议一直拖延下来。

吴玉章和到广州参加会议的代表看到，大会的一切工作都还没有开始准备，像无事一样，各地到的代表很少。除了四川代表到齐外，只有湖北的代表来了董必武、钱介磐（亦石）等五人，华侨代表来了彭泽民、许苏魂等三十余人，其他地方的代表有的还没有报到，有的地方甚至连代表都还没有选出来。更可怪的是国民政府所在地广东省，也还没有选出代表来。这哪里像开会的样子，大家议论纷纷，说大会恐怕是开不成了。而西山会议派已经开了会，他们正在极力破坏，企图使广东的第二次全国代表大会开不成，如果那样他们也就胜利了。

吴玉章面对这种情形很是着急。这时，邹鲁、谢持等在北京酝酿、计划在上海召开非法的国民党第二次代表会议来和广东争夺领导权。广东的国民党第二次全国代表大会是左派组织力量反击右派猖狂进攻的一次重要会议。假使大会不能召开，那就会大大助长西山会议派的气焰，对革命将带来十分严重的后果。在这样一个关键时刻，是不能有半点退让之心的。吴玉章决定立即去找汪精卫面谈。吴玉章到了汪的办公室，汪起身热情相迎，和吴玉章握手后，请吴玉章在沙发上坐定。没等吴玉章开口，汪精卫就向吴玉章大倒苦水，末了还说："大会恐怕开不成了！"见汪这样表态，吴玉章压住内心的冲动对汪说："现在邹鲁等人这样猖狂，他们不但排斥共产党，也排斥广东的国民党，不跟他们斗一斗，怎么成？否则，许多同志流血牺牲换来的这块根据地就要垮台，只怕你这国民政府主席的位子也坐不住了！"吴玉章之所以敢对汪精卫义正词严地指出利害，是因为他和汪交往多年，对汪的脾气、个性和处事原则有所了解。吴玉章对形势的分析估计，汪精卫还是赞成的，他只是唉声叹气地表达自己找不到处理方案，他对吴玉章说："我也没有办法！"吴玉章接过汪精卫的话说道："怎么没有办法，快些筹备就有办法了。"吴玉章又催促汪"赶快召开国民党中央会议以筹备第二次代表大会"①。

汪精卫听取了吴玉章的建议，同意马上召开中央会议研究二大筹备工作安排。汪精卫邀请吴玉章列席会议，吴玉章立即爽快答应参加。吴玉章从汪处出来后，心绪少安。在等待汪精卫召开中央执委会议期间，吴玉章联合杨闇公、廖划平、廖竺君，以四川临时省党部代表名义，向各省区和海外支部发出电报，指出二大对革命前途关系重大，并促各地速派代表，如期来粤开会。12月1日，汪精卫主持召开了国民党中央执行委员会会议，会议专门讨论筹备二大的有关事项。为了使工作真正落到实处，讨论中，谭平山（中共第四届中央执行委员，当时还不知吴玉章已是中共党员）提出由吴玉章任大会秘书长，汪精卫大惊，问谭平山："你是怎么认识吴玉章的？"谭说："我本来不认识他，不过我看了他这次在四川做党的工作很有成绩，所以我提议第二次大会要他来组织。"狡猾的汪精卫马上说："我同他（吴玉章）是多年革命同志，他很好，就决定他做大会秘书长吧。"这一切，列席会议的吴玉章都看在眼里。吴玉章任秘书长的事情就这么议定下来。于是，执委会会议通过了对吴玉章的任命。吴玉章也不推辞，这是一个面临重重困难和挑战的职务，如果困难不大，秘书长一职可能早就轮不到吴玉章了。可以说，这是一个烫手的山芋，搞不好就会名誉扫地。吴玉章对此没有考虑或者说考虑得很少，他这时想得最多的是革命大局，因此，毫不犹豫地接下这个艰巨的任务。会议之后，吴玉章立即组织班子，夜以继日对二大筹备工作进行详细的规划，形成书面材料。4日，吴玉章正式上任国民党二大秘书长。在当天召开的国民党中央执委会会议上，吴玉章就二大秘书处工作计划在会上做报告，提出，已经推迟定下的1926年1月1日会期，不能再改时间了。这样距离原定开会时间只有二十多天了，许多与会者对在这样短的时间筹备好大会信心不足，主张延期为妙。吴玉章做了有针对性的补充说明，认为按时开会没有问题，大多数人的顾虑解除了，同意会议如期召开。

---

① 吴玉章回忆录. 北京：中国青年出版社，1978：131.

经中央执委会会议确认大会时间之后，吴玉章组织一些先期到达的参会代表进行大会筹备工作，直接吸纳一批共产党员和左派人士为工作人员，分成若干个小组，各司其职。大会的材料组，吴玉章则亲自抓。一些中共领导人亲自参加筹备工作，吴玉章第一次结识了中共党内一批重要领导人，如毛泽东、周恩来、陈延年、张太雷等著名的革命家，他们中有不少"大笔杆子"帮助写材料。筹备工作忙而不乱地有序向前推进。吴玉章在后来深情地回顾这次会议的筹备工作时说：在这样短的时间里，个人就是有三头六臂也完成不了，因为"国民党第二次代表大会的一切筹备工作都是依靠我党进行的。那时毛泽东同志和周恩来、聂荣臻、萧楚女等同志都在广东工作，陈延年同志是中共广东区委书记。和我经常往来的还有董必武、林伯渠、恽代英、张太雷等同志。大会的筹备工作，就是由我和这些同志商量，分头进行的。依靠我党党员大家的努力，筹备工作进展得非常迅速"①。在1924年国共合作召开的国民党第一次全国代表大会上当选为国民党中央候补执行委员的毛泽东，参与起草了《宣传决议案》、《宣传报告决议案》和《党报决议案》，还亲自修改了《农民运动决议案》，又为国民党中央起草了《中国国民党对全国及海外全体党员解释革命策略之通告》，他在通告中严厉批评西山会议派的言论和行为。在吴玉章和一批共产党人的努力下，临近会期，各地代表陆续齐聚广州。

12月31日，吴玉章主持召开国民党二大预备会议，审议主席团名单和提交大会讨论通过的主要文件、开幕式庆典、阅兵式诸项大事，并决议设立二大代表联合办事处，负责接待联络。由于吴玉章全身心投入，筹备期间的大事他经常向上级汇报处理意见，并与有关方面的负责人进行频繁沟通，在听取各方面的意见中，又进行了商讨，对一些尖锐的问题也做了说服或承认各自保留，因此，预备会上秘书处提交的议程和材料都顺利通过，为大会的顺利召开和文件的通过准备了充分条件。

## 二、在国民党第二次全国代表大会上

1926年1月1日至19日，吴玉章全程参加了国民党第二次全国代表

---

① 吴玉章回忆录. 北京：中国青年出版社，1978：131.

大会，继续任大会秘书长。

1月1日上午，中国国民党第二次全国代表大会在广东省议会厅举行，出席大会的中央执行委员和候补执行委员及代表 278 人，其中，共产党员 100 人左右。会场布置得朴素庄严，会场门口设置了一个很大的地球模型，表示全世界革命运动的团结。汪精卫致开幕词。大会发表了《召开第二次全国代表大会宣言》。中央候补执行委员、代理宣传部长毛泽东在大会上做国民党一大以来的《宣传工作报告》。会后，在东校场举行盛大阅兵活动。

下午，吴玉章出席国民政府的欢迎宴会，代表出席二大的代表致答谢词，他回顾了辛亥革命以来的艰难革命历程，热情地赞扬孙中山的联俄、联共、扶助农工的三大政策。希望大家"继承总理的政策"，"接受总理的遗嘱"，"激励革命精神"，"决定进行的方略"。"希望我国民政府继续努力。于最短时间能统一全国，建设统一全国的国民政府，下次在北京开同样盛大的本党全国代表大会。"①

1月4日起，大会开始正式议程，当日上午，林伯渠在会上报告了这次代表大会的筹备经过，谭平山报告了代表资格审查情况，吴玉章报告了秘书处组织经过。

在这次大会上，吴玉章坚决贯彻孙中山的三大政策，维护国共合作的新局面，以他秘书长的特殊身份，在共产党人、国民党左派的支持下，为反击右派，保证大会基本方向的正确性做出了重大贡献。吴玉章在大会期间的重要活动日程如下：

1月3日，在国民党恳亲大会上演讲。连续三日在第一公园内召开恳亲大会。

1月4日，在第一次大会上做《秘书处组织经过和会议规则》的报告。

1月5日，上午，组织二大代表赴粤秀山，举行接受总理遗嘱纪念碑奠基典礼。下午，赴黄花岗祭七十二烈士和廖仲恺。

1月6日，上午，将国民党二大致苏联、致全世界被压迫民族各电，提请大会追认通过。下午，在广东省农会欢迎二大代表的会上讲话，指出：中国农民久处地主豪绅军阀和帝国主义者数重压迫之下，自身痛苦甚

———————————

① 中共四川省委党史研究室. 吴玉章年谱. 成都：四川人民出版社，1998：129.

深；而农民运动同志每遭种种困难。广东农民运动已得到伟大经验，有了好的方法。二大将对此详细讨论，由此而扩大到全国去。

1月7日，当选为二大提案审查委员会委员。

1月10日，在广州四商会的欢迎会上演说。指出："在国民革命当中，希望商界分子一致加入，共同努力合作。盖因国民革命之成功，非要农工商学兵联合合作，将一切帝国主义及军阀打倒，收回关税自主权和租借地。"①

1月12日，在大会上代表四川临时省党部做《四川省党部党务报告》。凭记忆写出的报告，分七个部分：第一，政治状况。（甲）政党。（乙）军阀。（丙）财政。第二，商人状况。第三，工人状况。第四，农民状况。第五，知识阶级状况。第六，青年状况。第七，党务状况。并结合四川情况，向大会提出：革命发展中，不可避免地要同右派做斗争。

1月13日，以秘书处名义向大会提出的《关于弹劾西山会议审查报告书》在大会讨论时，引起激烈争论。最后得以折中处理。同日，向大会提出《本党对外政策进行案》。指出国民党应决定并实行"与苏俄切实联合"、"扶助弱小民族"和联络世界上的革命民众等三大革命方略。获通过。

1月16日，当选为国民党第二届中央执行委员会委员。

1月19日，向二大提出严肃纪律、惩戒右派、维护中央权威的《厉行纪律案》获通过，并"立交第二届中央执行委员会办理"。同时向大会提出的《嘉勉国民政府电》获通过。

同日下午，国民党二大闭幕。大会通过《宣言》，重申对外打倒帝国主义，对内打倒军阀、官僚、买办及地主豪绅。中国的国民革命必须和苏联合作，和一切被压迫民族共同奋斗。大会通过了《中国国民党第二次全国代表大会宣言》《接受总理遗嘱案》《总章修正案》《政治报告决议案》《本党对外政策案》《弹劾西山会议决议案》《处分违犯本党纪律党员决议案》，还通过了工人、农民、青年、妇女、商民、军事、海外党务、各省党务、财政等决议案。通过的宣言和决议案，都重申了国民党一大通过的打倒帝国主义和封建军阀、官僚买办阶级的革命纲领，决定进一步贯彻执

---

① 中共四川省委党史研究室. 吴玉章年谱. 成都：四川人民出版社，1998：130.

行孙中山"联俄、联共、扶助农工"的三大政策。

在国共合作召开的国民党第二次全国代表大会上，吴玉章当选为国民党中央执行委员会委员（中央执行委员共 36 人）和国民政府委员。

由于共产党人吴玉章、林伯渠、谭平山等和国民党左派人士宋庆龄、何香凝、邓演达等的共同努力，中国国民党第二次全国代表大会继续坚持反对帝国主义和军阀势力的主张，坚持联俄、联共、扶助农工的三大政策，对参加西山会议的老右派分子痛加斥责，并分别给予警告以至开除党籍的处分。在大会选出的中央执行委员和中央监察委员中，左派人士和共产党人占一定比例。中共中央于 2 月 12 日发出的第七十六号通告，对此次大会给予很高评价，指出，国民党二大表示中国民族运动的成功，表示出国民党左派之胜利。

共产党人在这次大会上也有失误。大会召开前，党内在讨论共产党员参加国民党中央执行委员会的人数时曾发生争执。起初，陈独秀提出共产党员应为七人，鲍罗廷①表示反对，主张不超过国民党一大时的三人，其理由是为了不吓跑中派和不无谓地刺激右派。陈独秀不得不做出让步，最后一致同意四人。选举的实际结果是，在 36 名国民党中央执行委员中共产党员有七人，未达到三分之一。大会虽然对戴季陶主义进行了批判，但戴季陶仍被选为中央执行委员。蒋介石以其"左"的言论、"显赫"的军功，挤入了国民党中央执行委员会和国民政府的大门，在这次大会上第一次当选为中央执行委员，随后在二届一中全会上当选为常务委员会委员，2 月 1 日又担任国民革命军总监，一跃而为国民党军政要员，为其后来夺取国民党的领导权打开了方便之门②。

国民党第二次全国代表大会继承和发扬了一大革命纲领和政策，维护了国共合作，其基本方向是正确的。正如《共产国际执行委员会第六次扩

---

①　鲍罗廷（1884—1951），原名马尔科维奇·格鲁森贝格，苏联人。1903 年加入俄国社会民主工党。1923 年来中国，任共产国际驻华代表、苏联驻广东革命政府代表，并任国民党政治顾问，帮助改组国民党，促进国共合作。在国民党第一次代表大会上，支持孙中山确立的联俄、联动、扶助农工三大政策。1926 年在处理中山舰事件和整理党务案中，主张对蒋介石采取退让的政策，其政治倾向日渐右倾。1927 年 6 月，被解除国民党顾问之职。7 月，回到莫斯科，受到严厉批判。1951 年死于西伯利亚的劳动营。1956 年，苏联共产党为他平反，恢复名誉。

②　中共中央党史研究室. 中国共产党历史：第一卷：上. 2 版. 北京：中共党史出版社，2011：152.

大会议中国决议案》指出："国民党第二次全国代表大会（1926 年 1 月）
谴责了这个右翼，肯定了国民党必须同共产党人结成战斗联盟，从而确定
了国民党和广州政府的革命活动方针，使国民党保证得到无产阶级的革命
支持"①。但是，这次大会没有能够彻底制裁打击右派，国民党右派还在党
内占据着重要地位，革命仍潜伏着严重危机。

在国民党第二次全国代表大会上，秘书长吴玉章是最忙的人，不
仅是参会代表，更是大会各项工作的指挥员。他每天晚上要收集情况，
审查大会简报，审查大会修订的或新的重要文件和材料，解决、协调、
处理出现的新问题，安排第二天会议中的注意事项，还要写自己在大
会或其他场合的讲话稿子，所以，往往要工作到下半夜才能休息。吴
玉章的身体是没有重大疾病的，就是因为他在筹备期间和在这次大会
上忘我地工作，使体质严重下降，所以在会后回川时出现了两次虚脱
性晕厥。

在这次大会上，吴玉章进入了国民党核心领导层，从表面看有点偶
然，但只要纵观吴玉章二十多年的革命经历，就会发现这又是一种必然。
在同盟会时期，吴玉章就是核心领导成员。辛亥革命胜利后，孙中山做临
时大总统时，因吴玉章不在南京，没有给他安排什么职务，吴玉章到南京
后，居正对吴玉章来晚了很是遗憾，曾说，根据吴玉章的革命经历和贡
献，如果在，怎么也会安排一个次长（当时南京临时政府设九个部，次长
即副部长）职务。居正倒也说了老实话，这也是对吴玉章为革命做出贡献
的不经意的评价。之后，吴玉章无怨无悔，在即将解散的临时总统府内，
为孙中山做没有前途的收尾工作。在反袁、护法等各种斗争失败后，一大
批人离开了革命队伍，而吴玉章一直追随孙中山，孙中山多次在不同的场
合给了吴玉章以很高的评价。吴玉章不论在任何时候，都以自己的行动表
明了对革命前途充满坚定信心。国民党第一次全国代表大会召开时，孙中
山及其他的人也没有谁想起过通知吴玉章参加，更不可能给他安排适当职
务。只有戴季陶给在四川的吴玉章去信谈了一大的情况。后来，吴玉章
到广州，受到国民党中央常委廖仲恺的热情接待。吴玉章参加资产阶级
革命二十余年，处处体现出的是以国家、民族利益为最高点，其突出的

---

① 曾宪林. 国民革命事典. 武汉：湖北辞书出版社，1996：20.

贡献是有目共睹的。在国民党二大会议即将流产之际，吴玉章挺身而出积极促成国民党二大的召开，所以，吴玉章在国民党二大上被选入国民党核心领导层是名副其实，是众望所归。

## 三、到黄埔军校宣讲革命理论

国民党二大后，吴玉章重返四川整建和巩固了国民党临时省党部，在取得成效后，又回到广州国民政府。这时北伐战争已经开始，国民政府以大量的精力投入到支持前方战争中。这时的黄埔军校内，由于蒋介石等右派的操弄，出现了一部分学生反对国共合作，也有人宣扬所谓国家至上的国家主义理论。针对存在的这些错误思潮，在百忙之中的吴玉章决定到黄埔军校，结合贯彻国民党二大方针给学生们讲一讲革命理论和革命的目的，为青年人正确认识革命道路提供政治思想上的帮助。

黄埔军校是孙中山在中国共产党和苏联的帮助下，创办的培养革命军事干部的中国国民党陆军军官学校。因校址设在广州黄埔长洲岛而称黄埔军校。1924年5月黄埔军校成立。孙中山任军校总理，蒋介石为校长，廖仲恺为国民党党代表，先后聘请加伦①等苏联军官为军事顾问。6月16日，孙中山在黄埔军校开学典礼上发表演说时指出："我们今天要开这个学校，是有什么希望呢？就是要从今天起，把革命的事业重新来创造，要用这个学校内的学生做根本，成立革命军。"②

黄埔军校是一所国共合作创办的学校。中国共产党十分重视黄埔军校的工作，从各地选派大批党、团员和革命青年到军校学习，这部分人约占

---

① 加伦（1889—1938），原名瓦西里·康斯坦丁诺维奇·布留赫尔，苏联人。1916年加入布尔什维克党。曾任远东共和国红军总司令、陆军部长、军事委员会主席。1924年10月被苏联政府派来广州，任广东革命政府军事总顾问。1925年7月，因与鲍罗廷发生意见分歧，离广州回国。1926年5月再度来华，任广州国民政府军事总顾问，参加北伐战争的规划与安排。第一次国共合作的大革命失败后，于1927年8月回国。1929年起任苏联远东特别集团军司令。1935年11月被授予苏联元帅军衔，1937年12月当选为最高苏维埃代表。1938年11月在"大清洗"中以"叛国罪"被枪决。20世纪50年代后期得以平反昭雪。

② 孙中山. 在陆军军官学校开学典礼的演说//孙中山选集. 北京：人民出版社，1981：917.

学生总数的十分之一，教职员中也有不少的共产党员。11 月，周恩来到校任政治部主任。共产党人恽代英、萧楚女、熊雄、聂荣臻等曾先后到军校任政治教官或各级领导。中国共产党从事军事活动也是从黄埔军校开始的，并由此开始懂得军事工作的重要性。

1926 年 3 月，黄埔军校与国民革命各军所办的军事学校合并，改组为中央军事政治学校，学校在广州时，人们仍然习惯称其为黄埔军校。

9 月中旬和下旬，吴玉章两次到黄埔军校讲学。两次讲学中，吴玉章都深刻地阐述了中国革命和世界革命的关系，指出：我们处在帝国主义侵略剥削的时代，处在科学十分发达的时代。因此，处在这样的时代，中国问题就是世界问题中的一部分。所以，"世界的敌人，就是中国的敌人；中国的敌人，同时也是世界的敌人。因此，中国的革命问题，也就是世界的革命问题"。吴玉章在回顾了自己的学习体会后说："解决这世界问题的方法，自一二百年来，有许多大学问家宣下很多的主义。有主张无政府社会主义的，有主张工团社会主义的，有主张基尔特社会主义的，但这些社会主义都不察社会的客观环境，不明社会进化的历程，在现社会很不适用。"那么适用的在哪里呢？"惟总理（指孙中山。——引者）与列宁集此科学学说的大成，故其方法和主张都很彻底。他们认清现在国际资本帝国主义是我们共同的敌人，我们要社会安宁，舍先打倒它这怪物以外，别无路可走。""中山先生与列宁都能认清此点，故有苏俄十月革命之成功。而孙中山先生之要'联合世界上以平等待我之民族'共起打倒帝国主义，拥护工农，谋民族的解放，与列宁站在工农阶级联合弱小民族的主张一样，所以我说他俩的主义都是科学的社会主义。"

吴玉章还针对学生对孙中山新三民主义存在的疑惑和误解，给学员阐述了孙中山联俄、联共、扶助农工三大政策的历史必然性及其相互关系："我们要知道，中山先生为什么联俄呢？这是因为现在的革命是有世界性的。为什么容中国共产党员加入国民党呢？这是因为他们是最革命分子。所以中山先生诚心信俄，信共产党员，而欲与之一同来革命。苏俄之所以援助国民政府，共产党员之所以加入国民党，亦是光明磊落，为要促成革命的成功。这是他们应有的一种责任，也可以说这就是他们的自救出路，并不是有别的阴谋。惟帝国主义者、军阀、反动派宜乎造谣反对的；而国民党右派和国家主义派，尚自号革命的、爱国的，也出而反对，那就可知他们是何存心了！"① 吴玉章指出，现在的革命运动，若少了打倒帝国主义这一个要点，则一定是谬误而无结果的。"决定打倒帝国主义的革命方法，完全是中山先生与列宁指示出来的。何以见得？中山先生是站在弱小民族的地位，而向帝国主义进攻。所以他决定了民族革命的政策——中国民族独立与解放——为他的立足点，而同时联系世界上弱小民族，共同奋斗。孙中山并且站在革命的世界的民族解放政策上面；一面伸手联合帝国主义内的革命友军——工农无产阶级；一面结合国内无产阶级。因此而决定了农工政策。换句话说，即是孙先生以民族政策为本，而以工农政策为其政策中之实地方略。"② 在和共产党合作上，吴玉章进一步指出：联俄及容纳共产党，这是中山先生从世界的眼光上，从学理的研究上，从事实的要求上，而决定了的政策。"我们最好是根据第二次全国代表大会宣言中所指示"的方面去研究与理解。

在完成国民革命的基本力量上，吴玉章指出："我们应时时刻刻不要忘却党与党员领导民众，使主义深入民众。更确切地说：党的主义与民众之关系，至少同男女恋爱之关系一样密切，一样深入，一样彼此了解，一样同情与信仰而后可。故党之主义是否可贵，即以其能否适合去实际工作，去宣传民众，教育民众，以为尺度；更可说，党的主义之宝贵的尺度，不单在著书立说上见工夫，而尤在实际能实行到民间去，能唤醒民众，参加实际工作，如此主义才不是白纸黑字的，思想的，不是主义自主义，民众自民众，两者漠不相关的。十年前之本党与近两年之本党，迥然不同是在此。这是应该特别注意的地方。"③ 革命深厚的力量源泉在哪里呢？吴玉章一连用了五个方面来说明革命动力的来源与关系。他说："现在的革命，是群众的革命，不仅是少数人的革命。""现在的革命，是有国际关系的世界革命，不仅是国内革命。""现在的革命，是科学方法的革命，不能用感情去革命。""现在的革命，是要有组织有纪律有训练的党来实行，不是各各行动、自由行动。""现在的革命，是要能够宣传，能够得到民众的

---

① 中共四川省委党史工作委员会《吴玉章传》编写组. 吴玉章文集：上. 重庆：重庆出版社，1987：96—98.

② 同①103.

③ 同①108—109.

信仰，能够使民众起来，不是仅凭血气之勇，或者仅凭一偏之见能够成功的。"①

在黄埔军校全体人员参加大会的讲台上，吴玉章还针对国民党右派的反动及其对孙中山三大政策的背叛，旗帜鲜明、毫无惧色地进行了严厉谴责。他说：凡是中山先生之信徒，都应该了解他的政策，而不容丝毫怀疑。假如一面号称中山的信徒，一面却反对中山的政策，那是自己打自己嘴巴，自己走到反革命路上去了。

对于当时迷惑人心的国家主义理论，吴玉章给予了严厉的批判，深刻揭露其反动本质。他在分析了国家主义在欧洲的发展历史后指出：我们试问中国现在处于帝国主义与军阀两重压迫之下，有没有条件容许我们安全完成国家主义的余地？帝国主义者是万不愿意中国得到独立自由，为什么？因为中国能独立自由，必定要解脱帝国主义的枷锁——一切不平等条约。解脱了枷锁，帝国主义就无侵略中国的工具；无侵略的工具，它的生存就成一大问题。这岂是和平所能做得到的事情吗？这岂是现在中国的国家主义者所能做得到的事情吗？吴玉章批判了国家主义宣扬的超阶级的国家观和鼓吹的所谓"全民革命"。"现在若要取消不平等条约，就先要打倒了帝国主义而后可。这是就理论方面讲的。再就事实上说。他们国家主义的主张是'外抗强权，内除国贼'，而对'五卅'帝国主义之屠杀我同胞，反归咎于共产党。帝国主义的报纸《诚言》诬我同胞是'过激'，是'赤化'；国家主义的《醒狮》则照样译载出。"② 吴玉章一针见血地指出：国家主义派与国民党右派本质上是一致的，都是从根本上反对"联共产党联俄的"，"处处替帝国主义者军阀当侦探，当走狗"。"他们的罪恶，实假于帝国主义者及军阀；他们的人格，实卑于帝国主义者及军阀。帝国主义者及军阀该打倒，他们也是该打倒。"

吴玉章在报告结束时，还向大家提出殷切希望和要求："我们要积极做一个革命党，非知道中国革命与世界革命之关系不可，更非彻底了解中山先生列宁先生所指示我们的策略不可，能够彻底了解更非实行国民

---

① 中共四川省委党史工作委员会《吴玉章传》编写组. 吴玉章文集：上. 重庆：重庆出版社，1987：100-101.

② 同①99.

革命不可。要实行国民革命，则非依据中山先生联俄联共两大政策不可，而且非使党科学化不可，非努力向民众宣传不可，非实行民生主义不可，非打倒反革命派不可。能如此，乃是中山主义的真正信徒，乃是真能努力工作的国民党人。我深信诸君一面受党的严格训练，一面受军事的严格训练，在此两重训练之下，诸君已经是真正中山主义的信徒，而且是真正努力工作的国民党人，所以我敢高声呼道：'最后的胜利必属于吾人！'"①

吴玉章在黄埔军校的两次讲演，从理论和实践上阐明了革命依靠的对象与目标，鼓舞了革命派，引导了疑惑派，打击了少数右派和国家主义派，为树立黄埔军校的革命正气起了积极作用。

## 四、和蒋介石的独裁做斗争

国民党二大后，吴玉章离开广州回四川，这一时段内，国民党中央发生了一系列重大变故，这是吴玉章始料未及的。1926 年 3 月 20 日，蒋介石制造中山舰事件，亦称"三二〇事件"。不久，蒋介石与张静江、谭延闿等召集国民党中央党部暨国民政府联席会议，选举谭延闿为中央政治委员会主席、蒋为军事委员会主席。5 月 15 日至 22 日，国民党二届二中全会在广州召开，汪精卫赴法"就医"，中共"暂时妥协"，会议完全被蒋介石控制。蒋在会上通过了《整理党务案》，形成进一步打击中共和其他政敌的手段。在会上成立国共两党联席会议，联席会议由国民党方 5 人，共产党方 3 人组成，国民党方有张静江、蒋介石等 5 人，中共方面既没有选出代表参加联席会，也没有做出回应，这显然是一个重大失误。国民党二届二中全会后，在国民党中央任职的毛泽东（代理宣传部长）等几人被迫向中常会辞职。6 月 4 日，国民党中央执行委员会临时联席会议通过"迅速北伐、任命蒋介石为国民革命军总司令"决议案。

8 月，吴玉章在四川工作了几个月后回到广州。这时，北伐战争已经

---

① 中共四川省委党史工作委员会《吴玉章传》编写组. 吴玉章文集：上. 重庆：重庆出版社，1987：114-115.

开始，叶挺领导的独立团担当先锋，已于6月初进入湖南。由于过去几年里毛泽东在湖南做了许多工作，党在这里的组织极为坚强，工农运动最为发展。在党的领导和工农群众的支持下，英勇善战的叶挺独立团所向无敌，北伐战争取得重大胜利。但在这时，统一战线内部的关系出现了重大问题，蒋介石担任总司令后，上升到一个独裁者的地位，统揽军内大权，不可一世。何香凝见到吴玉章就哭了起来，说："现在是跟北洋军阀决战的最后关头了，可是国民党内部情形这样糟，怎么办？一个人专横跋扈，闹得大家三心二意，这次战争怎么打下去？国民党怎能不垮台？"① 根据新出现的问题，吴玉章在高层人士中商量处理对策。为解决北伐中的问题，遏制蒋介石独裁倾向，吴玉章与顾孟余等商定在9月下旬发起召开国民党中央执行委员和监察委员以及各省区特别市及海外代表的联席会议，解决时局中的严重问题。后因准备不及，会议延至10月中旬。当时议定了会议解决的主要事项和宣传口号：（1）说明本党现状及3月20日事变（即中山舰事件）真相。（2）口号是：巩固本党左派与共产党谅解合作；恢复党权，拥汪复职。原来，1926年3月20日蒋介石策划以反共为目的的中山舰事件时，事先没有给汪精卫打招呼，自行其是，损害了国民政府主席汪精卫的领导威信。汪精卫奈何不了蒋介石，更找不到处理此事的办法，为了避开尖锐的矛盾，宣布辞职，出走法国，但在表面上对外说是休假。蒋介石的猖狂程度可见一斑。

9月底，吴玉章赴上海，行前与刘伯承致电国民党四川临时省党部，提出速派刘泳闿、陈启修就近代表中执委出席扩大会议，并催邓懋修兼程赴粤。

10月初，吴玉章到达上海，向中共中央汇报关于准备召开国民党中央执监委联席会议的情况及目的、方针、策略。对于这次会议，中共中央已经准备好《对国民党中央扩大会议的政策》《对于国民党10月1日扩大会议的意见》《中央局关于最近全国政治情形与党的发展的报告》《关于当前工作》《中央给粤区的信》等指示。中共广东区委（粤区）关于国民党左派问题也曾多次讨论。吴玉章在工作上同时受上海的中共中央和广东的共产国际代表鲍罗廷及广东区委的领导，在实际工作上接受后者的指导更为

---

① 吴玉章回忆录. 北京：中国青年出版社，1978：136.

直接具体。对中央的安排，吴玉章在实际工作中认为"广东省委当时对于与国民党关系的策略"比在上海的中共中央"要正确些"。

10月10日，适逢辛亥革命纪念日，北伐军占领武昌全城。随着北伐的胜利进军，革命势力由中国的南部扩展到中部，一些新的重大问题摆在了国民政府面前。蒋介石提出了将国民党中央和国民政府迁往武汉的要求。为了适应革命形势的需要，中国国民党中央决定召开中央和各省区联席会议。

10月14日至28日，中国国民党在广州召开第二届中央执行委员会委员、中央监察委员会委员和各省区及海外总支部代表联席会议，出席会议的有中央执行委员会委员、中央监察委员会委员和中央候补执行委员、中央候补监察委员34人，国内外各地代表52人。在出席代表中，中共党员占四分之一，国民党左派较此数略多，还有一部分代表有左的倾向，右派及新右派约占四分之一。吴玉章出席会议并与徐谦、宋庆龄等成为主席团成员。会议期间，共产党人和国民党左派对国民党新老右派进行了斗争，打破了张静江等人试图包办会议的企图。会议通过的《本党最近政纲决议案》是一个较为坚决的反帝、反对独裁政治和发展工农运动的政纲。10月16日，针对蒋介石要求立即迁都武汉的问题，进行了热烈的讨论。会上出现了主张立即迁都武汉和反对迁都两种意见。前者为张静江、孙科等人主张，后者是吴玉章等的意见。吴玉章等主张暂时不考虑迁都的理由是：第一，湖南和湖北初下，人心未定，各种秩序没有建立起来，马上在武汉建都，不合时宜。第二，江西的战事尚在进行，胜负未定，贸然迁都，实无把握。第三，武汉地处中国腹地，离张作霖统治区比较近，易于受到敌人的封锁和包围。第四，政治根据地此时仍在广东，国民党政府所在地不宜因军事的发展随便由后方搬到前线。同时，广东革命根据地尚未得到很好的巩固，如果国民政府北迁，后方情形可虑。吴玉章等提出的暂时不迁都的主张，也是中共中央的意见。因此，吴玉章与参会代表毛泽东等是在认真贯彻中共中央指示，他们同国民党左派密切配合，不迁都的意见得到多数人的赞成。会议通过了《国民政府发展决议案》，否定了国民党右派提出的迁都案。

这次会议为了打压蒋介石的嚣张气焰，牵制他的独裁，作为重头戏之一，专门以联席会议的正式文件通过了《请汪精卫销假案》的决议，并派出五人代表去迎汪回国，这是一个极为不正常的怪现象。

这次联席会议是在北伐战争关键时刻召开的，在吴玉章等共产党人和左派的努力下，否定了蒋介石提出的迁都要求。会议制定了一些提高党权、反对军事独裁、发展工农运动的决议案，对革命的发展起了推动作用。大会的缺点是没有解决党权、军权和政权集中于蒋介石为首的右派手中的问题。这就使会议通过的新政纲不可能自上而下地切实贯彻执行。会议通过迎汪复职案使左派不切实际地把希望寄托在汪精卫个人身上，影响了国民党左派和共产党人对右派的坚决斗争。

蒋介石知道联席会议否定他的迁都武汉的决定后，大为光火，主张迁都的态度更为强硬。由于蒋身为国民革命军总司令，掌握着军事大权，他的态度对一些军事将领产生了很大影响，李济深、张发奎、邓演达、陈铭枢等也力主迁都。苏联顾问鲍罗廷原先是反对迁都的，这时也改变了主意，不顾中共中央反对，主张立即迁都。这样，主张迁都的呼声越来越高。11 月 12 日，国民党中央政治会议做出了原则迁都的决定。随着形势的变化，中共中央也缓和了反对迁都的态度。

根据国民党中央政治会议的决定，国民政府对迁都事宜做了具体部署。1926 年 11 月 28 日，国民政府宣布：自 12 月 1 日起，广州国民政府停止接收文件；12 月 5 日，国民党中央党部和国民政府在广州停止办公；国民党中央和国民政府负责人分四批陆续前往武汉。吴玉章是第四批出发的，他们从广州乘轮船到上海，再溯江而上，结果比其他三批都早到武汉。吴玉章在 12 月 8 日到达武汉后，立即投入紧张的工作。12 月 13 日，到武汉的中执委组成国民党中央执行委员和国民政府委员临时联席会议（亦称“党政联席会议”），吴玉章是临时联席会议成员之一，参加临时联席会议的工作，直接主持军政大计。

国民政府迁都武汉后，蒋介石突然出尔反尔，无视国民党中央的多次决议和自己以往的主张，从强硬主张迁都武汉变为要求改都南昌。明眼人都看到，蒋介石要改都南昌，就是因为自己的嫡系部队驻扎南昌，以南昌为都，可以把国民党中央党部和国民政府置于自己的控制之下，以便进一步篡夺更多的领导权。正如吴玉章所指出的：“当初，蒋介石因害怕广州的工农革命力量，曾提议把政府迁往武汉，遭到了我们大家的反对；等到武汉工人运动和两湖农民运动起来了，我们大家都主张把政府迁往武汉，并根据大多数人的意见作出了正式决定的时候，他忽然又提出异议，不肯服从。蒋的出尔反尔，暴露了他的个人野心，引起了大家的愤慨。当时江西地区处在蒋介石嫡系军队的控制之下，南昌已成为右派的巢穴。很显然，蒋介石是要把革命政府置于自己的掌握之中，以便任意摆布、为所欲为地进行反革命活动。"① 对于蒋介石的极端错误行为，不能再迁就了。吴玉章与武汉党政联席会议的中共代表和国民党左派人士纷纷发表文章或讲演，谴责蒋介石的错误行为，强烈要求定都武汉。联席会议主席徐谦在蒋的压力下准备有所妥协时，当即遭到吴玉章的坚决反对。在这场迁都之争中，武汉方面的理由十分充足，处处主动，而蒋介石则理屈词穷，十分被动。经过武汉党政联席会议成员和各阶层广大群众的斗争，次年 1 月 1日，国民政府明令定都武汉，以武昌、汉口、汉阳三镇合组为京兆区，蒋介石改都南昌的企图以失败告终。在南昌的国民党中执委会议同意中央党部及国民政府迁至武汉。

由于吴玉章处在国民党中央核心领导层，他在反对迁都南昌的斗争中态度非常坚决，起了十分重要的关键作用，为维护统一战线和推动国民革命继续向前发展做出了重大贡献。

## 五、为刘伯承争取革命军军长职务

1926 年 12 月 1 日和 3 日，中共四川党组织在泸州、顺庆领导了万余川军起义（简称"泸顺起义"）支持北伐战争，这是吴玉章、杨闇公等和中共四川地方党组织长期筹划的结果。

在安排四川军事运动中，吴玉章付出了大量的心血，不仅在四川倾向革命的军队中下功夫做工作，还对起义领导人进行了长期物色考虑，刘伯承就是吴玉章最为看重的军事人才。刘伯承早年在四川万县参加学生军，响应辛亥革命。1912 年入重庆军政府办的将校学堂学习。1913 年参加讨袁军。1914 年加入孙中山领导的中华革命党。1916 年参加护国战争。1917 年参加护法战争。在护国、护法战争中任连长、团长、旅参谋长。

---

① 吴玉章回忆录. 北京：中国青年出版社，1978：138.

1923 年在讨伐吴佩孚的战争中任四川东路讨贼军第一路前敌指挥官。后因伤在成都疗养，与时任成都高师校长的吴玉章相识，共同怀有的振救中华民族的志向把他们紧密地联系在一起。吴玉章又将刘伯承介绍与杨闇公认识，在接触中，杨对刘给予了很高的评价。三人经常在成都谈论时事，研究革命问题。

1926 年 8 月，刘伯承与吴玉章一同到了广州，他们经常在一起研究北伐的军事工作，吴玉章曾打算将刘伯承介绍至黄埔军校任教官。由于北伐战争开始后革命形势发展很快，一些四川的军阀分别派人到广州联系，争取国民政府的支持，这就为分化四川军阀、准备川中起义提供了条件。吴玉章在出席国民党中执委常委会第五十次会议时，提出组织四川特务委员会的议案得以通过，并经政治会议核议同意。

8 月 24 日，吴玉章与刘伯承、李筱亭在广州正式成立四川特务委员会，以刘泳阊、廖划平为该会驻粤委员，并要求国民党中央选派 20 名黄埔军校毕业生入川工作。因杨森驻守的长江中上游万县一带，军事战略地位非常重要，国民党中央政治会议决定：杨森军中一切党务工作由吴玉章负责。

9 月中旬，吴玉章接到童庸生的来信，童向他报告了上海之行情况及中共中央指示精神。童庸生 9 月 10 日赴上海向中共中央汇报四川工作，提出中共重庆地委在四川"扶起朱德、刘伯承同志，造成一系列军队的战略设想以及组织左派军队起义的准备情况"。中共中央做出关于军事运动的八条指示，就起义方向和策略、力量准备、援饷助械等项事宜做出具体决定。

吴玉章知晓中共中央对四川军事运动的部署后，与刘伯承联名向国民党中央执行委员会提出：武汉既下，四川将领陆续对本党表示好感，宜趁此机会切实发展党务。对四川各军阀派到广州的军事代表，吴玉章安排刘伯承与他们谈判，谈判后签订了六条协议，促进了川军在国民革命中向国民政府靠近。

在吴玉章出席 10 月中旬召开的国民党中央执委、监委和各省代表联席会议期间，驻万县的川军杨森为支援吴佩孚，顺长江而下攻打湖北西部的消息传来。国民党中央军事委员会总政治部主任邓演达要求共产党同志负责解除杨森对武汉的威胁。吴玉章根据中共中央的意图，在会上提议说：如果在四川建立起自己的军队或策动一部分川军部队起义，就可以带领起义军会师武汉；或拉到川陕鄂边，北出西安，接应冯玉祥军队，配合北伐。大家同意吴玉章对形势的判断与分析。会议通过了吴玉章的提议，决定派刘伯承回川，以国民党中央军事特派员的名义；全面负责四川军事运动，全权处理军事问题。吴玉章立即将国民党中执委的安排通知刘伯承，又和刘伯承派王尔常先行回川，将送给川军将领的国民革命军委任状与一些密件，藏于挖空的《左传》书内带回四川宣布。委任刘湘、赖心辉、刘成勋、刘文辉分别担任国民革命军二十一、二十二、二十三、二十四军军长。杨森攻打湖北西部失败退回万县，经朱德说服，向国民政府认错，被任命为国民革命军二十军军长。

10月中旬，刘伯承向吴玉章报告了回川行程，临行的前一天晚上，吴玉章又和刘伯承交谈了一些四川军事运动的情况。第二天，刘伯承搭乘早班船，从广州到上海，在上海向中共中央汇报工作后，中共中央又派欧阳钦回川协助刘伯承工作。

11月初，刘伯承回到重庆，向杨闇公和朱德传达了中共中央的意图。中旬，中共重庆地委军事委员会成立，书记杨闇公，委员刘伯承、朱德。这是中国共产党领导下成立的第一个省级军委。经中共重庆地委和军委多次研究，确定了在泸州、顺庆起义的方案。

泸州、顺庆起义的时间比原计划提前了。这时，杨闇公、刘伯承正在重庆主持召开国民党四川省第一次代表大会，经研究，决定由刘伯承赶往起义的顺庆任总指挥。刘伯承日夜兼程赶赴合川县（今重庆合川区），和参加起义的黄慕颜率部赶往顺庆。12月10日，顺庆、合川起义军七千余人在顺庆果山公园举行誓师大会。刘伯承宣布就任国民革命军川军各路总指挥，黄慕颜任副总指挥，韩百诚任参谋长，陈毅任政治部主任。黄慕颜、秦汉三、杜伯乾分别担任川军一、二、三路司令，联名向全川发出起义通电。起义不久，顺庆即遭到军阀八个团的围攻。由于起义的是旧军队，还没有来得及改造，又没有与工农群众运动相结合，因此，战斗力较差，还因泸州起义部队未能到顺庆会合，遭到失败是可以理解的。起义失败后，只有一小部分人被刘伯承带领到开江县。12月17日，吴玉章给顺庆起义各路将领发出慰问电，电文说："开江刘伯承同志转慕颜、汉三、伯乾同志：前闻义旗高举，使沉沦之四川，弥漫革命空气，令人雀喜"①。中旬，中共重庆地委急派地委候补委员李嘉仲赴武汉，通过吴玉章向武汉国民政府和中共中央汇报了泸顺起义情况。

　　1927 年 1 月初，刘伯承接杨闇公通知从开江赶到万县，与杨闇公和朱德召开了军委会议，详细讨论了泸州方面的情况，决定派刘伯承到形势紧张的泸州。在一个月前，泸州起义军就已占领泸州城，发出了起义通电，袁品文、陈兰亭分别就任国民革命军川军四、五路司令。按原定计划，"泸州起义部队是要迅速开到川北去与顺庆起义部队会合的。但起义部队的将领都是些军阀出身，他们起义的目的只不过是为了升官发财，现在因起义胜利才得到泸州这块肥肉，他们哪里肯放呢？为了争夺泸州每月十万元的盐税，他们甚至发生内讧。陈毅同志曾对他们反复解说，他们哪里肯听。陈毅同志见他们无望，就离开了"②。

　　1927 年 1 月中旬，刘伯承到达泸州后，和袁品文、陈兰亭对面临的严峻形势做了深入的分析，特别指出在无外援的条件下孤军守城的危险性。刘伯承提出了放弃泸州，向绥定方向发展的主张，这本来是一个高明的妙招，但袁、陈表示不赞成，主张坚守泸州。身为总指挥的刘伯承也没有办法，因为起义部队还没有来得及改造，他们只听命于自己的长官。既然如此，刘伯承只有做死守泸州的安排，寄希望在大局变化中出现一点转机。1 月 24 日，刘伯承发布《国民革命军川军各路总指挥布告》，宣布整顿部队，并在道署内设立总指挥部，统辖泸州军政财务等一切大权，设立第六路，提升团长皮光泽为司令。随后建立泸纳军团联合军事政治学校，刘伯承任校长，加紧培养革命的军事、政治干部。中共重庆地委派出一批黄埔军校学生和重庆中法学校学生到泸州工作。

　　起义期间，吴玉章和杨闇公保持密切联系，万县军事会议后，杨闇公赶到湖北的宜昌，与吴玉章会晤。吴玉章敦促武汉政府下令刘湘等停止进攻起义部队。杨闇公给吴玉章说：泸顺起义已经发动，请求国民政府给起义部队以国民革命军番号。吴玉章感到事不宜迟，马上行动，向谭平山、邓演达等汇报四川泸顺一万多川军起义经过，指出这都是遵照国民政府指

　　① 中共四川省委党史工作委员会. 泸顺起义. 成都：四川省社会科学院出版社，1986：99.
　　② 吴玉章回忆录. 北京：中国青年出版社，1978：165.

示，支持北伐采取的军事行动，现在这支起义部队的总指挥是国民党中央派出的军事特派员刘伯承，国民政府应给予四川起义军正式番号，以便革命力量的统一和进一步发展。在得到一部分人的支持后，吴玉章立即拟定了书面提案，在国民政府主要成员召开的会上，正式提出了按国民革命军序列给泸顺起义军以国民革命军第三十五军的番号，提出委刘伯承为该军军长，并解决军费问题。经过讨论，多数人表示同意吴玉章的提案。会议顺利通过了对刘伯承的任命，吴玉章一直悬着的心总算落下了。会议结束后，吴玉章请谭延闿（这时汪精卫不在武汉，谭代理国民政府主席）签字确认，以便公开发表。谭延闿却说："需要经过蒋介石，并将此案交给苏联顾问加伦将军顺便带往南昌总部'划行'。"吴玉章心知，这是谭在推诿不批，"这时的蒋介石正在与帝国主义勾结，阴谋叛变革命，他怎么能够同意我党建立军队呢？"吴玉章当时身为国民党中央执行委员会九名常务委员之一，又兼秘书处负责人，也是国民政府委员，在汪精卫回武汉前还是代理组织部部长，为四川起义军落实名正言顺的番号是刻不容缓的事，而且任刘伯承为军长的事在"国民政府会议既已通过，根本不需要经过蒋介石"。经过短时间的考虑后，吴玉章当机立断，马上"公开发表了国民政府给泸顺起义军以国民革命军的番号和给刘伯承同志的委任，只是军队番号改成了暂编第十五军"①。刘伯承为军长，黄慕颜为副军长。

四川起义部队的番号公布出来，对泸州的起义军是一个鼓舞。然而，这时的四川军阀虽然已经易帜成了国民革命军，但骨子里的军阀本质是没有改变的，为保护自己的利益，他们不断观测动向，发现蒋介石的反革命动机后，和蒋勾结在一起，于 1927 年 3 月 31 日在重庆制造了屠杀共产党员和革命群众死伤千余人的大惨案。在解决了身边的"隐患"后，又于 4 月 13 日组织起所谓的川黔联军，以 28 个团的兵力逼近泸州，泸州起义军将城外的一些守备部队完全退回城内，准备长期固守。刘伯承率起义军各路司令联名发出讨伐刘湘檄文。

刘伯承带领起义军坚守孤城，敌人在进攻的同时，施展诱降，悬赏五万元捉拿刘伯承。刘文辉派和刘伯承曾是好友加同学的人，进城策反刘伯承，说刘文辉承诺给予师长之位。刘伯承碍于同学之面未予当面斥责，然

---

① 中共四川省委党史工作委员会. 泸顺起义. 成都：四川省社会科学院出版社，1986：165.

语左右曰："何物军阀，欲余充其走狗，真痴人说梦耳"①。此时，陈兰亭、皮光泽由动摇转向叛变，在袁品文的保护和帮助下，刘伯承携参谋长韩伯诚、参谋周国淦于5月16日夜间离开泸州，翻越巴山秦岭，辗转来到武汉，向中共中央和国民政府报告了泸州起义经过。泸州起义部队失败后，余部被军阀收编，在开江县的部队一部分被缩编为一个旅，东下鄂西的当阳、远安等地。

泸顺起义虽然失败了，但在当时"惊破武人之迷梦，唤醒群众之觉悟，影响川局，关系甚巨"②。7月3日，武汉国民政府发布指令，对泸顺起义部队进行嘉奖。中旬，周恩来在汉口召集朱德、吴玉章、刘伯承、黄慕颜等人开会，讨论泸顺起义善后问题，总结经验教训。随后，朱德、吴玉章、刘伯承等转赴江西，参加领导南昌起义，走上中国共产党独立领导武装斗争的道路。

泸顺起义是吴玉章、杨闇公、刘伯承、朱德等长期策划领导的一个重大的军事行动，也是中国共产党独立掌握军事力量的一次初步尝试。吴玉章不断举荐刘伯承担任军事方面的重任，这对国民政府通过刘伯承担任国民革命军军长职务是一个很好的铺垫，也为刘伯承以后高起点地领导军事工作奠定了基础。

# 六、整顿鄂西军政与保贺龙民军

吴玉章从广州到武汉后，北伐军于1926年12月15日占领宜昌。当天，鲍罗廷主持临时联席会议，他提出：要在最短时期内肃清鄂西各种阻力，谋湖北财政之统一。这时，进驻宜昌各部队发生尖锐矛盾的消息传来，如不及时解决，将酿成战火。宜昌是长江中游的重要城市，在长江三峡中的西陵峡口，有"长江的咽喉，入川的门户"之称，自古以来都是战略要地。从宜昌到重庆648公里的水道，不仅峡窄弯曲，且滩多浪急，水流汹涌，暗礁林立。宜昌是四川、湖北进出货物转运的大港口，宜昌为国

---

① 刘伯承回忆录：第二集. 上海：上海文艺出版社，1985：83.
② 中共四川省委党史工作委员会. 泸顺起义. 成都：四川省社会科学院出版社，1986：326.

民政府所控制，也成为革命中心武汉北面的重要屏障。

12月17日，临时联席会议召开专门研究处理宜昌问题的会议，会议决定委派吴玉章为中央特派员，赴鄂西视察党务、军事及社会情形，调查处理驻军纠纷。又安排财政部部长宋子文派一得力人员随吴玉章同行，以及时解决财政税收问题。下旬，临时联席会议又给吴玉章增加一个任务，要他在宜昌问题处理好后，以中央党部名义入川调解刘伯承泸顺起义军与川军的矛盾。四川军阀刘湘得知将派吴玉章入川，立马给临时联席会议去电诡称顺泸之事不难圆满解决，以此阻止吴玉章回川。临时联席会议电令吴玉章停止入川计划，全权处理鄂西军民两政，筹集粮赈和税款，以维持武汉政府的紧急财务开支。这使吴玉章失去了一次直接支持或挽救泸顺起义军的机会，不能不说是一个遗憾。在宜昌时，吴玉章和四川的杨闇公保持着密切的函电往来。

12月28日，吴玉章肩负重任，抵达宜昌，下榻峡州饭店，受到群众热烈欢迎，各界人士前往接洽者络绎不绝。

当时，驻宜昌的北伐部队有九军（军长彭汉章）的贺龙师、杨其昌师，十军（军长王天培）的王天锡师、邓玉麟师，八军（军长唐生智）的何键师、叶琪师，还有夏斗寅的鄂军一师。驻宜各军为争夺驻地、军械、给养发生摩擦，尤以贺龙、何键两部冲突激烈，各方都到武汉告状，军队内部的形势非常严峻。

第二天，吴玉章安排的头等大事是分别会晤驻宜昌的各军首脑，按28日晚上拟定的五个要点给他们讲明。他提出的要点是：（1）军队须绝对不干涉民政财政。以前各机关人员由军队委派者，如政府正式委人来接任时，须一律依法移交。（2）严肃军纪，务使军队无扰民事情发生。（3）军队中之政治训练，当与军事训练并重，各军事首长尤须诚意接受政治工作。（4）左翼军给养问题，政府已有具体办法，唯各军须将确实人数与枪支呈报政府；无论如何，不得浮报与扩充。（5）驻军地点须多贴本党主义之标语，以资警惕，供宣传。吴玉章要求各军必须各自按要求管理好自己的部队。

吴玉章先给宜昌驻军首脑们说规矩、定措施，也算给他们吃了一颗定心丸，告诫他们谁都不准胡来，随即对驻军中存在的问题进行调查研究，纠正军队自行委派县长、强行征税、擅捕县党部委员等违纪行为。九军军长彭汉章被免职查处，十军军长王天培为所部扰民而向武汉政府谢罪。同时，吴玉章解决一些驻军军饷严重短缺问题。他与宜昌地方商定，每日借款两千元接济九军的贺龙师、杨其昌师驻宜昌部队伙饷。吴玉章了解到，军队欠饷的问题，根子在蒋介石身上，于是，给武汉中央报告，要求解决蒋介石截留北伐军饷问题。他还派出共产党员吴明到杨其昌师任政治部主任。

在解决军队问题的同时，吴玉章开始整顿民政。他严厉申斥钻营结党以求保官的旧官员，举办各种干部训练班，重点放在改造基层政权上，撤换一批为官不仁者。在经济上，吴玉章考虑到长江入川的航运未通，阻碍了货物流通，主要原因是驻防四川万县的杨森在进攻武汉失败后，退回万县。在国民革命运动的强大压力下，又经朱德做工作，杨森才被迫承认自己进攻武汉的行为错误。吴玉章得知后，同意杨森悔改错误，指示立即恢复川鄂长江航运。长江航运恢复，缓解了宜昌的部分经济压力。吴玉章还着手解决驻宜昌各部攻占税收机关问题，把驻军和其他机关自行所征之税，纳入税收机关统一征收，严惩贪污盗窃和乱收费。所得税收上交一部分解决武汉国民政府的困难，又拨出数十万元给十军作为出征北伐及支持四川泸顺起义的军费。

在整顿军政时，吴玉章多次接见各界群众代表，要求他们组织起来，开展群众运动，组建工会及学生组织，成立总工会。在吴玉章的动员和鼓舞下，鄂西地区的群众运动很快蓬勃发展起来。1927 年 1 月 9 日，宜昌各团体举行热烈欢迎吴玉章大会，主持人在讲话中热情地赞扬吴玉章到宜后在短时间内为稳定混乱的宜昌社会做出了贡献，表达了感激之情，又以热烈的掌声邀请吴玉章讲话。吴玉章在会上讲了三个方面：一是个人来宜之感想，二是三民主义和国民党的策略，三是工农在国民革命过程中的地位以及组织工农之必要。吴玉章在各团体会上的讲话，是再次唤起群众的动员令，群众运动在宜昌进一步高涨起来。据当年在宜昌吴玉章办公室协助工作的孙壶东说：一位从四川到宜昌的徐佑根同志，看到宜昌高涨的群众运动，自告奋勇地说他愿去搞工人运动。"我看他头戴瓜皮小帽，身穿二马裾长衫，套一件青布棉马褂，已是一位老翁了，很担心他去搞不好工作。不料，他才去几天，就把宜昌各行业工会纷纷组织成立起来了！以后，在宁汉分裂期间，他任宜昌工人纠察队队长，查获了许多蒋系反动分子，为保卫武汉革命政府，起了很大作用。但不幸，他于 1927 年 8 月在汉口总工会任职时牺牲。他在汉口受命留守武汉坚持工作之前一日，曾在街上送我和萧华清各一张相片，上写'亡友徐佑根之像'。我大惊，劝他何不避一下。他说：'我准备牺牲！'其慷慨赴义之情，视死如归之气，令人感佩不已！"①

正当吴玉章在宜昌忙碌工作之际，传来武汉民众反英斗争的消息。原来，1927 年 1 月 3 日，中央军事政治学校武汉分校学员在汉口江汉关与英租界毗连的空场内讲演时，英国水兵突然冲出租界，用刺刀刺伤民众数十人，其中 3 人重伤，造成"一三"惨案。英军的暴行激起武汉人民的极大愤怒。1 月 5 日，武汉市民二三十万人举行反英示威大会，会后游行群众冲入并占领了汉口英租界。6 日，英国水兵又在九江逞凶，打伤工人数名。九江人民激于民族义愤，冲进租界，拆毁租界四周所布的木桩、沙袋、带刺的铁丝网等物。驻九江的北伐军独立第二师也向英国领事提出强烈抗议。武汉国民政府支持群众收回租界的正义要求，决定由外交部部长陈友仁主持对英交涉。声势浩大的群众反帝运动同武汉国民政府的外交谈判相结合，迫使英国政府做出让步，在 2 月 19 日和 20 日分别与武汉国民政府签署协定，将在汉口、九江的租界交还中国。这是中国人民反帝斗争史和外交史上的一次重大胜利，使中国人民受到极大鼓舞②。

汉口、九江反英事件发生后，武汉各团体派出赴鄂西发展民众运动代表团，团长为中共鄂西巡视员曹壮父。同时还有国民党湖北省党部派的黄大桢、佟文正、罗明铎来宜昌筹建市党部，还带来董必武亲笔信，请吴玉章"就近协助指导"。吴玉章亲切接待了他们，了解到他们来宜昌的工作安排，为推动他们的工作尽快打开局面，吴玉章决定安排一次和宜昌各界人士见面的大会。1927 年 1 月 20 日，宜昌各界举行欢迎大会，吴玉章与曹壮父等出席会议，吴玉章在大会上介绍了曹壮父和筹建国民党宜昌市党部的一行人，请各界支持他们的工作。吴玉章在欢迎大会上发表演说。大会通过了继续北伐，声援汉口、九江收回英租界的斗争，扩大反英运动，

---

① 中共四川省委党史工作委员会《吴玉章传》编写组. 怀念吴老. 重庆：重庆出版社，1986：50.
② 中共中央党史研究室. 中国共产党历史：第一卷：上. 2 版. 北京：中共党史出版社，2011：181.

肃清残余军阀土匪等十大提案。会后，吴玉章支持工人与英商怡和、太古等公司开展斗争。

1月21日，宜昌各界举行纪念列宁逝世三周年，李卜克内西、卢森堡被害八周年群众大会，吴玉章出席大会，做列宁、李卜克内西和卢森堡革命事迹的报告。他向群众说：我们现在就是在学习他们的革命精神，并且要用他们的革命精神来武装我们的思想，起来反对帝国主义对我们的侵略，打倒依附于帝国主义的军阀，按照他们指引的路，最终使我们获得自由与解放。25日，吴玉章出席指导宜昌总工会代表会议后，又到宜昌工人训练班上做《国际国内政治经济现状》的讲演，再到宜昌党员训练班上做《三民主义来历和如何贯彻落实》的讲演。

1月31日中午，中共重庆地委书记杨闇公到宜昌见吴玉章，两人在吴玉章住地进行秘密长谈，商量四川革命部署和泸顺起义军的有关重大问题。晚饭后，杨闇公告别吴玉章，又匆匆忙忙地离开宜昌回四川去了。

吴玉章这次到宜昌，还为贺龙国民革命军的生死存亡做出了重大贡献。还在武汉时，吴玉章就听说"贺龙同志的部队把军阀袁祖铭打死了，并和何键的部队发生纠纷，这件事轰动了武汉，国民党右派议论纷纷，要求解散贺龙同志的军队；宜昌的地主商人也制造了许多谣言，并跑到武汉来控告贺龙同志"。吴玉章带着疑惑到了宜昌，他后来回忆说："我到宜昌一看，装备精良的何键第三师和兵员众多的袁祖铭余部已经剑拔弩张，作好战斗准备，就要向（贺龙的）民军开火，民军处在人少枪少的不利地位。何键和那些地主、商人天天到我跟前嘀咕，他们痴心指望我会同意他们消灭民军的反动计划。我当场把何键申斥了一顿"①。袁祖铭之死是嫁祸于贺龙，进而消灭贺龙民军的阴谋。其实，袁祖铭因背叛革命，是在常德被八军一个团长诱杀的。真相如此，吴玉章心中有数了。贺龙是湖南人，早年率兵入川，曾是熊克武一军系的。吴玉章虽然在川时没有机会和贺龙谋面，但贺龙的名声他是早有耳闻的。贺龙的部队在川时，对群众利益秋毫无犯，从川东驻防撤离后，群众立德政碑纪念他。吴玉章站在公正的立场对宜昌各部驻军进行调解处理，大家心服口服地服从吴玉章的安排。吴玉章又请贺龙到他住地交谈，由于救国救民的理念相同，两人很快成了知

---

① 吴玉章回忆录. 北京：中国青年出版社，1978：139.

心朋友，建立起终其一生的革命友谊。孙壶东回忆说："贺龙同志经常到吴玉章同志卧室密谈，商量国内大事，当时，我就感到贺龙同志是一位魁梧结实，幽默乐观而又精明强悍的人。"①

吴玉章在与贺龙的交往中，感到贺龙是一位忠诚于革命事业的带兵人，贺龙部只有两千多人，必须要很好地爱护。吴玉章以国民党中央临时联席会议授权的全权处理鄂西军政的中央特派员身份，把贺龙的师从九军抽调出来改为独立十五师，师长仍是贺龙。为避免在力量悬殊的情况下贺龙的军队被右派军队吃掉，吴玉章决定派贺龙进军河南，"但是调动民军有一个条件，就是要宜昌的地主商人拿出四百万元来作为革命政府的军费。何键心里不愿意，地主、商人要拿钱出来，更是心痛，但不得不服从命令"②。在得到四百万元的费用后，拨出一部分给贺龙作为开拔费，不久，吴玉章又做工作把贺龙的军队调到武汉拱卫革命的中心。6月15日，吴玉章提议并经中军委同意，任命独立十五师师长贺龙为暂编二十军军长（这和杨森的二十军军长是重复的，只是这里多了"暂编"两字），隶属张发奎的第二方面军，准备向长江下游布防移动。7月5日，贺龙在武昌就任国民革命军二十军军长。在中国共产党的支持下，贺龙的部队很快发展到两万多人③。

1927年1月底，吴玉章接临时联席会议主席徐谦电报，要求他尽快回武汉。吴玉章到宜昌才一个多月，做了大量稳定地方、稳定军队的开拓性工作，在工作中与宜昌的革命志士和广大群众建立了深厚的情谊，好多人希望吴玉章能留下来，或者再多留一些时间，但是情况不允许。吴玉章对宜昌的工作进行安排和交接后，于2月5日启程离开宜昌，出发时宜昌各团体数千人举行欢送大会。

# 七、揭露蒋介石的阴谋

国民政府定都武汉后，蒋介石继续进行分裂国民党的阴谋活动，其在

---

① 中共四川省委党史工作委员会《吴玉章传》编写组. 怀念吴老. 重庆：重庆出版社，1986：50.
② 吴玉章回忆录. 北京：中国青年出版社，1978：139.
③ 石功彬. 贺龙军长1927年在大冶整军. 炎黄春秋，2017（6）：52.

政治、军事上的专制霸道行为引起大家不满。在定都问题上失败后，蒋介石又倚仗手握军队重权，无理提出撤换鲍罗廷国民政府顾问之职、派徐谦赴美国调整对外关系等要求。徐谦因为感到事情重大，所以急电在宜昌的吴玉章速回武汉。吴玉章到武汉后，立即参加中央主要负责人会议，研究对蒋提出意见的处理方案。"会议上多数人反对撤换鲍罗廷，只有徐谦主张顺从蒋介石的要求，说：'照顾蒋介石的面子，把鲍罗廷换一换罢！'"吴玉章说："这不是面子问题，鲍罗廷是否要换，应由大多数中央委员来决定，蒋介石一句话怎能算数！究竟是蒋介石服从中央呢，还是中央服从蒋介石？再说鲍罗廷的话根本没有错误，凭什么理由要撤换他？这不是鲍罗廷个人的去留问题，这是蒋介石对中央、对政府的蔑视。我们一定不能让步！"后来会议决定不理蒋介石的这一无理要求①。蒋介石一而再，再而三的反党行为，激起了全党的愤慨。吴玉章等共产党人和国民党左派人士，矛头直指蒋介石，不点名地提出了打倒新军阀、提高党权、党权高于一切的呼声，发起了以反对蒋介石独裁为内容的恢复党权运动。

为了加强对反独裁运动的领导，在武汉的国民党中央高级干部于1927年2月9日开会，决定由徐谦、吴玉章、邓演达、孙科、顾孟余五人组成行动委员会，从事党权集中的领导②。会议提出：实行民主，反对独裁，提高党权；拥护三大政策，扶助农工运动；召开二届三中全会，决定发表宣言，表明态度。在行动委员会的领导下，一场反对蒋介石军事独裁、恢复党权的运动广泛地开展起来。吴玉章在这场运动中，站在了斗争的最前面。

在这次会议上，吴玉章做了重点发言，首先针对蒋介石说临时联席会议是非法的，明确指出："联席会议是合法机关，因为它是中央党部和国民政府的先发队，负有到武汉即刻开始办公的义务和临时处置要政的责任。机构北迁中，委员人数最多。武汉政府成立后，领导群众反帝斗争，一举收回汉口、九江英租界，成为受到全国人民拥护的革命首都。"在统一并提高党权上，吴玉章说："国民党中央执行委员会的实权，已被几个人假政治会议之名夺去了。蒋介石破坏了民主集中制规程，剥夺党员应有的选举权利，擅自在牯岭拍发政治会议名义的通电，独裁倾向日益严重。"

---

① 吴玉章回忆录. 北京：中国青年出版社，1978：141.
② 陈铭枢谈第一次国共合作时期武汉的军政大事//武汉文史资料：第四辑. 1981：25.

对蒋介石破坏国共合作的行为，吴玉章说："蒋介石对共产党员加入国民党问题进行攻击，是违背孙中山的三大政策，转移大革命目标。"对蒋介石提出要求撤换鲍罗廷和安排徐谦出国的问题，吴玉章指出："关于蒋介石对鲍罗廷和徐谦的攻击问题。徐谦在武汉被推为联席会议主席是合法的，是反对独裁的。撤换鲍罗廷的要求应鲜明反对。这不是鲍的个人去留问题，这是蒋介石对中央、对政府的蔑视，我们一定不能让步。"① 正是由于吴玉章的坚决反对，蒋介石撤换鲍罗廷的阴谋才没有得逞。

2 月 12 日，吴玉章出席中央军事政治学校武汉分校开学典礼，为了给蒋介石回头的机会，他在讲话中不点名地对蒋介石的行为进行批判说：北伐军是党军，是革命的队伍。革命就要认识党，要懂得革命的理论和意义，否则绝不能建设革命事业。目前，在革命高潮时期，会有各种人涌入革命队伍中来，也有心中潜伏着封建思想、特权思想，可能做第二军阀的人。他告诫大家：要看清革命理论，要服从党的权威，不得只认某一个人。

为了加强反对以蒋介石为首的反革命的行为，武汉国民党中央宣传委员会通过并发布《党务宣传要点》，提出：巩固党的权威，统一党的领导机关；实现民主政治，扫除封建势力；促汪精卫销假复职；速开中执委全体会议，以打倒西山会议派的精神来打倒昏庸老朽分子和官僚市侩。

面对批评，蒋介石说："提高党权就是排除异己，现在是共产党压迫国民党，共产党有强横行动，我有制裁的权力。"这是为公开叛变革命、屠杀共产党人制造舆论。针对蒋介石的反革命理论，吴玉章在 1927 年 3 月 7 日为国民党中央机关报《汉口民国日报》撰写《从我们的立场上说出来的几句话》的社论，此文的刊出，标志着吴玉章牵头并冲锋陷阵地开始全面公开对蒋介石进行大揭露、大论战。同一天，吴玉章还受国民党中常会委托，在湖北省党部总理纪念周上做《政治党务报告》，这篇报告后来登载在 1927 年 3 月 10 日、12 日《汉口民国日报》上，吴玉章在报告中继续从理论和实践上，对蒋介石的反革命事实进行坚决的揭露和批判。

吴玉章在大揭露中，深刻地阐明了为什么要提高党权，及提高党权的目的与意义，批驳了蒋介石所谓提高党权就是排除异己的谬论。对蒋介石

---

① 中共四川省委党史研究室. 吴玉章年谱. 成都：四川人民出版社，1998：144.

说的提高党权就是共产党压迫国民党的谬论，吴玉章阐述了坚持孙中山三大政策的重要性和必要性。他指出："我们认为这次提高党权的运动，……并不能分开为国民党员的运动或是共产党员的运动。""我们站在总理容共的大政策看，认为本党对于跨党者的批评，只能以其工作是否系国民革命的工作为标准。若不问工作，而先问其是否跨党，那么，不因此发生本党与共产党的猜忌，便一定会使本党党员不努力做革命工作，而只在党内做告密的工作。我们认为那才是国民革命前途的危险呀！"吴玉章写到此处，又对没有跨党的时代做了回顾，指出："我们党在没有跨党者的时代，党的权威比现在还小"。蒋介石喊出的所谓跨党问题，所谓共产党与国民党的关系问题，"实在反有转移运动目标之嫌疑，蒋介石同志谆谆致意于跨党问题，实在反有启人疑虑的地方"①。

在谈到孙中山的联共政策时，吴玉章说："本党的容共政策完全是因为他要打倒国际资本帝国主义，及一切军阀封建等恶势力"。"共产党的强大，就是革命势力的强大，我们只有欢喜，绝无嫉视的道理。"吴玉章提醒大家说："现在我们革命的力量大了，投机的人已经不少了，我们的联俄容共农工三大政策已经在动摇了，我们如果不看事实，单是以我是最革命的主观见解来自欺欺人，那真是危险极了。"②

吴玉章对蒋介石破坏党权、专制、独裁、为所欲为的行为，进行了无情的揭露和抵制，指出："今年正月初最后到南昌的少数中央委员，依一二人之意停止不进，改都南昌。经民众的请求及各处同志的劝告，时而说决议迁武汉，时而又说仍在南昌办公，视中央党部国民政府如囊中物。以致数月以来，中枢未定，百事停顿。""甚至一二人在牯岭，亦以政治会议名义妄发命令，政府党部视若弁髦，这还不算剥夺党权吗？""老实说，分散党权剥削党权的，就是现在的总司令蒋介石同志。"③"他以为总司令的大权，是党和政府给他的，他行使大权就是服从命令。但我们要问一问，党和政府授与他的大权，是超乎党和政府之上的呢？还是在党和政府之下的？除了中国受命于天的天子，和欧洲中世纪奉教皇命为皇帝的思想外，无论何人都会答

---

① 中共四川省委党史工作委员会《吴玉章传》编写组. 吴玉章文集：上. 重庆：重庆出版社，1987：121.

② 同①127-128.

③ 同①124-125.

复说，一定是在党和政府之下的，一定还有一个大权在上的。但事实上哪里还有政府，哪里还有党部，只见有个人的权势、个人的活动罢了。"①

吴玉章还对蒋介石 1926 年 3 月 20 日制造的中山舰事件进行了揭露，他说："三月二十日的军事行动及围俄顾问住宅，逮捕海军局长等非常事件"，是蒋介石"破坏了党军的党代表制，和政府与党部的最高权力"。指出中山舰事件"仅由蒋同志个人行动。此风一开，武力遂居于一切权力之上"。"所以党权如果不恢复，就是莫有党，革命还有甚么意义呢？"②

吴玉章对蒋介石说的要革命就要跟他走，做了更为严厉的批判。吴玉章说："蒋同志尚有一句最自负的话，他说：我是最革命的，要革命的随着我来。谁反对我的革命，就是反革命。我们倒要问蒋同志，革命是因人关系呢？还是因事的关系？如果是因人的关系，则凡是服从他的都是革命，反对他的，都是反革命。这个理论如能成立，那就不用说了。如果要重事实，则蒋同志做革命的工作，我们当然赞助他，服从他；如果他有反革命的行为，我们就不得不反对他。我们不是反对他个人，是反对他反革命。必须这样，我们的革命才有理性，有价值。就是说我们的革命是有理论的，有独立存在性的，有革命的人格的，有革命的道德的；不是依附谁来革命，威逼谁来革命，诱惑谁来革命。我们的革命，是认清人类的要求、时代的需要，才来革命。我们也知道革命事业的艰难，革命前途的危险，我们以不屈不挠的精神，向前作去。功不必自我成，只须留得革命的精神，革命的志气，使革命理论不至埋没，则最后的胜利，必属于我们。这是可以断言的。"③

对于蒋介石以武力蹂躏党权、政权的反动独裁行为，吴玉章指出：现在蒋介石等侈言干涉和制裁共产党，无非是他们的封建和特权思想洗刷不尽；革命的发展，使得他们快要无藏身的余地，因而渐渐地走到反革命的道路上去。他们"明说反对共产，实则反对革命"。吴玉章向革命者提出痛心的告诫："三大政策已经在动摇了，我们如果不看事实，单是以我是

---

① 中共四川省委党史工作委员会《吴玉章传》编写组. 吴玉章文集：上. 重庆：重庆出版社，1987：126.

② 同①127.

③ 同①128-129.

最革命的主观见解来自欺欺人，那真是危险极了。"①

吴玉章口诛笔伐，在这场反对独裁、提高党权的运动中，深刻揭露和重点驳斥了蒋介石的独裁和分裂行为，使共产党人和革命左派对蒋介石有了进一步的认识。吴玉章无疑是反蒋运动中一面坚决的革命旗帜。

## 八、在国民党二届三中全会上

国民政府在武汉基本站稳时，北伐革命军在战场上也取得了一系列的重大胜利。在胜利的形势下，国民政府内部的一些重大问题也突现出来，特别是以蒋介石为首的右派势力，不断向国民党中央和国民政府发起挑战。为了统一全党的思想和行动，国民党中常委决定在 1927 年春召开一次中央全会来解决存在的问题。

中央全会要召开，但开会时间还未能确定。2 月 11 日，蒋介石从南昌到达武汉，听说要开二届三中全会，预感到这个会议对他不利，提出条件不成熟，会议要延期，但也不说延后至何时。蒋介石企图将召开国民党二届三中全会的时间无限期延迟，但遭到大家的反对。18 日，蒋介石闷闷不乐地回南昌去了。

21 日，临时联席会议扩大会议召开，吴玉章等出席。会议决议了三件大事：一是对临时联席会议过去的成绩表示满意；二是批准中英谈判协定；三是重申于 3 月 1 日在武汉召开二届三中全会。会议宣布结束武汉临时联席会议，国民政府和中央党部在汉口正式分处办公。

2 月 22 日，蒋介石再次提出延时召开三中全会的要求。武汉国民党中执委召开常委会议，否定了蒋介石延时开会的意见，决定三中全会于 3 月 10 日召开，并决定吴玉章和徐谦、孙科、顾孟余、邓演达、宋子文、陈友仁等七人组成提案委员会。有关会议主要材料和大会程序的事由吴玉章牵头办理。

2 月 23 日，国民党中常会增选吴玉章、宋庆龄、唐生智、蒋作宾、彭

---

① 中共四川省委党史工作委员会《吴玉章传》编写组. 吴玉章文集：上. 重庆：重庆出版社，1987：128.

泽民五人为政治委员，在武汉组成中央政治委员会，并派出代表赴南昌，催请留赣委员来鄂开会。为说服与等待南昌方面的委员，武汉方面已经主动将三中全会日期后延。南昌方面终于同意于 3 月 6 日前全部迁移至武汉，谭延闿等已经于 3 日启程。但蒋介石又要求三中全会改在 12 日召开。

3 月 5 日，国民党中常会决定：3 月 7 日召开联席会议和三中全会预备会。

3 月 7 日晚上，吴玉章出席国民党二届三中全会预备会议，中央执行委员会委员及中央监察委员会委员 25 人到会。在会上，谭延闿提出，为了照顾蒋介石延期开会的要求，之前定的开会时间可以顺延至 12 日，这也是蒋介石说的能参会的时间。延时开会既给了蒋介石面子，也表明了大家的团结愿望，应该不是什么大问题。对此提议，多数人保持沉默，吴玉章发言了。他反对会议延期，指出，革命是共同工作的革命，不能由一两个人的意思来指挥，不能使蒋因此而产生错误。若会期一推再推，实属非计。吴玉章又说："开会日期早就通知了，为什么他不来？现在法定人数已足，为什么要让大家等他一个人？"① 讨论的结果是多数人同意会议如期在 7 日开始，但仍有不少人顾虑重重。鉴于这样，会议表决通过，10 日正式召开会议，吴玉章也就没有再坚持了。开会时间定下后，转入会议主要内容和程序的研究。会议宣读了吴玉章等所拟的提案要点：一是统一党的领导机关，即按照党章选举九人为常务委员，以常务委员三人组成秘书处。二是恢复军事委员会，总司令为军事之指挥者，军事行动由军事委员会决定。三是为外交政策之统一。四是为财政政策之统一。五是两党合作问题。三中全会于 10 日正式召开。假使蒋介石真想 12 日来开会，也是可以赶得上的。大概是因为会议的召开时间没有按照他的安排，所以他很生气，干脆没去参加二届三中全会。

预备会议之后的两天时间里，吴玉章全力以赴投入到提交大会的全部材料的最后审查之中，出席提案审查会议，再次听取各方面的意见。不论来自哪方面的意见，吴玉章都十分重视，一一记录在案，能改就立即改正，需要保留的做好书面说明意见。毛泽东和邓演达、陈克文向大会提交了《土地问题案》（后改为《农民问题决议案》）和《对农民宣言》。

---

① 吴玉章回忆录. 北京：中国青年出版社，1978：141.

1927 年 3 月 10 日，国民党二届三中全会正式开幕，吴玉章出席会议。会议听取了徐谦做的关于武汉临时联席会议成立原因及其工作情况的报告，通过了相应的决议案，肯定联席会议的工作，对于联席会议所有决议案认为继续有效。当天的会议还通过了《统一党的领导机关决议案》《中央执行委员会军事委员会组织大纲》。根据两个决议案，选举产生了中央政治委员会和中央军事委员会以及中央各部领导人选。在这次全会上，吴玉章被选为中央执行委员会常务委员。

中央执行委员会常务委员汪精卫、谭延闿、徐谦、孙科、顾孟余、蒋介石、吴玉章、陈公博①、谭平山九人兼任中央政治委员，另选宋子文、陈友仁、邓演达、林伯渠、王法勤、宋庆龄为中央政治委员。这十五人共同组成一个领导机构。在各部部长选举中，汪精卫当选为组织部部长。汪回国前，组织部部长一职由吴玉章代理。吴玉章还当选为国民政府委员。3 月 11 日至 17 日，会议通过了《统一革命势力案》《对农民宣言》《农民问题决议案》《对人民宣言》《农民自治决议案》《国民革命军总司令条例案》等等。吴玉章参加了大会的全部议程。大会于 3 月 17 日胜利闭幕。

这次会议取得的重要成果是：提高了党的权威，限制了蒋介石的独裁专制。会议要求将一切政治、军事、外交、财政等大权均集中于党。规定全国代表大会为党的最高权力机关；全国代表大会闭会后，党的权力机关为中央执行委员会；在中执会全会前后及两会之间，中常会对党务、政治、军事行使最终议决权。中常会、中央政治委员会、中央军事委员会均不设主席，而设主席团，实行集体领导。总司令、前敌总指挥、军长等职，由中央军事委员会提出中央执行委员会通过任免。总政治部不再隶属于总司令部，改归中央军事委员会领导。总政治部主任由中央执行委员会全体会议任免，军、师政治部主任及同等工作人员，由总政治部提出，中央军事委员会通过，呈请中央执行委员会任命。会议还决定裁撤中央军人

---

① 陈公博（1892—1946），广东南海（今广州）人。1921 年初参加广州的中国共产党早期组织，同年参加中国共产党第一次全国代表大会。1922 年退出中国共产党。1925 年加入国民党，曾任国民党中央农民部长、劳工部长，国民革命军总司令部政治部主任。1927 年 3 月，国民党二届三中全会上当选为中央常务委员。1932 年任国民政府实业部长。卢沟桥事变后，随汪精卫投敌。1937 年吴玉章在欧洲宣传中国抗战时，对陈公博的对日议和言论进行过严厉批评。1940 年 3 月，南京伪国民政府成立后，任伪国民政府立法院长、政府主席兼行政院长。1945 年日本投降后潜逃日本，后被押解回国。1946 年 4 月经国民党高等法院开庭审判，6 月被依法处决。

部，废除各军事学校校长制，改行委员制。这些规定实际上撤销了蒋介石的中常会主席、军委会主席、军人部部长、中央军事政治学校校长职务，亦限制了蒋介石的总司令职权。

会议坚持和重申了孙中山的三大政策，进一步加强了国共两党的合作。全会指出：诚意地与世界革命战线上先进之苏联亲密联合，并决定应第三国际邀请，即派代表参加第三国际会议。会议明确了与国内最先进的共产党分子的亲密合作，并决定两党联席会议须立时召开。会议对工农运动甚为重视，强调要努力发展工农运动，并决定在国民政府设立农政部和劳工部，进一步贯彻孙中山联俄、联共、扶助农工的政策，支持工农运动。

这次会议确保了在中央领导机构中共产党员和国民党左派占优势地位，在中央执行委员会常务委员九人中共产党员两人，中央政治委员十五人中共产党员三人，其中一人为主席团成员。这对于在国民党中团结左派，抑制右派势力起到了重要作用。会议对蒋介石走向独裁有所制约，不过这种制约是建立在蒋介石自觉遵守国民党纪律的基础之上的。一旦蒋介石对武汉方面的决议不屑一顾，甚或另起炉灶，必然使这次会议的所有决议案都成为空文。

会议的主要缺点是，在蒋介石已经转向反动的情况下，仍选他为中央执行委员会常务委员、中央军事委员会主席团成员、国民政府委员，并保留了他的国民革命军总司令的职务，这就使他能利用职权进一步叛变革命。

二届三中全会闭幕的第二天上午，吴玉章在国民党中央政治委员会第二次会议上提出四川军事、政治、财政诸问题。这是一个需要商量并详细计划的事，会议决定，吴玉章与徐谦、孙科、邓演达、唐生智五人组成一个委员会讨论研究后，再拿出一个解决方案。当日下午，吴玉章出席武汉各界纪念巴黎公社四十六周年及三一八惨案二周年群众大会。

3月19日，吴玉章主持召开国民党二届中常会第一次扩大会议。在研究讨论中常会的工作时，大家认为中常会应该设立一个具体的办公机构，抽调几个人来做办公室工作，但要有中常委进行具体安排和指导，于是大家推荐吴玉章等三人为中常会秘书处成员。这是一项繁重而默默无闻的工作，有时候还可能费力不讨好。吴玉章后来回忆这件事说："当时，中央秘书三人，除我而外有谭平山、陈公博二人。谭兼任农民部长，不管中央的事；陈是冷眼看我们，不做工作，所以这时国民党中央秘书处实际上只有我一人做工作。"① 虽然工作是繁重的，但也有好处，中央需要讨论或通过的提案都是经秘书处提供或提出的。

3 月 20 日，吴玉章等在武昌新楼正式宣誓就任国民政府委员职。国民政府委员们从这一天开始就职工作。这也标志着国民党二届三中全会的具体工作落实告一段落。国民党二届三中全会是一个继续稳定国共合作的会议，其积极意义是值得肯定的。但是，一场新的更加复杂尖锐的革命斗争又摆在了吴玉章等的面前。

# 九、应对变幻的政治形势

国民党二届三中全会召开后的 1927 年 3 月 21 日，共产党人陈独秀、罗亦农、赵世炎、周恩来等领导上海工人举行第三次武装起义，成功占领上海。24 日，国民革命军第六军和第二军攻克南京，从此长江以南的全部地区为国民革命军所控制。

革命势力日益推进，革命内部的分化也日益剧烈。3 月 6 日，蒋介石在南昌指使当地驻军枪杀了赣州总工会委员长、共产党员陈赞贤，随后又指使青帮匪徒捣毁了南昌市党部和总工会。3 月 23 日，蒋介石又跑到安庆行凶，指使部下捣毁了安徽省党部和总工会。在革命军解放南京的那一天，英、美等帝国主义公然出动军舰，炮轰南京的革命军队及居民，造成死伤两千余人。帝国主义和蒋介石同时举起屠刀，里应外合地对革命展开了血腥的进攻。

坐镇武汉的吴玉章等，面对革命的不利形势，采取了一系列应对措施。吴玉章以中常委身份并利用秘书处负责人的有利条件，从组织系统上进行布局以应对反革命的进攻。他积极行使代理组织部部长的职权，先后密集调动和安排一批共产党员和国民党左派去组建或充实各地党部。吴玉章与林伯渠提议速组江苏政务委员会，他们提出的以程潜、李富春等为政

---

① 中共四川省委党史研究室. 吴玉章年谱. 成都：四川人民出版社，1998：149.

务委员的提案在中央政治委员会上获得通过。吴玉章亲自接见江西请愿代表团，支持代表们提出的缉拿惩办捣毁南昌、九江、安庆等地省市党部和总工会，杀害共产党员的暴徒凶手的要求。吴玉章与林伯渠、徐谦提议以李宗仁为主席组织安徽省政府，获得通过。吴玉章与邓演达、谭延闿及湖北省党部提出湖北省政府人选，获得通过，董必武、恽代英、邓初民等十一人被任命为湖北省政府常务委员。吴玉章与董必武、詹大悲、邓演达等五人起草的《湖北省政府组织法》等文件获中央政治委员会通过。吴玉章等提出的广州市区党部改选和广东省、江西省党部改组问题获得通过。一系列的组织措施，对收拾人心、稳定革命队伍起到了重要的作用。

3月26日上午，吴玉章出席国民党中央扩大会议，会议重点研究解决财政困难问题，决定由吴玉章、徐谦、高语罕、陈公博、彭泽民等五人组成财务委员会，负责审查中央财政。会议对《中国共产党为肃清军阀势力及团结革命势力致中国国民党书》进行讨论，决定由吴玉章等五人组成研究组，研究拿出实施方案后报中常会。当日下午吴玉章受中央农民运动讲习所之邀请，参加赣州、阳新烈士追悼会，在会上发表沉痛演说。根据蒋介石的种种恶劣表现，吴玉章在28日的中央政治委员会上，主张对蒋介石采取强硬态度和非常手段。在这一段时间里，吴玉章在会议上或各种公开场合，只要讲话，都要指名道姓地揭露蒋介石的罪行，这在当时的国民党中央高层领导中是仅见的。29日，吴玉章出席了农民问题讨论会，并宴请为成立中华全国农民协会而来的各地代表。他在会上发表演说，指出：要破除迷信，"真命天子欺骗我们中国农民已经好几千年"，"蒋介石也不是真命天子，大家不要认错"。他强调农民的真正解放"还是要靠自己，不要再被人家欺骗"[①]。

在复杂的局面下，武汉的国民党中央和国民政府，还是采取了积极的应对措施和比较坚决的态度，努力制定和出台了一些扭转不利形势的措施，虽然收效不大，但其积极意义是值得肯定的。4月2日晚上，吴玉章出席国民党中常会扩大会议。会议讨论了蒋介石在上海形成的反动中心从外交、财政、交通等方面破坏大革命的紧急情况，决议惩戒蒋之亲信刘峙、郭泰祺等人，令蒋介石回南京军中只负责军事。可以看出，国民党中

---

① 中共四川省委党史研究室. 吴玉章年谱. 成都：四川人民出版社，1998：152.

央大多数人对蒋还抱有幻想，希望他能回心转意，重回革命阵营。吴玉章对这样轻描淡写地处理蒋是不赞成的。这次会议还讨论了农民的土地问题，决定由邓演达、毛泽东、谭平山、顾孟余、徐谦组成土地委员会，由吴玉章、江浩、陈公博负责审定中央农民部组织大纲。

蒋介石对吴玉章坚决反对他大为恼火，指使吴稚晖、李石曾等邀集在上海的中央监察委员召开会议，提出查办共产党函。他们密议将武汉国民党中央执委分为三类审查，把吴玉章列入"必须先行看管，以待判决"的"丙种中央执行委员"。他们还假借中监委名义发出咨文，要求将所列吴玉章等"首要危险分子""就近知照公安局或军警机关，暂时分别看管监视"①。

1927年4月，在长江下游，左右派的斗争达到高潮。当时，上海在工人纠察队的控制之下，南京在六军和二军的控制之下（这两个军中有不少共产党员，并由共产党员林伯渠和李富春担任政治部主任）。蒋介石为了勾结帝国主义进行反革命的叛变，就倾注全力来夺取这两个大城市。他把自己的嫡系部队都摆在南京和上海一线，盘马弯弓，跃跃欲试。大的局面已经十分明显了，京沪线上的这场斗争，将是革命成败的一个关键。有人主张把刚从郑州前线回来的第四军（北伐的主力，号称"铁军"，军中有许多共产党员）调到南京去加强南京的防御，呼应上海的革命势力，并监视蒋介石的活动。这个主张得到武汉行营主任邓演达的支持。4月3日，第四军开往南京的准备工作都做好了，军队中已经做过动员，运输的船只和粮草枪弹都准备就绪，并决定4月4日出发。就在出发前，开了一个主要领导参加的小会。会上突然有人提出，不应该把"铁军"调到南京去。理由有两个：一是在长江下游和帝国主义太靠近会引起冲突和干涉；二是汪精卫已从国外回到上海，将要来武汉，假使和蒋介石完全闹翻，蒋一定要扣留汪，不让他来武汉。这两个理由，不少的人都说得振振有词，甚至部分共产党员也支持这种主张。为什么许多人的思想这样混乱，看不到大局的危险性呢？主要是由于武汉政府的阶级构成复杂，资产阶级和小资产阶级还有很大势力，许多国民党员甚至共产党员，政治思想水平不高。中国共产党还处在幼年阶段，虽然在群众中很有威信，但思想上却不够坚强。大家对帝国主义干涉的后果做了过高的估计，对蒋介石还抱有幻

①　中共四川省委党史研究室. 吴玉章年谱. 成都：四川人民出版社，1998：153.

想。对汪精卫抱有幻想的人更多，大家只看见汪在历史上的光明面，只看到他某些伪装的革命词句，只看到汪、蒋之间存在的矛盾，而没有进一步从阶级本质上去分析汪、蒋之间的一致性。以吴玉章对汪的了解，他并不看好汪回来会有什么不得了的举动，而且深感一种危机即将来临，对迎汪归来，他也奈何不了众口一词的希望。

反对"铁军"开往南京的意见提出来，引起了会上一场激烈的争辩。参加会议的十个人中，只有吴玉章、瞿秋白、邓演达三人坚持调"铁军"至南京。吴玉章就调动"铁军"一事曾问过加伦将军的意见，加伦对他说："从北伐的军事观点来看，加强南京方面的兵力是合理的，这样我们一方面可以从武汉沿京汉路北上，一方面可以从南京沿津浦路北上。"① 在这种情况下，吴玉章还是坚持努力地从军事方面说服别人，在难以奏效时，他抬出了加伦将军的意见据理力争。但是，会上大多数人还是不同意。因此，调动四军去南京的计划被搁置了下来。这是革命方面的一个重大失误。假使第四军按照原定计划调去南京，长江下游左右派力量的对比便会发生重大变化，蒋介石的反革命政变就不会那样顺利。可惜革命方面在这样关键性的问题上又走错了一着棋。

武汉方面，很多人在切盼汪精卫来领导革命运动走向胜利。当时汪精卫因与蒋介石政见不合逃居国外好长一段时间了，武汉政府以他还是国民政府主席为由再三请其速回国，共同领导革命。汪精卫见形势于己有利，回到上海。对于革命者来说，尚不知盼汪希望越大，失望越大。汪精卫到上海后，一头扎进了蒋介石怀中，和蒋介石密商，就联合反共、反革命私下达成交易。蒋介石为了掩饰汪精卫的真面目，在上海的报刊上发出了支持汪精卫复职的通电。中国共产党的总书记陈独秀对当时的大局估计也出现了重大错误，认为国共合作虽然遇到问题，但总的方面是可以合作下去的。4月5日，陈独秀在上海和汪精卫共同署名发表联合宣言，该宣言又被称为"告两党同志书"，亦称"汪陈宣言"。宣言竟说：国民党最高党部最近全体会议之决议，已昭示全世界，决无有驱逐友党摧残工会之事。上海军事当局，表示服从中央，即或有些意见与误会，亦未必终不可解释。宣言要大家不听信任何谣言，鼓吹要同蒋介石开诚合作，如兄弟般亲密。

---

① 吴玉章回忆录. 北京：中国青年出版社，1978：144.

整个宣言只讲合作，不讲斗争，说什么两党同志"立即抛弃相互间的怀疑，不听信任何谣言，相互尊敬，事事开诚协商进行"①。这纯粹是一厢情愿的痴想。陈独秀对宣言里的每一句话未必都信以为真，但这也不能减轻他对宣言所产生的负面影响应负的责任。陈独秀是真心诚意地搞缓和，而蒋介石则一面搞假缓和，一面策划于密室，暗布杀机。于是，宣言原有的一点积极作用也消失了，完全成了一个可耻的历史记录。吴玉章从报刊上看到蒋介石的通电和陈独秀与汪精卫的联合宣言，认为这是烟幕弹，它使许多的革命者面临被绞杀的危险还浑然不知。吴玉章的反蒋意志和决心是没有动摇的，他继续在各种场合呼喊反蒋的重要性和必要性。

4月9日，吴稚晖、李石曾、陈果夫等人在上海宣布成立临时政治委员会。为保护蒋介石权威，他们在发出所谓的"护党护国"通电中，特别点名攻击吴玉章，指责他身为中央"负责之委员"公开批评蒋介石独裁和把持军费是对蒋"极端恶意的中伤"。

4月10日，汪精卫、陈独秀同期到达武汉。中共中央机关也从上海迁至武汉。

4月11日，吴玉章出席国民党中央政治委员会议。会议欢迎汪精卫回来，并讨论了蒋介石违背党章规定擅自决定在南京召开中执监委会议的分裂行为问题。

会前，吴玉章接见了福建代表江董琴。吴玉章特地将江带到会上，请他向全体与会者汇报蒋介石在福建、浙江、上海等地压制民众力量、摧残工农运动、扶持封建势力的情况。吴玉章这样做的目的是想惊醒大家，使大家对蒋介石的真面目有所认识，不要对蒋有任何幻想。

吴玉章在汪精卫参加的这次会上，仍然毫无顾忌地揭露蒋介石的罪行。他说："东南各省的军政首长，蒋介石都随便变动，比较好一点的人，过几天老蒋都可以把他换掉，以至中央不晓得闽、浙这些地方是什么人在那里主持"。现在蒋介石又擅行通知在南京开中央会，"他们显然是要分家了"②。吴玉章建议对福建、浙江的政务委员和各军事长官重新调整。会议

---

① 任建树. 陈独秀传：上. 上海：上海人民出版社，1989：361.
② 中共四川省委党史研究室. 吴玉章年谱. 成都：四川人民出版社，1998：155.

通过了此建议，决定交吴玉章、谭延闿、邓演达三人审查处理。会议在研究蒋介石的分裂活动时，汪精卫在会上侈谈不要听信"谣言"，说很多事情是说得太厉害了，不要盲目地误会。汪精卫在会上的发言，实质上是对吴玉章反蒋态度的不点名批评，因此会议当然不会做出任何反击蒋介石的革命措施。

蒋介石经过精心准备后，终于向共产党人和革命群众举起了反革命政变的屠刀。4月12日，蒋介石在上海发动了惨绝人寰的反革命大屠杀，大批的共产党员和工人群众在新军阀的屠刀下牺牲了。15日，广州方面的反动派也发动了大屠杀。18日，蒋介石在南京城头插起大王旗，建立了反革命政府，发表所谓的《建都南京宣言》，在发出的秘字第一号令中，严缉鲍罗廷、陈独秀、吴玉章、毛泽东等一百七十九人。中国革命到了一个十分紧要的关头。中国共产党主要领导的右倾错误，加剧了革命局势向不利方向的转变。在此条件下，吴玉章仍努力去支撑危难中的革命大厦。


# 十、危局中的艰难支撑

蒋介石的反革命嘴脸全部暴露后，4月20日中共中央在汉口发表了《中国共产党为蒋介石屠杀革命民众宣言》。21日吴玉章与宋庆龄等中执委、国民政府委员联名发出通电，否认南京政府。22日，武汉中央执行委员、国民政府委员、军事委员会委员联名通电讨蒋，谴责蒋介石背叛大革命，是"总理之叛徒，本党之败类，民众之蟊贼"和"一切帝国主义之工具"。武汉中央军事政治学校和40多个团体在武昌阅马场举行讨蒋大会。会后该校出版了《讨蒋特刊》，并在校内开展了清除反动分子的工作。湖南、江西等省爆发了讨蒋示威运动。

4月18日，吴玉章出席国民党中央政治委员会议。会议在争论了免去蒋介石职务的训令与宣言的字句之后，又讨论了讨蒋通电内容。通电由汪精卫、谭延闿签署后发表，宣布免去蒋介石本兼各职、开除党籍、缉拿惩办。汪、谭在签署讨蒋通电后，又违反组织原则，以个人名义致电南京，重申"调解""息争"的个人立场。其本意是在讨好蒋介石，也是在给自己留退路。

汪精卫刚到武汉，仍然伪装很革命的样子。蒋介石制造的"四一二"反革命政变发生后，汪也拍桌子大骂蒋介石。吴玉章知道，汪精卫住在谭延闿家，吴玉章因工作关系，也多次去过谭的家。谭的家里有一个四川名厨师，做得一手好菜。谭延闿家是个地主阶级的大本营。湖南许多地主遭到了当地农民的清算，都跑到谭延闿那里去造谣诽谤。汪精卫不仅吃了许多四川菜，同时也喝了许多地主的迷魂汤，于是就显露出了他的反革命面目。汪精卫一见到吴玉章等，就叫喊说农民运动搞得太过火。陈独秀也跟着帮腔。有一次，不知哪个地主造谣，说某某司令的母亲因为是小脚就被农民解去缠脚布，用箩筐抬着游街；又说某地农民协会扣留了政府的粮米，不让运出去。汪精卫借题发挥，暴跳如雷地说："这不是造反吗？岂有此理！是政府管农会？还是农会管政府？"陈独秀也在一边应声："是谁在湖南搞的？简直是乱搞！"[①]

在汪精卫和陈独秀到武汉前，吴玉章等就开始筹划建立一支由中国共产党掌握的军队，已经决定把共产党员连某所指挥的一个营扩充为一个师。人员、军械、粮饷都已经筹划好了，并得到国民党中常会的认可。在1927年1月至4月这段时间里，在国民政府中，共产党员和国民党左派占优势，工农革命情绪也很高涨，所以什么事干起来都很顺手。可是，陈独秀来了，附和谭延闿的意见，说什么计划中新建师配备的枪械比别的军队好，怕引人妒忌，又说自己建立军队太惹人注目，等等。就这样的前怕狼、后怕虎，使这一支部队始终没有建立起来。正在这时，四川军阀在重庆群众举行反帝集会之际，发动了血腥的"三三一"大屠杀，造成死伤千余人。吴玉章的亲密战友、中共四川主要领导人杨闇公等壮烈牺牲。吴玉章也被列为"宣传共产，运动赤化"的"祸首"，对他发出了"抄没家产，逮捕立处极刑"的反革命通缉令。

在大革命生死存亡的紧急关头，中国共产党于1927年4月27日至5月9日在武汉举行第五次全国代表大会。出席大会的代表82人，代表党员57 967人[②]。中共五大的中心议题是确定党在蒋介石叛变革命后的紧急

---

① 吴玉章回忆录. 北京：中国青年出版社，1978：145.
② 中共中央党史研究室. 中国共产党历史：第一卷：上. 2版. 北京：中共党史出版社，2011：210.

时期的任务。大会接受了共产国际执委会第七次扩大全会关于中国问题的决议案。大会批评陈独秀犯了忽略同资产阶级争夺革命领导权的右倾错误，但没有提出任何切合当时实际的纠正右倾错误的办法。大会通过的《政治形势与党的任务决议案》错误地把蒋介石的叛变当作整个资产阶级的叛变，把民族资产阶级当作革命的对象，把由汪精卫、唐生智控制的武汉政府当作工人、农民和小资产阶级的联盟，对汪精卫、唐生智继续抱有幻想。大会通过的《土地问题决议案》虽然反复强调土地革命的重大意义，肯定将耕地无条件地转给耕田的农民的土地革命原则，却把实现土地革命的希望寄托在武汉国民政府身上。中共五大虽然提出了争取无产阶级对革命的领导权、建立革命民主政权和实行土地革命的一些正确的原则，但对无产阶级如何争取革命领导权，如何领导农民实行土地革命，如何对待武汉国民政府和国民党，特别是如何建立党领导的革命武装等问题，都没有提出有效的具体措施，这样自然难以承担起挽救革命的任务。五大结束后，中共五届中央政治局常委开会决定，成立国民政府党团干事会，由共产党员谭平山、吴玉章、苏兆征、林伯渠、杨匏安五人组成。

吴玉章是中共四川组织选出的出席五大会议的代表，但他最终没有出席这次大会，因为怕暴露了共产党员的身份不好在国民党内工作。五大结束后，吴玉章通过学习五大文件很快掌握了五大的会议精神。

这时，武汉政府派出继续北伐的部队在河南受阻，4、5月间，战事相持于遂平一带。由于战事进展不顺，革命军内部的分化也加剧起来。5月17日，驻在宜昌的第十四师师长夏斗寅在蒋介石的收买下发动叛变。当时吴玉章等正在开会，"听到夏斗寅部已经到了武昌附近的纸坊，立即要进城。大家忙着找叶挺去抵抗。一时之间，又找不到。徐谦、顾孟余这些投机政客一见大势不好，都悄悄地溜走了。后来通过电话找到了叶挺，才知道夏军已经被叶的部队打垮了。当时叶挺领导着他的部队和黄埔军校武汉分校学生组成的队伍把叛军打得一败涂地。如果叶军一直把叛军追到岳州，完全可能把它一鼓歼灭。可是汪精卫主张调解，唐生智这时也说他可以招呼夏斗寅。于是派了陈公博等进行调解"。对于这样的处理，吴玉章是十分愤怒的，他说："反革命打我们，没有人出来调解；我们打反革命，'和事佬'就这样多。武汉政府中的那些反动分子的反共意图，已昭然若揭，可是陈独秀还在那里跟他们无原则地大讲'团结'，对农民运动泼冷水，说农民运动搞得'过火'。"①

夏斗寅叛变后，湖南的反革命势力起而呼应。5 月 21 日，第三十五军的许克祥团在长沙发动叛乱，解除了工人纠察队的武装，大肆屠杀共产党员和工农群众，这就是血腥的"马日事变"。长沙附近各县的工人和农民义愤填膺，集合十数万人准备于 5 月 30 日进攻长沙。长沙只有许克祥一个团的兵力，只要领导坚决一点，消灭这支叛军是轻而易举的事。吴玉章后来回忆说："汪精卫听到消息，大发脾气，指责我们不该打许克祥。陈独秀就赶快下命令取消进攻长沙的计划。大多数部队接到命令后停止了行动，只有其中一支工农部队没有接到停止进攻的命令。5 月 30 日，这支工农部队单独攻扑长沙，由于没有其他方面的配合，结果失败了。这次失败完全是陈独秀机会主义的错误。"事后，在一次会上，吴玉章看到汪精卫嘲笑陈独秀说："你们十万大军怎么连许克祥的一个团也打不赢。"反动派就是这样可恶，你越让步，他就越嚣张。像这种让步完全是软弱的表现，怎能达到团结的目的呢？②

5 月 30 日，武汉政府的北伐军打下了郑州，与冯玉祥在西北的国民军取得了联络。这是一个喜讯，但喜讯中也包含着噩兆。因为在机会主义的领导下，党在政治上不能振作起来，那么军事上的每一步进展都只能造成革命阵营内部的进一步分化。

形势一天天地恶化。唐生智的军队从前线开回了武汉，名义上是拱卫政府，实际上是要控制局势，以便先发制人。不久军事委员会下令收缴武汉工人纠察队的枪支，陈独秀竟同意了这项命令。

针对这种非常危急的情况，共产国际在 5 月发出了紧急指示，内容是实行土地革命，发展工农运动，加强国民党中央委员会中的左派力量，动员党员和工农群众，编练五万军队，组织革命军事法庭，肃清反革命分子。这是挽救革命的正确方法，陈独秀却没有及时传达这个指示，更谈不上积极贯彻落实了。

5 月 27 日，吴玉章出席国民党中常委扩大会议，提议成立受难同志救

---

① 吴玉章回忆录. 北京：中国青年出版社，1978：146-147.
② 同①147.

恤委员会，并由财政部拨出十万元作为救济费。30 日，吴玉章出席武汉各界纪念五卅惨案二周年大会。

6 月 10 日，吴玉章主持召开国民党中常委扩大会议。这一天，汪精卫、唐生智、谭延闿、徐谦、邓演达等与冯玉祥正在举行郑州会议。会议是秘密进行的，有意避开吴玉章。吴玉章是国民党中央常务委员和政治委员，对会议内容却一无所知，可见汪精卫等人是处心积虑来对付革命的。汪等从郑州回来以后，吴玉章看见邓演达垂头丧气，情绪低沉，不知何故，稍后才知道郑州会议对国共合作是极为不利的。

6 月 13 日，吴玉章在国民党中央政治委员会议上，汇报了湖南省党部和民众来武汉请愿之各项要求。汪精卫提出"湖南的问题不用武力解决"，提议在会上获得通过。但湖南的事情总得有一个解决的方案，吴玉章支持毛泽东提出的"由中央训令唐生智同志，去湖南根据中央历次的决议解决这个纠纷"的建议①。

6 月 18 日，吴玉章代表国民党中央出席湖北省市党部及各民众团体为欢迎从河南班师回武汉的第四方面军将领举行的宴会，并带着深情和希望在宴会上致辞。他说："蒋逆叛迹昭著，我第四方面军既已班师，即须加以讨伐；同时对于本党农工运动之幼稚亦应设法纠正，勿存怀疑。愿吾人能永远站在同一战线上工作。"

在波谲云诡的复杂局面下，吴玉章根据他多年革命的经验，预感到革命的紧急关头即将来临，如果处置不好，革命的失败就不可避免了。他在代表中央党部出席湖北省、市、县第一次联席会议致辞时，就对时局发表了一个深刻明确的观点。他说："中国革命已到了一个新时期。我们的敌人不仅是少数军阀，实为社会上特殊阶级的结合。既要团结力量去扑灭他们，也要考虑我们的错误，力求改正。辛亥革命成功后，君主立宪派表面上投降国民党，我们党的和平派也与其妥协，结果破坏国民党，现在又到了这个时机了。"② 果然，从 6 月下旬开始，一批共产党人被迫离开了国民政府。

---

① 中共四川省委党史研究室. 吴玉章年谱. 成都：四川人民出版社，1998：167.
② 同①167-168.

# 十一、从容离开国民党中央机关

中国共产党第五次全国代表大会后，武汉地区的形势急剧恶化，反革命活动迅速表面化。国民党右派和反动分子沆瀣一气，大肆宣扬武汉的国民党中央和国民政府已经被共产党掌控，国民党领导人受到打击挤压，决策权都掌握在共产党手里，等等。谣言越传越凶，陈独秀不是对谣言据理力争地去驳斥、去反击，而是顺着谣言的思路去考虑、去辟谣。这恰好迎合了反革命分子的需要。

6月13日，中共中央机关刊物《向导》第一百九十八期刊载了署名高一涵的《武汉国民政府与共产党》一文。文章强调指出中共绝不可能操纵国民政府，为了说明共产党员在国民政府中是少数，竟然干脆地说：国民党"现在的中央执行委员会，只有余树德、谭平山、吴玉章、恽代英、林祖涵（伯渠）、杨匏安等六个共产党员"[①]。陈独秀刊登这篇文章的目的，一是说明共产党员只有几个人，不会影响国民党中央和国民政府的决策，二是想以此来表白对国民党的忠心。

《向导》当时的发行量近十万份，影响力很大。6月14日，吴玉章在《向导》上读到《武汉国民政府与共产党》一文，非常生气，觉得"这简直等于告密，给我以后在国民党内的工作增加了极大的困难"。为了解究竟是怎么回事，吴玉章立刻跑去质问陈独秀。陈独秀却对吴玉章说："为了这件事，我一夜没有睡，想来想去觉得还是把你们几个人公开了好。"[②]原来，陈独秀反复考虑的结果是不惜牺牲一切以讨好国民党，他的机会主义毛病已深入骨髓，无可救药了。吴玉章的共产党员身份公开以后，在国民党高层和共同参加辛亥革命的同事中，引起了很大的震动，这给他在国民党内的工作带来了极大的困难。国民党中央诸要人对他事事为难，处处掣肘，与他关系微妙。在处境日窘的情况下，吴玉章仍利用自己中枢要员的身份和与左派要员的友好关系，以及在群众中的声望，努力工作。在邓演达愤而出走

---

① 中共四川省委党史研究室. 吴玉章年谱. 成都：四川人民出版社，1998：167.
② 吴玉章回忆录. 北京：中国青年出版社，1978：146.

之后，他又积极联系宋庆龄、张发奎等人，以期在东征讨蒋中形成国民党新的左派中心，挽救破裂危在眉睫的国共合作形势。

6月20—21日，蒋介石和冯玉祥举行徐州会议，决定分共与宁汉合作。冯玉祥给汪精卫打来一个电报，说已在徐州与蒋介石开会商谈。这时，吴玉章还是国民党中央常委兼秘书处负责人，一切重要文电都要经他的手。他看到这个电报十分惊异，就问汪精卫："冯玉祥为什么跑到徐州去跟蒋介石开会？他们商谈些什么问题？"[①]汪精卫含糊其词，先说不知道，后来又说电报弄错了。冯玉祥和蒋介石反共阴谋已经昭然若揭，吴玉章感到事情重大，立即把这一重要情况告诉了陈独秀。当中国革命处在一个十字路口时，陈独秀仍然不表态如何处理，漠然置之。

6月23日，中共中央召开扩大会议，吴玉章出席了会议。在会上，任弼时要求陈独秀把共产国际的五月指示在党内公布出来，陈独秀拒不接受，还大发脾气。吴玉章见此情况，就问坐在身旁的张太雷是怎么回事，张太雷把指示内容告诉了吴玉章。这样重要的指示，吴玉章一点也不知道。张太雷对吴玉章说："我也是刚刚知道的，许多人都不知道这回事。"在革命十分危急的关头，陈独秀仍然是家长作风，坚持他的机会主义路线，革命的失败怎能避免呢？其实，在6月初，共产国际代表之一的罗易[②]，在未与任何人商议的情况下，就将共产国际五月指示密电拿给汪精卫看，还应汪精卫之要求，送了一份密电副本给汪。

国共合作的全面破裂，已如箭在弦上。面对日益严峻的危机，吴玉章认为还有机会挽救革命。"武昌是张发奎部驻地，共产党与张发奎部十分和洽，且有中央军事政治学校的武装学生四五千人，农民运动讲习所武装学生千余人。此时如中共中央本共产国际指示，以果敢勇决的精神，断然说服或挟持汪精卫到武昌，下逮捕或讨伐何键的命令，必不难将反革命扑

①　吴玉章回忆录. 北京：中国青年出版社，1978：148.

②　罗易（1887—1954），原名纳伦德拉·纳特·巴塔查尔亚，印度人。在共产国际二大上当选为执委会委员、主席团委员。1926年共产国际执委会第七次会议上参与草拟《中国问题决议案》。1927年初被共产国际派往中国，任共产国际驻中国代表团首席代表，参加中共第五次全国代表大会。在共产国际五月指示传到中国时，违反组织原则，将五月指示送给汪精卫看，结果不仅没有促进和保持共产党和国民党左派的联盟，反而使汪精卫找到了公开反共的借口。1927年8月返回苏联。1929年被开除出共产国际。1954年1月，病死在印度台拉登寓所中。

灭。也是挽救大革命的最后一个机会。"①

这时，共产国际提出改组中共中央，并明确要求中国共产党公开宣布退出国民政府，开展土地革命，武装工农。7 月 12 日，根据共产国际执行委员会的指示，中共中央进行改组，由张国焘、李维汉、周恩来、李立三、张太雷组成中央临时常务委员会，陈独秀停职。第二天，中共中央宣布撤回参加国民政府的共产党员。同日，吴玉章应中共中央军事部长周恩来之约，赴汉口贯中里黄慕颜家参加秘密会议。出席会议的还有朱德、刘伯承、李嘉仲、黄慕颜等人。周恩来谈了中央关于起义暴动、武装革命的战略设想，并征求大家的意见。黄慕颜主张打回四川，以四川为根据地再向西北发展，朱德主张在江西发动起义，吴玉章和刘伯承赞成支持中央"在东南发动暴动"的战略安排。

担任国民政府部长职务的共产党员谭平山（农政部部长）、苏兆征（劳工部部长）辞去部长职务，公布辞职书。武汉国民政府军事委员会总政治部主任邓演达发表辞职宣言。

7 月 14 日晚上，汪精卫在私宅秘密召开"分共"会议，兼有国民党党籍的共产党员都被排斥而不得参加。吴玉章和林伯渠在一起等候会议消息。直到深夜 12 时，彭泽民来告诉吴玉章和林伯渠开会内容，说："汪精卫在会上极力主张'分共'，宋庆龄没有参加会议，请了陈友仁作代表，在会上极力反对'分共'。陈代宋说：'联俄、联共和扶助农工的三大政策是总理亲手定的，有了三大政策，革命才能够发展成今天的局面，抛弃三大政策就必然要向帝国主义和蒋介石屈服……'孙科听了就起来跟陈友仁大吵。汪精卫也坚持要'分共'，并假惺惺地说：'分共以后，我们还可以跟共产党实行党外合作；我们仍继续反帝反蒋。'"当然汪精卫说的都是骗人的鬼话，都是缓和会场矛盾的假话。汪精卫说"分共"的意思就是立即对共产党员进行大肆逮捕和屠杀。他所说的"分共"就是"反共"的同义语，而"分共"的必然结果，就是滚进帝国主义的怀抱里。

吴玉章听了彭泽民的汇报后，知道汪精卫和蒋介石走到一起已经是定局，国共合作到此结束了。吴玉章预感腥风血雨即将来临，向林伯渠告辞后，心情沉重地回到住处。再加天气炎热，他的心中更加烦躁。他后来回

---

① 中共四川省委党史研究室. 吴玉章年谱. 成都：四川人民出版社，1998：171-172.

忆说:"夜间 3 点钟我还在晒台上乘凉。忽然看见有四个人,背着枪,推开我寓所的门进来,一会儿又出去了。我躲在暗里看他们的动静,以为他们走了。几分钟后,这四个人又从后门进来了,到我电话室里,拆了电话,还留下一封信。信上说外面风声很紧,要我赶快离开。我和同住的邓懋修商量,邓劝我说:'你且暂时移居一个地方吧!否则,赤手空拳,一定要吃他们的亏。'因此我当晚就搬到我大哥的寓所去了。"①

7 月 15 日早上,吴玉章接到中共中央到武昌集合的通知。当时,吴玉章想到,国民党中央党部的印信、账目、文件,都是由自己管理的。如果这些遗留问题没有交代自己就这样走了,反动派很可能制造谣言,诬蔑自己卷款潜逃,借此破坏共产党的声誉。此时危机四伏,吴玉章却表现出泰山压顶而不惊的镇静,他决定就是冒险也要到国民党中央党部去办清交接。9 点钟,吴玉章冒着被逮捕的危险,穿过戒备森严的林立岗哨直接走进党部自己的办公室,通知秘书长于普恩到他的办公室,把他经手的一切都给秘书长和有关人员做了清楚的交代。快到 12 点吴玉章才离开党部,并给汪精卫留下了一封信。信中大意是:昨晚有武装到寓所迫我速走,所以只得离开。吴玉章还在信中指出汪的"分共"决定是完全错误的,是把革命前途断送了。

当天晚上,在一阵倾盆大雨之后,吴玉章渡江去武昌。吴玉章后来回忆当时的心情时说:"在船上,面对着郁郁的青山和浩浩的江水,一件又一件的往事在我脑子里翻滚。多少共产党员和工农群众出生入死,流血牺牲,才赢得了北伐战争的胜利。如今革命竟被断送了,胜利的果实被反动派夺去,作为建立新的统治的资本。这是多么沉痛的教训!我恨不得有这么一支大笔,可以蘸满长江之水,把这个教训题铭在青山之巅!"②

蒋汪合流,使轰轰烈烈的第一次国共合作领导的大革命完全失败了,也标志着国民党从革命的领导者变质为革命的对象。为了使革命走上复兴,中国共产党独立地承担起了中国革命的重任,开始了武装反抗国民党反动派的斗争。

---

① 吴玉章回忆录. 北京:中国青年出版社, 1978:150.
② 同①151.

# 第六章　参加南昌起义和在苏联十年

## 一、建立九江办事处

　　吴玉章到武昌的当晚，汪精卫急急忙忙地召开了所谓的国民党中常委扩大会，在会上通过了"取缔共产党案"，正式宣布和共产党决裂。同时，解散武汉中央军事政治学校。在当天晚上的会上，还出现了一个插曲：一直对吴玉章怀恨在心的何键，听说在开国民党中常会，急忙派部队到会场捉拿吴玉章，没有抓到吴玉章，就直接捣毁了吴玉章的住宅以宣泄在宜昌被斥责的心中怒气。

　　吴玉章到武昌后，立即收容安排同志，指示武汉军校负责接待黄埔官佐学生。7月18日早晨，吴玉章与谭平山等乘轮船赴九江，吴玉章回忆说："这只船很脏，人就睡在载牛马的仓房里。天气又很炎热，气味十分难闻。但是我心里却很兴奋。因为我明白，我们马上就要开始新的斗争。这种斗争虽然一定很艰苦，但从此以后，我们决不再受国民党政客和机会主义者的气了"①。

---

　　① 吴玉章回忆录. 北京：中国青年出版社，1978：151.

共产党人以个人名义加入国民党，把国民党推上了大革命的领导岗位，这大大提高了国民党在全国人民心中的地位。大革命虽然失败了，但中共中央考虑到国民党的旗帜在群众中尚有影响，国民党内还存在着以宋庆龄、邓演达等为代表的左派力量，因此中共中央提出了"组织工农暴动于革命的左派国民党旗帜之下"的主张。这既可以坚持国民革命的继承性，也有利于争取时机，积聚力量，向土地革命过渡。因此，中共中央决定继续用国民党的旗帜进行国民革命。根据中共中央的安排，从武汉转移出来的一批共产党领导人和国民党左派齐聚九江，由吴玉章牵头在九江成立国民党中央办事处，以接应共产党人和国民党左派人士到南昌继续参加革命工作。中国共产党的许多重要干部如林伯渠、李立三、邓中夏、恽代英、谭平山等和国民党左派人士很快到达九江。国民政府顾问鲍罗廷也到了九江庐山，与中共领导人数次会晤后返回武汉。7月下旬，鲍罗廷乘火车离开武汉北上，转道陕西、蒙古回苏联。

吴玉章一到九江，就把国民党中央办事处先后设于甘棠湖和交涉使公署，并以办事处的名义成立接待站两处，接应和转送前往九江、南昌方向的中共干部和国民党左派人士。办事处紧邻张发奎的第二方面军司令部。这时的张发奎对是否"分共"还处在犹豫之中，第四军军长黄琪翔也住在湖中的烟水亭。四军中带兵的叶挺、卢德铭、周士第，政工干部高语罕、周逸群、李硕勋、阳翰笙等都是共产党员。还有第四军的参谋长叶剑英（7月下旬加入中国共产党），那时虽说不是共产党员，但却是国民党左派将领，早有革命倾向。吴玉章常出入于这些将领的帷幄，对推动武装反抗国民党反动派的斗争起到了积极的配合作用。

7月19日，吴玉章以国民党中央办事处的名义召开了一次碰头会，会议由刚从武汉到九江的谭平山主持。这其实是一次中国共产党联合国民党左派力量讨论武装起义策略的会议。会议决定：武装力量赶快集中南昌，运动贺龙二十军一致行动，在南昌举行武装起义。政治上反对武汉、南京两政府，建立新政府。7月20日，李立三、邓中夏即赴庐山，将准备在南昌起义的计划告诉瞿秋白，请他立即回武汉向中共中央汇报，汇报后即刻返回九江。随后，吴玉章也上了庐山，就南昌起义的问题向中央有关领导汇报，同时争取国民党左派将领支持南昌起义。7月24日至25日，中共中央临时政治局常务委员会举行会议，决定以国民党革命委员会的名义在南昌举行武装起义，起义部队的行动方向是立即南下，占领广东，取得海口，求得共产国际的援助，举行第二次北伐。会议决定组成以周恩来为书记，李立三、恽代英、彭湃为委员的中共前敌委员会，具体领导南昌起义。

7月26日，周恩来在陈赓陪同下赴九江，向李立三、谭平山、邓中夏、恽代英传达了中央同意南昌起义的决定。27日，周恩来到达南昌，在城内的江西大旅社成立中共前敌委员会，决定30日晚举行武装起义。贺龙率领的二十军，叶挺率领的十一军二十四师先后到达南昌。29日，汪精卫、张发奎等在庐山召开会议时，发现第四军、第十一军、第二十军有异，张发奎立即严令贺龙、叶挺已开赴南昌的部队撤回九江听令。张发奎在汪精卫等的游说下，决定在第二方面军中实行"清共"。恽代英从叶挺处得知消息，即刻上庐山通知吴玉章、林伯渠、黄日葵、章伯钧下山。吴玉章知道张发奎已经跟着汪精卫叛变了革命，包括第二方面军在内的所有军政单位即将动手"清共"。由于信息传达有误，吴玉章先前得到的信息是前委决定28日晚起义，恽代英嘱咐吴玉章通知相关人员紧急撤离时又说起义改在30日晚。不管怎样，如果南昌起义枪响，九江出现的反共局面很可能就是大开杀戒，血腥"清共"。尽管危机迫在眉睫，吴玉章还是先安排林伯渠、章伯钧、黄日葵等翻过庐山，从沙河车站乘火车驶赴南昌，然后自己才从庐山回到九江，紧张而有序地组织迎送工作。30日吴玉章又将彭泽民、张曙时、朱蕴山等国民党左派人士和从武昌赶来的革命学员分批送走。当天，刘伯承也匆匆忙忙地赶到九江联系上了吴玉章。这时，各地的共产党员和革命志士知道九江成立了办事处，都纷纷向九江涌来。由于接待力量有限，吴玉章以办事处的名义发出通告，请到九江的人立即自行前往南昌。7月31日是九江办事处确定的最后工作期限。如果再不撤离，国民党反动派一旦封锁了去南昌的道路，吴玉章等大批共产党人和革命人士将成为屠杀的对象。31日下午，吴玉章在做完收尾工作后，才同最后一批人员离开九江赴南昌。据当时赶往南昌的李嘉仲回忆，7月31日那天九江的气氛混乱而又紧张，他和许多撤离去南昌的人已经无法乘上火车了，只好沿着铁路步行南下，"日落时分，一列火车突然开到，刘伯承同志和吴老在车上，疾呼我们上车"。当时的火车速度是非常慢的，李嘉仲一行急忙跳上火车。此时正是起义爆发的前夜，这也是九江脱险的最后一列火车了。夜晚火车抵达南昌牛行车站，吴玉章和刘伯承等人被安排住进章江门上的原江西省政府主席寓所，贺龙也在此居住。

## 二、南昌起义的秘书长

当吴玉章一行抵达赣江边时，已经是夜色沉沉。这时南昌起义总指挥部——江西大旅社内灯火通明，正在准备战前动员，焦急地等待着吴玉章等的到来。因而，吴玉章和刘伯承一到章江门贺龙处住下，就接到电话，催促他们速到总指挥部去。吴玉章等到了那儿才知道，在这革命与反革命即将展开生死搏斗、间不容发之际，前委才平息了一场争论。原来，正当起义准备工作紧张进行时，中共中央收到共产国际根据联共（布）中央政治局意见发来的电报。电报指出：如果有成功的把握，我们认为你们的计划是可行的。中共中央分析形势后，认为南昌起义有成功的把握，决定派中央临时政治局常委张国焘以中央代表的身份赶到南昌，传达共产国际和中共中央的指示。由于张国焘对张发奎参加起义仍抱有幻想，所以主张一定要得到张发奎同意后方能举行起义。因此在会上引起了激烈的争论。尤其是恽代英的发言最为激昂，周恩来更是愤怒地拍了桌子。南昌起义的安排，是经过精心准备的，已经是在弦之箭，不发是不可能的。当时与吴玉章一道主持国民党中央办事处工作的谭平山虽不是前委委员，但比吴玉章早一些到达南昌，也参加了这场争论。他在会上痛骂张国焘是"混蛋"，又从张国焘手上索回起义后准备发的《中央委员会宣言》，改为由周恩来做最后审定。"周恩来、恽代英等多数同志都坚决反对张国焘的错误意见，认为我党应独立地担负起义的领导责任。最后通过了多数的意见，决定8月1日晨4时举行起义。"[1] 离起义的时间只有几个小时了，前委委员和参加会议的人分头赶到各自的岗位按时行动。不料，确定的起义时间被二十军的一个军官泄露给了朱培德的部下，于是前委紧急商定，立即把起义时间提前两小时。

8月1日晨2时，国民革命军两万余人在周恩来、朱德、贺龙、叶挺、

---

[1]　吴玉章回忆录. 北京：中国青年出版社，1978：152.

刘伯承等的领导下，在南昌武装起义。经过四个多小时的激战，黎明时分结束战斗，占领南昌城，起义胜利。南昌起义标志着中国共产党独立领导革命战争、创建人民军队和武装夺取政权的开端。

下午2时，吴玉章在江西省政府会议厅主持召开"国民党中央委员及各省区特别市和海外各党部代表联席会议"。参加会议的国民党中央委员及各省市代表四十余人。会议决定成立中国国民党革命委员会，推举宋庆龄、吴玉章、周恩来等二十五人为委员，以宋庆龄、邓演达、谭平山、张发奎、贺龙、郭沫若、恽代英等七人组成主席团。革命委员会总揽党务、军事、政治，下设秘书厅、参谋团、党务委员会、农工委员会、宣传委员会、财政委员会、政治保卫处和总政治部。会议任命吴玉章为秘书长，刘伯承为参谋长，林伯渠为财政委员会主席，郭沫若为宣传委员会主席，郭未到任前由恽代英代理，张国焘为农工委员会主席，郭沫若为总政治部主任，章伯钧为副主任，郭未到任前由章代理，李立三为政治保卫处处长，张曙时为党务委员会主席。会议还通过了六个方面的行动纲领。会后，发布了《中央委员宣言》和《中央委员及各省区特别市海外党部代表联席会议宣言》。《中央委员宣言》指出，武汉与南京所谓党部、政府，皆已成为新军阀之工具，曲解三民主义，毁弃三大政策；号召革命力量共同努力，为反帝反封建和解决土地问题而斗争。新成立的机构都集中在江西大旅社办公，秘书长吴玉章亲自在江西大旅社办公室写了各部门负责人委任状，加盖上革命委员会大印。

8月2日下午2时，吴玉章主持革命委员会就职典礼和庆祝南昌起义胜利大会。典礼在南昌公共体育场举行，除在南昌的全体委员及各团体代表数十人出席外，工农兵商学各界群众数万人到会。各委员在会上庄严宣誓就职并受印。群众大会之后，革命委员会召开会议，议决通过解放农民条例、免除苛捐杂税及统税等各提案。

在军事上，中共前敌委员会讨论确定南下路线后，即开始整编起义部队。起义部队沿用国民革命军第二方面军番号，下辖第九军、第十一军、第二十军三个军。各军将领均由革命委员会重新委任。革命委员会按照程序任命贺龙为国民革命军第二方面军代总指挥，叶挺为代前敌总指挥。任命第二十军军长贺龙，党代表廖乾吾；第十一军军长叶挺，党代表聂荣臻；第九军军长韦杵（未到任），副军长朱德（代军长），党代表朱克靖。

3日，革命委员会派朱蕴山前往武汉，动员和组织仍在当地的国民党左派人士前往广州，准备以后参加国民党第三次代表大会。

8月3日，南昌起义部队决定以最短的时间、最快的速度到达广东，与工农势力结合。起义部队开始陆续离开南昌。第二天，吴玉章出席革命委员会召开的重要会议，在会上，吴玉章提出即使沿用国民党旗帜，也应该有自己鲜明的口号。5日，吴玉章和革命委员会机关、中共前委以及贺龙的部队离开南昌，行军三十公里，夜宿一间茶铺内。这一天，武汉国民党中执委会召开第二十三次扩大会议。汪精卫在会上提出：对付共产党员，要用对付敌人的手段，捉一个杀一个。8日，武汉国民党中央政治委员会议决议开除跨党共产党员吴玉章、谭平山、林伯渠、恽代英、高语罕等五人的国民党党籍并免职通缉拿办，开除杨匏安、毛泽东等九人党籍并免职。

8月6日，大部队长途行军无后方保障的问题显现出来。吴玉章带领的后勤两千余人，绝大部分是知识分子。加之炎天酷热，兵夫负担太重，卫生队无人挑卫生器材，以致病者无药。部队开始每天行军六十里，后来改为每天四十里，但是，问题依然不少。加上群众受反革命宣传的影响，部队沿途很难买到饮食。同时宣传工作又做得差，不少人偷偷地开了小差，仅几天的行军，部队就几乎损失了三分之一。虽然吴玉章带领的后勤人员减员不多，但他考虑到大军在路上随时有战斗，这些人的安全难以保证，因此决定动员遣散一些体弱有病的知识分子。吴玉章把面临的困难形势告知他们，嘱咐他们投亲靠友或就近养伤，等部队住定了报上有了消息，那时欢迎他们再回来。吴玉章亲自为离队人员送行，分发路费，叮嘱他们病痊伤好后再追赶队伍，或者成为革命种子就近与工农结合。这次安置中，就有中央军事政治学校武汉分校学员李淑宁，即后来著名的抗日英烈赵一曼。

8月中旬，部队到了临川（今属江西省抚州市）。经过一番整顿后，部队情绪好转，起义军面貌大为改观。郭沫若诗赞："夜雨落临川，军书汗马还。一声传令笛，铁甲满关山。"离开临川时，数百名工农和进步学生参军，一些革命委员会委员也转到吴玉章处协助革委会工作。吴玉章带领的机关后勤队伍，从临川出发时不仅减少了每日行军里程，而且改白天行军为半夜出发。许多年长的委员和同志，如谭平山、林伯渠、方维夏、徐特立、彭泽民、姜济寰、高语罕等七人都能坚持随队行军，连同吴玉章，时有阵中"八仙"之称。

　　起义军水陆并行，取得了几次胜利后，继续南进。9 月 10 日，吴玉章一行夜抵三江口。是日恰逢中秋，对着中秋明月，谭平山也一扫平日愁容，兴奋地拣着烧饼歌中的两句念道："手执钢刀九十九，杀尽胡儿方罢手。"接着又说："九九八十一，正应在'八一'上面，我们的起义是一定会成功的。"吴玉章听了谭的话，笑道："八一革命能否成功，可不在什么谶语里，从根本上说，只能寄希望于土地革命的深入发动。"

　　起义部队经瑞金到汀州，又由汀州到了汕头。部队在瑞金、会昌一带打了许多胜仗，也受到相当的损失。9 月 26 日，中共南方局在汕头召开会议，张太雷传达中共中央八七会议精神和中共中央对前委的指示。中共中央要求取消起义军原用的国民党革命委员会名称，改为苏维埃；放弃潮汕，将军队开往海陆丰，会合当地农民武装，改组为工农革命军；等等。9 月 27 日，吴玉章和革命委员会机关到达汕头。吴玉章与由海路经香港赶来的大哥吴匡时和四川的邓懋修、陈宣三、江子能[①]、刘公潜、陈林等会聚，并将他们安排在革命委员会工作。革命委员会在汕头发安民布告："本会起义南昌，继承革命正统，反对南京武汉，回定广东，建设民主政权，领导属于工农。"中共前委、革命委员会筹备建立革命政府，改组军事参谋团为军事委员会，筹建军事政治学校。决定创办《革命日报》，以郭沫若任主编。派高语罕、江董琴往香港联络张发奎，欲缓和双方关系以集中对付李济深。9 月 29 日，革命委员会在汕头召开军民联欢庆祝大会。由于强敌进攻，吴玉章等第二天下午撤离汕头。途中，吴玉章安排大哥和四川来的同志离开部队退回香港，嘱咐他们形势稳定后再联系。10 月 2 日，吴玉章等夜宿普宁流沙镇。3 日，在贺龙、叶挺、刘伯承等到达流沙后，针对主力部队作战失利及革命委员会退出汕头后的现实情况，前敌委员会、革命委员会以及军队的指挥人员在流沙的天后庙举行了最后一次重要会议。参加会议的人员有：前敌委员会的成员周恩来、李立三、恽代英、彭湃，南昌起义的领导人谭平山、张国焘，起义军的主要指挥员贺

---

　　① 江子能（1881—1967），四川宜宾县（今宜宾市叙州区）人，早年参加中国同盟会，投身四川保路运动。1925 年在上海加入中国共产党，不久回四川参加国共合作的四川省党部筹建。大革命失败后，出川到广东参加广州起义，起义失败后，与党组织失去联系。1945 年参加中国民主同盟。新中国成立后，任四川财经学院副院长、民盟四川省委及民盟成都市委主任委员、成都市人民政府参事室主任等职。1967 年在成都逝世。

龙、叶挺、刘伯承、聂荣臻等，以及革命委员会的郭沫若、吴玉章、林伯渠、张曙时等，中共汕头市委负责人杨石魂也参加了会议。前敌委员会书记周恩来总结了起义以来的经验教训，会议决定按照中共中央指示精神取消国民党的旗号，革命委员会人员分散回各省活动；军队撤往海陆丰及其以北山区游击活动，帮助和发动农民坚持长期斗争；军事将领和其他非武装人员，愿留的随军行动，不愿留的可就地分散，由当地农民协会会员协助、掩护分别向海口撤退，然后转赴香港或上海；前敌委员会委员中李立三回上海向中共中央汇报工作，彭湃留在海陆丰负责领导农民斗争，周恩来留待处理善后①。

谭平山、吴玉章、林伯渠等革命委员会委员，从南昌起义以来，为了密切配合起义部队，在动员群众方面做了大量工作，为部队解决了许多重要的问题，在紧张的战斗间隙和长途行军中，先后召开了十一次革命委员会会议。革命委员会对起义做出的贡献是值得肯定的。

10 月 3 日下午 3 时，部队在流沙镇附近遭遇强敌攻击。吴玉章及原革命委员会机关与部队被切断，后又被打散，晚间才摆脱敌人，露宿山坡。4 日晨，吴玉章发现郭沫若在突围中失散，急派阳翰笙带人四处寻找，待找到郭沫若和失散文职人员后，只得改变从流沙翻山到海陆丰的计划，决定绕道惠来，再转海陆丰。

在熬过了流沙那场混战之后，眼见再无部队庇护，吴玉章就一直把谭平山挽得很紧。因为革命委员会原来毕竟负有领导职责，有谭平山和吴玉章出面收拾余众，这才不失重心。谭又是广东当地人，语言沟通上也没有障碍。在经惠来时，城内商团竟然登城鸣枪示威，搞得如临大敌。谭平山执意要将同行人化整为零，吴玉章也赞成。就在吴玉章安排分散行动时，谭平山悄悄带着少数便衣离开了。吴玉章安排人员离去后，再找谭就找不着了。吴玉章只好东转西转地找出路，这时，身边只剩下侄子吴鸣和②一

① 张月琴. 南昌起义史论. 南昌：江西人民出版社，1986：178-179.

② 吴鸣和（1890—1933），四川荣县双石桥蔡家堰人，曾在川军熊克武部任营长。1927 年加入中国共产党，在武汉国民政府工作。后参加南昌起义，随军南征至广东潮汕地区。1927 年 11 月初同吴玉章、刘伯承秘密从上海到苏联，入苏联高级步兵学校。1930 年回国，奉命到鄂豫皖苏区，改名兰生，任红四方面军十一师参谋主任和红四方面军总部参谋，后到四川开辟川陕革命根据地。1933 年，因与红四方面军领导人张国焘意见不合，几乎遭到杀害。之后在四川南江县作战时负伤，治疗无效牺牲。

人跟着他。也是吉人天相，在择僻静的路向海边行进之际，吴玉章忽然又和谭平山一行碰上了，这才避免了因问路而暴露身份的危险。在谭的带领下，一行人从惠来城附近一个小村庄旁边过去，步行了一个通宵，摸索了三十余里，到了一个名叫甲子巷的地方，找了一户渔家隐蔽下来。到甲子巷时，恰逢海上暴风袭来，港口上挂满了警示风险的红球。一直等到 10 月 10 日，海面才稍许平静，吴玉章一行登上一艘小船出海了，在风雨中漂流了二十多个小时才到香港。上岸后，吴玉章很快和中央指派的贺昌（中共第五、第六届中央委员）接上关系，找到了党组织安排的联络点，与一度分别的贺龙、刘伯承等战友再度相逢，自然不胜欣喜。

吴玉章是蒋介石悬赏缉拿的"要犯"，又是天下谁人不识的风云人物。南昌起义失败后，中共中央决定输送一批重要干部去苏联学习，吴玉章名列其中。在组织的安排下，吴玉章从香港秘密转移到上海，隐居在上海愚园路租界内，等待机会出国。在上海候船期间，吴玉章严格遵守隐蔽的纪律要求，从不擅自外出，和他同住的有刘伯承和侄儿吴鸣和。吴鸣和年轻，学生模样打扮，在上海没有认识的人，就成了吴玉章的耳目。吴玉章特别交代侄儿，无论见到谁都不能说出自己在上海的情况。通过侄儿，吴玉章知道了一些四川战友和家人的情况，知道大哥和自己分手后，滞居上海，没有回川资金，只能靠教一二学生和卖字为生。儿子吴震寰在大革命潮流的鼓舞下从法国归来，想对祖国的水电建设有所贡献，谁知一回国就遇上大革命失败。吴震寰和大伯从香港到了上海，才知道父亲尚在南昌起义部队中，潮汕兵败后，父亲下落不明，让他忧心如焚。后来他得知父亲安然无恙后才放下心来，只是父子不能相会。在父亲离开上海后，他也于 11 月 15 日悻悻地离开上海返回法国。吴玉章好多年没有见到儿子了，很想见见近在咫尺的儿子。父子交心是天下最美之事，但严酷的斗争环境使他强抑亲情，坚决地打消了与大哥、儿子见面的念想。由于长期在夏秋季节行军奔波，暑热上攻，吴玉章患上了严重的牙痛病。俗话说，牙痛不是病，痛起来真要命。在忍无可忍的情况下，吴玉章外出治牙时被党内熟悉的人看见了。党组织知道后，立即将吴玉章等紧急转移，并以严防暴露相嘱。吴玉章被组织的关心深深地感动了，从此，再也不外出，需要的药物由组织安排专人送来，自己只在居留之处闭门看报、读书。

蒋介石、汪精卫背叛革命之后，不仅猖狂"清共"，也疯狂反苏。苏联方面接应中共党员，只能秘密进行。11月初的一天，党组织通知吴玉章和刘伯承等，晚上将有苏联商船来接，请他们做好准备。深夜，党组织派出的交通员把他们带到海边一个预定的地点静候。深秋时节，海风习习，有些寒意。预定的时间过了许久，船还没有到，四周一片寂静。刘伯承是军人性格，等得有些不耐烦了，要回客栈去，吴玉章压低声音反复劝阻但也无效。刘伯承刚走不久，一艘苏联商船悄然停靠岸边。苏联同志要大家立刻上船就走。吴玉章说还要去找一个同志，苏联同志怕出事，不答应。经过吴玉章等力争，才答应等一会儿。吴玉章亲自往回跑，在路上正好碰到了返回来的刘伯承。原来，刘伯承回到客栈，冷静下来一想，觉得还是吴玉章的意见对，应该耐心多等一会儿，于是又赶快原路返回，遂碰上了来接他的吴玉章。就这样，吴玉章和刘伯承、吴鸣和、周国淦、梅子乾、陈林、唐泽英、刘安恭等人同行离开了上海。

　　长期以来，刘伯承同吴玉章的个人关系和革命情谊就非同一般。新中国成立后，刘伯承对著名的中共党史专家李新说："只有吴老这样忠厚的人，才能在那样紧急关头不忘同志和朋友。要不是和吴老一起，我就到不了苏联，我一生的历史也不会是现在这个样子。"

　　南昌起义是失败了，但是，这是中国共产党独立领导武装争取民族解放的开端。其影响和作用就是一面高高飘扬的旗帜，也是一座巍峨的丰碑。南昌起义的决定和发动，充分说明了中国共产党在探索中国革命道路的艰难征程中，已经懂得总结革命的经验教训，并开始独立思考。

# 三、《八一革命》报告

　　1927年11月初，吴玉章一行乘苏联商船"安迪吉号"赴苏，熬过了海上颠簸，经受了北方寒风的考验，11月下旬，终于登上了企盼中的苏联远东口岸——海参崴（今符拉迪沃斯托克）。在海参崴停留了十多天，其间吴玉章会晤了萧三、梁柏台、许之桢等人。12月初，吴玉章等乘火车赴莫斯科。到莫斯科的第二天，吴玉章被安排进入莫斯科中山大学，刘伯承和吴鸣和进入苏联高级步兵学校。吴玉章到莫斯科后，按当时规定，转为尚有候补期的联共（布）党员，党内用名尼可拉·伊里奇·布列宁，编入中山大学支部局过组织生活。后来才转为联共（布）正式党员。

当时，莫斯科除中山大学（简称"中大"）外，还有一所为亚洲各国培养革命干部的东方劳动者共产主义大学（简称"东大"）。这两所学校的学员全都是来自东方或是非常关心中国革命的人。此时有中国大革命的重要领导人来到他们面前，他们都很想听听 1924 年至 1927 年的中国究竟发生了哪些大事。吴玉章刚到莫斯科，在身体欠佳时便答应了两校之邀请，精心地准备讲课提纲。吴玉章于 12 月 22 日抱病去东大上了一堂大课，主讲中国的大革命和南昌起义，吴玉章称之为八一革命。报告反响很热烈，学员们在讨论中还提了许多问题需要再解答。吴玉章想及时对提纲再做整理，形成一份向中共中央和共产国际汇报的书面材料。无奈多年劳瘁，吴玉章到莫斯科后不久就病倒了，手术后又被送到了黑海克里米亚半岛的萨拉德休养院疗养，八一革命的研究暂时搁下了。同时在此疗养的还有叶挺，他们在散步中，自然要时时探讨大革命的失败和八一革命的得失。

吴玉章过去苦无结合实践学理论的机会，更兼虽然是国民革命的领导人，却没有中共党内职务，看党的文件也少，对党内反倾向斗争知之甚少。这次到列宁的故乡后，决心要做一番恶补。当时，早期赴苏的张仲实等同志正在从事马列主义著作的翻译工作，吴玉章在赴休养院前通过他们收集书刊，有的著述尚无中文本，吴玉章就找一些日文本做辅导。疗养期间，他发奋学习，主要阅读的是中共八七会议文件、共产国际有关中国问题的文件和决议案，还有布哈林的《中国革命的转折关头》、斯大林的《论列宁主义的几个问题》和列宁的《共产主义运动中的"左派"幼稚病》《进一步，退两步》《社会民主党在民主革命中的两种策略》《国家与革命》等等著述。

1928 年 3 月 14 日和 5 月 16 日，中共在莫斯科两次召开"南昌暴动讨论会"，这两次讨论会是为中共六大评价南昌起义做准备的。吴玉章因病没有出席会议。但他却在休养院如饥似渴地阅读理解带去的文件和原著，结合自己对中国大革命的亲历和理解，在和疾病抗争中带着深厚的激情写出《八一革命》报告。报告共八章十一万字。5 月 30 日，吴玉章将书稿送中大和东大的同志，并呈共产国际执行委员会，同时也呈送给正在筹备中的中共六大。报告详细分析了南昌起义的远因和近因，叙述了起义的过程和失败的原因，指出了南昌起义的巨大影响，总结了起义失败的经验教训。书后附有凭记忆写出的八一革命行军日志。书中所述史实，除吴玉章亲身经历之外，其中关于军事的部分，大半取材于刘伯承的军事报告。《八一革命》报告是关于南昌起义极具权威性的历史文献，为研究南昌起义提供了较为准确而翔实的重要史料。

吴玉章的报告，将八一革命放在国共合作的全过程中进行考察，其目的在于以事件参加者的身份把发生的史实及其原因和结果，很确切地披露出来。

南昌起义初步胜利后，部队为什么要劳师远征广东？这是起义前就定下的计划。吴玉章在《八一革命》报告中清楚地回答说：因为"武汉是必战之地，南京、上海是帝国主义势力最大的地方，且不容易得到手，只有广东民众及工农已有相当的组织，且富于革命性，而有海口，交通便利，又是财富之区，有这几个理由，所以在武汉形势险恶的时候，就决定以广东为我们革命的根据地"①。

大革命失败后，对于中国革命性质的判断，吴玉章在报告中认为，"中国革命直到现在，仍然是资产阶级民主革命而带有殖民地、民族革命的性质"②。报告指出：八一革命"是中国革命阶级力量转换的一个暴动，是无产阶级夺取革命领导权的一幕，在中国革命史上要占最重要的位置"。革命"虽然失败了，却开辟了将来中国资产阶级民主革命的完成和非资本主义发展的道路，得到了以后革命的紧要关键之准备和教训。就是说'八一革命'是最近的将来中国革命完成的演习"。吴玉章对南昌起义的分析和对未来中国革命形式的判断，是相当准确和精辟的，中国革命后来的发展证明了他做出的判断是正确的。

吴玉章在报告中，就大革命失败后革命领导权由谁来掌握的问题，明确指出：资产阶级和上层小资产阶级的叛变证明了中国革命只能由中国无产阶级来领导。而"'八一革命'就是中国无产阶级取得全部的中国革命领导权，把一切叛变的民族资产阶级及动摇的小资产阶级丢开，巩固自己

---

①　吴玉章. 八一革命. 北京：社会科学文献出版社，1991：86-87.

②　同①1.

的领导地位，领导城市与乡村的劳苦群众，以战胜资产阶级的反抗，达到资产阶级民主革命的完全胜利。同时更主要的是时时刻刻利用目前中国革命的可能，使中国资产阶级民主而带有民族性的革命很快地向非资本主义的道路发展，成为世界革命之一重要部分"①。

那么，在中国无产阶级取得全部领导权的情况下，它所领导的南昌起义依然悲壮地失败了。其原因又在哪里呢？吴玉章在报告中深刻地分析和总结了失败的原因和教训，认为其中最根本之点是没有能解决这次暴动的中心问题——农民问题和农村革命。报告指出："农民参加革命与否，为革命成败所关，不但列宁的革命理论，和俄国的革命经验是如此，即征诸中国历史的往事，也是如此，中国素称以农立国，农民占人口百分之九十以上，农业经济，一现恐慌，所谓生活困难，民不堪命，大乱即随之而起。"中国历史上循环变乱，都没有跳出农民问题。"'八一革命'这个阶段，很明显的是因农民运动的开展，小资产阶级叛变，而转变了革命的阶级力量，农村革命、土地革命，为这个阶段的中心问题。"但在"八月会议前的中央指导机关，没有注重这一点，所以就不免有许多错误的政策和行动"。"不以农民革命为我们的主要力量，轻忽视之，这是失败的第一原因"。还有当时没有"迅速分兵占领九江、湖口"，"以造成人民的军队，人民的武装为目的，拼命的武装工农，团结可靠的军队，抛除不可靠的军官"。而是"专意要到广东，意在避战，故军事亦随政治错误了"。那么当时的正确方针是什么呢？吴玉章指出：迅速"占领九江的目的是在扼长江的咽喉，使声势扩大，使帝国主义者及军阀发抖，藉以宣传我们的主张和势力，将使革命的波浪传布全国、全世界"。"最要紧的是要使工农作成连环的暴动，武汉、长沙的工人，自然要准备，大冶铁矿工人，萍乡、安源的矿工，我们要派兵将武装送去，使他们武装起来，暴动起来。反革命和帝国主义者都会来压迫，九江自然不能久守，但南京、武汉两方正在准备战斗的时候，彼此尚不能以最短时期，结成和议，一致来逼我，当时武汉的工人及被压迫的群众尚蠢蠢欲动，湖南各县自不用说，九江附近的黄冈、阳新、咸宁、崇阳一带农民，都要起来，此等地方，离大冶不远，如果工农能联合起来，武汉的兵是不能安然到九江的，到了九江不能守，我

---

① 吴玉章. 八一革命. 北京：社会科学文献出版社，1991：3.

们节节退南昌向萍乡、湖南一带发展，我们的兵不聚在一处，不以占据地方为目的，需以发动群众为目的，敌兵来少则击破之，多则引去，用流寇的办法，使敌人疲于奔命，又有工农扰其后方，阻其前进，敌人无如我何，而且各军阀并不一致，有了地盘的他不愿意动，而争地盘的又要来，他们的冲突不少。"① 吴玉章对南昌起义战略的深入研究和总结，是有重要意义的。特别是在战略上，他提出"不以占据地方为目的""敌兵来少则击破之，多则引去，用流寇的办法，使敌人疲于奔命"等作战方法，其中所谓"流寇的办法"，就是一种游击战法。这和后来红军"打得赢就打，打不赢就走""不以一城一地之得失为目标"的战法是不谋而合的，这也是吴玉章多年领导革命运动的经验总结。

南昌起义虽然失败了，吴玉章在肯定它的重大意义时指出："它仍是有伟大的价值"。它"引起各地暴动"，"形成广州暴动与苏维埃政权"，"造成了中国共产党波尔雪维克（布尔什维克。——引者）派的胜利"②。对于革命的未来，吴玉章坚信：革命有了健全的党，就有了真实的力量。有已成熟的客观环境，有数千万的工农革命群众，有邻近无产阶级专政的国家和世界无产阶级及压迫民族的帮助，以共产国际列宁主义的策略来指导，加以布尔什维克的精神来努力奋斗，成功之期就在目前了。

吴玉章写的《八一革命》报告，实际上是对第一次国共合作的全面总结。他运用马克思主义阶级分析方法，精辟地剖析和阐述了以蒋介石为代表的中国民族资产阶级右翼势力参加革命、分裂革命、背叛和镇压革命的原因和经过。深刻地检讨了中共当时的领导者在统一战线中所犯的机会主义错误，以及在具体处理国共两党关系上，在指导政治斗争、军事斗争及领导工农运动中的各种失误。特别是对以汪精卫为首的武汉国民党中央、小资产阶级革命者在无产阶级同反革命资产阶级的阶级大搏斗中，所表现出来的种种动摇、投机及最后叛变的行为，做出了极为精辟的分析。尤其是一些史实情节的描述，对研究者很有启发。例如，蒋介石是如何以黄埔军校起家的，南昌起义的原因和时代背景，郑州会议、徐州会议如何促进了蒋汪合流，武汉政府及武汉国民党人对反革命的放纵，以及一些

① 吴玉章. 八一革命. 北京：社会科学文献出版社，1991：97-98.

② 同①116-117.

具体人物的评论，吴玉章在这些方面都提供了鲜为人知的史料。所以，吴玉章的《八一革命》报告成了中国共产党十分重要、十分珍贵的历史文献，它对研究中共党史、国民党史、国共合作、中国人民解放军史都具有十分重要的价值。

遗憾的是报告脱稿后，因种种原因，这一重要历史文献一直湮没无闻。六十余年后，在苏联汉学家发现这一文献并经中国专家鉴定为吴玉章所撰之后，才立即引起了中苏学者的重视。1990 年 11 月，苏联科学院社会科学情报研究所代表团来北京举行书展，将该书稿复印件赠送中国社会科学院文献情报中心。文献情报中心赶在南昌起义六十四周年之际出版了这部重要的党史文献。

一般来说，对一个重大历史事件的本质认识和全面科学总结，需要经过若干年的积淀和研究才能做出比较准确的结论。吴玉章在南昌起义的硝烟尚未散尽之际，而自己又身处异国他乡，在缺少参考材料的情况下，基本上凭自己对史实的记忆完成了《八一革命》的报告。他的报告做出的许多科学论述、展望和总结，被后来的革命运动检验证明是正确的，由此可见当时吴玉章把马克思主义理论与中国的具体实践相结合所达到的高度。他的革命理论功底和实践经验，在同期的党内革命家中是不多见的。

吴玉章不仅是南昌起义的参加者，而且是领导者之一，他是最早详细地向共产国际报告并向国际社会披露南昌起义详细经过的人，也是第一位对南昌起义进行全面科学总结的起义领导人、亲历者。


# 四、勤奋学习与工作

吴玉章在休养期间，完成了论述八一革命的长篇报告。这期间的 1928 年 6 月 18 日至 7 月 11 日，在共产国际的帮助和指导下，中国共产党在莫斯科近郊兹维尼果罗德镇召开了第六次全国代表大会。大会总结经验教训，分析革命性质和政治形势，制定新时期的政治路线和斗争策略。吴玉章因病没有出席会议。病愈后，吴玉章回到莫斯科中山大学时，听说老战友林伯渠由日本辗转乘火车到了苏联。两位老朋友在异国他乡又要相见了，吴玉章真是喜出望外。了解到车次后，他亲自赶往车站迎接。

　　莫斯科中山大学是第一次国共合作的产物，也是共产国际和联共（布）为帮助中国革命培养革命青年而设立的一所高等学校。进入该校的学生有国民党员、共产党员、共青团员和革命青年，学制为两年。设置的课程主要有俄语、社会发展史、中国革命史、苏联革命史、哲学（辩证唯物主义和历史唯物主义）、政治经济学、列宁主义、军事等。由于教授和教员精通汉语的很少，课程都用俄语讲授配中文翻译。中山大学于1925年11月开学。1927年蒋介石、汪精卫先后叛变革命，国民党于同年7月26日声明与中山大学断绝一切关系，撤回了国民党派去的学生。于是，中山大学的学生全由共产党从各地秘密选送，学校办学宗旨也由为国共合作的国民革命培养人才，转变到为中国共产党独立领导革命战争培养政治骨干。同时，将东方大学的中国班合并到中山大学。1929年秋中山大学改名为"中国劳动者共产主义大学"（简称"劳大"），大家习惯上仍称"中大"。中山大学除一般学生班外，还开设特别班，是专为中国共产党的一些负责人、在国内做过实际工作的年纪较大的同志开设的。中山大学对学员进行系统的马列基本理论的教育，使广大学员掌握了马列主义，提高了马列主义水平，这些理论在他们以后指导中国革命的实践中起了重要作用。中国共产党的许多领导人都曾在该校学习。

　　在学习和研究的过程中，吴玉章深感自己的马列主义理论水平还不够高，还需要不断学习，于是在1929年2月进入中山大学特别班学习。他与林伯渠、徐特立、何叔衡等老同志在一个班。他后来深情地回顾说："我们几个'老学生'聚在一起，实在难得。在学校，我们不但学到了马列主义的伟大理论，而且参加了反对托洛茨基和布哈林派的实际斗争。我们一直同学到1930年毕业的时候。这段学习生活，给我留下了极其深刻的印象，现在想起来仍然是津津有味的。"[①] 为了更好地了解苏联社会和阅读俄文原著，吴玉章下决心要过俄语关。一位当年和吴玉章在一起名叫张报的，在一篇题为《吴玉章同志在苏联与法国》的文章中说："当他初到莫斯科的时候，可以说连一个俄文字母也不认识。但是，既然身在列宁的故乡，学习俄语不只是势所必然，也是理所当然的了。因此，吴老下决心从零开始，要把俄语学好。当然，吴老当时已年过半百，口齿已不如年轻

① 吴玉章回忆录. 北京：中国青年出版社，1978：189-190.

人那样灵活了，加上他四川乡音很重，也是讲好俄语的障碍。然而，吴老
并没被困难所吓倒。他曾说：马克思也是五十岁以后才开始苦学俄语，还
取得优异的成绩；自己虽然不敢与马克思相比，但是相信，只要有决心和
信心，总会有所收获的。这样，他在一位俄语教师的指导下，争分夺秒，
朝读夕温，一本本的俄语教材在他手里很快就变旧了。他还利用各种场
合，向学校的中国翻译和学员们'请教'，练习俄语。结果进步很快。可
说是掌握了俄语的精髓。"① 一年多后，吴玉章就基本过了俄语的读、写、
听、说难关。吴玉章的刻苦学习精神，经常得到教员们的好评，经济学教
授表扬吴玉章对《资本论》的学习成绩最好。

1930 年夏，吴玉章结束了两年多的学习，毕业了。同期的有些同学回
到国内参加革命斗争，吴玉章被安排继续留下工作。10 月，吴玉章和林伯
渠等十二人由联共（布）派遣到苏联远东地区工作。对这一安排，吴玉章
后来回忆说："在莫斯科清党期间，托派分子及有问题的人，大概不拘押
的大多数被派往远东和西伯利亚一带作一些工人工作。联共中央派我们十
多个人到远东，也是为了把远东工作搞好，不要被托派所搞坏。"② 吴玉章
先是被分配到伯力共产主义大学中国部做主任（前任是董必武），林伯渠
则被安排到海参崴党校做教员。一学期后，即 1931 年 1 月，吴玉章也被
调到海参崴党校。

为了研究中国革命问题，宣传中国革命，使师生们正确认识中国革
命，了解中国革命情况，在吴玉章、林伯渠、杨松等人倡议和参与下，学
校成立了中国问题研究室。在那里集中了当时所能搜集到的有关中国问题
的各种图书资料等，他们还申请外汇向国内订购了中文报刊，自己绘制了
有关中国苏维埃运动发展的态势图和其他图表，定期举行报告会、座谈
会。当时听过吴玉章等的报告的人回忆说："吴老、林老、杨松等是我们
的主讲人。在这些会议上也有过争论，如在对十九路军的估价问题上，吴
老就不完全同意杨松的看法。但大家都能本着批评和自我批评的精神，求
得问题的解决，因而大大提高了人们研究中国问题的兴趣，使中国问题研

① 中共四川省委党史工作委员会《吴玉章传》编写组. 怀念吴老. 重庆：重庆出版社，1986：
64.

② 中共四川省委党史工作委员会《吴玉章传》编写组. 吴玉章文集：下. 重庆：重庆出版社，
1987：1313.

究室逐渐成为传递中国革命的信息和宣传中国革命的阵地。"①

20世纪30年代的苏联，联共（布）党内的斗争日趋激烈和复杂，远东边疆地区的中国托派分子亦相当活跃。他们在学生、工人和干部中宣传托洛茨基的观点，反对党的路线，诽谤斯大林等。"吴玉章像在中山大学时一样，坚决同托派分子及其庇护者作斗争。因此，也受到他们的攻击。"② 当时远东出版部（局）要吴玉章编一本中文政治教本。因手上的事多，他只搜集了斯大林及一些名人的讲演和自己的一些文章，也未特别仔细审阅，就汇编成一本中文选集。此书出版后，就被一些托派分子小题大做，向远东边疆区党委反映，说吴玉章编的中文选集中的文章有机会主义的观点。吴玉章说："我听到这消息为之一惊，急把他们所指的错误细细检查，果然在我自己作的文章里发现一个错误。就是简单地说苏联消灭富农，而没有说在农业集体化的基础上来消灭富农"。为此，吴玉章花了半个月的时间学习并严肃认真地给党组织写了一篇很长的声明书，"声明无论我自己的文章或选别人的文章上的错误，我都愿完全负责，且誓必和这些错误做斗争，以保持布尔什维克党理论的纯洁。并请党给我以严重处罚"③。在党支部会上，吴玉章又诚恳地说明了自己的错误，"并不仅要承认错误，改正错误，重要的还要同它斗争，请党给我以处罚"。许多同志认为吴玉章对党忠诚老实，敢于承认、正视自己的错误，认识深刻，态度端正，是布尔什维克党员的真实态度。支部大会多数党员赞成不给予处分。吴玉章后来回忆这件事说："从此党员群众以及负责同志不仅不以我犯错误而轻视我，反而更加信任我，信仰我，尊敬我，以为我对党忠诚，可以为模范。我觉得托派对我这一打击，使我知道了必须加深研究理论及作事不可马虎，这是我要感谢他们的。"④ 吴玉章还认为，党员个人的错误就是党的一部分缺点，每个党员无论错误是自己的或他人的，都应该当作党的错误一样总结改正，万不能因自己之故而加以隐蔽。

---

① 中共四川省委党史工作委员会《吴玉章传》编写组. 怀念吴老. 重庆：重庆出版社，1986：58.

② 同①59.

③ 中共四川省委党史工作委员会《吴玉章传》编写组. 吴玉章文集：下. 重庆：重庆出版社，1987：1313-1314.

④ 同③1315.

　　1933 年 6 月，吴玉章被调回莫斯科。他很想回国参加实际斗争，但因工作需要，组织决定他仍留苏联工作，先分配他去莫斯科列宁学院中国部预备班，担任政治常识和经济地理课程的教员。其后，中共驻共产国际代表团又决定他担任东方大学中国部主任一职。同时，吴玉章还参加中共驻共产国际代表团的工作。在东方大学的两年，吴玉章和在此学习的同志结下了深厚的友谊。一些学员回忆说："身为部主任的吴玉章同志也是秉着'教学相长'的态度和学员们相处无间，不搞特殊化，不摆架子，不住单独院而住在集体宿舍，和学员们朝夕共处，打成一片。每日三餐，他都和大家一起在食堂按序排队，同桌共膳，边吃边谈，从中了解学员们的学习、生活、思想、健康等情况与问题，并随之采取解决和改进的办法。结果，中国部办得很有成绩。吴老这样坚持深入群众、不搞特殊化、与学员同甘共苦的作风，实在是难能可贵，对我们今天仍然有重大的教育意义。"①

　　正当吴玉章在苏联勤奋工作之际，1934 年 1 月 22 日至 2 月 1 日，中华苏维埃第二次全国代表大会在瑞金召开。到会正式代表 693 名，候补代表 83 名。毛泽东在会上做两年来工作报告，朱德做红军建设报告，林伯渠做经济建设报告，吴亮平做苏维埃建设报告。吴玉章未能参加会议，依然当选为中华苏维埃共和国第二届中央执行委员会委员。

　　吴玉章在苏联期间，主要是学习并担任中国历史等课程的教学任务。除短暂被派到法国巴黎领导《救国时报》外，绝大部分时间，吴玉章都担任中国历史的教授工作。虽然没有系统的中国历史教材，好在吴玉章一直都喜欢历史，头脑中积累了许多的历史资料。但是，他还是不敢大意，一边讲课，一边整理以前搜集的资料，再到图书馆尽量地搜集、补充资料。较为丰富的素材积累，为吴玉章深入讲授中国历史课和研究中国历史做了准备。


# 五、研究中国历史的成就

　　吴玉章从少年时代起，在大哥、二哥的影响下，就非常喜欢读一些通

---

　　① 中共四川省委党史工作委员会《吴玉章传》编写组. 怀念吴老. 重庆：重庆出版社，1986：63.

俗的历史著作。其中的爱国人物、英雄故事，时时感染着他，对他产生了重要的影响。随着年龄的增长，知识的丰富，理解历史事件和人物活动的能力进一步增强，他更加深深地热爱上了历史学。他在吸取优秀历史文化的过程中，面对祖国的危亡，爱国思想油然而生，历史成了他爱国主义的精神源泉。加入中国同盟会和参加革命活动以后，他看到革命活动家们都以宣传光荣的历史文化来激发革命斗志，并且取得了很好的效果，这使吴玉章更加认识到历史在革命宣传中的巨大作用。他在主办《四川》杂志时，就用了较多的篇幅来讲述中国历史，揭露帝国主义侵华史。在革命宣传中，他也经常用历史这个有力的武器来激发人们的爱国热忱。

辛亥革命以后，吴玉章在南京临时政府秘书处任职时，就和胡汉民、黄兴等（共 97 人）联合向孙中山写了一个呈文，建议设立国史馆。其中强调了三点：（1）中国有悠久的优良的史学传统。（2）对过去的历史典籍，进行一定的分析批判。（3）撰辑中华民国建国史之重要。

孙中山接此呈文后，立即批示：查中国历代编纂国史之机关，均系独立，不受他机关之干涉，以示好恶之公，昭是非之正，使秉笔者据事直书，无拘顾忌之嫌，法至善也。民国开创，为神州之伟业，不能没有信史，本总统深表赞同。但由于孙中山不久辞去了临时大总统，国史馆也无法建立了。

辛亥革命失败后，吴玉章留学法国，学习了世界史和法国革命史。这对他接受马克思主义提供了很大的帮助。

吴玉章在接受了马克思辩证唯物主义和历史唯物主义的观点和方法后，以革命家的眼光，对中国历史的研究更加客观公允。在他那个时代，能熟练地运用马克思主义治史的人，真可谓凤毛麟角。

在大革命的后期，革命出现严重危机时，吴玉章在国民党中央和国民政府的高级干部会议和群众集会等许多场合，大讲辛亥革命失败的惨痛教训。虽然这未能阻止大革命的最后失败，但从他的讲演稿中可以看出他在运用历史教训的对比中，清醒地看到了大革命的深刻危机。吴玉章到苏联以后，环境和时间稳定了，在给中国学员讲授中国历史课程时，带着一些现实问题，一头扎进了中国历史的研究之中。因此，在苏联时期，是吴玉章研究中国历史取得丰硕成果的重要阶段。1928 年夏天，吴玉章完成《八一革命》报告，报告客观准确地记述了南昌起义失败过程，总结了失败的历史原因。

后来，吴玉章与刚到莫斯科的林伯渠一道进入中山大学中国问题研究室工作，共同探讨和研究中国问题。当时托派分子和中国国内取消主义者在关于中国革命性质问题上，否认中国当时的革命是资产阶级民主革命，宣扬托洛茨基派关于中国没有封建主义的谬论，他们的理论核心是不应在中国进行土地革命。在大革命中，吴玉章就高瞻远瞩地提出：土地问题是农民革命和农村的根本问题。为了从理论上解决中国革命的性质问题，回击托派对中国革命的错误认识，吴玉章和林伯渠每天都到图书馆看书和查阅、检索中文版本古籍资料，其中有的资料在国内都难以找到。凡有关中国土地、田赋方面的资料，他们都摘抄下来。经过两三个月的资料积累，加上吴玉章和林伯渠在一起反复讨论研究文章的思路，最后由吴玉章执笔，于 1928 年 12 月写成一篇三万余字的《太平革命以前中国经济、社会、政治的分析》和一本《中国土地问题》的专题著作。这些著述表达了他们对中国土地问题的观点。

在《太平革命以前中国经济、社会、政治的分析》一文中，吴玉章提出了三个术语（论点）来说明中国自秦到太平天国时期社会经济和政治特殊的结构。"第一是，财产资本的土地私有经济；第二是，家族的封建社会；第三是，财产资本的地主阶级政治。"[①] 吴玉章在文章中，从社会经济问题入手，依次分析了中国的经济、社会、政治状况。论证了"中国自秦朝以来，虽然进行了改革土地制度，废封建诸侯制，改郡县制，人民可以自由买卖土地，但这并不是资本主义土地所有制的特征，而只是造成了特殊的封建形式。正是由于土地可以自由买卖制度的推行，富有者和豪强者占有的土地就一天一天多起来，贫弱者的土地则一天一天少起来。结果，富的越来越富，穷的越穷，形成了封建地主阶级和农民阶级。""直到帝国主义侵入中国以后，情形才有了变化"，但在本质上仍然没有变化，"只不过是增加了殖民地性质，成为半封建半殖民地的社会性质罢了"[②]。"所以中国革命若要成功，非推翻财产资本的地主阶级不可；要推翻财产资本的地主阶级，非推翻小资产阶级的绅士及封建家族社会不可；要推翻绅士及家族社会，非推翻孔子的学说不可。而唯一的就是要推翻他的经济基础，

---

① 中共四川省委党史工作委员会《吴玉章传》编写组. 吴玉章文集：下. 重庆：重庆出版社，1987：727.

② 同①1113—1114.

就是说唯一的手段就是土地革命，无条件地没收一切地主阶级的土地收归国有"①。要在中国进行反封建主义斗争，唯一的手段就是土地革命。吴玉章以此来驳斥托派观点，论证了中国进行资产阶级民主革命的必要性。国内广大农民拥护土地革命，踊跃参加土地革命战争，也证明了吴玉章关于在中国必须进行土地革命的论断的正确性。

　　1930 年后，吴玉章开始从事中国历史的教学工作，这给酷爱历史的他再次提供了广阔的空间。在莫斯科东方大学中国部任教期间，吴玉章尽可能搜集中国历史资料，加上他本身具有深厚的历史学功底，用了近五年的时间，经过反复修改补充编成了《中国历史教程》。1936 年，他又接受学校国际教育处安排，编写了一本教学提纲——《中国历史大纲》。

　　在《中国历史教程》和《中国历史大纲》这两部著作中，吴玉章较为全面地论述了中国历史上的许多重大问题。如中国由母系氏族社会到父系氏族社会的转变，宗法家族制度在中国历史发展中的特殊作用，秦汉时期的阶级，均田制度的发生和衰灭，武后临朝的事变，北宋的灭亡，南宋的和战之争，宋、元末和明末的农民起义，鸦片战争以前中国的社会经济，研究中国近代史的关键，等等。在论述这些问题时，他遵循马克思主义的观点方法，坚持从中国历史实际出发，大量引用和分析史料，防止历史学变为社会学。他说："我们虽然是用马克思唯物史观的方法来研究历史，但却不可拿抽象的社会学的公式去代替具体的历史叙述。我们在叙述历史事变中，要遵循历史发展的连续性，把重要的历史现象叙述出来，使人得到清楚的理解。只有在这样的基础上，才能正确地叙述和分析历史的变化，引导人们学习到马克思主义的科学的人类历史。"②

　　在《中国历史教程》中，吴玉章不仅对古代史有新颖的见解，更对中国近代以来的社会进行了全面的阐述。他通过大量的资料研究，对中国近代史较早地做出了科学的界定。他说："中国近代史就是从鸦片战争到现在（指写作该书的 20 世纪 30 年代初期。——引者）约一百年的历史。"他

---

　　① 中共四川省委党史工作委员会《吴玉章传》编写组. 吴玉章文集：下. 重庆：重庆出版社，1987：761.

　　② 吴玉章. 历史文集. 北京：人民出版社，1963：10.

接着写道："要了解中国最近百年来社会历史发展的情形，首先，就要了解中国社会经济的变迁。要了解中国社会经济的变迁，必须要与帝国主义侵略中国的问题密切联系起来看。虽然严格地说来，资本主义到一千九百年前后才能叫作帝国主义时代，但中国的落到半殖民地地位，实在是从鸦片战争时就开始"。"假使不看到帝国主义对中国的侵略所发生的影响，不看到帝国主义在中国的作用，就没有法子来了解中国近代的社会经济情况。因为中国的经济，近百年来逐渐受到世界资本的束缚和压迫。在起初的时候，先进国家还只专谋它们的商业利益。在这时期，外国商人向中国伸出利爪。但是这个时期不久就更换为别一个时期。自从九十年代中间起，就开始了直接的帝国主义政策的时期。"中国的半殖民地化进一步加深，猛兽般的帝国主义实行束缚中国的政策时，总是宣扬中国不能自行发展自己的经济，更不能独自复兴，必须要在外力帮助下才能振兴。所以，按照帝国主义的逻辑，"中国应该分给先进的帝国主义列强"。虽然振振有词，"然而完全瓜分中国，它们还是没有办到，因为中国人民的斗争以及它们自己相互间的仇恨妨碍了这件事情。它们没有能够分割掉这块肉饼。但是它们已经夺去中国极大的地域，作为它们的势力范围，已经使这个伟大国家的经济从属它们，已经在这个国家内确立了它们的政治统治。同时，帝国主义统治中国是通过中国的封建地主阶级来实现的，因此中国人民的革命必须是反对帝国主义、反对封建主义的民族民主革命。研究中国近代史的人必须深刻地认识到这一点，因为这是研究中国近代史的关键"[①]。

在《中国历史大纲》中，吴玉章对研究中国历史的目的意义做出了更加明确的回答。关于历史的阶级性，他指出："人类的历史就是人类自己发展的过程。一切过去的历史，除了原始社会以外，都是阶级斗争的历史。因此，现在我们研究过去的历史，主要的是研究阶级社会的产生、发展和衰落的历史，是研究阶级斗争的历史。"接着吴玉章又开宗明义地回答了历史的作用，他说："历史是革命斗争的有力工具。我们应该知道人类真正的历史，知道劳动者被奴役和解放的历史；应该知道我们从哪里来和往哪里去。因为，这能百倍地坚强我们奋斗的信心和给我们以获得胜利

---

① 中共四川省委党史工作委员会《吴玉章传》编写组. 吴玉章文集：下. 重庆：重庆出版社，1987：807-808.

必需条件的知识。"①

《中国历史大纲》是吴玉章在苏联教学过程后期完成的专著。直到1936年，他在苏联都是根据讲义和这个提纲教学的。全面抗战初期，吴玉章带着书稿辗转万里回国。当时延安的一些中央领导看到了这个讲义，竭力劝他将讲义出版。吴玉章认为要出版必须进行加工，因此没有答应。后来，他虽然把讲义的绪论发表了，但因工作繁忙，始终没有时间把讲义全部修订出版。全国解放战争爆发之初，吴玉章在重庆工作。1947年3月，吴玉章从重庆回到延安时，党中央已经开始从延安撤离。在这次撤离中，这部讲义遗失了一部分。所以，我们今天看到的《中国历史大纲》已经不是完整的历史著作了。

吴玉章是中国最早运用唯物史观研究中国历史的马克思主义史学家之一。他从接受马克思主义、加入中国共产党后至1940年1月前，先后完成了《中国革命与世界革命的关系》《中国革命问题》《八一革命》《太平革命以前中国经济、社会、政治的分析》《中国土地问题》《中国历史教程》《中国历史大纲》《吴玉章抗战言论选集》《中国能战胜日本》《中国抗日战争与国际工人阶级》《论民族解放与社会主义革命底相互关系》等数十篇政论和历史论文以及部分历史著作。他的政论文不仅体现了时代感，而且体现了历史的厚重感。他的中国历史教程和大纲，较为系统地构成了他对中国古代史、近代史和现代史的研究成就。他所得出的中国历史分期和其他一些史学观点，在当时就受到史学界的广泛认同和称道。更为重要的是，我们可以从他的史学思想中清楚地看到，在争取民族独立期间，他的治史思路都是围绕争取民族解放而展开的，这是革命家吴玉章治史的最大特点。

正因为吴玉章在治史上取得的重大成就，1940年1月15日，中共中央在他六十大寿的贺词中，高度评价了他以革命家身份研究中国历史所做出的成绩。贺词说："你是我党可贵的历史专家，你的广博的学识，你对马列主义的理论和方法的忠诚探究，你的坚毅不懈的努力，使你在这方面

---

① 中共四川省委党史工作委员会《吴玉章传》编写组. 吴玉章文集：下. 重庆：重庆出版社，1987：809.

已有了一定的成就，这对于我党和中国人民，都是难能可贵的贡献。"[①]

吴玉章在苏联学习、教授、研究中国历史时，为了找到迅速提高中华民族文化素质的方法，还抽出大量的时间进行了研究和实践中国文字改革的宏伟工程。

# 六、起步中国文字改革与实践

改革中国文字，是吴玉章由来已久的愿望。早在幼年读书时，他就感到汉字难学、难认、难写、难记。读小学时，他读了《说文读韵本》，学习了守温三十六字母，觉得这些杂乱无系统，既不好学也不好用。他认为，要争取民族独立和振兴中华，必须普及和提高教育，而要普及和提高教育，就必须有便于学习和使用的文字。这种认识成为他投身于中国文字改革的持久动力。

16世纪末，西方传教士利玛窦来中国传播福音，给中国文字学习带来了变革方式。为了传教，他必须学会汉语言文字。为便于学习，利玛窦采用拉丁字母为汉字记音、注音。数年之内，他竟掌握了两万余汉语字词。这是用拉丁字母为汉字注音的开端。此后，西方传教士均用此法学习汉字。鸦片战争后，传教士为了扩大传教活动，制定了多种拉丁化汉语拼音方案，其中以"威妥玛式"最为有名。它对中国汉字拉丁化影响巨大。

吴玉章之所以对中国文字改革运动有研究、有兴趣，与他走上革命道路是分不开的。他古文字功底深厚，在先后出国期间，接触到外国文字之后，觉得拼音文字比方块汉字优越，不失为解决中国大量文盲问题的一条途径。从此，吴玉章开始研究汉字的形成和变迁，以及它的发展趋势，也研究过中国文字的切韵及字母的发明，还学习过清朝以来一些人关于中国文字改革的论述文章，试图从中找出一条改革文字的道路。中国文字改革是一项非常宏伟庞大的工程，做成了，就是造福中华民族的丰功伟绩。参加革命以后，吴玉章把大量的精力用在争取民族独立的斗争上，根本无暇顾及中国文字的深入研究与改革。到了苏联以后，他才比较有条件来继续

---

① 中共四川省委党史研究室. 吴玉章年谱. 成都：四川人民出版社，1998：244.

思考和研究中国文字的改革问题，他和瞿秋白、林伯渠、萧三经常在一起研究讨论中国文字改革问题。为此，他开始在学校和校外的图书馆，收集有关中国历史和论述中国文字的各种版本的书籍，虽然有限，但还是找到不少的材料。吴玉章以手中掌握的有限资料，从甲骨文、金文开始，钻研中国文字的起源，寻找它的发展规律，以此为基础来论述文字改革的重要性和必要性。

在俄国十月革命后，列宁在给新文字全苏中央委员会主席阿葛马里的一封信中，提出了"拉丁化是东方伟大的革命"的著名论断[1]。这成了一些中国革命者倡导文字改革的重要依据。从 1928 年底起，莫斯科共产主义学院中国问题研究所和中国劳动者共产主义大学，开始对汉字拉丁化问题做系统的研究，瞿秋白与科罗科洛夫教授还着手制定汉语拉丁化字母方案。

与此同时，在西方传教士注音汉字的影响下，从清末起就有不少人致力于汉字的改革，产生过许多方案，特别是拼音方案。吴玉章等通过仔细深入研究，认为历史上的一切方案中，只有拉丁化新文字方案比较好。因为它既能给汉字注音，帮助认识汉字和统一读音；又笔画简单、明了、清楚、美观，也符合文字发展的规律。因此，吴玉章不仅赞成这一方案，而且决心推行这一方案，认为只需对其中的不足进行补充修改即可使用。1929 年 10 月，吴玉章与瞿秋白、萧三等人反复研究，在经过几次讨论议定草案稿后，由瞿秋白综合整理成《中国拉丁化字母》的小册子。这应该是中国汉字最早的拉丁化方案，其中规定了字母和几条简单规则。于是，拉丁化新文字初具雏形。

1930 年 6 月，吴玉章被推举负责编写中文拉丁化课本。不久，他与林伯渠等共同研究编写成《拉丁化中国字初学教材》，并积极准备进行教学试验。吴玉章到苏联远东地区工作后，和林伯渠等人组成了拉丁化中国字委员会，积极在该地区推广新文字。一时间，苏联远东地区以海参崴、伯力等地为中心掀起了宣传、讨论拉丁化新文字的热潮。1931 年 5 月 19 日，吴玉章将《中国拉丁化字母》提交苏联新字母中央委员会举行的学术会讨

---

① 李文海，卢铁城，隗瀛涛. 爱国重教务实求真：纪念吴玉章同志诞辰一百二十周年. 成都：四川大学出版社，1998：363.

论通过。会议同意吴玉章坚持的尽可能不造新字母，中国特有的一些语音用双字母表示的主张，并同意保留中文拉丁化方案的双字母。吴玉章为了推行拉丁化新文字，一方面到工人中去进行试验，一方面做理论研究工作，在深入研究的基础上，撰写出《中国新文字的新文法》和《中国文字的源流及其改革的方案》。6月，吴玉章与莫斯科派来的刘斌等人一道，在华工扫盲中开始推行用拉丁字母拼音的汉字改革方案。他们先后两次召开中国积极分子的拉丁化讨论会，还应邀在海参崴做关于宣传和推行拉丁化新文字的报告。9月，中共代表团派萧三与苏联科学院汉学家龙果夫一起到海参崴，吴玉章便与他们一起筹备召开中国新文字第一次代表大会。9月26日，大会在海参崴"中国大戏院"举行，参会者以远东地区中国工人为主，约两千人。吴玉章为大会起草了多个文件，并在大会上就中国文字改革问题做了报告。大会推举吴玉章、林伯渠、萧三和龙果夫等为新文字方案的起草人。会议通过了《中国汉字拉丁化的原则和规划》。大会认为：要根本废除象形文字，以纯粹的拼音文字来代替它。语言文字是随着社会、经济、政治发展的。它的发展当然要有人力的推动，但它也有必经的过程和步骤。因此实行新文字并不是立刻废除汉字，而是逐渐把新文字推行到大众生活中间去，到适当的时候，才能取消汉字。大会宣布：所有代表"都是新文化建设的突击队员，为中国文字革命和世界文化革命奋斗"①。

　　1932年10月，吴玉章又参与组织了在海参崴召开的中国新文字第二次代表大会。大会总结了第一次代表大会以来的工作，认为推行新文字的工作已经取得不少成绩。例如，据不完全统计，仅在一年的时间内，在海参崴的中国工人就有一千五百多人学会了新文字。大会认为，第一次代表大会制定的中国新文字方案，虽然有缺点，但不要轻易修改。大会还就修改新文字方案、新文字书籍的出版和教学等问题进行了讨论。此后，吴玉章继续从事文字改革理论研究，积极进行宣传鼓动，并且深入到中国工人中进行教学试验，还对退入苏联境内休整的中国东北抗日义勇军战士用新文字进行扫盲。对这一时期的工作，吴玉章曾说："拉丁化新文字的推行，对于当时在苏联的中国工人同志的扫盲工作和提高文化水平方面，起过相

---

① 中共四川省委党史工作委员会《吴玉章传》编写组. 吴玉章文集：下. 重庆：重庆出版社，1987：1118.

当的作用。"① 为了使扫盲工作落到实处，吴玉章编写了《拉丁化中国字初学课本》，和林伯渠合编《拉丁化中文词典》，校订张成功所编的《什么是新文字》，还应邀至许多单位做新文字学术报告。从 1931 年到 1934 年，远东边区新字母委员会编辑出版了 47 种课本、教材、读物和工具书，印数达十万多册，在苏联的中国工人几乎是人手一册。委员会创办了拉丁新文字报——《拥护新文字》，汉字报纸《工人之路》也增辟了新文字专栏。后来国内报刊报道说："远东各地工人，无论老少，几乎个个都认识拉丁化的新文字，且用来作文。"②

在文字改革不断推广和深入之际，一些人对新文字出现了认识上的偏差。吴玉章在《中国新文字的新文法》一书出版时，及时写了一篇引言来澄清，他说文字改革"目的就是我们要吸收旧文化的精华来创造新文字和新文化。有人认为，我们用新文字来代替汉字就是毁灭中国的文化，这是完全不对的。我们知道，文字是文化的工具，它和其他艺术、宗教、文学等等一样，是人类社会的上层建筑物。它在相当的时期内，是帮助了中国的文化发展的。而且它在民族中的印象很深，不是用我们的空想，就可以把它废掉的"。"强迫一个民族放弃他自己的言语文字去学其他的言语文字，是最不合于人类进化的自然，而违反社会发展的规律"③。

吴玉章等在苏联的文字改革成就，很快传播到国内，受到广大群众的热烈欢迎，被许多进步的语文工作者广泛宣传，积极推行。1934 年夏，鲁迅在答复曹聚仁的信中，就热情地谈到支持在中国推行拉丁化新文字，后来还写了《门外文谈》等文章，极力提倡、推广新文字。"1935 年冬，郭沫若在日本看到《新文字》月刊，花几个小时就学会用来译写诗歌，并且写文章号召：《请大家学习新文字》。1935 年 12 月起，蔡元培、鲁迅、郭沫若、茅盾等近七百人签名发出《我们对于推行新文字的意见》，在全国范围内掀起新文字运动的热潮。在共产党领导下，这个革命文化的群众运动，冲破了国民党反动派的文化'围剿'，结合着抗日救国的潮流，在中国历史上第一次把文字改革从知识界小范围的讨论，变成一个有千百万青

---

① 中共四川省委党史工作委员会《吴玉章传》编写组. 吴玉章文集：下. 重庆：重庆出版社，1987：1118.

② 吴达德. 吴玉章与中国民主革命. 重庆：西南师范大学出版社，1998：177.

③ 中共四川省委党史工作委员会. 吴玉章教育文集. 成都：四川教育出版社，1989：51-52.

年学生和工农群众参加学习、应用的伟大行动。"①。在国外，许多华侨学校，例如法国里昂华工子弟学校、泰国曼谷华侨学校等，都开设了新文字课。吴玉章等在苏联推行的中国文字改革与拉丁化运动，也为他后来在陕甘宁边区进一步实践文字改革和拉丁化的扫盲工作，创造了条件，奠定了基础，开拓了道路。

# 七、参加共产国际七大和参与《八一宣言》的制定

20 世纪 30 年代，德国、意大利、日本法西斯纠结在一起企图重新瓜分世界，三国成为发动世界大战的策源地。日本成为战争的急先锋，侵略中国东北以后，开始不停步地向中国进攻，企图独占中国。1935 年 6 月初，吴玉章在中共驻共产国际代表团讨论中国局势的会上提出：日寇进攻一天比一天加紧，国民党也在分化，即使其嫡系组织中也有反对日本侵略的。吴玉章赞同季米特洛夫提出的结成反法西斯统一战线的观点和相应策略转变的看法。吴玉章还认为：中国方面，随着中日矛盾的上升也产生了阶级关系的变化，出现了建立全民抗日民族统一战线的契机。吴玉章提出：我们统一战线的范围应该扩大，共产党应该提出新的政策。并建议不要等在基斯洛沃德斯克度假的王明（时任中共驻共产国际代表团负责人）回来，可以先行起草发表一个声明。吴玉章的建议得到中共代表团滕代远等的支持。经请示，季米特洛夫认为，王明是代表团负责人，还是需要同他商议。中共代表团遂急电王明速返莫斯科。对于中共方面的声明内容，吴玉章等人数次进行讨论。代表团基本形成了"要求党由在三个条件下与国民党中愿意同我们合作抗日的部分订立抗日协议的政策，提高到建立全民的抗日民族统一战线政策"的基本构想②。下旬，王明回到莫斯科后，中共代表团在共产国际的帮助和指导下，就变化了的形势和党的政策进行深入讨论，正式决定发表一篇宣言，责成王明根据讨论内容起草宣言。7

① 中共四川省委党史工作委员会《吴玉章传》编写组. 怀念吴老. 重庆：重庆出版社，1986：259-260.

② 中共四川省委党史研究室. 吴玉章年谱. 成都：四川人民出版社，1998：201.

月 14 日，吴玉章参加讨论由王明执笔的《为抗日救国告全体同胞书》（简称《告同胞书》）草稿。会议决定由吴玉章等七人组成一个委员会对草稿进行修改。接着，中共代表团连日开会，讨论修改《告同胞书》和在共产国际七大上主要发言大纲，讨论参加共产国际七大的中共代表团名单。因中共中央正在长征中，虽曾通知其选派代表，但由于联络中断，无法确定代表能否于会期赶到，遂决定从中共驻共产国际代表团和在苏的中国同志中遴选人员组成中共代表团。吴玉章被确定以苏维埃中国代表名义，化名王荣，参加中共代表团，出席共产国际第七次代表大会。

法西斯挑战世界和平的严峻形势迫切需要共产国际和各国共产党制定出反法西斯战争的斗争策略，以便动员世界各国人民进行反法西斯的斗争。为此，共产国际于 1935 年 7 月 25 日至 8 月 20 日在莫斯科召开了第七次代表大会。大会讨论的中心问题是制定共产国际和各国共产党反法西斯斗争的策略方针。

大会第一阶段在听取《关于共产国际执行委员会的工作报告》后，主要讨论总结过去的工作。中国问题在讨论中占了重要地位。中国代表团向大会报告了中国苏区和红军力量的状况。除了介绍毛泽东、朱德、周恩来、彭德怀等人外，吴玉章也作为中国革命时期出色的党内领袖和国家领导人被提名介绍。

在共产国际七大召开期间的 8 月 1 日，中共代表团经认真讨论草拟了《为抗日救国告全体同胞书》（即《八一宣言》），经季米特洛夫、斯大林审阅，并经共产国际同意，10 月 1 日以中华苏维埃共和国中央政府和中国共产党中央委员会名义公开发表。宣言分析了"九一八"事变特别是华北事变以后，国内的政治形势，指出中华民族已处在千钧一发的生死关头，揭露了日本帝国主义灭亡中国的野心。宣言明确指出："抗日则生，不抗日则死，抗日救国，已成为每个同胞的神圣天职！"宣言呼吁全国各党派、各军队和各界同胞，不论过去和现在有任何政见和利害的不同，均应停止内战，建立广泛的全民族的抗日民族统一战线，集中力量，一致抗日。宣言郑重声明：只要国民党军队停止进攻苏区，只要任何部队实行对日作战，中国共产党和中国工农红军都愿意与之亲密携手，共同救国。宣言建议一切愿意参加抗日救国的党派、团体、名流学者、政治家和地方军政机关进行谈判，共同组织统一的国防政府，建立抗日联军。宣言最后提出十项抗日救国纲领。宣言反映了全国人民团结一致、抗日救国的愿望，适应了抗日救国的新形势。

共产国际执委会总书记季米特洛夫在七大会上做了题为《关于法西斯的进攻以及共产国际在争取工人阶级团结起来反对法西斯的斗争中的任务》的报告。季米特洛夫在报告中详细地分析了各国法西斯势力猖獗的情况，批判了社会党人粉饰法西斯主义的种种谬论，深刻地揭露了法西斯主义反动的阶级实质。在报告中，季米特洛夫在总结前一时期中国共产党反法西斯斗争经验的基础上，着重论述了建立反法西斯统一战线的重要性。

在共产国际七大上，中共代表团的王明、康生、周和森（高自立）、李光（滕代远）和吴玉章先后发言。8月11日上午和晚上，吴玉章先后两次在大会发言。发言阐明了只要中华苏维埃和红军正确应用统一战线策略，克服残留的旧宗派主义倾向，就一定能够组织和团结人民，建立起一个指挥神圣民族革命战争的国防政府。第二天，苏共《真理报》在第一版报道中说：在代表们热烈鼓掌欢迎中，王荣（吴玉章）同志讲话，他说，在中国广阔的四川、北方丘陵和东北正组织反帝人民统一战线。王荣同志呼吁，所有中国人民的儿女，所有为反对国民党民族耻辱政策而愤怒的人民，为建立国防政府而奋斗。吴玉章后来回忆说："当谈到党的新的统一战线、红军的英勇斗争和长征伟绩以及苏维埃运动的发展时，常常引起与会代表的欢呼。共产国际间的这种友爱团结，真是使人感动和兴奋。"①

吴玉章参加了《八一宣言》的酝酿、讨论和修改的全过程。《八一宣言》是中共驻共产国际代表团接受共产国际关于建立世界反法西斯统一战线新战略后制定的。它是中共驻共产国际代表团为参加共产国际七大所做的一项重要的准备工作。8月中旬，吴玉章受中共代表团委派，会见秘密到苏联的国民党高级将领方振武。吴玉章送给方振武一份《八一宣言》，慎重严肃地向方振武说：全国人民在亡国灭种迫在眉睫的关头，无论过去现在有任何政见和利害不同，都应该团结一致，共同抗日。一切愿意抗日救国的人都可以和工农民主政府、工农红军及其他抗日军队，共同组织全中国统一的国防政府和抗日联军。方振武赞同《八一宣言》中提出的抗日

---

① 中共四川省委党史工作委员会《吴玉章传》编写组. 吴玉章文集：下. 重庆：重庆出版社，1987：1120.

方针，随后到美国还宣传了《八一宣言》的全民抗日方针。

1935 年 10 月 1 日，《八一宣言》在法国巴黎出版的《救国报》第十期上发表。后又在莫斯科出版的《国际新闻通讯》第十五卷六十四号上发表。中共代表团利用各种渠道将《八一宣言》传回国内，东北抗日义勇军、和中共中央失去联系的京津沪等地党组织的同志，根据宣言精神开始了工作方针的转变。

12 月 17 日至 25 日，中共中央在陕北安定县（今陕西子长县）瓦窑堡田家院张闻天的住所，召开了政治局会议（即瓦窑堡会议）。会议传达了共产国际七大精神和《八一宣言》内容，研究了党在新形势下的路线方针策略，做出了《中央关于军事战略问题的决议》《中央关于目前政治形势与党的任务决议》。会议提出建立广泛的抗日民族统一战线策略，以战胜日本帝国主义及其走狗汉奸卖国贼。为此，党应采取各种适当的方法与方式，争取一切可以争取的抗日力量，并认为国防政府与抗日联军是抗日民族统一战线的最高组织形式。会议强调目前党内的主要危险是"左"倾关门主义，必须坚决加以纠正。

12 月 27 日，毛泽东根据政治局会议精神，在党的活动分子会上做《论反对日本帝国主义的策略》的报告，进一步阐明了抗日民族统一战线的理论和政策。

共产国际第七次代表大会闭幕不久，吴玉章被安排到法国巴黎去领导和主持《救国报》的工作。

# 八、领导《救国时报》

1935 年 10 月中旬，中共驻共产国际代表团派吴玉章去巴黎，负责当年 5 月创刊出版的《救国报》工作。为了能够顺利地发行到国内，报纸在巴黎出版，但编辑部却设在莫斯科。报纸的"发行人由法国共产党民族部介绍法国社会党一位朋友担任。发行工作人员全都是法共党员和共青团员，负责人为菲利浦同志。经费由一位德国共产党中央委员发给，他是受共产国际委托管理各国共产党在巴黎出版的报刊经费的。这些同志以无产阶级国际主义精神，勤勤恳恳帮助我们工作，令人难忘"[①]。吴玉章也经常在该报上发表文章。之所以派吴玉章前往巴黎，除了因为吴玉章具有卓越的组织领导才能外，还由于他对法国的情况比较熟悉，又精通法语，不需要另配翻译。行前，吴玉章会见了共产国际分管中国部的季米特洛夫，又和长征路上受中共中央派遣、取道上海赴苏联的陈云、陈潭秋、杨元华等相聚。欢聚中，吴玉章请曾在上海商务印书馆工作的陈云购买汉字铜模，计划在巴黎创办印刷所。这样可以避免从莫斯科寄版模的周折和损失，也可以直接扩大《救国报》的发行量。

10月下旬，吴玉章从莫斯科出发至列宁格勒（今圣彼得堡）乘船秘密赴法。行程虽经共产国际预先安排，沿途有人接应，但因系无护照入境，仍有很大的冒险性。船经比利时安特卫普港时，吴玉章被锁于船长室的立柜中才躲过了严查。11月初，吴玉章抵达巴黎，以假名岳平洋寄寓于法国革命者所办的家庭公寓中，因无合法居留证，基本处于秘密工作状态。

吴玉章这次被派到巴黎，算是旧地重游，他充满了把工作做好的信心。然而，出乎意料的是，到巴黎时《救国报》第十六期已经排好版面，但突然接到法国政府的通知，要求停止邮寄《救国报》（《救国报》主要邮寄给国内和海外华人）。实际上这是宣布停止该报的出版发行，因为国民党南京政府要求法国政府查封《救国报》。吴玉章抵达巴黎后，首要任务就是设法恢复《救国报》的出版发行。

停刊的命运，吴玉章是不能接受的。他凭借熟悉的环境和人脉关系，秘密联系上巴黎的法国共产党负责同志，询问可否通过起诉来争取复刊。法共的同志告诉吴玉章，这不是什么法律问题，而是政治问题。法共的同志又说：法国政府向来标榜言论、出版自由，如果把汉字和法文稍加修改，仍可继续出版。吴玉章立即向中共驻共产国际代表团请示，并建议将《救国报》改称为《救国时报》。在得到同意后，吴玉章就把莫斯科寄来的纸版改了报头名称。经过一个月的努力，《救国时报》在1935年12月9日继《救国报》重新出版了。《救国时报》在法共的帮助下，又以合法方式绕过政治暗礁，重新出版发行，初为周刊后改为五日刊。1936年3月，陈

① 中共四川省委党史工作委员会《吴玉章传》编写组. 怀念吴老. 重庆：重庆出版社，1986：71.

云帮助联系的铜字模运到巴黎，印刷所立即建立起来。这就彻底避免了由莫斯科航运出现的问题，印刷数量也可自由决定。在《救国时报》创刊时仅发行五千份的基础上，不到一年就增至两万余份，国内就有一万余份。不仅在北平、上海、广州、重庆等大城市，就是在西南的西康省（今四川雅安等地）、西北的新疆等边远地区和若干小县城也有它的读者，而且几乎每份报纸都有许多读者传阅。它在国外发行的范围遍及 43 个国家，拥有 9 600 余个订户，欧洲华侨中有它的读者，美洲华侨也很喜欢它，南洋一带和大洋洲、非洲、印度等地也都有它的读者。

《救国时报》紧紧围绕抗日救国这个主题，辟有社论、专题评论、祖国要闻、论坛、华侨生活、文艺园地、读者来信、民族出路、通讯等栏目。根据国际国内的斗争形势和发生的重大事件，几乎每期都发表一两篇社论或专题评论文章，深入浅出地宣传中国共产党的抗日立场、观点、策略和主张。《救国时报》"一出版即以宣传、解释、鼓动、组织抗日救国联合战线为己任"[1]，反复宣传"我们的主要敌人是日本强盗，我们中国人的唯一要图是全国团结坚决抗日"，敦促国民党方面停止"剿共"内战，号召全国人民"争取民主，实现全面抗战"。《救国时报》还充分论述了抗日救亡运动和第二次国共合作的关系，认为"人民是推动各党派停止内战，进行团结的主要动力"[2]。吴玉章除了在组织上、思想上领导《救国时报》的工作外，还和其他领导人一样，撰写了许多有重要意义的文章。

吴玉章在回忆《救国时报》时说：它"是我党在国外从事抗日宣传的机关报。它从 1935 年 12 月 9 日创刊到 1938 年 2 月 10 日终刊，历时二年余，共出版了 152 期。它的主要任务是宣传我党的抗日民族统一战线政策。从创刊号起，就明确地指出，在民族危机空前严重的条件下，中国的唯一出路，就是全民族一致对外，建立全民救国的联合战线。它发表了许多论文；刊载了许多中共中央的文件和毛泽东同志的著作；不断地报道国内抗日救亡运动的发展情况，特别是东北抗日联军的斗争情况；并经常揭露蒋介石进行反革命内战和向日本帝国主义妥协投降的阴谋活动。它为推动中国抗战，作了不少工作。此外，它还经常发表斯大林、季米特洛夫等

---

① 救国时报，1936-09-01.

② 救国时报，1936-07-08.

同志的论文、演讲词，不断报道苏联社会主义建设的成就，以及国际共产主义运动的发展情况。这些，对于当时正处在苦难中为建立抗日民族统一战线而斗争的中国人民说来，是很大的鼓舞"①。通过《救国时报》的宣传和工作，中国共产党的威信大大提高，影响不断扩大。中国共产党关于国共合作、建立抗日民族统一战线的主张，得到了包括爱国的国民党人在内的海内外各界人士的赞赏。

1936 年 2 月 11 日，一位新加坡的读者给《救国时报》来信说："这边——马来亚的华侨对于贵报的态度表示拥护，凡是读过贵报的人，都愤恨日本和一切卖国贼汉奸，而且争先恐后地要先读贵报。记得有一友人带《救国时报》一张往马六甲，该报由侨胞互相传递，直至破烂不堪，字迹模糊，还不肯放手。这个事实，正是说明贵报的态度正确。"② 1936 年 8 月 12 日，东北抗日联军第一路军总司令杨靖宇给《救国时报》来信说："贵报之内容精彩，议论正确，固不必说，而所标出宗旨为'不分党派，不问信仰，团结全民，抗日救国'正与敝军之宗旨相合。我们的口号也是不分党派，不问信仰，只要是抗日救国的，都一致联合起来。正因为如此，故贵报甚得敝军全体士兵的欢迎，我们应该更感谢贵报的，就是你们关于东北义勇军抗日的消息登载独多，使我们全体士兵看到，抗日杀贼的意志愈益坚决兴奋。"③ 甚至许多国民党人也纷纷投书报社，表示"十分赞成国共立即第二次合作。目前紧迫问题是联合救亡问题，而不是三民主义与共产主义孰优孰劣的问题"④。还有一位国民党员来信写道："个人得失荣辱所关者小，民族的兴亡隆败所关者大"，大家"绝对没有理由惧怕在抗日成功以后会为共产主义所击败"⑤。

《救国时报》的《民族出路》专栏，为各党各派、各界人士共有的抗日讲坛，不仅发表过宋庆龄、何香凝等著名的国民党左派领袖的言论，而且也刊登转载过冯玉祥、孙科、胡汉民、程潜、李宗仁、邹鲁、杨虎城、

---

① 中共四川省委党史工作委员会《吴玉章传》编写组. 吴玉章文集：下. 重庆：重庆出版社，1987：1127.

② 同①1128.

③ 同①1128—1129.

④ 救国时报，1936—09—10.

⑤ 救国时报，1936—05—15.

蔡廷锴、方振武等国民党高层领导和将领的抗日文章与演说词。《救国时报》的宣传，在国民党内引起了很大的反响。他们中的一些人说：既然中共转变了政策，"为什么我们不可以联共？"针对国民党制造摩擦的反共行为，质问道："为什么不把这种力量用去对外呢？"① 国民党高级将领陈铭枢也在该栏目上撰文指出联共抗日"有百利而无一害"②。

1936 年初，吴玉章曾派其子吴震寰看望当时在巴黎的国民党元老胡汉民，并送去亲笔信。胡发表了许多抗日言论，5 月胡汉民去世，《救国时报》发表社论和悼文。《救国时报》的态度分化了国民党阵营，充分表明了中国共产党抛弃旧日仇怨、坚持民族大义、坚持国共合作的磊落胸襟与正确立场。曾经协助吴玉章主持报社工作的吴克坚在回忆中说："《救国时报》是我党在国外从事抗日宣传的机关报。它对宣传党的抗日民族统一战线，动员广大华侨和国内同胞投入抗日救亡的伟大斗争，都起了较大的作用。这是与吴玉章同志的努力工作分不开的。"③ 在中国共产党为实现第二次国共合作、建立抗日民族统一战线的斗争中，有《救国时报》所从事的宣传、组织工作的一份功劳。吴玉章及其领导下的《救国时报》卓有成效的工作，也成为中国共产党为建立抗日民族统一战线而进行的斗争的不可分割的组成部分。

吴玉章在领导《救国时报》时，为加强与欧洲各国中共党员之间的联系，为协调力量促使抗日民族统一战线的形成和扩大，做了大量的工作。1936 年 1 月，他在巴黎秘密召集旅欧中共党员会议，并在会上做了题为《关于抗日民族统一战线——党的新政策》的报告。在吴玉章主持下，与会党员讨论了组织各国华侨抗日救国联合会的问题，并制定了筹备计划。大家听了吴玉章的报告并讨论了今后的工作，"觉得有了党的新政策可以遵循，都非常高兴地返回了各自的工作岗位，生气勃勃地展开了工作"④。3 月，世界学生联合会为援助中国学生的抗日救国运动在伦敦召开大会，

---

① 救国时报，1936-05-15.
② 救国时报，1936-07-03.
③ 中共四川省委党史工作委员会《吴玉章传》编写组. 怀念吴老. 重庆：重庆出版社，1986：71-72.
④ 中共四川省委党史工作委员会《吴玉章传》编写组. 吴玉章文集：下. 重庆：重庆出版社，1987：1130.

吴玉章写信给有关同志，指出："我们一方面要顾到统一战线，一方面要保持我党的独立性、斗争性，断不能因为统一战线而把自己的手足束缚起来"①。吴玉章的这些观点，与后来党中央和毛泽东坚持党在抗日民族统一战线中的独立自主政策是一致的。

吴玉章到法国主持领导《救国时报》的工作，没有办到正式居留证，属"非法"居住。他只能每日设法去报馆一次，更多是在咖啡馆中约会同志。法、德政府逐步在国内加强了对华侨的监视与压制，吴玉章时有被通缉与逮捕的危险。他也感到在巴黎的处境日益困难、危险。为安全起见，中共驻共产国际代表团在 1936 年 7 月调吴玉章回到莫斯科。回到莫斯科后，吴玉章继续执教于莫斯科东方大学第八分校，主要讲授中国史。

这时国内澎湃的群众抗日运动在各地汹涌地发展。在中国各阶层爱国人士的推动下，1936 年 12 月 12 日，以张学良为首的国民党东北军和以杨虎城为首的国民党第十七路军为了停止内战、顺应民心、一致抗日，在多次劝说蒋介石无效反而遭到斥责后，被迫扣留了前来部署"剿共"的蒋介石，发动了震惊中外的西安事变。中共中央正确地分析了当时错综复杂的政治形势，经过反复研究，确定了和平解决的方针，并派周恩来、秦邦宪、叶剑英等前往西安参加谈判。蒋介石于 24 日被迫接受联共抗日的条件。西安事变的和平解决，对国共两党再次合作团结抗日，起了重大的推动作用，成为由内战走向抗日民族战争的转折点。吴玉章得知西安事变和平解决后，非常高兴，对此高度赞扬，认为这是中国共产党在拯救中华民族中做出的重大贡献。

# 九、在欧洲的抗日宣传活动

1937 年 7 月 7 日，日本帝国主义者在北平西南的卢沟桥附近，以"军事演习"为名，突然向当地中国驻军发动进攻，中国驻军第二十九军一部奋起抵抗。以此事变为起点，日本发动了全面侵华战争。

---

① 中共四川省委党史工作委员会《吴玉章传》编写组. 吴玉章文集：下. 重庆：重庆出版社，1987：1131.

8 月 13 日，日本军队又进攻上海，接着向华中进攻，各地驻军奋起抗击，日寇所到之处，奸淫、烧杀，残酷至极。日寇极其野蛮的政策，促使全国各阶层投入抗日浪潮中。全国抗日救亡运动重新大规模地开展起来，形成了抗日救亡的新高潮。

7 月 15 日，中共中央将《中共中央为公布国共合作宣言》递交国民党。8 月 22 日，国民政府军事委员会宣布将红军改编为国民革命军第八路军。9 月下旬，国民党才正式公布中国共产党关于国共合作的宣言。蒋介石也被迫承认中国共产党的合法地位。于是，由中国共产党倡导的抗日民族统一战线正式宣告形成。

中国的全面抗战爆发，吴玉章认为，世界各国"反战反法西斯的团体及爱好和平的人民，莫不拥护中国的抗战。而中国人民也深知要抵抗日寇法西斯军阀强盗，非有国际上大大的帮助不可"[1]。为争取国际社会对中国人民抗日战争的同情和支持，为争取广大华侨对祖国抗战的支持和援助，以及为争取人们对中国共产党抗日民族统一战线政策的理解，中共驻共产国际代表团决定派一些同志到欧美各国去做宣传工作。最初拟派王稼祥，后因王另有任务，就决定派吴玉章到欧洲各国进行抗日反法西斯的国际宣传。9 月 9 日，林伯渠、董必武、徐特立等在延安发起筹办陕北公学，吴玉章被列名为筹办发起人之一。

到欧洲公开宣传抗日，最好是有被政府认可的身份。当时，蒋介石派出带队赴苏联考察实业的张冲到了莫斯科。张是促成国共第二次合作的国民党方面的主要谈判人之一，中共代表团安排吴玉章会见张冲。吴玉章和张冲是"老熟人"了，见面后，吴玉章把计划到欧洲去宣传和争取国际社会支持中国抗战的事和张做了交流。张赞成吴玉章的安排，直接给蒋介石打电报请示，蒋同意了。张冲就在中国驻苏联大使馆给吴玉章办了出国护照，又向驻欧使馆人员吴南如等人写了介绍信。信中称：吴玉章先生赴西欧宣传抗战，事关国家，当蒙赞同。特介绍乞予协助。有了护照就是中国政府派出的外交人员，公开的活动就有了保证。

11 月 6 日，吴玉章偕子吴震寰离开莫斯科，共产国际派法国同志、国

---

会议员康尼俄同行协助。12 日，吴玉章抵达巴黎即与在法工作的共产党员饶漱石、吴克坚等会晤。21 日，吴玉章和李石曾一道出席了中国人民之友社召开的声援中国抗日演讲会并做演讲。中国人民之友社由法国五十二个团体组成，由法国众议院议长赫里欧任主任，委员中有许多人是吴玉章早年留法时的朋友。11 月下旬，吴玉章出席布鲁塞尔九国公约签字国国际会议。在会议期间，吴玉章拜会了中国代表团的顾维钧（时任驻法国大使）、郭泰祺（时任驻英国大使）、钱泰（时任驻比利时大使）、胡世泽（时任驻瑞士大使）等人，支持他们在外交战线上为维护国家主权做斗争。针对国民党高层内有部分人提出的对日议和的谬论，吴玉章要求他们联合各驻外使节，致电蒋介石反对议和。吴玉章还和顾维钧商谈了统一国际宣传工作问题，这一工作得到中国驻欧洲各国使领馆的赞同。吴玉章还鼓动李石曾致电蒋介石，反映海外侨胞的民心，要求抗战到底。吴玉章又约见到巴黎的陈公博，力斥其暗谋和议的绝对错误。陈公博曾由意大利去布鲁塞尔活动议和。吴玉章认为陈的做法是违背人民意志的危险行动。

12 月 11 日，法国反战反法西斯委员会会长郎之万特地为吴玉章召集了一次新闻记者招待会，吴玉章在会上做《中国能战胜日本》的讲演。他分析了七七事变后形势的变化，认为中国进入了长期抗战的新阶段。讲演分三个部分，第一部分是日本法西斯军阀侵略中国的目的与手段，第二部分是中国抗战的意义与前途，第三部分是最后的胜利属于中国。吴玉章在讲演中预言：日本帝国主义侵略中国的目的，"是在占领东三省和热河以后，更进一步地实现田中奏折所早已拟定的完全灭亡中国，准备占领印度、安南（即越南）、菲律宾群岛、澳洲，以及准备进行反对苏联、美国和英国'大战'以便夺取大日本帝国在全世界的统治计划"。吴玉章历数了中国战胜日本的种种有利条件，认为中国虽穷，但地大人多，能够支持长期抗战，日本没有这个条件，无力支持长期侵略战争。吴玉章在深入分析中国和日本的主客观条件后，信心满满地"指出了中国抗战的前途是中国必胜日本必败"[①]。在讲演会上，有五十余名记者对吴玉章的观点表示赞同，愿意支持中国抗战。但是，有几名国民党的记者却故意对吴玉章提出

---

① 中共四川省委党史工作委员会《吴玉章传》编写组. 吴玉章文集：下. 重庆：重庆出版社，1987：1136.

许多怪问题，说上海、南京都已失守，中国没有海军，武器不够，等等，怎么办？吴玉章立即回击说：战争主要不是靠武器而是靠人民。吴玉章《中国能战胜日本》的讲演，入情入理地论证了中国能战胜日本的各方面条件，得到与会大多数记者的认可。一些刊物报道了讲演的主要内容后，很多人都希望看到完整的文稿。讲演稿后来印成英、法文小册子发行，又在英国伦敦国际反侵略大会上广为散发，产生了很大的影响。

21 日，吴玉章应邀出席世界反战反法西斯委员会举办的记者招待会，在会上做了《中国民族自卫战争之前途》的讲演。针对国内外关于中国反抗日本法西斯军阀的民族自卫战争能否胜利的疑问，吴玉章明确回答胜利是必然的。他从五个方面深刻分析了胜利的必然性，指出：（1）"因全国统一而促成抗战，因抗战而完成全国统一"，这是"保证我们抗战得到胜利的第一个大因素"。（2）"抗战到底、英勇坚决为国牺牲之精神是中国这一抗战中之特色"。中国将士知道这次战争是为中国民族生存而战，为国家之独立自由而战，为正义人道而战，是民族自卫的神圣的战争，为这一战争而牺牲是人类最光荣的。"这是中国士兵在战斗力和精神上都比日本占优胜的地位"。（3）"中国的人力物力可以供长期战争之应用"。只要中国坚持抗战到底，中国必获最后之胜利。（4）"在战略上中国占有种种之优势"。（5）"就国际环境看来，也是十分于我有利而对日本不利的"。吴玉章进而指出："以全国统一精诚团结抗战到底之精神，竭尽其能力为国家民族之生存而战，为正义人道而战，为世界和平而战，我们相信必能战胜内受人民反对，外受列强敌视之日本好战法西斯军阀"①。吴玉章在讲演结束时说：抗日战争的最后胜利是属于中国的。吴玉章在这次会上的讲演稿及本人照片还在《救国时报》上刊出。

1938 年 1 月 11 日，中国共产党在国民党统治区办的《新华日报》在汉口创刊。王明、吴玉章、博古（秦邦宪）、董必武、凯丰、邓颖超组成董事会。23 日，国际反侵略运动大会中国分会在汉口成立。吴玉章和宋庆龄、蔡元培、陶行知等十九人，被选为出席 2 月 12 日在英国伦敦召开的国际反侵略大会代表。1 月，吴玉章先后在法国会晤了访问苏联后转至法国的李石曾、孙科。在会晤中吴玉章指出：由于日寇侵略，太平洋国际关

---

① 吴玉章. 吴玉章抗战言论选集. 汉口：中国出版社，1938：27.

系和中国内部阶级关系发生变化，中日民族矛盾已经上升为主要矛盾；中国的抗战必胜。

2月10日，吴玉章离开巴黎赴伦敦出席国际反侵略大会。儿子吴震寰和饶漱石等同行。11日，吴玉章应邀出席中国驻英大使馆的茶会，和驻外使节及工商学各界代表共商抗战大计。

12日，国际反侵略大会在伦敦皇家歌剧院举行。出席大会的有二十一个国家、二十五个国际性团体的代表共八百余人，出席开幕式的各界代表及群众共四千余人。吴玉章被推选为国际反侵略大会总会理事。

在大会上，吴玉章做了《中国抗日战争的新阶段》的讲演，论述了抗战以来中国在军事、政治、社会、经济各方面和国际上许多有利于中国抗战的新变化。吴玉章指出："中国抗日的战争，成了保卫世界和平、拥护正义人道的神圣战争"，"只要我们能够坚固抗日民族统一战线，与日寇坚决抗战到底，最后胜利一定是我们的"①。会议期间，吴玉章还出席了法国中国人民之友社和英国援华运动总会倡议举行的世界援华大会。会议有五十二个团体及五国代表参加，会期三天。从19日起，吴玉章又参加了国际反侵略大会在伦敦举行的"中国周"活动。会议期间，吴玉章除了参加大会安排的日程外，还抽出时间遍访欧美对华友好人士，竭力争取他们对中国抗战的同情与支持。

吴玉章受中国共产党的委派，按照党的指示和要求，在欧洲利用一切机会广交朋友，积极从事国际宣传活动。正如《新华日报》记者所评论的，"抗战以来，吴先生在欧洲各国努力作国际宣传"，"他始终坚定地站在革命的立场，不屈不挠地继续为中国的自由解放而斗争"②。吴玉章在国际讲坛上，在他的著作和文章中，反复强调国际宣传的重要性。他指出：国际宣传要特别注重，"敌人在国际间的宣传很厉害，印了大量的各种文字的刊物、画报、小册子到处散发。我们当扩大我们的国际宣传，对敌人在国际间的各种反宣传给以迎头痛击，使国际人士不致为敌人的烟幕所迷惑"③。

---

① 中共四川省委党史研究室. 吴玉章年谱. 成都：四川人民出版社，1998：215.
② 吴玉章. 吴玉章抗战言论选集. 汉口：中国出版社，1938：34.
③ 同②36.

　　国际反侵略大会结束后，吴玉章和陶行知、饶漱石、吴震寰一起去海德公园瞻拜了马克思墓。3 月上旬，吴玉章返回巴黎，立即开展建立健全世界反战反法西斯委员会中国分会驻欧办事处的工作。3 月 20 日，吴玉章启程回国，吴震寰同行，同船回国的还有陈友仁和他的夫人张荔英。

　　吴玉章在欧洲四个多月，马不停蹄地奔走和密集地参加重要集会、会议并与一些重要人物联系、谈话。他白天活动，晚上加班加点写讲演稿，把全部的精力都投入到抗日工作中去。特别是在理论宣传上，吴玉章准确地把握了中共中央、毛泽东持久抗战和抗战必胜的思想。因此，吴玉章在欧洲各国的讲演稿，成为提升人民抗日精神、广受人们喜欢的抗日材料。1938 年 6 月，中国出版社在武汉正式出版发行了《吴玉章抗战言论选集》。

# 十、致力华侨工作

　　吴玉章在长期的革命历程中，曾有十几年的时间在国外。不管自己在国外的生存条件多么艰难，吴玉章都十分关心中国同胞在国外的生存环境和质量，用一己之力为旅居国外的同胞做好事。新中国成立后，颁布了认定华侨的政策规定：解放以前凡是符合到国外留学、从事研究一年以上或到国外勤工俭学、半工半读一年以上回国条件之一者可以是归国华侨[①]。由此可见，吴玉章也属华侨之列。

　　1905 年，吴玉章在日本留学的第三年就参加了反对美国虐待、排斥华工的运动。参加同盟会后，吴玉章和许多华侨出身的革命家一起活动，这使他对华侨的革命性有了正确的认识。他在回忆中说："由于华侨资产阶级在国外受着帝国主义的压迫，与国内封建主义又较少联系，因此它是中国资产阶级中革命性较强的一个阶层，孙中山先生主要地正是代表着它的政治倾向"[②]。新中国成立后，有些同志由于受"左"的影响，对华侨参加

　　① 李文海，卢铁城，隗瀛涛. 爱国重教务实求真：纪念吴玉章同志诞辰一百二十周年. 成都：四川大学出版社，1998：240.

　　② 中共四川省委党史工作委员会《吴玉章传》编写组. 吴玉章文集：下. 重庆：重庆出版社，1987：983.

辛亥革命不能正确评价，吴玉章1960年在《论辛亥革命》一文中，实事求是地评述了华侨的贡献。他写道："华侨资产阶级有很多人是从小商人出身，甚至有的是从工人出身的，同国内封建统治阶级联系比较少。同时因为他们接触了西方资本主义文化，又受到外国人的歧视，深恨清朝政府的腐败无能，容易产生革命情绪。"他又说："孙中山先生的活动就是从华侨里面开始的"，"他所建立的兴中会，华侨占会员总数百分之七十八，其中有百分之四十八是华侨资产阶级。他后来在沿海各地从事武装起义，也都是靠华侨在经济上给以支持的"①。吴玉章对华侨贡献的述评，成了研究辛亥革命史和华侨史的海内外学者的主要依据。

反对袁世凯称帝的"二次革命"失败后，吴玉章流亡法国。这时正是第一次世界大战期间，法国人力严重不足，需要大批华工。袁世凯卖国政府和法国订立了一个关于招募华工的条约，内容对中国工人非常不利，根本不顾中国工人的利益。第一次世界大战期间，北洋军阀政府先后派遣了14万华工到法国。其中有一部分牺牲在法国，一部分在工厂做工，与法国工人同工不同酬，过着奴隶般的生活。吴玉章看到中国同胞被虐待，愤愤不平，决定展开争取华工基本权利的斗争。他和蔡元培等组织了华法教育会，集合大家的力量来争取华工的正当权利，安排华法教育会的成员到法国大批华工集中的地方进行宣传教育，让华工觉醒起来，配合争取工作。吴玉章、蔡元培、李石曾等开始在法国议员中进行工作，又向法国劳工部正式递交报告，他们还直接向劳工部反映华工的诉求。在吴玉章等的努力下，法国政府同意对华工条约部分条款进行修改。修改后的条约虽然还有不少对中国工人不利的地方，但最关键、最核心的权利还是争取到了。条约规定中国工人和法国工人同工同酬，这总算为中国工人争回了一些权利。在袁世凯倒台后，对吴玉章的所谓通缉自然失效。吴玉章高兴地带着和法国政府修订后的条约草案回国，按正常渠道将华工新约送到外交部。这时的外交总长是伍廷芳，次长为高尔谦，经私交和他们很好的蔡元培、李石曾给伍和高做工作，伍和高同意尽快批准华工条约。吴玉章足足等了四个月都没有回音。这期间，吴玉章一面等批准条约，一面筹办留法勤工

① 中共四川省委党史工作委员会《吴玉章传》编写组. 吴玉章文集：下. 重庆：重庆出版社，1987：938.

俭学的学校。吴玉章后来回忆说："我催促外交部多次，并由蔡、李等几次向伍、高提出，伍等也严命立刻批准，而事情总是搁置不动。有一日天下大雨时，有一个素不相识的人来访我，他问我：'听说你请求外交部批准一条约，近来如何？'我说：'还未批准。'同时，我详细说了条约内容的好处。他问我：'你没有在北京住过吗？'我说：'这次稍久住。'他说：'你真是外国留学生、迂夫子，中国官场的事情连一点也不懂得。我告诉你，中国官场非钱不行，如果有钱，再坏的条约也可批准，如果没有钱，无论你如何有利于国、有利于民也不能批准，你这件事至少也要赚几百万，你就拿一二百万来花也不算什么。'我说：'我们正为反对以招工来赚钱的罪恶行为，才辛辛苦苦和法国人订这条约。我们是为正义、人道来做事，我们绝不赚工人的钱。我们没有钱，不但不愿拿钱去运动，即使人家拿钱来运动我也不行。'他说：'你真是可怜，天下都像你这样，还有饭吃吗？北京的衙门，就靠这些来吃饭、来撑架子。你没有钱，难道你同来的法国人也没有钱吗？我劝你还是随乡入乡，不要太古板罢。'两人说得大闹起来，他临行说：'看你用什么方法可以成功罢?！'我听了这一席话后，痛心地说：'北京官场就黑暗到这步田地，我倒要同这恶势力斗一斗。'我就同蔡、李再向伍、高说，他们立刻下了条子，然而也是无效。随后才知道，向我游说的人，就是部里的官僚们派来的。遇到我这硬骨汉，他们也无办法，只有拖。"[①] 如果不是一笔大买卖，他们可能就不会亲自派人来提醒吴玉章了。吴玉章深深感到："在军阀官僚统治下，什么好事也办不成，不铲除军阀统治和官僚制度，中国绝无得救的希望。这是对我一次严重教训，我立志要和恶势力斗一斗。当时我没有任何其他办法，还幻想通过个人关系去说服外交部长伍廷芳。""他身为外交部长，是会有批准条约的权力的。哪里知道，官僚机构，重重叠叠，互相牵制，伍廷芳虽然答应批准条约，可是外交部内上上下下的官僚们都想捞一点油水，仍然拖延不动"，叫你永远得不到结果。从中可以看到，袁世凯死后的北京政府和从前一样，依然是不折不扣的卖国的政府。这样的政府是不理会华工悲惨处境的。不久，张勋复辟，形成南北分治局面，华工条约也无结果了。吴玉章

---

① 中共四川省委党史工作委员会《吴玉章传》编写组. 吴玉章文集：下. 重庆：重庆出版社，1987：1280-1281.

的愤怒是可想而知的，同时他也亲尝了官厅的苦味。

国共合作的大革命失败后，吴玉章到了苏联。"九一八"事变后，中国的抗日战争爆发。吴玉章在华侨工人中掀起了反日大运动，动员华侨工人参加东北抗日义勇军，并接济义勇军，援助义勇军。吴玉章在回顾此一事件时说：当日本帝国主义侵占我国东北三省后，在苏联的中国人无不义愤填膺。吴玉章工作过的远东工人列宁主义学校曾举行了抗议集会和示威，组织学生分赴各地宣传。当"一·二八"事变发生后，吴玉章又在远东工人中组织反日大运动，动员派遣杨松、杨志民等许多同志回国参加东北抗日义勇军，并进行募捐，接济慰劳东北抗日义勇军。当东北抗日义勇军王德林部在东北无法坚持需要进行休整时，吴玉章又为他们联系安排退入苏联境内。东北抗日义勇军（后改编为东北抗日联军）在中国共产党的领导和影响下，后来发展到相当规模，有力地牵制了侵华日军，对于整个中国抗战起了很大的作用。

吴玉章在海参崴工作期间，除参加学校党的生活和社会工作外，还经常参加校外的社会活动。他深入到中国工人之中，参加工人的集会和文娱活动，利用各种机会向中国工人宣传中国革命。

吴玉章在法国办的《救国时报》，两万份的发行量中，有一万份发行到中国之外的四十三个国家，其中大部分是由华侨订阅的。《救国时报》遇到经济困难时，得到了广大华侨的强力支持。《救国时报》也责无旁贷地反映华侨的生活，倡议召开华侨救亡大会。1936年初，吴玉章在巴黎组织召开了旅欧中共党员会议，商讨在各国华侨中进行救国宣传工作。在吴玉章和《救国时报》的鼓动下，纽约、旧金山和南洋各地侨胞纷纷成立各界救国会。在吴玉章的倡议下，旅欧华侨爱国人士联络筹备，于"九一八"事变五周年之际在巴黎召开了"全欧华侨抗日救国大会"。大会通过致全国父老兄弟姐妹宣言，主张停止一切内战，团结抗日，保卫祖国主权和领土；主张不分党派，一致合作抗日。大会同时致电蒋介石，要求武装全国同胞抗战，保国保种。广大侨胞发誓愿为抗日救国而流血牺牲。接着，不少华侨青年纷纷回国参加抗日斗争，华侨们捐赠财物支持祖国抗战。在抗日救国旗帜下，海外侨胞团结起来，共赴国难。

吴玉章对广大华侨毁家纾难，捐赠款物，深为感动。他称赞说：广大华侨"以他们劳苦所得的血汗钱，为祖国的抗战而一滴一滴地积累起来"，

"闻已有二千万以上寄回祖国，而今后每月还要寄回一百五十万"。广大侨胞"对于祖国抗日战争都是一致热烈来援助的"①。

1937年底，吴玉章应全欧华侨抗日救国联合会的邀请，往比央古和巴黎等地出席新年演讲会，对侨胞进行抗战总动员。1938年1月2日，吴玉章在比央古全欧华侨抗日救国联合会举行的新年演讲大会上以题为《侨胞救国之指南》发表演讲，介绍和论述中国的抗战形势。9日，吴玉章又冒着严寒赶赴巴黎，在全欧华侨抗日救国联合会举行的第二次新年演讲大会上发表演讲。他愤怒声讨日本帝国主义在中国犯下的罪行，热情歌颂中国各阶层投入抗日运动的壮举，使大会参加者的抗日激情被调动起来。会议一致通过了几项抗日决议：慰问祖国前方抗敌将士和殉国将士家属；请求国民政府立即对日绝交；肃清汉奸，没收日本及汉奸在华一切财产；武装民众；扩大国际宣传；改善民生；建立国防工业；号召全欧华侨抵制日货，踊跃认购救国公债等。

3月中旬，吴玉章完成了在西欧的国际宣传活动后，从法国启程回国。途中，因为《救国时报》在华侨中有很大影响，当地华侨知道主持《救国时报》的领导人吴玉章到来后，很多华侨和华侨团体都派出代表到吴玉章住处，诚邀他宣讲抗战形势。吴玉章利用这一机会，在新加坡、西贡（今越南胡志明市）等地广泛宣传国内抗战和抗日民族统一战线，宣传他知道的国际反法西斯统一战线的强大力量，指出抗战必胜是历史的必然。演讲会后，侨商胡文虎和西贡妇女救灾会等向中国捐献了钱款、救护车和药品等。

由于沿途的耽搁，吴玉章直到4月21日才抵达香港，在香港会晤了廖承志、彭泽民等。24日，吴玉章乘欧亚航空公司客机从香港飞抵武汉，时任中共中央长江局书记王明和吴克坚等到机场迎接。

从此，吴玉章结束了长期漂泊国外从事革命工作的生活，全力投入到国内争取民族解放的伟大革命运动中。

---

① 吴玉章. 吴玉章抗战言论选集. 汉口：中国出版社，1938：41.

# 第七章　抗日战争中的贡献

## 一、宣传党的抗战路线

1938 年 4 月，整个神州大地已经有大半陷入日寇之手。面对战火纷飞的祖国，吴玉章毅然带着儿子吴震寰于 4 月 24 日回到祖国，上午十一点半抵达武汉，受到中共中央长江局和八路军办事处的热情欢迎和接待。在机场，吴玉章接受《新华日报》记者采访时说："我在国外多年，这次回到在对日抗战中的祖国来，心中觉得无限的愉快。我虽远在海外，但从国外的报纸和各方面的消息知道国内的各党派抗日救国团结，已日趋巩固与扩大，全国人民对抗战有了更坚强的信心"。当记者问吴玉章各国对中国抗战的态度时，吴玉章回答说："我们在这次抗战中绝不是孤立的，我们有着伟大的国际同情，这种同情正是我们获得最后胜利的一个重要因素。关于这方面，我在国外，见闻较多，不禁常常为这种深厚的同情所感动。"吴玉章还一一列举国际社会和各国人民支持中国人民抗战的生动事例，强调了今后加强国际宣传的重要性。吴玉章最后动情地表态说："至于我个人，愿意以我全部的力量贡献给全国同胞，为民族的解放为国家独立的战争，而奋斗到最后一滴血。"① 4 月 25 日，《新华日报》以题为《努力国际宣传之革命前辈吴玉章由港飞汉》报道了吴玉章回国情况，发表了他与《新华日报》记者的谈话。

吴玉章回国时，国民党对抗战是比较努力的，在政治上也有了一些开明的表现，同共产党的关系有所改善，对群众的抗日运动有所开放。全国出现了一些令人鼓舞的气象。中共党组织确定回国的吴玉章参加党的统一战线工作。

在武汉，一些新知旧友、各党各派人士争相约请吴玉章，"莫不欲探知世界大势及国际间对我抗战的态度"②。甚至像国民党大特务康泽和贺衷寒这样的反共顽固派，也以留苏同学会的名义邀请吴玉章。在国民党政府内具有很高地位的川籍人张群，两次邀请吴玉章做私下深谈。吴玉章知道张群是蒋介石最为亲信的智囊，说动了他就会对蒋介石的决策或多或少产生影响，于是就以同盟会旧友的身份与他交谈。在交谈中，吴玉章坦率地批驳了只依赖外援和害怕抗战失败的悲观论调。吴玉章指出："国际反法西斯是一致的，法西斯必败是一定的；中国抗战固然要国际援助，但最主要的还是要靠自己，以中国的人力物力，只要能坚持团结，坚持抗战，发扬民主，顾及民生，一德一心，不屈不挠，最后的胜利一定是我们的。"③吴玉章还诚恳地向张群表明，中国共产党为拯救民族危亡，为抗日胜利和实现孙中山的三大政策，愿与国民党精诚团结，共御外侮。

5 月 1 日，吴玉章在《新华日报》发表《中国抗日战争与国际工人阶级》一文，明确指出：在抗日救国的民族大战争中，工人阶级一定会显出他勇往直前、百折不挠、艰苦奋斗的伟大力量，他们是抗日建国的中心力量。5 月 8 日，吴玉章和董必武代表八路军驻武汉办事处，出席为保证台儿庄战役的胜利痛歼日军、坚守滕县（今山东滕州）而壮烈牺牲的川军师长王铭章的公祭大会，送上的挽联是："奋战守孤城视死如归，是革命英雄本色；决心歼强敌以身殉国，为中华民族增光。"公祭大会结束后，吴玉章和董必武又驱车到协和医院慰问和王铭章同守滕县身负重伤的川军师

---

① 吴玉章. 吴玉章抗战言论选集. 汉口：中国出版社，1938：35，37.

② 中共四川省委党史工作委员会《吴玉章传》编写组. 吴玉章文集：下. 重庆：重庆出版社，1987：1324.

③ 同②1325.

长陈离。22 日，吴玉章、周恩来、王明、罗炳辉代表中共中央和八路军办事处去航空委员会政治部慰问 19 日驾机飞往日本长崎、佐世保一带散发传单的空军一队，献上两面锦旗："德威并用，智勇双全""气吞三岛，威震九州"。

27 日，吴玉章以《新华日报》董事的身份，在汉口举办战地记者欢迎会，邀请中央社、《大公报》、《扫荡报》、《武汉日报》的负责人出席。在会上，吴玉章重点介绍了国际反法西斯战线的情况，以及国际上爱好和平的国家和团体对中国抗战的大力支持，同时谈到国际反法西斯侵略组织对中国抗战寄予的厚望。

6 月 3 日，国民党中央监察委员会在第十四次常委会议上通过恢复陈其瑷等二十六人国民党党籍一案，二十六人中有中共党员周恩来、林伯渠、吴玉章、毛泽东、董必武、邓颖超、叶剑英七人。中共七人联名发出《紧急声明》，对所谓"恢复党籍"一事"不能承认"。4 日，吴玉章由汉口飞重庆，行前周恩来叮嘱他：如重庆报纸已披露国民党中监委恢复二十六人党籍消息，则中共七人之《紧急声明》也要在各报发表。到达重庆后，吴玉章立即邀请重庆几家主要报馆的负责人参加座谈会，提出了中国共产党不能接受国民党中监委恢复中共七人国民党党籍的三点理由："第一，两党合作关系是否恢复民国十三年（即 1924 年）之办法并未商定；第二，事前未通知与征求我党中央及我们的意见；第三，这恢复党籍名单中，有张国焘、陈独秀等为我党开除了的人，和我们同类相待，未免滑稽，更不能忍受。"① 然后吴玉章在会上散发七人的《紧急声明》，请各报及时刊出。吴玉章不留情面地揭穿了国民党反动派玩弄的溶共、反共的阴谋。为稳妥起见，当晚吴玉章又安排八路军驻重庆联络处周怡将《紧急声明》分送各报馆，作为广告发出。

6 月 5 日早晨，老同盟会会员吕超到吴玉章住所会晤。随后二人同访国民政府主席林森，吴玉章请林抓紧安排在国外宣传中国抗战的工作。下午，国民政府司法院副院长、国民党中央监察委员张继来会晤吴玉章。张和吴玉章也算是老相识了，张说：已请重庆各报对中共七人声明缓登。张

① 中共四川省委党史工作委员会《吴玉章传》编写组. 吴玉章文集：下. 重庆：重庆出版社，1987：1326.

承认此事系国民党方面错误，好在中监委决议尚需中央委员会批准，此事还能补救。磋商后，双方决定致电武汉商量。后来国民党中央委员会间接声明取消此案，了结了此事。6 日，吴玉章会见四川共产党人漆鲁鱼、廖志高等，晚上出席荣县同乡宴会，席间忆及辛亥革命事，宾主皆极为兴奋。

吴玉章在重庆住了一个星期，日程排得满满的，每天都忙于会客及在各种欢迎会上发表讲演。吴玉章说："我都利用了这些公共场所、会议讲台，广泛地宣传抗日民族统一战线的前途及世界反法西斯的力量，抗战必得胜利；同时也宣传苏联社会主义建设的胜利及其帮助中国的真诚；并时时论到社会发展的前途及中国革命由三民主义可进到共产主义，中山三大政策是合乎中国现阶段的政策等等。我本着国际（指共产国际。——引者）及我党的新政策讲话，并带有一些书籍及我的新印的《抗战言论选集》送人。"① 在重庆时，吴玉章还会见了在大革命时期与之针锋相对斗争的国民党老右派谢持、邹鲁等人，向他们宣传讲解抗日民族统一战线，宣传中国共产党的态度、立场、方针等等。

6 月 12 日午后，吴玉章乘飞机飞往成都，下榻于西御街十四号。几乎每天早晨未起即宾客满座，夜深还有人来会谈，每日三餐均有地方设宴欢迎，留日、留法、留苏、成都高师、中法各校校友会，以及学生会、救国会、妇女慰劳会、青年会，真有日不暇给之势。四川地方实力人物"邓锡侯、潘文华、刘文辉、王缵绪等也特别招待"。吴玉章说，学生、朋友、多年不见的留日老同学"都特设宴欢迎，愿听我一谈国内外的形势，这真是我一个好的宣传机会。报馆、电台的人也要我谈话、广播"。在重庆和成都时，一些老朋友还约吴玉章私下详谈，欲了解中国共产党的方针、政策、立场、观点等。吴玉章也很坦然地告诉他们："我们共产党看清了世界发展的前途，作事是光明磊落的，并无奸滑阴险的诡计……，只有以马列主义正确的理论与政策才能救中国。"② 18 日晚上，吴玉章在成都广播电台做了《抗战建国的几个必要条件》的广播讲话。在成都忙碌了八九天

---

① 中共四川省委党史工作委员会《吴玉章传》编写组. 吴玉章文集：下. 重庆：重庆出版社，1987：1327.

② 同①1327-1328.

后，吴玉章便启程回荣县老家。

# 二、回乡不忘动员抗日

1938 年 6 月 20 日，吴玉章回到阔别十多年的家乡——荣县。第二天吴玉章回到老家蔡家堰，故乡的亲朋好友都拥到双石桥欢迎他。在欢迎会上，吴玉章讲述了日本帝国主义的侵华历史，讲述甲午海战和《马关条约》，讲述"九一八"事变和东北抗日联军的斗争，又讲到卢沟桥事变和日寇在中国土地上的烧杀掳掠。讲得激昂时，他不由得义愤填膺，热血沸腾。吴玉章还向乡亲们详细讲述了西安事变后国内形势的变化和中国共产党的抗日民族统一战线政策。他同时又批评了国民党地方政府存在的问题，说真正的抗日就必须发动群众，依靠群众，绝不能强拉壮丁；但从百姓来说，明白了抗日大义，就应该有钱出钱，有力出力，团结抗日，共赴国难。他还生动地介绍了西班牙马德里保卫战，说那是一场反法西斯的爱国战争，中国的抗日战争也是反法西斯的爱国战争。他说西班牙内战时各国青年英勇参战，把当国际志愿兵当作光荣、高贵的事业，我们中国青年更应该志愿上前线，保卫自己的国土和家园。

6 月 22 日，吴玉章在家中款待乡亲，又在院坝做即席讲演，给亲友们说："我这次回来，没有给大家带回什么东西，只带回了勇气，抗战的勇气，到前线的勇气，到敌后的勇气。在辛亥革命及北伐战争中，我们荣县人贡献很大。在今天保家卫国的抗日战争中，我相信我们荣县人，特别是青年人，会同样做出很大的贡献。"快到中午时分，县长来家拜访，并说代表城内许多人联名请求吴玉章进城介绍抗日大势。吴玉章欣然答应了县长的要求，同时向县长反映百姓对役政弊端的抱怨，建议扩大兵役宣传，做好优待抗属工作。县长听了吴玉章的话后，表示赞同，答应一定尽力解决存在的问题。

6 月 23 日一早，吴玉章离开老家赶往二十八里外的县城。县长率众在郊外相迎，全城还挂旗致庆。欢迎仪式在县城内公园举行，吴玉章的老朋友赵蜀尧致欢迎词。他赞扬吴玉章多年奔走革命，为国操劳，是桑梓之光。吴玉章当即在欢迎会上做长篇讲话，既鼓动青年志愿报名参军奔赴抗日前线，又当着荣县地方政府官员批评役政中的种种弊端。吴玉章深情地说："抗日战争是神圣的民族战争，是国共两党和全体人民的战争，徇私舞弊，强拉壮丁，无异与民为敌。而只要讲明抗日爱国的道理，唤起民众的爱国热情，青年们就会主动参军保国了"。最后，吴玉章还针对那些攻击共产党的人说："有人说共产党是'青面獠牙''洪水猛兽'，公开悬赏捉拿共产党员。你们看，我是红头发绿眼睛的人吗？是吃人脑髓的人吗？"这几句话把全场听众逗乐了。接着，吴玉章又去参加了一个妇女短训班的毕业典礼，发表了抗战演说。这时，吴玉章接到八路军重庆联络处打来的电话，说国民参政会将于7月6日在武汉开会。吴玉章是中共七名参政员之一，必须按时赶到武汉参加会议。重庆方面已经给他订好了25日飞武汉的机票，要求他在24日赶到重庆。当天下午，吴玉章又被热情的荣县中学邀请去讲演。讲演结束后，吴玉章在深夜时才赶回蔡家堰家中，连夜收拾行装，24日一早就赶往重庆。

吴玉章回荣县宣传后，荣县一大批青年志愿参军抗日，荣县成为志愿兵最多的县份之一。为此国民党上层人物相当疑惧，视该县为"被吴玉章赤化"，县长受到严厉批评，几乎受到处罚。当然，吴玉章这次回乡之行总的来说是满意的，也体现了国共合作抗日是人心所向的。吴玉章也深有感触地说："故乡父老、同盟会时代的同志谢持、朱之洪、黄复生、吕超等及留日、留法、留俄许多旧同学，高师、中法各校的同学会、各机关法团、各救亡团体，热烈地欢迎，开诚布公地交换许多救国意见，深为感动。"与此同时，吴玉章更深刻地感到，"不过民间疾苦仍极深重，改善民生，与相当的减轻民众负担，在目前的四川，极为迫切"①。

吴玉章这次回四川和家乡，一路上宣传讲演。他以鲜明的立场、坦诚的态度，宣传抗日和抗日民族统一战线，宣传中国共产党的方针、政策，宣传世界反法西斯阵营的力量和苏联社会主义建设的成就及其帮助中国抗日的真诚。吴玉章在荣县老家只停留了三天，但影响却非常之大。他的演讲、他的正义情怀，感动了许多人，使僻处蜀中的荣县迅速地掀起了抗日热潮。群众性的抗日活动蓬勃开展起来。学生们成立了歌咏队，走上街头演唱抗日歌曲，还组织了抗日宣传队，深入乡镇进行抗日宣传。大批爱国青

---

① 中共四川省委党史研究室. 吴玉章年谱. 成都：四川人民出版社，1998：221.

年在吴玉章的感召下，奔赴抗日前线，为保卫祖国英勇战斗。

# 三、在国民参政会上

1938 年 6 月 24 日早晨，吴玉章离开荣县前往重庆。因汽车频出故障，时时停车修理，途中折腾了二十多个小时，到重庆已经是 25 日早晨。吴玉章只好直奔机场，在机场简单用饭后，登机赴武汉参加国民参政会的会前准备工作。

在召开参政会前，国民党召开了临时全国代表大会，会上通过了《中国国民党抗战建国纲领》。纲领虽然在坚持抗战和开放民主方面，接受了共产党和广大人民群众的一些合理要求，但却没有包括共产党和其他抗日党派关于实行民主、改善民生等许多重要主张，而且有不少内容只是好听的诺言，根本不打算实行，甚至反其道而行之。这次大会决定设立国民参政会。国民参政会有各党派的成员参加，国民党占大多数。它既不是各党派统一战线的组织形式，也不是真正的民意机关，而是一个建议、咨询性质的机构。国民政府以"文化团体代表"的名义，邀请共产党员毛泽东、王明、秦邦宪、董必武、林伯渠、吴玉章、邓颖超七人为国民参政会参政员。

由于国民党及其领导的国民政府有条件地接受了共产党和各抗日党派的一些主张，因而它在这一时期的政策，基本上反映了全国人民抗日救亡的要求。这些进步的方面得到了共产党及其他抗日党派的赞同和支持。中共中央书记处同意毛泽东等七人应国民政府之请，出任国民参政会参政员。

参政会召开前夕，吴玉章在《新华日报》发表《切实建立民主政治的基础——对国民参政会的意见》。文章指出：希望这次国民参政会，能够尽量发挥民意机关的职权，对抗战建国的大计，尽量向政府做善意的有效的建议，真正代表民众的意见，加强政府与民众间的紧密团结，以完成抗战建国的任务。吴玉章还对专访记者发表谈话，强调团结抗战的重要性。吴玉章与救国会、青年党、国社党、第三党及黄炎培、胡景伊、张澜等，每天轮流做东，邀请各方对参政会提案等问题进行讨论。他又引荐张澜等好友拜会周恩来和其他中共参政员。

为了开好国民参政会，吴玉章坚持抗战团结的大局，批评抵制种种不利于团结的行为。会议召开前几天，他应国民参政会参政员傅斯年之约，至梁实秋家中谈话。傅、梁等向吴玉章表达意在联络中共参政员在参政会上共同提出弹劾行政院长孔祥熙的不信任案的想法，希望得到吴玉章等中共参政员的支持。吴玉章劝他们不可这样做，指出"参政会虽然是团结各党各派讨论政治的机关……但现在还不是民选的民意机关，政府所给予的权力也是很有限的，是否许可像各国议会一样，不信任政府案一经多数通过就能生效，尚属问题"。而且更重要的是"我们苦心孤诣，用了无限力量，好容易才弄到全国各党各派一致团结、全国统一。一致对外才能统一，精诚团结才能抗战。因此，今天参政会的任务在加强团结、巩固团结以求得抗战胜利，绝不能和政府处于对立的态度，以动摇团结抗战"①。吴玉章还指出，汪精卫比孔更坏，倒孔无异于倒蒋，拥蒋抗战应相互信任，如果闹成僵局，使亲者痛仇者快，岂不更糟。傅斯年听了吴玉章的话后，大发脾气，要求召开一次会议专门听取中国共产党持何意见。吴玉章也没有再理睬傅。事后，吴玉章专门向周恩来等做了报告。事情重大，立即召开了党团组织会议讨论，大家完全同意吴玉章的意见。傅斯年等得不到中共参政员的支持，也不敢把他们弹劾孔的提案提交大会。吴玉章等阻止了一场政治风波的发生，这也表明了共产党人以民族大义为考虑和处理问题的出发点。

在国民参政会召开前夕，吴玉章、周恩来、王明、秦邦宪、林伯渠等致电延安，提议以中共七位参政员名义提出对国民参政会的意见，说明它虽不是全权的人民代表机关，但今日自有其作用和意义。延安复电同意。参政会正式召开的前一天，《新华日报》在显著位置刊登了中共七位参政员发表的题为《我们对于国民参政会的意见》的声明。声明肯定了参政会的进步意义，指出了存在的不足，表明中国共产党愿意和各党派共同努力推进民主化进程。"我们共产党人除继续努力于促使普选的全权的人民代表机关在将来能够建立之外，将以最积极、最热忱、最诚挚的态度去参加

---

① 中共四川省委党史工作委员会《吴玉章传》编写组. 吴玉章文集：下. 重庆：重庆出版社，1987：1330.

国民参政会的工作"①。

7月6日，国民参政会第一届第一次会议在汉口开幕，15日闭幕。实际出席会议人数为136人，加上各院、部、会官员，外宾及中外记者千余人。中共七人代表除毛泽东外都参加了会议。蒋介石、汪精卫分别在会议开幕式上致辞。大会收到提案125件。6日下午，吴玉章出席国民参政会第一次大会，被提名为宣言起草委员会委员、第二议案（外交国际）审查委员会委员。7日，吴玉章在《新华日报》发表《一年来国际援华运动概况》一文。在参政会上，吴玉章领衔向大会提出了《改善县区政治机构与保甲办法》案。在提案中，吴玉章尖锐地指出：保甲制度是过去内战时期的需要，中心骨干多由土豪劣绅分子担任，任何好的法令都有被一部分区乡保甲长曲解和破坏的危险，他们成为各级贪污昏庸分子进行营私舞弊的爪牙。各地民众沉痛地感受到贪污与土豪劣绅的压迫，所以必须改革保甲制度。县以下的保甲办法必须代之以民主原则组成的乡民大会，各地乡长完全由乡民大会民主选举，刷新行政机构的下层基础，使政府与人民真正打成一片。

这个提案的实质是取消保甲制度，对基层行政机构进行彻底的民主改造。《新华日报》为此发表了《改善政治机构与政治动员》的社论。社论指出：机构改革与人选问题，均应以真正适应抗战需要为标准。使人民有发表意见提出主张的机会，使人民有罢免违背他们意志的代表及加害人民的官吏的合法权力。吴玉章领衔的提案得到多数代表的支持。会议通过了《改善各级行政机构》的决议案。决议案指出，下属行政机构宜加充实，下级行政机构应注重人选问题，并指出乡镇以乡镇民大会为权力机关。

第一届第一次国民参政会结束后，吴玉章到了他心中仰慕已久的延安，见到了阔别十多年的毛泽东和朱德等中央领导同志。尤其是与毛泽东的畅谈，使他感到异常兴奋，极为鼓舞。9月29日至11月6日，中共中央扩大的六届六中全会在延安举行，吴玉章出席会议并在大会上做了题为《国际对我抗战的同情和国际宣传》的发言。在会上，吴玉章听了毛泽东所做的《论新阶段》的政治报告，"认为毛主席的报告把抗日战争的前途，

---

① 新华日报，1938-07-05.

党的任务和策略方针阐述得十分清楚，完全符合阶级斗争和民族斗争的实际，是指导'我们抗战的总方略'"①。在这次会上，吴玉章与董必武、林伯渠被补选为第六届中央委员。因国民参政会一届二次会议将于10月下旬在重庆召开，在党的六届六中全会闭幕前，吴玉章就与林伯渠、王明离开延安经由西安乘飞机赴重庆。

10月28日，国民参政会一届二次会议在重庆召开。中共七名参政员除毛泽东请假外都参加了会议。这时，国民党内以汪精卫为首的亲日派不断散布所谓和平、妥协、投降的谬论，出现了一股妥协、投降的反动逆流。31日，蒋介石发表《告全国国民书》，表示坚持长期抗战、全民抗战。吴玉章等中共参政员立即提出了《拥护蒋委员长及国民政府加紧全民族团结坚持持久抗战争取最后胜利案》。吴玉章等在会上团结民主进步人士，积极支持陈嘉庚提出的"日寇未退出我国土之前，凡公务员对任何人谈和平条件，概以汉奸国贼论"提案和邹韬奋提出的《请撤销图书杂志原稿审查办法，以充分反映舆论及保障出版自由案》，并使两提案得以通过，打击了投降主义分子妥协投降阴谋，开创了利用参政会之类政治舞台开展合法斗争、传播民主思想、争取民主宪政的先河。

南京、武汉失守后，重庆成为陪都。1939年1月16日，中共中央南方局在重庆成立，由周恩来任书记，吴玉章是委员。1月21日至30日，国民党召开五届五中全会。根据蒋介石在会上的报告，国民党秘密制定了"溶共""防共""限共"的反动方针，悄悄推行反共反人民的政策。吴玉章在参加国民参政会期间，访问时任国民政府军事委员会政治部第三厅厅长的郭沫若时，郭沫若将国民党《限制异党活动办法》等文件密交吴玉章。吴玉章很快把这些国民党的反共绝密文件递送到了延安。

初春之际，新四军军长叶挺到重庆中共中央南方局汇报工作，吴玉章前往叶挺住处探望。自从两人在苏联分手之后，转眼十年过去了，国际国内形势都发生了巨大的变化。多年未见的两位老朋友，都有说不完道不尽的思念。他们在长谈之后，到照相馆合影留念。几天之后，叶挺在中共中央南方局书记周恩来的陪同下回到安徽泾县云岭新四军军部。

---

① 中共四川省委党史工作委员会《吴玉章传》编写组. 怀念吴老. 重庆：重庆出版社，1986：20.

2 月 12 日至 21 日，国民参政会一届三次会议召开，吴玉章和董必武、林伯渠、邓颖超出席。吴玉章担任第二提案审查委员会委员。根据中央"冷漠态度"指示，吴玉章多次称病请假缺席，但也提出或副署了《请确立民主法治制度以奠定建国基础案》、《拥护蒋委员长严斥近卫声明并以此作为今后抗战国策之唯一标准》和《加强民权主义的实践发挥民气以利抗战案》等提案。董必武提出的要求国民党政府对各党各派予以法律上的保障的提案，遭到国民党参政员的无理阻挠，董必武因此两度中途退出或告假不出席会议，以示抗议。董必武提案的如此结果是中国共产党和抗日民主党派人士都不愿意看到的。虽然如此，它却起到了对抗日民主党派人士警醒教育的作用，为日后参政会内的民主斗争做了有益的准备。参政会上，蒋介石提出组织川康建设期成会，会后又指定吴玉章、张澜等十四人为川康建设期成会会员，并由期成会组织川康建设视察团。吴玉章辞不赴任。

3 月 2 日，吴玉章离开重庆回到荣县。3 月 5 日元宵节这一天，吴玉章在蔡家堰家中宴请老同盟会会员赖君奇、"五四"时代的进步老人谷醒华和在他身边工作过的外甥张克勤，以及无党派开明士绅、爱国青年及亲友乡邻一百多人。吴玉章在院坝中给参加宴会的人做了三小时的演讲，介绍宣传毛泽东、周恩来、朱德、彭德怀等中共领袖和将领，宣传持久抗战的思想及抗日民族统一战线。

返回重庆后，吴玉章的身体每况愈下。主要是痔疮，这是困扰他多年的顽疾，过度劳累就出血不止，弄得身体虚弱不堪，走路都成问题。吴玉章被迫住进重庆领事巷法国仁爱堂医院，又遇到日机大轰炸。周恩来安排他转移到北碚温泉夏观楼休养。休养期间，董必武、王明、叶剑英、凯丰、秦邦宪等和冯玉祥、魏道明先后前来探访。在与各方面人士广泛接触中，他一直强调持久抗战和统一战线的重要性。其间他与同住北碚的老朋友、教育家陶行知亲密交往。在欧洲时，陶行知与吴玉章曾一起宣传抗日救国，一起去祭扫过马克思墓。"他们都是国民参政员，都是教育家，所以很谈得来。陶先生向吴老谈到抗日难童中有些娃娃有特殊才能，不能让这些幼苗枯萎，可是国民政府中的达官贵人哪里看得到这一点。他决心为这些贫苦孩子办一所学校，引导他们团结起来，做追求真理的小学生，自觉做人的小先生，手脑并用的小工人，抵抗侵略的小战士。吴老听后，热

情的支持并赞助，动员了党员干部协助陶先生筹备。"① 很快，学校定名为
"育才学校"，借北泉小学的地点正式行课了，后来学校迁至草街子去了，
吴玉章一直关心学校的成长。吴玉章还把李硕勋②烈士的儿子李鹏接到身
边住了一段时间，后来又安排李鹏到陶行知创办的育才学校读书。李鹏的
舅舅赵世炎是吴玉章的学生和入党介绍人，李硕勋也是吴玉章的学生加
战友。

6 月，张鼎丞离开皖南新四军部队去延安参加党的七大筹备工作。在
途经重庆时，专程到北碚看望长期奔走革命、积劳成疾、正在疗养的吴玉
章。对于张鼎丞的到来，吴玉章非常高兴，一见面就说："虽然以前没见
过面，但早就知道你；从国民党的报纸、外国人的报纸上，经常看到你们
坚持闽西游击斗争的消息。"他对当年在闽西的艰苦斗争和新四军在江南
敌后的英勇斗争，表示了诚挚的慰勉之意。那次见面虽然时间很短，但吴
玉章对党的事业的关怀，对在艰苦条件下坚持斗争的同志的深厚感情，以
及对中国革命必然胜利的坚定信念，使张鼎丞深为感动，深为鼓舞③。经
过一段时间的休养治疗，吴玉章的身体大为好转。

7 月下旬，吴玉章回到延安。到延安后，接到国民参政会的开会通知。
对于是否参加一届四次参政会，中共中央举行政治局会议专门讨论研究。
毛泽东认为，对此次参政会采取积极方针是对的，因为现在是处在和战问
题的重要关头；对上次参政会采取消极态度也是必要的。参加国民参政会
的目的，在于暴露坏分子的阴谋，暴露汪精卫派等的阴谋。会议决定除毛
泽东不参会外，其余参政员继续出席国民参政会。

在参政会召开的前一天，中共参政员毛泽东、王明、秦邦宪、吴玉
章、林伯渠、董必武、邓颖超联名提出了中国共产党对参政会工作的一个

---

① 中共四川省委党史工作委员会《吴玉章传》编写组. 怀念吴老. 重庆：重庆出版社，1986：
94.

② 李硕勋（1903—1931），四川庆符（今高县西北）人，又名李陶。1924 年加入中国共产党。
次年参加领导五卅运动，当选为全国学生联合会会长。北伐战争时任国民革命军第二十五师政治部主
任。参加南昌起义，任起义军第二十五师党代表兼政治部主任。1928 年起任中共江苏省委秘书长，中
共浙江省委军委书记、代理省委书记、中共上海沪西区委书记、江苏省委军委书记。1930 年起任中共
中央军委委员、中共江南省委军委书记、中共两广省委军委书记。1931 年 8 月在海口被国民党当局逮
捕，9 月 5 日壮烈牺牲。

③ 同①22.

纲领性文件——《我们对于过去参政会工作和目前时局的意见》，内容涉及政治、军事、经济、财政、外交、党派合作等六个方面。《意见》声明了中共的立场、态度和意见，要求：第一，明令保障各抗日党派之合法权利，认真取消各种所谓限制异党活动办法。第二，严令禁止对共产党及其他抗战党派之歧视压迫行为，严禁因所谓党籍及思想问题而妨害到工农军学商各界人民及青年之职业及人格之保障，以便造成举国一致精诚团结现象。第三，在抗战各种工作中，广泛地容纳各党派人才参加，不以党派私见摒弃国家有用人才。《意见》表示决心以"坚持抗战到底，巩固国内团结，力求全国进步"作为与全国同胞共同奋斗的方向。《意见》指出当前的任务是坚持抗战，反对妥协；力求团结，反对分裂；力求进步，反对倒退。《意见》不仅提出了中国共产党对参政会工作乃至抗战建国工作的意见和建议，还代表了广大非中共参政员和人民的心声。

吴玉章在对《新华日报》记者的谈话中强调指出："加强团结，是极端重要的问题。这已经不是原则的讨论和决议所能解决，必须有切实具体的办法才行。最中心的，当然是认真肃清'反共'的言行，肃清汪派、托派和一切公开暗藏的挑拨离间国共关系，制造和扩大摩擦的阴谋诡计。只有这样，才能巩固团结、坚持抗战。"就"民众问题"吴玉章指出："关于民众运动，也要认真努力展开。到了今天，不容否认的，还有不少人不相信四万万五千万同胞，有其不可侮不可克的伟大力量。""关于力求政治进步，剔除贪污及发国难财等等，都应有具体办法，严格执行。敷衍因循，只有误事——误抗战建国大事。"在外交问题上，吴玉章指出："关于外交政策，应根据抗战两年余事实上的经验教训，站在自力更生、争取外援的基本原则上，重新检讨。我们已经完全清楚，谁是最可靠的朋友了，谁是敌是友了。所以，更进一步的紧密中苏关系，多做国际宣传，和全世界反侵略的人民，密切握手，打击敌人，是今天要确立和力行。"[①]

9月9日，一届四次参政会在小龙坎重庆大学礼堂开幕。在代表经过的沿途警戒森严，每隔五十米左右就有一名全副武装、头戴钢盔的士兵，三轮摩托来回巡逻穿梭不断。小摊小贩全部禁止，会场内外还布置有许多

---

① 中共四川省委党史工作委员会《吴玉章传》编写组. 吴玉章文集：上. 重庆：重庆出版社，1987：172-173.

便衣特务。

蒋介石在会议即将开始时到达。他身穿长袍马褂，头戴礼帽，手拿文明棍来到会场，见到董必武、吴玉章等中共参政员时，摘下帽子点头示意。

吴玉章等中共参政员和各民主党派在会上提出了《结束党治，实施宪政》等七个提案。经过激烈辩论，会议通过《召集国民大会实行宪政决议案》，这是国民参政会中民主力量的一大胜利。

在会上吴玉章还领衔提出《请政府设法从速救济河北水灾以安民生以慰民心以利抗战案》，要求政府通过速拨大数量救灾款及发行水灾公债，并向国内外慈善团体及各界热心公益人士募捐，加紧救灾工作以拯救黎民百姓和保护抗战力量。

在本次参政会前后和会议期间，吴玉章与其他几位中共参政员先后拜访了张治中、邹韬奋、冯玉祥、陈诚、郭沫若、孔祥熙、于右任、谭平山、叶挺、章乃器、邵力子、沈钧儒、张澜等民主人士和国民党政府的要员，向他们阐述中国共产党关于抗战、关于统一战线等方面的原则立场、方针政策，努力争取社会各界人士的理解和支持。

在参政会期间的 9 月 16 日，毛泽东在延安与中央社、《扫荡报》、《新民报》三记者的谈话发表。重庆《新华日报》得知后，立即排版印刷。发行的前一天下午，也就是 10 月 18 日下午，国民党新闻检查机关通知报社不许发行。《新华日报》的潘梓年、戈宝权等三人到八路军驻重庆办事处找领导报告此事。这是党中央、毛泽东的声音，必须让大后方的人民早日知道。这是一件十万火急必须立即解决的事。吴玉章当时身边的工作人员萧茂荣回忆说："经过研究，决定请吴老去找国民党宣传部长潘公展严正交涉。因吴老是老同盟会会员，在国民党里有相当影响，晚上十点多钟吴老带我去找潘公展。到了潘的公馆，我对看门的说吴玉章参政员有要事要会见潘部长，看门的便衣放我们进去，到二楼有个内卫挡住我们说：'部长休息了，有事明天来。'他不愿意去叫，吴老上前责令他一定要见！他才去敲门，实际上潘公展在里面都听见了，这时他才问：'谁来了？'内卫说：'吴玉章先生来了。'潘公展回说：'太晚了，已经休息了。'吴老讲：'潘部长，毛泽东主席与三报记者的谈话，《新华日报》已经印好，新闻检查机关不让发行，无端干涉。这篇谈话阐述抗战之事，不让发行道理何在？'潘公展既不出来，也不让我们进去，隔着门讲话。吴老非常生气，据理声辩，潘公展没办法回答，只好说：'好，我给新闻检查机关打个电话，叫明天发行。'"① 吴玉章这才说：对不起，打扰了。转身离开潘的住处。

　　吴玉章在重庆出席国民参政会期间，经常应各抗日群众团体与各界人士邀请，在各种场合发表讲演。1938 年底的一天，吴玉章应重庆各界抗敌后援会的邀请，在磁器街社交会堂讲演。国民党特务到会场捣乱，扰乱会场秩序，狂呼反动口号，口出恶语，威吓吴玉章，企图阻止吴玉章讲演。广大听众护卫着吴玉章。一特务问吴玉章："你说谁是抗战领袖？"吴玉章训斥他说："这还用问？谁在真正领导全国人民坚持抗战，谁就是真正的抗战领袖。你们连这点还不知道？简直是无知。"特务们自讨没趣，在群众的怒斥下，灰溜溜地离开了会场。还有一次，吴玉章应邀到重庆市商会讲演。商会组织的商劳团在复兴社的指使下，纠集了一批特务到会场捣乱，破坏讲演。吴玉章声色俱厉地谴责特务的行为，坚持讲演结束才愤然离开会场。

　　吴玉章参加第一届国民参政会第四次会议期间，和其他几位中共参政员紧密配合，会内会外，按照党中央的指示，坚持抗日民族统一战线的原则立场、方针政策，团结进步的民主人士，为抗战大业、为中国政治民主化不懈奋斗。


# 四、拒绝蒋介石的 "归队" 劝说


　　1938 年 12 月初，在抗日战争最为艰难的时期，中共中央向蒋介石及国民党中央致电，主张为抗日救国 "亲密两党间的关系，巩固两党的长期合作"。这是民族大业的需要，但是，蒋介石错误地判断了中国共产党的团结抗日愿望。12 月 6 日，蒋介石约周恩来谈话，竟提出 "中共既实行三民主义，最好合作成一个组织"，被周恩来立即拒绝。12 日，蒋介石又约吴玉章、董必武、王明、秦邦宪等去其官邸 "恳谈"。蒋介石很客气，力

---

　　①　中共四川省委党史工作委员会《吴玉章传》编写组. 怀念吴老. 重庆：重庆出版社，1986：80-81.

劝大家“到国民党去作强有力的骨干，为国家民族共同努力，不必要共产党”。吴玉章对蒋介石说：“现在世界上固然有只要一个党的强国，如苏联的布尔什维克和德国的纳粹，但也有各党并存的强国，如英美法等国。”蒋介石急忙打断吴玉章话头说：“他党可以并存，共产党不能并存。”未等吴玉章回话，蒋接着又有点生气地说：“如不取消共产党，死也不瞑目。”此话一出，其灭亡共产党之心昭然若揭。

蒋介石随后又转身特别面向吴玉章连吹带拍地说：“你是老同盟会，国民党的老前辈，还是回到国民党来吧！”吴玉章接过蒋介石的话，带着平静而有力语气回答蒋介石说：“我相信共产党是相信马列主义社会科学的真理，深知只有共产主义才是社会发展的正确道路，不能动摇，如果‘二三其德’，毫无气节，你也会看不起吧！”①

蒋介石对吴玉章的了解太浅薄了。吴玉章是老同盟会会员、老国民党员，一直追随孙中山的资产阶级革命运动达二十年之久。这二十年中，吴玉章在面对革命多次失败时彷徨过，但从不沮丧，依然顽强热心地奔走在革命的道路上。在反对袁世凯称帝的“二次革命”失败后，吴玉章流亡欧洲。在接触先进思想的同时，他开始“自己检讨革命失败的原因和经验，感觉从前那种革命党的组织，实在不能担负革命的任务”。吴玉章说：“孙中山在日本组织中华革命党，拿党员必须绝对服从领袖才能组成革命的战斗的党为理由，要党员打脚模手印。这种只重集中而不民主，而且不以党作中心而以个人为领袖的独裁专制制度，不能使我赞同。我同无政府主义者李石曾谈过组织问题，他说无政府主义不要组织。这样只靠个人的行动而想改造社会也使我怀疑。”俄国十月革命胜利，在其影响下，中国爆发了五四爱国运动，马克思主义开始在中国传播。吴玉章说，“知道了列宁的革命理论和列宁党的组织方法，使我非常高兴。因为民主集中制和党是战斗的有组织的革命先锋队等等，多年在心中不能解决的问题，现在看见了列宁天才的指示，得到圆满的解答，这就使我坚决相信共产主义，并企图组织共产党”②。

① 中共四川省委党史工作委员会《吴玉章传》编写组. 吴玉章文集：下. 重庆：重庆出版社，1987：1332.

② 同①1292.

　　吴玉章在没有任何外力推动、帮助的条件下，自觉艰难地探索学习、研究、对比，最终选择了马列主义指引的方向。这是他在漫长的革命路上凭借实践总结出来的、真心实意的选择，具有坚实的思想政治基础，不是那种仅凭一时的热情或冲动做出的不成熟决定。吴玉章在转向信仰马克思列宁主义后，按照列宁的建党原则，组建了中国青年共产党，其制定的党纲和中国共产党的纲领具有高度的一致性。吴玉章加入中国共产党后，解散了自己一手建立的党组织。这一处理方案，得到了中共中央的赞许和肯定。

　　吴玉章加入中国共产党后，就投身于第一次国共合作的大革命浪潮。他接受党中央的安排，在国民党内领导统一战线工作。

　　由于吴玉章曾是国民党高层中的元老级人物，中共中央对吴玉章是否真心加入中国共产党还有过疑虑。在吴玉章到四川开展国共合作工作时，中共中央曾安排四川的中共党组织对吴玉章进行深入考察，当时的考察人就是杨伯恺。杨伯恺是留法学生，1922年加入旅欧青年团，次年转为中国共产党党员，是四川党团组织的创始人之一。他此前知道吴玉章，但和吴玉章没有过交往。吴玉章入川后，坚决贯彻党的国共合作政策，充分信任重庆的共产党员、共青团员，放手让他们为国共合作干事。在较短时间内，四川国共合作的工作就取得了优异的成绩，这使杨伯恺对吴玉章十分佩服。杨伯恺在1925年12月24日致中共中央、团中央的报告中，专门汇报吴玉章在川的表现情况。杨伯恺说："关于吴玉章同志的解释。昨日郑鼎熏（本校学生）自北京还路过上海，听闻玉章入大校（指中共组织）止仲甫同志承认，中央尚未通过，因他与熊（指熊克武）关系太深之故。玉章与熊关系如何尚不可知，惟他离川时特私为同志言到粤当将熊手中的兵移归可靠的人，对于熊、但（指但懋辛）极表不满。至于玉章回川后的言论行动，都是一位很能为主义奋斗，为团体工作的同志。为民校事他与右派奋斗甚力，因之彩色甚重。中兄（指中央）对于他一面监促，一面援助。说到根本变动是必不会有的。还有川省政治工作最重要的人莫若江子能与玉章二同志，因为他们有历史根因可以与各方面接头，将来大校支部成立，一切运动均本中兄决定，统由内部先作计划然后实行，即有什么多面关系不难制止。关于这一项，我在上海亦与代英同志谈过，回川后亦曾用过防备手续。但一天一天觉得玉章比庸生等明白得多，我还以为错疑了他。不过我们防他是根本出发于爱护主义与团体，也没有什么不对的。中兄可就玉章此次赴粤行动，考察其究竟真实可靠与否决定办法就是。再他这次对于熊事的态度方法当然要依靠团体决定去做才对。如果此次玉章在广东行动表示颇佳，回上海时中兄多与接谈，川省政治工作亦可尽量与他商量，明年上春定可开始行动。因我们最近调查，川中许多军人都以时局趋势极想接近广东与西北，苦不得其门而入，所找的人尽是民右，或极其不堪的滥官僚。在他们自然是出于投机心理，说不上觉悟。但在我校如遇有肯开放驻地与军队任我们去组织训练，我校似乎宜下手做去，只要下层工夫到火候，他如要变可叫他即刻变成独夫下台。这些军人的投机倾向将一天一天地明显，同时民右及国家主义派必倾全力去包围他们。究竟我们的方略怎样定法，中兄于玉章回沪时，详与规划，万不可缓，万不可忽略。"① 除了杨伯恺给党、团中央的考察信外，吴玉章的老朋友杨闇公也在给中央的报告中，高度肯定和赞扬了吴玉章回川的出色工作。杨伯恺和杨闇公对吴玉章为党工作的业绩的评价是一致的，这样中共中央就不难做出正确的判断了。

以上的事实说明，吴玉章加入中国共产党是建立在坚信马列主义基础之上的，任何人想动摇他的选择都是办不到的。

杨伯恺给中共中央、团中央的报告，加上中共重庆党组织的书记杨闇公对吴玉章的肯定，应该说彻底消除了中共中央对吴玉章忠诚的疑虑，使中央确信吴玉章加入中国共产党不是一时的冲动行为，更不是权宜之计，而是具有马列主义坚定的政治思想和深厚的理论基础的。此后，中央对四川地方党的工作和国共合作工作的指导以及在四川开展武装斗争的规划思路等，基本上都采纳了吴玉章提出的方案。

吴玉章加入中国共产党后，在任何艰难困苦的条件下，都没有表现出一丝一毫的对党不忠。因为吴玉章是一个认准了目标就要终生走下去的人，不管什么惊涛骇浪都无法阻止他前进。大革命失败后，吴玉章义无反顾地离开了国民党中央核心领导岗位。他如果不走，发表一个脱离中国共产党的声明就万事大吉，高官显位、荣华富贵肯定是不会少的。当时任国

---

① 共青团四川省委青运史研究室，中共营山县委党史办. 永恒的怀念：记杨伯恺烈士. 1990：171.

民政府主席的汪精卫对吴玉章的出走，就很遗憾地说过：吴玉章是老同盟会会员，完全可以不走嘛！在南昌起义中，吴玉章出生入死。起义失败后，不少人各奔前程，吴玉章却乘坐一小木船以性命相拼，在大雨如注的海上漂泊二十多个小时到达香港。可见吴玉章不论在什么艰难困苦的条件下，哪怕面临牺牲，都没有改变过以中华民族利益为最高准则的原则。

蒋介石想凭借他国民党最高领导人的身份，来劝说吴玉章"归队"。对意志不坚定的人来说，可能会受宠若惊。但对表面看起来文质彬彬，实则内心强大而绵里藏针的吴玉章来说，则毫无作用可言，反而会自讨没趣。蒋介石在吴玉章面前碰壁后，怏怏然地送了客。吴玉章离开蒋介石官邸后，蒋介石可能感到和吴玉章等的谈话有些不妥，就派张冲于当天晚上到吴玉章的住处给自己打圆场。张冲对吴玉章说："委员长他太直率，并非说不合并就要分裂，请不要误会。"[1] 吴玉章听后只是淡淡一笑。

蒋介石约周恩来、吴玉章等谈话的经过和内容，吴玉章与周恩来、董必武、王明、秦邦宪立即联名电告中共中央书记处。

# 五、延安各界宪政促进会会长

吴玉章在重庆出席了国民参政会一届四次会议之后，于 1939 年 11 月 3 日和林伯渠、王明及随行人员乘车离开重庆。4 日晚，吴玉章宿成都沙利文宾馆。中共川康特委书记罗世文来汇报四川地方实力派对抗战的态度，以及中共川康党组织的情况。5 日上午，吴玉章出席中苏文协成都分会举行的欢迎大会并发表演讲，将在参政会所见所闻和陕甘宁边区情况做了对比。号召坚持抗战，反对投降；坚持团结，反对分裂；坚持进步，反对倒退。下午吴玉章拜访第二十二集团军司令邓锡侯。邓锡侯率装备极差的川军在抗日战场取得多个胜利，并和八路军建立了良好的关系。吴玉章在邓宅园中的八角亭与之长谈，谈蒋介石与四川地方实力派之关系、抗战形势及前途等，邓设晚宴招待。宴后又谈至晚上九点多吴玉章方告辞。6 日，吴玉章先拜访西康省政府主席兼二十四军军长刘文辉，和刘文辉长谈

---

至午饭后；又到车耀先的"努力餐"馆召开座谈会，介绍华北战场形势，驳斥国民党制造的谣言。7日，吴玉章秘密出席中共川康特委召开的会议。8日，离开成都经川陕路夜宿剑门关。10日，宿宝鸡以南十多公里处一镇，中共地方党组织同志来与他联络，介绍沿途安排情况。第二天上午吴玉章抵达西安七贤庄八路军办事处，15日，顺利回到延安。22日，列席中共中央政治局会议，汇报和研究延安如何推进宪政的问题。24日，吴玉章与毛泽东、王明、林伯渠等人发起成立延安各界宪政促进会。在七十余人参加的发起人会上，吴玉章讲了话。12月5日、6日，吴玉章在陕甘宁边区党的第二次代表大会上做报告，介绍为巩固发展抗日民族统一战线在国统区和国民参政会上又团结又斗争的情况。吴玉章指出：实施宪政既是政治斗争，也是理论斗争。中间阶层感觉国民党不好，而自己又常常找不到一个方向，我们就可以在斗争中帮助他们找出路。争取好宪法是团结中间力量的好办法，同时，实行真正的宪法，才可以团结广大人民。

宪政促进会发起人会后，吴玉章按照中共中央的部署，在延安展开落实新民主主义宪政主张的工作，以延安为起点，推动中国的政治民主化，给国民党和全国人民做出一个样板。于是，中共中央决定广泛地发动群众，开展宪政促进运动，由吴玉章负责筹组延安各界宪政促进会。吴玉章首先按行业、团体组织宪政促进会或座谈会，把延安的民主宪政活动搞得实在而有声有色，延安的报纸也天天报道宪政促进会的活动。

1940年2月20日，吴玉章主持召开了延安各界宪政促进会成立大会。首先由吴玉章做题为《成立宪政促进会的意义和它的任务》的报告。吴玉章的报告分为五个问题：第一，宪政与抗战的关系；第二，宪政与建国的关系；第三，我们要实行新民主主义的宪政；第四，民主是不易得来的，要广大民众自下而上地努力争取；第五，宪政是由上下合作来完成的。

吴玉章在讲宪政与抗战的关系时，对国民党当时散布的抗战时期根本就不应该谈宪政等谬论进行了深刻的批判。吴玉章说：宪政的实质是民主，只有给人民以更多的民主自由，才能充分地调动和发挥民族战争的力量。在宪政与建国的关系上，吴玉章指出：一定要打破黑暗腐朽的政治，"另建适合抗战建国需要的强有力的民主清廉的新政治机构。所以目前我们必须举国上下齐心协力，促进民主宪政之实施，经过宪政的道路来达到改革行政机构的目的。只有实现民主政治，各抗日爱国的党派阶层都有了平等的合法地位，人民有了民主自由，成立了各级的民宪机关，集中了全国人才，国家大事取决于人民，政府人员执行民意，他们由人民选举，对人民负责，受人民监督，听人民罢免，这样贪污腐化的分子自然绝迹于行政机构，徇私枉法的罪行也自然一扫而光，而民主共和国的基础才能奠定。所以宪政又是建立三民主义新中国的必需条件"①。

吴玉章在讲述为什么要实行新民主主义的宪政时指出，现在世界上有几种宪政，有的名为立宪国家实系封建军阀专政，如日本等。而中国共产党要实行的是"新民主主义的宪政"。这是目前"社会经济的真实基础为根据的宪政"，"这种新民主主义是与抗战建国相适应的"②。对于民主、宪政实行的途径，吴玉章明确指出："民主是不易得来的，要广大民众自下而上的努力争取。"一定要"靠群众自下而上的和一切反民主的顽固派展开坚决的斗争，克服他们才能得到"。"宪政是由上下合作来完成的"。吴玉章在讲话的最后指出："现在我们成立这个延安各界宪政促进会，就要对国民党旧的国民大会代表选举法、组织法及宪法草案等等提出修改时的意见，同时还要团结广大的人民大众组织起来，实行民主。边区以及其他八路军新四军驻防的区域尤其要起模范作用，做出样子来给全国人民看！使他们能沿着我们的方向前进。这是一个改造社会的真正革命的伟大工作，因此也就需要我们加倍努力。总结今天大会的意义，就是要成立这个宪政促进会来促进宪政早日实施以求抗战建国的成功"，"我们是一定能战胜一切黑暗势力，战胜日本帝国主义而最终实现独立自由新民主主义新中国"③。

吴玉章做报告后，毛泽东在宪政促进会成立大会上发表了题为《新民主主义的宪政》的讲话。毛泽东指出：新民主主义的宪政，它不是旧的、过了时的、欧美式的、资产阶级专政的所谓民主政治；同时，也还不是苏联式的、无产阶级专政的民主政治。目前准备实行的宪政，应该是新民主主义的宪政。到了将来，有了一定的条件之后，才能实行社会主义的民主。毛泽东在讲话中对吴玉章的报告给予充分肯定，明确表示"吴老同志

---

① 中共四川省委党史工作委员会《吴玉章传》编写组. 吴玉章文集：上. 重庆：重庆出版社，1987：202.

② 同①203.

③ 同①207－208.

的话，我是赞成的"，并说，"吴老同志讲了许多，这些就是道理。各学校，各机关，各部队，各界人民，都要研究当前的宪政问题"①。

毛泽东和吴玉章的讲话，明确了国共两党要求的宪政的原则区别：一个要继续坚持一党专政，一个要实现各抗日革命阶级的联合专政；一个是由国民党自上而下地包办"宪政"，一个是发动民众自下而上地争取民主，开展民众宪政运动。在国民党制造的假宪政的烟幕中，中国共产党举起了新民主主义宪政的大旗，为全国人民争取民主实现宪政的斗争明确了方向和道路。

大会推举吴玉章为延安各界宪政促进会会长（理事长），毛泽东、张闻天、王稼祥等 45 人为理事。大会通过了《延安各界宪政促进会宣言》和通电②。宪政促进会成立大会还通过了成立延安反侵略分会筹备委员会的决定，吴玉章被推选为筹备委员。

大会后，吴玉章到延安的一些机关、学校继续就宪政问题发表讲话，并著文介绍和阐述宪政的意义和目的。他还组织延安的机关、学校、团体讨论宪政问题，讨论国民大会代表选举法、组织法和"五五宪草"，讨论中共提出的修改意见。吴玉章亲自组织了一次关于宪政问题的民主辩论会，辩论者尽情地发表对宪政的看法和意见，别开生面，其创新性的宣传行为轰动延安。辩论由中国女子大学和延安马列学院对阵，题目是"实施宪政还是继续训政"，双方分别在国共两党关于宪政问题的主张上展开辩论。围绕民主自由、国民大会选举等问题展开辩论，使大家对国共两党的宪政立场都有了深入的了解，谁的宪政思路是好的也就不言自明了。辩论结束后，吴玉章评判双方的优缺点。参加过当年辩论会的老同志回忆起当时的情景还不胜感慨地说："这种民主讨论的方法是真不扣帽子，不打棍子，畅所欲言。真理是愈辩愈明，这种民主学风是多么值得怀念啊！"

延安各界宪政促进会成立后，陕甘宁边区掀起了热烈的促进宪政运动。1940 年 3 月，中共中央发出《抗日根据地的政权问题》的指示。根据指示，在边区的政权建设中实行"三三制"原则。即在抗日民主政权机关

① 毛泽东选集：第 2 卷. 2 版. 北京：人民出版社，1991：732，734.
② 中共四川省委党史研究室. 吴玉章年谱. 成都：四川人民出版社，1998：256.

（包括参议会和政府）中共产党员占三分之一，代表无产阶级和贫苦农民；非党的左派进步分子占三分之一，代表小资产阶级；中间分子及其他分子占三分之一，代表中等资产阶级和开明绅士。1941年2月，陕甘宁边区着手进行"三三制"政权普选。5月，中共中央政治局批准《陕甘宁边区施政纲领》。11月，召开了边区第二届参议会第一次大会，根据"三三制"原则，吸收各抗日阶层的代表参加各级政府。边区政府遵照以下原则：（1）组织形式采取民主集中制参议会制度；（2）各级参议会选举产生同级政府委员会；（3）各级政府执行同级参议会的决议；（4）采取普遍、直接、平等、无记名投票的选举制度；（5）凡年满18岁的赞成抗日与民主的中国人都有选举权；（6）保证一切抗日人民的人权、政权、财权及言论、出版、集会、结社、信仰、居住、迁徙之自由权；等等。这种政治制度是全国人民代表大会制度在抗日根据地的具体运用。正如吴玉章对《解放日报》记者所说："我们对民主政治坚信不渝，认为举国上下一致合作，实行革命的三民主义的宪政，是抗战胜利的必要前提。我们愿意将陕甘宁边区及各根据地实行民主所获得的一些成绩和经验，贡献给全国，作为实施宪政的参考"[①]。

　　1944年2月27日，延安各界宪政促进会举行宪政座谈会，会议由吴玉章主持。朱德、周恩来、林伯渠、李鼎铭、续范亭、徐特立、陆定一、周扬、范文澜以及各界代表、华侨代表、朝鲜代表和国内少数民族的代表出席座谈会，国民政府、军委会驻延安联络官也被邀请到会。会议最后一致同意提出："如果国民党真心诚意要在全国实行宪政，则希望首先确立并立即实行三个必要前提，即：一、给人民以言论、出版、集会、结社的自由；二、开放党禁；三、真正实行各地方人民自治"[②]。

　　抗战时期的宪政运动是在两个方面、两个不同性质的区域里同时进行的，而且形成了鲜明的对比：一方面是国民党政府的咨询机构"国民参政会"，一方面是民间的"宪政促进会"；一个区域是蒋介石独裁统治下的国民党统治区，"宪政"有名而无实，一个区域是共产党领导的实行民主政治的抗日根据地，宪政运动达到了前所未有的广度和高度。

---

① 解放日报，1944-02-27.
② 同①.

　　吴玉章作为抗日战争时期的宪政运动前驱，代表了全民族的根本利益。尽管两个方面、两个区域里同时推进宪政运动，但效果截然不同。在国民党统治区，宪政只是说说而已，根本没有一处实现的地方；然而在延安和各抗日根据地，宪政取得了可喜的成绩。吴玉章在延安宪政运动中的工作是卓有成效的。

# 第八章　延安办学

## 一、鲁迅艺术文学院院长

吴玉章1939年11月15日回到延安后，在筹备延安各界宪政促进会的同时，又被中共中央任命为鲁迅艺术文学院院长，11月28日正式到任。同时周扬被任命为副院长。

鲁迅艺术文学院（简称"鲁艺"）成立于1938年4月（成立之初定名鲁迅艺术学院，1940年改称鲁迅艺术文学院），是中国共产党在延安创办的一所综合性艺术学院。校址最初在延安北门外，1939年11月迁到延安城东北5公里的桥儿沟。这里原有一座具有欧洲建筑特点的教堂，旁边有52孔石窑洞。窑洞是鲁艺的办公室和校舍，教堂则作为学院的大礼堂。

"七七"事变后，延安成为抗日民主活动的政治中心，爱国民主人士和全国人民所瞩目的地方，特别是进步青年向往的"圣地"。当时，全国各地进步青年为了抗日，冒着生命危险，冲破国民党的层层封锁，纷纷奔赴延安。党中央为了组织群众，宣传群众，培养一支有马列主义立场、有爱国主义精神、有为人民服务思想的新型文艺队伍，决定成立一所专门培养革命文艺干部的学校。在毛泽东、周恩来等的关怀倡议和全国文艺界知名人士的大力支持下，林伯渠、徐特立、成仿吾、周扬等人联名发起组织成立了以鲁迅先生的名字命名的艺术文学院。鲁艺的办学目标是"培养抗战艺术干部，研究正确的艺术理论，整理中国艺术遗产，建立中国新的艺术"①。

学院初创时并无院长，只有副院长沙可夫一人负责全面工作。吴玉章回到延安征尘未洗，就被任命为鲁迅艺术文学院院长。为了不辜负党中央的重托和鲁艺全体师生员工的期望，吴玉章带着严重脱肛的病情，经常骑着毛驴或乘坐马车从驻地杨家岭到二十多公里外的桥儿沟鲁艺去了解情况。他深入到学员的教室、宿舍、食堂和教员的办公室了解教学和生活情况，征求大家对鲁艺各项工作的意见和建议，特别欢迎大家对院领导，尤其是对他本人提出要求和建议。在了解信息，掌握第一手情况后，吴玉章首先考虑到，为了适应新的情况，为了认真贯彻执行党的教育方针，必须组织一个强有力的领导班子。这是办好鲁艺的关键。在他的主持下，经过讨论研究并报上级批准，第一步调整了学院的领导班子，充实了领导力量；第二步调整与充实了学院的各职能部门，使机构更加健全。这样，就为学院的各项工作提供了可靠的组织保障。

到鲁艺后，吴玉章观看了鲁艺、抗大等单位联合排演的话剧《日出》的预演，认为鲁艺应该自己创作话剧。于是，吴玉章安排鲁艺学员颜一烟来执笔创作话剧《秋瑾》，把颜一烟从桥儿沟调到杨家岭做他的邻居。秋瑾于1875年出生，浙江山阴（今绍兴）人，自称鉴湖女侠。在日本加入同盟会，任同盟会评议部评议员兼浙江省主盟人，创办《中国女报》。1907年7月准备在浙江组织起义失败后被捕，在敌人三次审讯中，仅以"秋风秋雨愁煞人"应对敌人，7月15日于绍兴轩亭口壮烈就义。后人辑有《秋瑾集》。吴玉章抽出时间给颜一烟全面介绍讲解秋瑾的革命事迹，对秋瑾做出精辟的评价："文而不弱，勇而有谋，有革命精神，有社会经验；嫉恶如仇，至死不屈，是民族英雄，是女子模范！"②

颜一烟在回忆吴玉章对话剧《秋瑾》写作的关心时说：吴老"几乎是

---

① 新中华报，1938-04-19.

② 陈述琪. 吴玉章对联导读. 成都：四川人民出版社，2010：39.

每天询问我写作的进展情况。我写一场，他老人家听一场，逐字逐句帮助斟酌修改"。"还非常关心我的生活，常叫人给我送纸送笔送吃的东西。有一晚，我正在开夜车赶写剧本，忽然一个小鬼推门进来，在我桌子上放了一个洋铁做的小盆，里边放着一个馒头、一块肉。啊！我早已是三个月不知肉味了，高兴地拿起来就吃。"边吃边说："咦！这是什么肉？骨头怎么这么细？猪骨头怎么细得像针似的？""小鬼哈哈大笑：'哈哈！人家从延河里捉来送给吴老的，吴老叫慰问你，这不是猪肉，是鱼。哈哈哈！'""在吴老的指导、帮助、关怀之下，我很快地写出了四幕话剧《秋瑾》的初稿，并且立即投入了排练。"①

1940 年三八妇女节，四幕话剧《秋瑾》在延安首场演出。刚回到延安的邓颖超特地赶到会场致开幕词，向延安各界妇女热烈祝贺节日，同时祝贺《秋瑾》演出成功。此后，话剧《秋瑾》在延安等地进行了多场演出。

1940 年 2 月 7 日，鲁艺全体师生参加延安各界讨伐汪精卫叛国投日大会，吴玉章在大会上讲话。吴玉章有过与汪精卫长期接触交往的经历，领教过汪精卫处处把个人得失放在民族国家利益之上、在政治上一贯墙头草的风格，并对此深恶痛绝。因此，对于汪精卫的降日，吴玉章一点也不感到奇怪。吴玉章说："现在中国已不是三十年前的中国了，也不是十四五年前的中国了。中国有了广大的觉悟青年与革命民众，特别是有了新兴的进步的无产阶级，有了强大的无产阶级的政党——中国共产党，有了最进步的军队——八路军、新四军及其他坚持抗日的军队，有了以国共合作为核心的抗日民族统一战线。"② 一个汪精卫投降日本，是干扰不了抗战大局的，中国是一定能够把抗战进行到底的。

5 月，吴玉章在鲁艺和领导班子成员经多次研究后，就培养部队艺术干部问题形成决议。决议经中央批准后，于 20 日正式公布。决定在鲁艺成立部队艺术干部训练班，当年 6 月开始招生，学员两百名，修业一年。6 月 1 日，吴玉章请茅盾为鲁艺文学系讲授"中国市民文学概论"。茅盾把家搬至鲁艺，讲学至 9 月 24 日。

---

① 中共四川省委党史工作委员会《吴玉章传》编写组. 怀念吴老. 重庆：重庆出版社，1986：110-111.

② 中共四川省委党史工作委员会《吴玉章传》编写组. 吴玉章文集：上. 重庆：重庆出版社，1987：187-188.

6月9日，吴玉章主持鲁艺成立二周年纪念会并发表讲话。毛泽东、朱德、张闻天、任弼时、周扬、茅盾等出席大会。毛泽东重题"鲁迅艺术文学院"校名，同时还题写了"紧张、严肃、刻苦、虚心"八字校训。

鲁艺在吴玉章的领导下，为了适应抗战新形势的发展，为了更有利于专业技术人才的培养，结合吴玉章多年国外留学、考察教育、教学和国内任职大学校长的丰富经验，根据中国共产党的教育思想与革命实践，对原有教育计划做了进一步的调整充实。调整充实后的教育计划更加完善，更加符合实际，并于1940年7月中旬，在第四期新学员开学时执行。这次调整充实后的教育计划明确规定，它的教育目的是培养新文学艺术创作和理论等各方面的专门人才。要求这些人才必须具备马列主义政治及艺术理论之相当修养和基础稳固的某种技术专长。学习年限也调整到两年（实习时间在外）。调整修改的教育计划与前三期的教育计划相比，学习时间延长了，课程设置更加重视知识的全面性与专业基础的训练。吴玉章在主持鲁艺工作期间，非常注重人才培养的质量。不但重视文艺理论与艺术实践的培养，而且十分注重政治思想的教育、政治素质的提高。为了紧密结合实际，解决当时政工与教育有些脱节的问题，吴玉章提议将鲁艺政治处撤销成立干部处，这一提议得到领导班子成员赞同。成立干部处后，工作的面就宽得多了。除了开设政治必修课和开展日常的政治思想工作外，吴玉章还经常出面邀请中央一些领导同志来鲁艺做报告、讲形势。如1940年7月24日，吴玉章邀请朱德总司令来鲁艺做题为《三年来华北宣传战中的艺术工作》的报告。朱总司令在报告中重点谈了三年来华北宣传战的一般形势、敌人在宣传工作中重视利用艺术、我们对艺术在宣传工作中的作用的看法、我们对艺术工作者的要求和希望四个问题。朱总司令说：一个好的艺术家，应当同时是一个政治家。艺术家应当参加实际斗争。在文化运动和宣传战中战胜日本，要靠你们。创造光辉灿烂的新民主主义的艺术，也要靠你们。1942年5月30日，吴玉章邀请毛泽东到鲁艺向全院师生员工做报告。毛泽东在报告中强调指出，只在"小鲁艺"学习还不够，还要到"大鲁艺"去，到工农兵群众的火热斗争和生活中去学习。把自己的立足点移到工农兵这方面，才能成为真正的革命文艺工作者，这样文艺创作才有源泉，才会受到广大群众欢迎。毛泽东的重要指示进一步为鲁艺指明了办学方向。7月，鲁艺在教务处增设了政治教育科及政治理论研究室。

又将全院的公共课内容规定为中国革命史与现状研究及革命人生观与思想方法之修养。

为提高学员的政治素质与业务素质，吴玉章非常强调理论与实际相结合、学与用相一致。为此，鲁艺除课堂教学外，还有大量的课外实习。鲁艺经常组织学员下乡、下厂、下部队，到各机关、团体、学校去担任指导，如指导排剧、教唱歌曲或组织晚会等。学院还规定每三个月必须下乡宣传一次，一方面做宣传，同时还可以收集民间材料，作为文艺的创作素材。另外，学校还定期组织公演，这样既丰富了边区军民的文化生活，同时也是很好的实习。鲁艺本部师生从 1939 年 8 月至 1942 年，下乡、下厂、下部队体验生活后创作的各种剧本就有 20 个。文学系在延安各种报刊上发表的各种文章就有 220 篇，其中通讯报道 119 篇、小说 51 篇、散文 50 篇。1942 年延安文艺座谈会后，鲁艺的师生积极贯彻执行文艺为工农兵服务的方针，深入生活，深入群众，向民间学习，创作和演出了许多深受群众欢迎的作品，如秧歌剧《兄妹开荒》、新歌剧《白毛女》和话剧《粮食》等等。这仅仅是鲁艺师生实践工农兵方向所取得成绩的一部分，在文学和美术创作方面也是硕果累累。

抗日战争极端困难的时期，边区军民积极响应党中央和毛主席的号召，自力更生，掀起了大生产运动。鲁艺的师生员工在院长吴玉章的带领下，积极地参加到大生产运动中。教职员工和学员们，把学习、工作、生产结合在一起，既进行了学习，又锻炼了思想，还减轻了党和边区政府的负担。全院师生员工，除个别老弱病残者外，都以满腔热情投入上山开荒种地，生产自救。通过紧张而艰苦的劳动，鲁艺做到了粮食蔬菜基本自给。吴玉章高兴地说：艺术家拿起锄头上山开荒，古今中外是没有先例的。可是今天鲁艺的艺术家们做了把艺术与劳动相结合的尝试，这是有重大而深远历史意义的。

鲁艺培养出来的文艺队伍，长期活跃在各个解放区和前方后方的各部队，以及友区友军中，为抗日战争和解放战争的胜利做出了重大贡献。

鲁艺 1943 年 4 月并入延安大学，成为下属的一个学院，院名不变，院长由延安大学校长吴玉章兼任。吴玉章从 1939 年 11 月至 1943 年 5 月，担任或兼任鲁艺院长，前后共三年多的时间。在这三年多里，他坚决贯彻党的教育方针，呕心沥血，艰苦创业，开拓前进，直接和间接地为抗日战争和解放战争培养了一支数万人的文艺队伍，其中许多人后来成为新中国成立后党政军群各级文艺部门的领导和中坚力量。这支文艺队伍为抗日战争和解放战争的胜利做出了重大的贡献。吴玉章领导的鲁艺，为中国文学艺术史写下了光辉的一页。一些离休后的"鲁艺人"，当谈起在延安鲁艺学习、工作的日子，总是怀着崇敬的心情深深怀念曾经教育爱护和关怀过他们的老院长——吴玉章。

## 二、中共中央贺吴玉章六十寿辰

1940年1月15日下午，在延安的中共中央领导、各单位和各界代表，或骑马，或步行，兴奋地从四面八方冒着凛冽的寒风陆陆续续地向延安杨家岭中央大礼堂而来。这一天，中共中央为了表彰吴玉章为革命做出的丰功伟绩，专门为他隆重补办六十寿辰庆祝活动。

吴玉章生于1878年12月30日（农历戊寅年十二月初七），这样算来，六十诞辰应该是1938年12月30日。那时，吴玉章正在重庆参加国民参政会和会见各界政要，为维护和巩固抗日民族统一战线奔忙着，直到1939年11月中旬才返回延安。中共中央和毛泽东决定为吴玉章补办六十寿辰庆祝会，具体由中共中央办公厅负责。

1月15日下午，延安中央大礼堂充满了欢声笑语。前来祝贺吴玉章六十寿辰的中央领导和各方代表们欢聚一堂，围坐在吴玉章身旁。年逾花甲的吴玉章鬓发斑白、面庞清瘦，脸上洋溢着幸福的微笑。

庆祝大会开始了，主持大会的中共中央秘书长、中央办公厅主任李富春首先向大家宣布：今天我们欢聚一堂，庆祝敬爱的吴玉章同志六十大寿。话音未落，会场顿时爆发出持久热烈的掌声。

李富春代表中共中央宣读的贺词是："亲爱的玉章同志：当你六十大寿之日，我们特向你致热烈亲切的敬礼！你在六十年的生活中，有四十年是过的革命家的战斗的生活。

"你是中国革命最先进最觉悟的老战士，你始终是前进的，你始终是站在时代的前面奋斗着，因此，你始而参加了同盟会的领导，继而参加了国民党的领导并进而参加共产党的领导。你是炸摄政王的组织者，你是黄花岗起义的参加者，你是辛亥时内江起义的英雄，你是 1925—1927 年革命的领导者，你现在是我党的优秀的领导人和全国人民最高民意机关的代表，你的生活和斗争，是近几十年里一部活的中国革命史的缩影。

"你是我党可贵的历史专家，你的广博的学识，你对马列主义的理论和方法的忠诚探究，你的坚毅不懈的努力，使你在这方面已有了一定的成就，这对于我党和中国人民，都是难能可贵的贡献。"

贺词赞扬了吴玉章对年青一代的关心："你不仅是中国教育界文化界的前辈，而且是青年男女先进的导师，你对青年男女的关心和爱护，你的诲人不倦的精神，给与青年们深刻的印象。"

贺词高度概括和评价了吴玉章对文字改革的贡献："你是中国新文字的创始人之一，你对新文字的贡献及提倡新文字的热忱与成绩，已在中国新文化发展的道路上，放出灿烂的光辉。"

贺词还说："你是中国革命的老前辈，是中国共产党的老布尔什维克，你对党对人民解放事业的忠诚，你的崇高的人格，你的高尚的革命道德，你对同志对人民真诚的热爱，你的艰苦耐劳认真切实的作风，你的谦逊和蔼的态度，将永远成为所有共产党员和革命青年的模范。你的事业，就是中国革命和人类解放事业，一个伟大的事业是一定会在全中国和全世界胜利的。兹以无限热诚祝你健康长寿，祝你能亲见到中国人民和世界人类解放事业的光荣胜利。"[①]

李富春读完中共中央贺词后，接着宣布，请毛泽东主席为吴玉章六秩寿诞致祝词，会场顿时爆发出雷鸣般的掌声。毛泽东笑盈盈地站起身来讲话。他称赞吴玉章同志"一辈子做好事，不做坏事，一贯地有益于广大群众，一贯地有益于青年，一贯地有益于革命，艰苦奋斗几十年如一日，这才是最难最难的啊！"

毛泽东带着饱满、佩服的深情继续说："他从同盟会到今天，干了四十年革命，中间颠沛流离，艰苦备尝，始终不变，这是很不容易的啊。从同盟会中留下到今天的人，已经不多了，而始终为革命奋斗，无论如何不变其革命节操的更没有几个人了。要这样做，不但需要有坚定正确的政治方向，而且需要艰苦奋斗的精神，不然就不能抵抗各种恶势力恶风浪，例

---

① 中共四川省委党史研究室. 吴玉章年谱. 成都：四川人民出版社，1998：243-244.

如死的威胁，饿饭的威胁，革命失败的威胁等等，我们的吴玉章同志就是经过这样无数的风浪而来的。"毛泽东对吴玉章革命功绩和革命品德的客观评价，在会场上引起与会人员的强烈共鸣，大家报以热烈的掌声向吴玉章表示庆贺和钦佩。

毛泽东在祝词的最后，号召全党同志向吴玉章学习，"特别要学习他对于革命的坚持性。这是最难能可贵的一件事，这是我们党的光荣，这是中国革命的光荣。我们今天大家欢欢喜喜地庆祝他的六十生日，我想主要的意义是在这里"①。

毛泽东致完祝词后，国民党代表延安县长高仲谦致辞。他说："对吴玉章同志，很早就敬仰。"他称赞"吴玉章同志是中国革命史上的伟大人物。今天欢聚一堂庆祝他的六十大寿，仅代表县政府，代表国民党，敬祝吴玉章同志健康!"② 并敬送了一幅红色喜幛为吴玉章祝寿，上面书写着"寿人寿世"四个大字。

参加庆祝大会的中央领导和延安各机关团体代表也纷纷向吴玉章献上祝词。在陕甘宁边区政府副主席高自立代表边区参议会、政府和高等法院向吴玉章祝贺六十诞辰之后，吴玉章的亲密战友林伯渠站起来，激动万分地高声诵读了他为吴玉章所作的贺词。林伯渠满怀深情地追忆起和吴玉章出生入死、患难与共的艰苦岁月，在场的人无不被他们真挚深厚的革命友谊所感动。特别是林伯渠读到"我们都是马恩两个伟大导师的忠实的学生，没有他们的伟大天才和不朽贡献；然而，我们两人间多年战斗的友情是足以和他们先后辉映的"时，会场上又响起了雷鸣般的掌声。

林伯渠最后欣喜地说道："为了这难逢的佳辰，为了值得珍贵的友谊，为了胜利的明天，我们痛饮一觞吧！祝福你健康地生活下去，我们是应该活到、看到那个我们斗争了几十年所要追求的新社会的!"③

张鼎丞为吴玉章献上的贺联是"为民族解放与社会解放长期奋斗，祝身体健康与精神健康福寿无疆"。之后，中央统一战线部、中央财政经济部、中央妇委、中央党校、新中华报社、青联、边区文协、边区学联、八

---

①　中共四川省委党史研究室. 吴玉章年谱. 成都：四川人民出版社，1998：244-245.

②　同①245.

③　同①247-248.

路军驻陕办事处、抗大、女大、化工厂等机关和单位的代表相继宣读了祝词。

鲁艺的教职员为他们的院长送上热情洋溢的祝词："在你的六十岁的生日我们来向你致敬，因为你光荣地参加了中国的三次伟大的革命，在每一次革命里你都是一个强有力的，站在最前线的战士。你的事业代表了中国革命的事业，你的道路就是中国革命的道路。我们向你祝贺，向你欢呼，而且热烈地拥抱你，就犹如向着革命祝贺，向着明天的胜利和光明欢呼，而且伸出我们的手臂去拥抱未来的幸福的新中国。

"六十年是长长的日子。在漫长而崎岖的中国的革命的道路上，许多你过去的伙伴英勇地牺牲了，或者悲观地放下了武器。而你，吴玉章同志，却一直向前走着，到今天你还是微笑地站在我们的队伍里，站在我们的前面，仿佛不是你追随着进步而是进步追求着你。我们来向你致敬，因为我们要学习你。

"我们这一群年青的，献身革命的艺术工作者快活地围绕在你身边，像围绕着一个给我们以温暖和光亮的火炬。你不但是我们很尊敬的老同志，而且是我们很亲近的领导者。"①

所有这些祝词都表达了从内心深处发出的对吴玉章的敬重之情，每一篇祝词都引起了全场热烈的掌声。吴玉章在大家的祝贺声中，脸上始终浮现着亲切的笑容。祝词宣读完毕，主持人李富春向大家高声说道：下面请我们今天的主宾、寿星吴老讲话。在热烈的掌声中，吴玉章站起来致答谢词。他首先向党中央和所有来祝寿的同志及来宾表示感谢，接着娓娓地讲述了自己几十年来的革命经历和内心感受。与会同志静静地倾听着吴玉章的讲述，这是一位革命老人用几十年来的奋斗不息的精神和坚韧沉毅的生命谱写的一部活的中国革命史。

在答谢词的最后，吴玉章意气风发地表示：从旧的革命到新的革命，我是不息的，我不肯休息在半途，为民族社会的彻底解放而奋斗。今天在党和毛泽东同志的领导下，本着革命的精神，与老战友手携手地完成工作，祝革命的胜利！

老骥伏枥，志在千里。吴玉章激情豪迈的讲话，引起了同志们兴奋热

① 中共四川省委党史研究室. 吴玉章年谱. 成都：四川人民出版社，1998：251－252.

烈的掌声，庆祝大会被推向高潮。宴会开始了，同志们举起酒杯，在李富春的倡议下，齐声敬祝"吴玉章同志永远健康！"以此表达全党同志对吴玉章的深情祝福。

庆祝大会后不久，吴玉章接到毛泽东的一封信和一份文稿。信上说："吴老：写了一篇理论性质的东西，目的主要为驳顽固派，送上请赐阅正指示为感！"毛泽东所说的"理论性质"文稿，系毛泽东 1940 年 1 月 9 日在陕甘宁边区文化协会第一次代表大会上所做的长篇演讲，题为《新民主主义的政治与新民主主义的文化》。这篇演讲后经毛泽东修改补充，于 15 日完稿①。以吴玉章深厚的政治与文化研究功底和谦虚的性格来推测，他接到毛泽东的信和文稿后，一定会十分认真地阅读，并将自己的意见回复毛泽东。

# 三、新文字干部学校校长

党中央落脚延安后，陕甘宁边区虽然在文化教育和扫盲方面做了许多工作，但成效并不明显。1937 年就成立了延安市新文字促进会，旨在推动中国文字改革，推广新文字教育，但广大人民群众中仍有 80% 以上的人员是文盲。全面抗战开始后，陕甘宁边区的广大人民群众为了抗击日本帝国主义纷纷参军参战，部队和机关中的文盲也随之增加。为了加速部队机关战士干部文化素质的提高，以毛泽东为首的党中央和陕甘宁边区政府，都十分重视边区的扫盲工作，制定了有关政策。正是在这种情况下，吴玉章一回延安就和陕甘宁边区政府主席林伯渠等人研究，决定用拉丁化新文字来开展扫除文盲的工作。这是一个广泛的群众性的文化学习运动，是继 20 世纪 30 年代初期，吴玉章、林伯渠等在苏联远东地区中国工人中用拉丁化新文字开展扫盲工作后，进行的又一次文字改革试验。

1940 年 1 月，毛泽东在《新民主主义论》中明确指出："文字必须在一定条件下加以改革，言语必须接近民众，须知民众就是革命文化的无限

---

① 中共四川省委党史研究室. 吴玉章年谱. 成都：四川人民出版社，1998：254.

丰富的源泉。"① 吴玉章热烈拥护并坚决贯彻执行毛泽东的这一指示。他积极酝酿成立文字改革团体，提倡在过去推行新文字工作的基础上，继续在陕甘宁边区和敌后抗日军民中，利用新文字扫除文盲和学习文化。2 月 15 日，吴玉章在《中国文化》创刊号上发表《文学革命和文字革命》一文。吴玉章的文字改革行动得到了毛泽东的赞同。吴玉章与林伯渠、董必武、徐特立、谢觉哉"五老"发起组织"陕甘宁边区新文字协会"。他们在联名拟定的《陕甘宁边区新文字协会组织缘起》中说："由于中国政治经济落后，汉字的难于学习，文盲占 80％以上。在紧张繁忙的抗日战争中，采用拉丁化新文字'只在它的大众化，只在它消灭文盲上，认为它有绝对的有效意义'，'采用新文字作教育工具，是最实际而不待踌躇的问题'。'我们并不企图目前即刻用新文字代替汉字……目前我们所要做到的便是利用新文字来教育文盲，使他们在最短时间内可以用新文字学习政治与科学，也还可以利用新文字去学习汉字……而同时新文字又能单独自由应用'。"当时，在《缘起》上署名的发起人有吴玉章、林伯渠等 99 人，又将《缘起》分送中央领导和各部门负责人，在上面署名的赞助人有毛泽东、朱德等 52 人②。

1940 年 1 月，吴玉章当选为陕甘宁边区文化协会名誉主席、陕甘宁边区文化协会新文字运动委员会主任委员。吴玉章参加文字改革的同时，还参加了延安各界蒙古文化促进会的一些筹备工作，并领衔在《新中华报》上发表《蒙古文化促进会缘起》。4 月底，陕甘宁边区少数民族文化促进会、蒙古文化促进会成立，吴玉章被选为理事。

1940 年 11 月 7 日，陕甘宁边区新文字协会召开成立大会，大会推举毛泽东为主席团名誉主席，吴玉章、林伯渠等为主席团成员。会议还决定11 月 7 日为"中国文字革命节"。吴玉章首先在大会上做报告。报告历述了中国政治、经济、文化落后的状况，以及在国际宣传中汉字的许多不便之后，引用列宁的话来说明：在一个文盲的国家内是不能建成共产主义社会的。吴玉章又说："中国要建立一个新民主主义的国家，如果全国满是

---

① 毛泽东选集：第 2 卷. 2 版. 北京：人民出版社，1991：708.

② 王宗柏. 吴玉章同志对中国文字改革的贡献//吴玉章. 文字改革文集. 北京：中国人民大学出版社，1978：244.

文盲，是建立不起来的。"他总结了办新文字训练班的经验，以延安扫盲联合会十八岁农村妇女周子桂，用新文字学习在一个月时间内就能看书写字为例子，证明新文字容易学会，容易应用。然后，吴玉章遵照毛泽东关于当年必须用新文字试办冬学、扫除文盲的指示，提出了协会的任务：一是帮助政府用新文字开展冬学运动和国民教育与社会教育，首先从延安市、延安县做起，逐渐推广到全边区和其他地方。二是出版新文字报和各种新文字课本、字典和读物。三是开办新文字训练班培养干部。四是加紧对中国语文的研究，首先研究边区方言、土语。五是和边区蒙回民族团结密切联系，研究和制定蒙回民族语言拉丁化方案。六是和全国各地新文字团体、进步的语言学者密切联系，推动全国语文改革运动。最后，吴玉章号召大家共同努力，为彻底扫除文盲，为创造真正大众化的新民主主义文化，为推广大众的、科学的中国新文字而斗争。

陕甘宁边区政府主席林伯渠在会上也做了讲话，他说："使我更加相信边区的新文字运动和协会的工作，在吴老领导之下，一定会有很大的成绩。"并表示"要用新文字扫除边区文盲，提高边区人民的文化水平，使边区在文化工作方面也成为全国的模范"。后来，边区政府公布了《关于推行新文字的决定》，规定了新文字在边区范围内的合法地位："可以用新文字写报告，递呈子，记帐，打收条，通讯……一切用途，在法律上与汉字有同等效力"[①]。大会最后选出毛泽东、朱德等五人为名誉理事，林伯渠、吴玉章、徐特立、董必武、谢觉哉等四十五人为理事，选举吴玉章为陕甘宁边区新文字协会会长。

新文字协会成立后，吴玉章在 1940 年 11 月 10 日主持召开了新文字协会第一次理事会议，研究新文字的法律地位、干部训练、读物编辑、对外宣传联系、小学课本中新文字配备等问题。会议决定先在延安市、延安县试点用新文字办冬学，取得经验后就在边区普遍推广。不久以后，就在延安新市场开办了新文字冬学教员训练班，景林担任训练班主任。这批学员是从陕北公学和泽东青年干部学校调来的，共 70 余人。吴玉章自编教材，给学员上课。由于吴玉章、徐特立等耐心讲授，训练班在计划的三个月内

---

① 王宗柏. 吴玉章同志对中国文学改革的贡献//吴玉章. 文字改革文集. 北京：中国人民大学出版社，1978：245.

就取得了很好的成绩。训练班学员毕业后，被分配到延安市和延安县，很快创办起新文字冬学63所，招收学生1563人[①]。11月12日，吴玉章为即将创刊出版的《新文字报》撰写发刊词。1941年1月17日，在吴玉章的支持下，新文字协会成立延安西区分会，他被分会选为名誉理事。

为了检查延安地区试办冬学的效果，推广其经验，1941年1月，举办了延安市、延安县新文字冬学成绩展览会。吴玉章当时身患重病未能参加，但为了支持展览会，仍然坚持写了一封热情洋溢的贺信。他在信中说："我们用新文字在延安县、延安市试办的冬学已经有了成绩可展览，这是大众化、拉丁化开始的工作，虽然成绩很小，还很幼稚，但它的意义却很大。"他说只要我们切实推行"三个月至五个月，一定可以使大众的新文字学会"取得好成绩，"三年至五年，我们百分之八十以上的文盲，就可以消灭"。他引用了革命导师列宁"拉丁化是东方伟大的革命"的话，并展望了未来。他说：我们在延安推行拉丁化新文字，就好比掌握着历史前进的火车头，将来必将用拉丁化的新文字，创造出合乎科学、合乎逻辑、合乎文法的大众语言和言文一致的新文字。最后吴玉章号召说：当前抗日民族解放战争正处在紧急关头，我们要用新文字这个工具，教育群众，组织群众，战胜日本帝国主义。

由于在延安市、延安县试办新文字冬学扫除文盲工作取得了经验和成绩，陕甘宁边区政府决定：在全边区范围内广泛用新文字办冬学，展开大规模的扫盲工作。为满足全边区推行新文字办冬学骨干教师的需求，陕甘宁边区政府决定在原新文字冬学教员训练班的基础上，筹建一所新文字干部学校，吴玉章担任校长，王志匀担任副校长，景林任教务主任。

延安新文字干部学校于1941年2月成立，校址设在延安城外清凉山北侧和尚塌。原有的几孔旧窑洞，根本不够办学条件，吴玉章带领学员削山挖窑洞，修建校舍。3月18日，新文字干部学校举行开学典礼，吴玉章在讲话中希望学员们真正安心学习。为了培养比较全面的骨干，学校开设的课程有文字研究（包括文字学、语言学和汉语拉丁化）、中国文法、教学法、数学、世界语、中国通史、世界经济地理、自然科学、音乐、美术、公民常识等，学制2年。

---

① 政协延安市委员会文史资料委员会. 延安革命遗址. 2004：327.

　　学员入学后，感到教学设备及图书资料严重缺乏。吴玉章不仅亲自参加劳动，还鼓励学员想办法。上课无教室，大家就动手去砍榆树枝，在窑洞门前搭棚子为课堂；没有黑板，就把窑洞旁边的山坡削平，抹上黑木炭水或白石灰；没有课桌，就把自己的膝盖当课桌；没有凳子，就把背包或石块当座位①。

　　学校制定了校规校纪，以从严治校为根本。吴玉章住在延安北郊杨家岭，每周有四五天骑着毛驴来上课，和其他教师一样批改学员作业，还经常抽查学员作业完成情况，开展课外辅导。吴玉章讲授的课主要是"中国旧文字的源流""拉丁化新文字方案的制定和历史发展""中国音韵学常识""新文字发音方法""经济学"等。除了专职教员外，吴玉章还聘请了学有专长的兼职教员。教学方法灵活多样，教员还根据学员的文化程度，因材施教，把教授、自学、讨论和漫谈结合起来。学校注重学员运用能力的培养，有目的地进行一些课外实践活动。

　　吴玉章为了推行新文字，尽快扫除陕甘宁边区的文盲，编写或主持出版了《新文字发音方法》《新文字丛书》《小字典》等。吴玉章还把自己多年研究的成果整理出来，出版了《新文字与新文化运动》等著作。为了更好地推行新文字，吴玉章到多地观摩取经，做讲演，写通讯。为了搞好陕甘宁边区这块新文字"试验田"，并且推进它的发展，吴玉章特地请毛泽东和朱德为《新文字报》题词。5 月 15 日，毛泽东为《新文字报》题词"切实推行，愈广愈好"。朱德的题词为："大家适用的新文字，努力推广到全国去"。毛泽东和朱德的题词，对广大新文字工作者是一个巨大的鞭策和鼓舞，对开展新文字运动起到了很大的推动作用。

　　6 月 4 日，吴玉章为《解放日报》所写的《推行新文字与扫盲教育》的社论，答复了那些对新文字存在疑虑的人提出的问题，指出："有历史意义的边区施政纲领，把扫除文盲推广新文字教育作为最重要的文化政策，这是有着严重的政治意义的"。"并不是说，新文字已经是尽美尽善的文字，也并不是说它在推行中不会遇到困难。不是的！新文字还是初创的东西，萌芽的东西，它还有许多不完善的地方需待研究和改善，它也还没有普遍应用到社会生活中去"。吴玉章又说："新文字运动不是一件简单的

　　①　许忠富. 吴玉章教育思想研究. 成都：四川大学出版社，1998：84.

工作，也不是少数人提倡提倡就会进展的。要扫除全边区全中国的文盲，要改革几千年来根深蒂固的旧文字，这决不是少数人所能胜任，而是一件长期艰巨的革命事业，没有广泛地努力地去推行是不会成功的。""我们并不是要在边区或全国很快地废除汉字，因为这是一个长期的事情。我们目前要作的，只是首先使绝大多数不识汉字的人能够解脱不识字的痛苦，并提高他们的文化水平。我们知道，要创造一个新民主主义的社会，在满是文盲的国度里是建设不起来的。我们必须尽量深入到乡僻区域去扫除文盲，使我们正在生长起来的一代人没有不识字的。我们要使正在生长起来的一代人，每个人的能力和政治文化水平都赶上或超过世界最文明国家每个人的能力和政治文化水平。"①

在陕甘宁边区新文字协会的安排布置下，中国共产党敌后各抗日根据地和八路军、新四军的许多单位都成立了新文字团体，如"新四军新文字研究会"等，广大军民利用新文字扫盲和学习文化。在日寇占领区和国民党统治区，新文字也得到传播。以革命圣地延安为中心开展的全国性新文字运动，为新中国成立后全面进行文字改革提供了有益的经验。

到 1941 年底，陕甘宁边区各县试办冬学 350 多所，学生达到 7 000 多人。1943 年 4 月，新文字干部学校并入延安大学，学校继续在吴玉章的领导下开展工作。

吴玉章在延安从事新文字改革的事业，是从人民的利益出发的，是为千千万万的工农群众着想的，是为子孙后代造福的。他创造性的劳动得到党和人民的高度评价。中共中央在祝他六十大寿的贺词中说："你是中国新文字的创始人之一，你对新文字的贡献及提倡新文字的热忱与成绩，已在中国新文化发展的道路上，放出灿烂的光辉。"②

# 四、延安大学校长

延安大学诞生在世界法西斯势力最为猖狂的 1941 年。这一年，中国

---

① 中共四川省委党史工作委员会. 吴玉章教育文集. 成都：四川教育出版社，1989：67-70.
② 中共四川省委党史研究室. 吴玉章年谱. 成都：四川人民出版社，1998：244.

抗日战争处于最艰苦、最困难的时期。当时，日本帝国主义在中国疯狂地实行"三光"政策；国民党蒋介石制造"皖南事变"掀起第二次反共高潮，1941年初发出明令，严禁国统区革命青年奔向延安。因此，当时边区一些学校学生人数减少。在这种情况下，如何集中非常有限的人力、物力、财力继续办学并把学校办好，就成了摆在党中央和边区政府面前一个需要认真研究解决的大问题。同时，革命形势的发展也要求延安的高等教育和干部教育逐步走向正规化和专业化。为此，中共中央政治局两次召开专门会议研究办大学的事。7月13日和30日，中共中央政治局在毛泽东的主持下，两次讨论张闻天"青干、女大、陕公等合并成立大学"的提议。7月30日会议决定将延安原有的泽东青年干部学校、中国女子大学、陕北公学三校合并，成立延安大学。吴玉章为校长，赵毅敏为副校长。校址设在原中国女子大学校址——延安城北王家坪北山。

9月5日，延安大学在《解放日报》刊登招生启事，要求报考学生于9月15日前来学校教育处报名。9月19日中学部开始上课。9月22日学校举行开学典礼[1]。

9月22日，延安大学开学典礼如期举行，全体师生员工参加。吴玉章主持典礼并讲话，他说："延安大学成立了，这是教育上很大的转变。中共中央以及边区政府在延安推行新的教育。中国学术和教育都很空虚不实际，这是很大的毛病。满清的士大夫，都是迂夫子，只懂做八股，不跟现在事情发生关系，考上进士翰林就能做官，所以戊戌政变时，废科举办学校及派留学生出洋，当时的青年很拥护。后来先进青年忙着革命，没工夫做实际工作，另一方面政府不用专门人才，只要人事关系搞好就成，弄得学非所用。今天，大后方的教育仍是无甚用处。在我们革命的地方，过去因为前方需要，六个星期就训练完毕，只学会一般革命的基本课程，近两年还是如此，还是很空虚。主观主义、教条主义做不好事情，不能使我们活泼地运用马列主义。目前我们要应付这个革命的时代，教学方法就感到不够。我党实行整顿学校，变成正规化，纠正不切实习惯。今后要培养能做事的了解中国国情的青年，大家要努力学习科学和外国语。"[2] 他说，延

---

①　《延安大学史》编委会. 延安大学史. 北京：人民出版社，2008：54.

②　中共四川省委党史工作委员会. 吴玉章教育文集. 成都：四川教育出版社，1989：71-72.

安大学的教育方针是实施新型正规化的新民主主义教育，大量培养为人民服务的各项专业干部及普通干部。在教学上要达到理论与实践统一，学用一致的目的。就是学习理论必须联系实际，以理论说明实际，使学员体验到什么是理论与实践结合，进而了解到或实践到理论与实践如何结合。

参加开学典礼的中共中央宣传部副部长徐特立在讲话中指出："前进的政党要把握政治，也要把握技术，旧的政治第一的口号应该废除，今后政治与技术都要把握。在今天，我党不仅领导政治，也要领导技术。"艾思奇代表教职工发言。最后由学生代表发言，他们表示要根据校长和老师及来宾的指示，克服学习中的教条主义，学会根据理论原则解决实际问题①。

吴玉章接掌延安大学后，立即根据他多年的领导学校和教学的经验，亲自拟定出《延安大学教育方案（初稿）》。这个初步的方案分四大部分，对延安大学的办学"方针""学制""课程""教学"等做出规划。方案后经研究修改形成延安大学初创时期的四个目标：一是延安大学是一所为培养党与非党的各种高级的中级的专门的政治、文化、科学及技术人才的学校。二是政治与技术并重，应以学习有关专门工作理论与实际的课程为主。三是推行新教育，反对过去那种"空虚""不实际"的教育，"反对公式"，"反对教条"，在教学中贯彻理论与实际一致的原则。四是延安大学的教育目的"不但在专门技术知识的获得，且更应注意养成学员的伟大品格"。这些教学原则的提出，表明学校不但重视给学员传授知识技能、发展认识能力的教育，而且重视对学员进行思想政治和品德的教育，使学员既掌握参加革命和建设的本领，又具备献身于革命事业的高尚品德。

延安大学的教学计划规定：学习占 80%，生产占 20%；校内学习占 60%，实习作业占 40%；公共课占 30%，专业课占 70%。公共课程有"边区建设概论"、"中国革命"、"革命人生观"、"边区民主建设的现行政策"、时事教育等。专业课如教育系，设有"边区教育文化概况""小学教育""中学教育""社会教育""教材研究""现代中国教育思想研究"等②。

---

① 解放日报，1941-09-23.
② 高奇. 中国现代教育史. 北京：北京师范大学出版社，1985：199-200.

延安大学在教学中坚持理论与实践相结合的原则，"全部教学内容以适合并服务于各个根据地目前实际需要的原则，本着重研究现状，特别是边区的实际材料，并参加边区各种有关方面的活动和工作"。这样使教育与实际紧密联系，达到学以致用的目的，克服了边区过去教育中存在的教条主义和形式主义。

吴玉章在延安大学不但十分重视教学质量的提高和教材内容、教学方法等的改进，而且也十分重视学校科学研究工作的开展。他主张在科学研究方面"百花齐放"，开展各种讨论，任何观点和意见，均可充分争鸣。他首先自己带头，在学校组织了"中国语文研究会"，研究内容为文字学、文法学、国文教学。吴玉章专门为语文研究会的同志讲授文字学，还经常参加学校教师和学生组织的研究会活动。在吴玉章的带动和影响下，学校学术研究的空气十分浓厚，各种学术团体十分活跃。如部分师生组织"老实学社"，出版《老实学》刊物。其他如"马列研究会""新体育学会""延安教育学会""新法学会"等等，也都办得有声有色。

吴玉章主持延安大学工作期间，正是延安经济最困难的时期。为把解放区党领导下创办的第一所新型的、综合性大学办好，为中国革命培养一代新人和所需要的各方面干部，吴玉章根据他早年执掌成都高师的办学经验，以及在欧洲留学和在苏联从事教育工作的经验，本着从严治校、从严治教的原则，一开始就制定出严格的规章制度，重视校风校纪建设。同时，在学校实际工作中吴玉章也有计划地加强民主管理，以培养学员好的作风和好的思想。全校学生组织有学生会，各班有班委会。学生的学习和生活采用民主管理的方式，一切有关学生的学习和生活问题由学生自己讨论提出，学生有权对学校工作提出批评和建议。学生在不违背党和人民利益、民族利益的原则下，在向学校登记后，可以组织各种政治、学术团体，参加各种政治活动和学术活动。在延安大学成立一周年纪念大会上，吴玉章向全体师生员工提出要求：延大今后不应当只是学科学的学校，而且应当是学做人的学校。

1943 年 3 月 16 日，中共中央西北局召开常务会议，讨论了延安大学、自然科学院、鲁艺等校的精简问题，决定将鲁迅艺术文学院、自然科学院、民族学院和新文字干部学校并入延安大学。吴玉章任校长，周扬任副校长，各校合并的筹备工作由周扬负责。校址设在原鲁艺校址，即延安桥儿沟。

4月，鲁艺、自然科学院、民族学院和新文字干部学校正式并入延安大学。5月15日，学校发布《通报》，正式公布学校合并有关事宜，公布了学校院系、机关机构设置和干部任命，并宣布从即日起，五校统一以延安大学的名义对外办公①。学校的实质合并到9月才最终完成，学校也达到空前的规模，学生人数比以前整整扩大了一倍，达1600多人。院系设置也进行了较大的调整，由三院三系和中学部调整为四院一部，即鲁迅文艺学院、自然科学院、社会科学院、民族学院和中学部，同时，在社会科学院附设新文字系。吴玉章不再兼任鲁迅文艺学院院长，院长由副校长周扬兼任。

1944年4月7日，中共中央西北局、陕甘宁边区政府决定，延安大学与行政学院合并，仍名延安大学，由边区政府直接领导，周扬、王子宜分别为正、副校长。5月24日下午，新组建的延安大学在边区政府大礼堂隆重举行开学典礼。中共中央与边区政府领导毛泽东、朱德、徐特立、吴玉章、李鼎铭等亲临会场。副校长王子宜主持会议，周扬做延安大学开学的意义及今后的方针的报告。毛泽东在会上做了重要讲话，号召师生在政治上要学习统一战线、"三三制"、精兵简政的方针，学习各种政策与方法。在经济上要学习如何发展工业、农业、商业和运输业。要帮助三十五万农民做到耕三余一，要帮助老百姓订一个植树计划，十年内把历史遗留给我们的秃山都植上树。还要使边区老百姓每个人至少识1000个字。要提倡卫生，要使边区1000多个乡每乡设一个医务室。还要教会老百姓闹秧歌、唱歌，要达到每区有一个秧歌队，家家有新内容的年画、春联②。毛泽东讲话后，朱德发表讲话。作为前任校长的吴玉章在讲话中简要地对中国历来大学教育进行了列论和批判，对延安大学继续寄予了热烈期望并加以勉励。

吴玉章创建、主持延安大学期间，正是延安经济最困难的时期，一缺经费，二缺教员，物质条件极端困难。在十分艰苦的岁月里，吴玉章在党中央、边区政府的领导和支持下，紧紧依靠全校师生员工，艰苦创业，艰苦奋斗，使延安大学办得很有生气，很有成绩。1965年4月22日下午，

---

① 王纪刚. 延安大学校. 西安：世界图书出版西安有限公司. 2016：125.
② 《延安大学史》编委会. 延安大学史. 北京：人民出版社，2008：80.

吴玉章在接见延安大学校史征集工作人员时曾经谈道："延安大学的成立，这是教育上很大的转变，是中共中央和边区政府在延安推行新的教育。它是中国共产党革命教育史上第一所规模较大的综合性大学。"[①] 所以说，这一时期的延安大学已经发展成为中国共产党民主革命时期在革命根据地创办的第一所规模大、学科专业设置较全、办学层次多样化的综合大学。

## 五、朱德邀请考察南泥湾

在延安大学工作走上正轨之际的 1942 年夏季，朱德总司令特别邀请身体欠佳的吴玉章、续范亭（晋西北边区行政公署主任，1941 年 5 月因病从晋西北转赴延安休养）和徐特立、谢觉哉同去考察大生产运动搞得最好的地方——南泥湾。朱德还考虑，如果时间允许的话，再安排吴玉章和续范亭在南泥湾休养一段时间。吴玉章到延安后的几年中，忙于教学和其他一些重要事情，没有时间对延安周边一些地方进行调研。他早就听说南泥湾轰轰烈烈的大生产运动成绩喜人，非常想去实地考察学习一下，但一直没有抽出时间。这次，朱总司令出面邀请了几位熟悉的老朋友同行，真是好机会，吴玉章欣然接受了朱德总司令的盛情。于是，吴玉章将延安大学的工作向副校长等做了安排，又向中央报告请了一段时间的假。

大生产运动是中国共产党和它领导的八路军、新四军等在抗战时期，被迫进行的一场生产自救运动。在全面抗战初期，陕甘宁边区和八路军、新四军的财政开支相当一部分是国民政府颁发的军饷和华侨、国际友人的捐赠。1938 年，外援占边区整个经济收入的 51.6%。全面抗日战争进入相持阶段后，由于日军作战逐步转向敌后战场和国民党实行消极抗日积极反共的政策，陕甘宁边区和敌后各抗日根据地在财政经济上日益困难。从 1939 年开始，国民党在陕甘宁边区周围修筑了五道封锁线，西起宁夏，东至黄河，绵延一千余里。国民党用来包围边区的军队，经常有七八十万之众。与此同时，蒋介石停止了对八路军、新四军的枪弹供给，甚至连外国红十字会捐赠给八路军、新四军的物资也加以扣留。为了对陕甘宁边区实

---

① 《延安大学史》编委会. 延安大学史. 北京：人民出版社，2008：79.

行严密的经济封锁，蒋介石竟假"防敌""缉私"之名，设立种种队伍和机关，密布在陕甘宁边区周围的要冲地区。1940年以后，国民党组织了所谓"经济游击队"十个大队，国民党政府财政部在陕甘宁绥区设立了所谓"货运稽查处"及其分支机构，此外还有所谓"运输统制品监察处"及其分支机构、军委会所属的所谓"特检处"以及"航空检查所"等等，名目繁多，难以胜数，但实际上这些都是用来对陕甘宁边区实行经济封锁的。蒋介石想困死、饿死延安军民，不仅禁止军需物资和交通运输、医药卫生器材进入边区，就是棉、粮、油、布以及其他日用物品进入边区，也一律遭到禁止。

当时，毛泽东在《抗日时期的经济问题和财政问题》一文中说："我们曾经弄到几乎没有衣穿，没有油吃，没有纸，没有菜，战士没有鞋袜，工作人员在冬天没有被盖。国民党用停发经费和经济封锁来对待我们，企图把我们困死，我们的困难真是大极了。"

面对蒋介石的封锁政策，为了实施自救，1939年2月2日，中共中央在延安召开了生产动员大会，毛泽东在会上发出了"自己动手"的号召。

1942年7月10日，吴玉章等到南泥湾考察时，南泥湾已经变成了陕北的好江南。考察路上，几位老人兴致都很高，和同行的年轻人一样朝气勃勃。出延安不久，山峦上，但见森林茂密、古木参天，一阵阵清风吹来，使人心旷神怡，感到格外清爽。朱总司令在陪几位老人考察的记游诗里这样写道：

> 行行卅里铺，炎热颇烦躁。
> 远望树森森，清风生林表。
> 白浪满青山，绿叶栖黄鸟。
> 登临万花岭，一览群山小。

吴玉章说：这是多么美妙的景致！多么广阔的胸怀！若非身历其境，是无法领会其中意味的。比如"白浪满青山"，那白浪是山上的桦树叶，它的表面是绿色，背面是白色，被风吹翻动，远远望去，就如白浪一般。诗是好诗，景也的确是好景啊！

车子慢慢地开到南泥湾时，又是一番景色。只见不远处的半山上有一排整齐的窑洞，那是新辟的市场。平川里引水灌田，种上南方的水稻，漫山遍野都是绿油油的庄稼。屯垦部队还办起了木工厂、农具厂、纺织厂、布鞋厂、皮革厂、皮鞋厂、造纸厂。

朱德陪同吴玉章等考察完南泥湾后就回延安去了，他特地安排吴玉章和续范亭在南泥湾休养。

8月1日，南泥湾的中心南阳府物资交流市场举行开幕大会，吴玉章应邀出席。南泥湾周围各地军民都纷纷赶来参加盛会。一时间，人山人海，拥挤万分。朱德总司令亲临会场，先看望了吴玉章，然后登台讲话。他说：边区军民和敌后军民，正在响应毛主席的号召，努力生产，克服困难，一定能积蓄反攻力量，打败日本帝国主义！顿时掌声如雷，"毛主席万岁"的欢呼声回旋于山谷中，经久不息，空前盛况难以言表。吴玉章说："我带着无限兴奋的心情，回去把盛况告诉了续范亭同志。他那天因病未去，开始感到遗憾，但听罢却兴奋异常，不能自已，立即提笔写诗，一挥而就。我记得这首诗的开头两句便是：

南阳八一新市开，各处军民结队来。

"真是开门见山，一下就道出了军民赴会的欢乐心情，读了令人感到痛快。这首诗的最后两句也写得很好：

会罢归来迎晚照，山头犹卧白云堆。

"多么潇洒的气派，多么深厚的韵味！但不知怎么，我觉得这两句诗里面，似乎把他的无限遗憾之情也包括进去了，不及开头两句那样明快。

"看到南阳府新市场那样的繁盛，很自然地便会想到它的过去。这些日子，我住在南泥湾，对它过去的历史情况已经作了初步的考察。抚今追昔，人们总是容易发生感慨的。我这时的心情，也是感慨万端。"①

原来的南泥湾地区，特别是它的中心南阳府，由于土地肥美，一百年前，还是个人烟稠密、相当繁华的地方。从1862年到1873年（清朝同治元年到同治十二年），陕西、甘肃、青海等地的回族人民，在太平天国农民革命运动的影响下，发动了大规模的武装起义，反对清政府对回族人民的疯狂杀戮和黑暗统治。这次起义时间长、地区广、斗争复杂。起义过程中，西北回族人民曾遭到清军的反复残酷杀戮。起义失败后，南泥湾地区

---

① 吴玉章回忆录. 北京：中国青年出版社，1978：197-198.

形成了大面积杳无人迹的荒山野岭。八路军屯田部队到来后，曾几何时，情况就完全改变了。中国共产党领导下的大生产运动取得了辉煌成就，这使吴玉章感动、佩服、兴奋。从小就喜爱杜甫纪实、叙事诗作的吴玉章，特仿杜诗《北征》的体裁，写了一首《和朱总司令游南泥湾》的五言诗：

> 三十一年夏，七月有七日；
> 抗战满五年，寇焰犹未息。
> 敌后苦坚持，艰难出奇策；
> 斗争本长期，破贼不须急。
> 国际新环境，民主结同盟；
> 时间于我利，全盘韬略精；
> 今年平德寇，明年歼日兵；
> 胜利在不远，努力接光明。
> 军书虽旁午，建国须督促；
> 举世称朱毛，撑持我大局；
> 整风健思想，经济求自足；
> 大敌正当前，团结互忠告。
> 将军有深谋，战略要兼收；
> 屯垦复生聚，建国多芘筹。
> 我闻南泥湾，土地皆肥沃；
> 风景称绝佳，森林更茂密。
> 七七纪念后，朱公约我游；
> 观察一年绩，任务完成否？
> 汽车出延市，风驰达岭北。
> 公路新筑成，迤逦登山脊。
> 四望众山低，殷绿连天碧。
> 盛夏草木长，大地无空隙。
> 南有九龙泉，西有万花山；
> 中心南阳府，东北金盆湾。
> 良田千万顷，层峦四面环；
> 青山与绿水，美丽似江南。

纵横百余里，"剿回"成荒地。

七八十年来，一向少人至。

旷野雉兔走，深林虎豹肆。

如此好山河，焉能久弃置？

公率健儿来，荒地次第开。

非徒益军饷，也在育英才。

经营勤计划，佳产试培栽。

川谷多开阔，沟洫导纡回。

平原种嘉禾，斜坡播黄麦。

牛羊遍乡野，鸡犬满家室。

窑洞列山腰，市廛新设立。

农场多新种，工厂好成绩。

四方众来归，群策复群力。

工农各得所，士兵勤学习。

空气常清新，疗养可勿药。

人人称乐土，家家皆足食。

事本在人为，经纶权小试；

他年复国土，都成安乐地。

诗作完成以后，吴玉章自己也深情地说："我的这首诗，不仅辞句未工，而且近乎拖沓，但把当时的事实记下来了，所以我一直把它保存下来。1958年初，《红旗飘飘》编辑部来信向我索诗稿，我便将它拿去发表。我发表这首诗的目的，不是让青年们来欣赏我的诗句，而是要他们学习'我党同志在艰难困苦中所创造的优良作风'，为此，我还特地附了一封信在后面，说明我的意思。在抄写这首诗的时候，我的一位服务员张同志发觉其中'"回乱"成荒地'一句不妥。他说：'回乱'虽然打了引号，但说'回乱'成荒地，仍把荒地的责任放到回民身上了，还是不好。我非常赞赏他的意见。于是大家斟酌了一番，才把'"回乱"成荒地'改成了'"剿回"成荒地'。虽然只改动一个字，但意思却大不相同了。古人有所谓一字之师，我看张同志就是我的一字之师。可见一个人必须随时随地向别人学习，而且活到老、学到老，才能不断取得进步，才能避免发生错误和及时纠正错误。"①

1942年金色的十月，秋风送爽。吴玉章在南泥湾休养已经三个月了，身体比以前好了许多，离开时，正是收获季节。吴玉章看到，南泥湾的收成很好，除损耗外，收细粮六百二十五石，蔬菜一百余万斤，还有其他经济作物产品很多。同时家畜饲养也更加发展，屯田部队平均每五个人有一口猪，而运输队的骡马已经达到六百多匹了。在南泥湾短暂的考察和休养，给吴玉章留下了终生难忘的印象。他说："能在我头脑中留下深刻印象的原因主要的是南泥湾的精神。南泥湾精神就是发愤图强的精神，自力更生的精神，艰苦奋斗的精神，不怕困难的精神，一句话，南泥湾精神就是无产阶级的革命精神。"②

在南泥湾休整的日子里，吴玉章也没有真正地休息。其间他曾回延安主持纪念延安大学成立一周年大会，在南泥湾写成《辛亥革命的经验教训》登载于《解放日报》上。10月，吴玉章离开南泥湾，重新回到领导学校和文化工作的岗位上。

① 吴玉章回忆录. 北京：中国青年出版社，1978：202-203.
② 同①204.

# 第九章 抗战胜利前后

## 一、在延安整风运动中

从 1942 年春开始，中国共产党在全党范围内开展了一次整风运动。2 月上旬，毛泽东做了《整顿党的作风》和《反对党八股》的报告，全面阐明整风的任务和方针。整风运动分为两个层次进行：一个是党的高级干部的整风，一个是一般干部和普通党员的整风。重点是党的高中级干部特别是高级干部的整风。高级干部整风的内容和重点是以讨论党的政治路线为主，一般干部和普通党员整风是以整顿思想方法和思想作风为主。两者有一个共同点，即总结党的历史经验，消除王明错误的影响，通过教育，使全党学会运用马克思列宁主义的立场、观点和方法，研究和解决中国革命的实际问题。吴玉章既是党的高级干部，又是延安大学的主要领导。因此，整风运动开始后，吴玉章既要领导学校的整风，又要参加中央高级干部的整风学习。

4 月 3 日，中共中央宣传部发出《关于在延安讨论中央决定及毛泽东同志整顿三风报告的决定》（简称"四三决定"）。决定对整风的目的、要求、方法、步骤和学习文件，做出了明确的规定。5月下旬，中央政治局决定成立中央总学习委员会（简称"总学委"），毛泽东任主任，康生任副主任。在总学委领导下，延安的各单位、各系统包括中央机关和陕甘宁边区等都成立了学习分委员会，近万名干部参加整风学习。华北、华中各抗日根据地的党组织和在国民党统治区的中共中央南方局，也先后开展整风学习。全党普遍整风运动的内容是反对主观主义、宗派主义、党八股，以树立马克思主义的作风。

延安大学根据"四三决定"的精神，由赵毅敏副校长对整风学习做传达动员。学校组成了以吴玉章、赵毅敏等六人为成员的延安大学学习委员会。根据学校的特点，学习委员会下设学风、文风、党风三个委员会，作为学校整风运动的最高领导机构。各院、系、部、处也成立了学习分委员会，领导本部门的整风运动。

为了使学习取得实实在在的成效，吴玉章领导校学委会，根据中共中央总学委规定的22个学习文件，对学风学习做出具体安排部署。全校364人（不含中学部学生），划分为52个学习小组。从4月22日至5月底为学习领会文件精神的时间。各院、系、部、处将学习执行情况向校学委会汇报，并按期检查各组成员的笔记，纠正偏向，提出意见；组织班与班交换学习经验，收集争论中未解决的问题，设法替各组成员解决问题和困难。6月1日起，进行全校学习文件大检查。7月开始自我教育运动。8月初，延安各单位从学风学习阶段，相继转向党风学习阶段。这个阶段强调自我反省，学用一致，要求搞好学校党的组织建设和思想建设，以发挥先锋模范作用。在延安大学成立一周年的纪念大会上，吴玉章勉励全体师生，要在中央22个整风文件的指导下，努力改造自己的思想意识。

10月24日，吴玉章在延安大学主持召开了一次反对自由主义的大讨论。这是一次很有创意的活动。讨论通告提前发出，除延安大学师生500余人参加讨论外，闻风而来的中共中央组织部、妇委、总政、电影团等机关的同志旁听了讨论。

延安大学在整顿党风的学习过程中，以毛泽东的《整顿党的作风》《反对自由主义》和刘少奇的《论共产党员的修养》、陈云的《怎样做一个共产党员》等著作为武器，以中共中央总学委有关指示、文件为指针，以兄弟院校经验为借鉴，充分发扬民主，使师生员工打消顾虑，畅所欲言，而且允许提出不同意见，允许对过去的结论重新估价，允许保留自己的意见。吴玉章等校学习委员会成员在运动中以身作则，通过互动教育，使学校初步形成了一个既有集中又有民主、既有纪律又有自由、既有统一意志又有个人心情舒畅的生动活泼的政治局面。

12 月 18 日，中共中央总学委发出了《关于文风学习的通知》。通知指出，文风的改造是整顿三风的一个部分，同时也是正确思想、正确党风借以表现的具体形式。每个同志都要认真检查自己过去与现在的工作和自己所写的文件作品等方面存在的八股文习气，坚决地彻底地肃清党八股的余毒。

在整风运动中，延安大学按照中共中央总学委的部署，结合实际逐步深入地开展了普遍的整风，达到了改造学校、改造人和改进工作作风的目的，从而使学校师生员工在认识上实现了统一，为实施新的教育方针奠定了思想基础。吴玉章在总结整风学习阶段时说："这次整风运动是我们学习怎样'做人'，怎样'做事'的一个大运动，也可以说是人类改造自身的一个伟大运动，它有很重大的历史意义，我们延大今后不应当只是学科学的学校，而且应当是学做人的学校，所以说整风运动奠定了我们学校的坚实基础。"①

1943 年 3、4 份，延安大学在开展整风运动的同时，按照中共中央西北局的决定精神，进行着繁重的合并鲁迅艺术文学院、自然科学院、民族学院、新文字干部学校后的组建调整工作。新延安大学的工作千头万绪，吴玉章繁忙异常。

4 月 28 日，中共中央政治局召开会议，讨论肃清内奸问题。会议决定成立中央反内奸斗争委员会，以刘少奇、康生、彭真、高岗为委员，刘少奇为主任。至此，审干与反奸反特开始成为延安各单位的中心工作。延安大学停止了一切业务工作，按照中共中央的指示精神，全面开展审干和反奸反特工作。为了加强对审干、反奸反特工作的领导，新延安大学成立了由校长、副校长、秘书长和新组建的各院院长组成的学校学委会。中央总学委安排副校长周扬全面主持学委会工作，具体工作由学校新任秘书长宋侃夫及陶明负责②。吴玉章虽然名列校学委会成员之中，但看得出他已经不再实际负责学校的工作了。

---

①　《延安大学史》编委会. 延安大学史. 北京：人民出版社，2008：73.

②　同①83.

　　吴玉章在参加和主抓学校整风工作的同时，还参加了中央高级干部的整风学习。1942 年 6 月 7 日，中共中央总学委召开会议，决定参加中央学习组的党政军民各方面的同志混合编为十个小组。朱德为第二组组长，彭真、吴玉章为副组长。学习小组成立后，召开了小组会议，安排小组成员以自学为主。吴玉章除认真学习中央规定的内容外，还阅读了马克思、列宁、斯大林和联共（布）党史等部分著作，边读书，边做学习笔记。10 月 19 日，吴玉章出席了中共中央西北局召开的高级干部会议（又叫陕甘宁边区高级干部会议）。这次会议是在中共中央和毛泽东的直接领导下召开的。毛泽东不但出席开幕会和闭幕会，而且在会议期间做了两个重要报告。参加这次会议的有陕甘宁边区党政军民各系统县团级以上的党内负责干部300 多人，在延安的中央高级学习组的干部和中央党校的大部分重要干部都到会旁听。朱德、刘少奇、陈云、吴玉章等在会上做了重要讲话①。

　　高级干部会议讨论政府工作和财经工作时，还邀请了有关部门的党外的负责干部和技术干部参加。西北局确定这次高级干部会议的任务是整风、整政、整军、整民、整关（系）、整财、整学等七整，并在这七整中，贯彻整风与精兵简政，以使边区的各项工作有大的转变。此次会议至 1943 年 1 月 14 日结束，历时八十八天。会议在总结历史经验教训的基础上，明确了边区党今后的基本任务，对全面推动西北地区党的各项工作发挥了重要作用。

　　这次会议的成功召开，使吴玉章也感到这是对自己政治上、思想上的一次清理。他说：“我在这会上也得到了不少的教训，因为过去在国内的时间很少，没有参加实际工作，由这次的检讨中、争论中，把理论与实际联系起来，真是胜过研究十年马列主义。”②

　　在延安整风学习不断深入之际，吴玉章获知在苏联时期的忘年之交杨松牺牲。吴玉章十分悲痛，他对杨松的许多革命事迹了然于胸，于是提笔写出《回忆杨松同志》一文发表在延安的《解放日报》上。吴玉章认识杨松是在莫斯科中国劳动者共产主义大学，有一次托洛茨基分子在党代表大

---

　　① 中共陕西省委党史研究室. 陕甘宁边区史纲. 西安：陕西人民出版社，2012：271.
　　② 中共四川省委党史工作委员会《吴玉章传》编写组. 吴玉章文集：下. 重庆：重庆出版社，1987：1337.

会上捣乱，杨松大胆地站出来和托派分子斗争。吴玉章回忆说："我深为感动。当时托派是暗藏者，许多人受其欺骗；站在党正确路线方面的，只有少数同志。我和林老（指林伯渠。——引者）与他意见相同，就同他接近，知道他当时是一个优秀的青年团员，俄文、中文都很好，任翻译职务，人很聪明诚实，有少年老成的气度，因此我们更加亲密。"以后多次，杨松都能站在正确的立场上与托派做不调和的斗争，"我受他的益处是很大的"。吴玉章在苏联用新文字扫除中国工人文盲的时候，也得到杨松的大力支持。杨松认为新文字工作"是提高工农大众文化水准的武器"。他说："我们新文字运动是要根本改善中国语言文字的运动，是要使它通俗化、大众化，达到书文一致的目的。"

使吴玉章更觉钦佩的是，杨松"对于自己错误的态度是值得赞扬的。当'一·二八'上海十九路军与日寇抗战十多天，他在海参崴党校作一个报告，对于十九路军的抗战作了不大正确的估计，我当时就起来批评他，杨松同志随即接受我的批评，承认错误，并认为参考了很多书，反而犯了教条主义的错误。他对于我不但不以反对他而抱不满，反而以'道吾过者是吾师'的态度，对我更敬重。这种对于自己错误的态度是值得学习的"。

日本帝国主义占领东北后，"杨松同志在1934—1936年是在指导东北游击队。他曾经不避艰险，几次秘密到东三省去工作。他长于作文，作事又细心，常担任报社工作，译的书籍也不少。但他常对我说他作的实际工作很少，特别是很少作群众工作，很想到敌后方去锻炼自己，克服小资产阶级的恶习。他是一个很好的共产党员。他在壮年的时代就死了，这不但是我党的一个大损失，也是中国的一个大损失"[①]。吴玉章写完《回忆杨松同志》一文后，还感到意犹未尽，又作挽杨松联：

　　二三载艰苦奔驰，倭奴未灭增君恨；
　　十四年共同奋斗，一个又弱益吾悲。

杨松的革命精神，正是共产党员在延安整风运动中需要达到的一种共产党人应有的品格。

---

① 中共四川省委党史工作委员会《吴玉章传》编写组. 吴玉章文集：下. 重庆：重庆出版社，1987：1191-1192.

写完回忆杨松的文章后，吴玉章和林伯渠联名电贺刘伯承五十寿辰："伯承同志：你率十万健儿，在敌后坚持了五年，常常出奇制胜。维护亿兆人民，撑持半壁河山。恭逢五十寿辰，特致如下祝词，以申贺悃：

> 敌后苦撑持，百战英名惊日寇；
> 太行齐庆祝，万家生佛拜将军。"①

1943 年 7 月 1 日，吴玉章出席中国共产党建党二十二周年纪念会和文艺晚会。第二天，吴玉章在《解放日报》等报刊上发表《共产党改造了我的思想》，同时发表《整风运动前后的学习笔记》一组。笔记内容包括：康梁和维新派，普通资本家与官僚资本家，培养人才，关于民主集中制，读《联共（布）党史》结束语笔记，读斯大林谈党的布尔什维克化，共产党改造了我的思想。8 月 16 日，吴玉章参加学习报告会，听周恩来讲《论中国的法西斯主义》，第二天听了朱德讲《三十年来的革命与反革命》。10 月 10 日，中共中央决定党的高级干部重新学习和研究党的历史和路线是非问题，整风运动进入总结和提高阶段。吴玉章严格检查自己的诚实态度和做法，得到中央和同志们的认可。张鼎丞在怀念吴玉章时也高度评价他在整风运动中的表现，"他和大家一样，刻苦钻研毛主席的整风报告和中央规定的其他整风文献，密切联系自己的思想实际和工作实际，认真开展批评和自我批评，一丝不苟地清算主观主义等不正之风的影响，自觉地参加这一场伟大的思想革命"②。当然，延安整风中，吴玉章也受到一些冲击，这就是康生的无端指责。杨尚昆在回忆当年的情形时说："延安整风期间，康生干了许多坏事。康生在莫斯科拥戴王明最积极，到延安后又摇身一变，把自己打扮成反王明的英雄。康生为了掩盖自己而恶意中伤吴老。吴老为人忠厚朴实，因在莫斯科时曾在王明领导下工作，感到说不清楚，背了黑锅，内心痛苦。在整风中，他还对这件事作过检查。"③ 好在党中央和毛泽东等对吴玉章的信任与了解，使康生想整吴玉章的那些不实之词未被采用。

---

① 中共四川省委党史研究室. 吴玉章年谱. 成都：四川人民出版社，1998：276.
② 中共四川省委党史工作委员会《吴玉章传》编写组. 怀念吴老. 重庆：重庆出版社，1986：21-22.
③ 同②14.

在后来的中央委员会上，毛泽东和朱德认为过多算旧账是不恰当的，并指出了它的危害性。吴玉章在发言中说：完全同意毛主席的报告与朱总司令的意见。算旧账的用意是好的，但不合今天情况的需要。六大就是看重了算旧账，对新的大的问题反而忽略了。这个经验要告诉同志们，毛主席的报告可比于列宁的四月提纲。现在国际国内的问题都成熟了，党内外的人都同意我们联合政府的主张。集中全党精神，团结全党力量来实现党的主张，迎接新的胜利。

吴玉章从全局上来看待和肯定整风运动的成绩，不把自己受到的一些不实之词的攻击归罪于他人，更没有在私下抱怨和攻击别人，而是以清者自清、豁达大度的态度对待革命内部的人和事。他还给那些在整风运动中受过委屈的同志以安慰。陕甘宁边区自然科学研究会秘书何纯渤是吴玉章熟悉的年轻部下，在延安审干运动中被错抓起来关了三年。吴玉章对何纯渤在自然科学研究会任秘书前的情况是不了解的，但一直关注着他的情况。何纯渤甄别出来以后，对吴玉章记得他、关心他的事终生不忘。他说："吴老把我叫到他那儿去。一进门，他就跟我说：'咱们几年没有见面了。你的一切情况我都清楚。你们很快要到东北去工作了。今天我一方面是欢送你，另一方面，咱们还是毛主席那句话，延安整风成绩是主要的。给你洗个澡，过了点头，向你赔礼道歉！'听完他的话，我的眼泪刷地流了下来。这老头儿拿了手帕就来给我擦眼泪。我说：'我非常感激党，感谢组织花了好多时间给我甄别出来。吴老您今天跟我说这个话，我可是承受不了。接受党的考验是应该的嘛！'此后一直到1954年，我作为东北的代表到北京出席第七届全国劳动工代会时才又见到吴老。吴老一见我就问：'怎么样？离开延安后一直挺好吧？现在搞什么工作？'事隔这么多年，吴老要接触多少人啊，竟还记得我这么一个小干部。我不禁十分感动地回答：我现在搞专业了，在从事电力方面的工作。他高兴地说：'好啊！苏维埃政权加上电气化，就是共产主义。小伙子，好好干吧！'"①

延安整风运动在1945年春结束。虽然在后期的审干中出现了一些偏差，但很快得到了纠正。它的功绩是值得肯定的。它是一次普遍的深刻的

---

① 中共四川省委党史工作委员会《吴玉章传》编写组. 怀念吴老. 重庆：重庆出版社，1986：101.

马克思列宁主义教育运动，也是中国共产党成立以来第一次伟大的思想解放运动。它为全党确立了实事求是、理论联系实际、批评与自我批评的优良作风。整风运动是党的建设史上的伟大创举，是加强党员思想教育的方式。它增强了全党的团结统一，提高了全党马列主义的水平，为夺取抗战胜利和新民主主义革命的胜利，奠定了思想和理论基础。

## 二、揭穿蒋介石《中国之命运》第四章的谎言

世界反法西斯战争的胜利发展，为中国人民争取抗战胜利提供了有利的国际环境。但是，代表大地主、大资产阶级利益的国民党统治集团，仍坚持一党专政及反民主、反人民的政策。他们一方面对日军继续采取避战观战为主的政策，把抗战最后胜利的希望完全寄托于美、英、苏等国际力量，尽量保存自己的实力；另一方面，力图削弱和消灭共产党领导的人民革命力量，准备抢夺抗日战争的胜利果实，以求在战后继续维持其独裁统治。

1943 年 3 月，蒋介石出版了《中国之命运》一书。这本书伪造和篡改中国历史，歌颂封建主义，鼓吹法西斯主义，公开提出既反对共产主义又反对自由主义（即资产阶级民主主义）的主张，反对中国共产党的民族民主革命的理论和实践。它诬蔑共产党领导的八路军、新四军为"新式军阀"，根据地为"变相割据"，暗示两年内一定要消灭共产党。国民党还大量出版其他反共、反民主的书籍和刊物，大肆压制和扼杀进步文化。

吴玉章看了蒋介石《中国之命运》一书，尤其感到在第四章"由北伐到抗战"中，蒋介石谎话连篇，决定以《由北伐到抗战——揭露〈中国之命运〉第四章的谎言》一文进行批驳。吴玉章说："由北伐到抗战，距现在不过十多年，一切事实大家都还记得清清楚楚，我和许多人都曾亲身参加过这些斗争，要想一手掩尽天下耳目，只有暴露其假造历史的手段拙劣罢了。我不明白，为什么反法西斯同盟阵营里偏有这种法西斯式的言论行动，但既然有了，我们就有一种责任加以揭穿。"

吴玉章在文中从"三民主义的真释""三二〇事变前后""北伐时期""十年内战，日寇进攻"四个方面对蒋介石《中国之命运》第四章进行揭批。吴玉章对孙中山三民主义的演变过程做了全面清楚的回顾，指出：孙

中山在俄国的帮助下，确定了"联俄、联共、扶助农工三大政策的新方法，三民主义从此成为新三民主义，中国革命从此才有国民革命的名称，其意义就是包括对内打倒封建军阀，对外打倒帝国主义"。吴玉章说："民国十三年，孙中山先生写信给蒋介石时就说：'我党今后之革命，非以俄为师，断无成就。'可《中国之命运》的作者，在书中侈谈三民主义时，却不谈三大政策，而谈所谓'中国固有的德性''崇高的文化'和什么'公'什么'诚'。顽固地以戴季陶主义取代三民主义。对于大革命失败的原因，他在'由北伐到抗战'一章说：'不能逃于"诚者自成"与"不成无物"的公例，其结果没有不失败的。'可一谈事实，却作了完全恶意的歪曲。公者，无私之谓也；诚者，不自欺欺人之谓也。"

"三二○"事变前后，正是国共合作最有成效的阶段。吴玉章说：革命的迅猛发展，主要是"无产阶级的英勇坚决的斗争，表现了对革命的无限忠诚。农民运动在广东也发展起来。黄埔军校的学生在最初几次战争中即已表现了他们的英勇。广东国民政府可以说完全是由工农兵来支持。因此，革命的根据地虽不大，革命的威力却震慑了中外，这是革命路线正确才得此现象。右派的西山会议虽然开了会，但得不到任何效果。1926年1月，国民党开第二次代表大会，胜利地完成了继承中山先生遗志的使命，开除了西山会议派中的最反动分子"。这时，一直号称"左派"的蒋介石"因为大权已经到手，真面目逐渐暴露出来了。蒋介石先生是国民党中大地主大资产阶级的代表，现在更可以说是中国一切最反动的代表（当然，他至今还在抗日，这是和汉奸汪精卫不同的；正是在这一点上，我们还尊他为'委员长'和'蒋介石先生'）"。蒋介石对"黄埔学生讲演总是说：'无论国民党、共产党，革命的血都流在一起。'又说：'离开共产党，国民革命亦不成。'以此掩盖他的反共面目。但事实胜于雄辩，1926年3月20日，设圈套把中山舰骗到黄埔，逮捕舰长李之龙的是谁？"因为此事，蒋介石不能理直气壮，还在"二中全会上假惺惺地'自请处分'"，"因为事情已昭如日月，有我们看见这事变的人为证"。"制造三二○事变的不是蒋先生含沙射影所指的共产党，而正是蒋先生自己的杰作！""三二○事变第一次暴露了蒋介石先生的真面目，同时也暴露了国民革命中资产阶级的动摇与反革命性"。不久，又在"蒋先生主持下通过了一个'整理党务案'，这是国民党改组以来在党内第一个有系统地打击共产党，打击国民党内革命势力，取消国民党改组后的民主集中制而代以个人独裁制的方案"。"七月出师北伐，蒋介石先生又任总司令，于是党权军权政权都操于一人之手。"随后，蒋介石在各地制造了多起屠杀共产党员和革命群众的大惨案。"轰轰烈烈的中国大革命，以蒋介石、汪精卫的相继叛变而失败了。但是北洋军阀已到了末日，国民党则继承了他们的衣钵，因此他们不被国民党征服，而是投降国民党，摇身一变都成了国民党忠实党员。这时国民党已不是各革命阶级联盟的革命党，而是变成了新军阀官僚买办大资产阶级反动的党了。"正当"蒋先生疯狂'剿共'之时，日寇于1931年'九一八'突然进攻，一夜就亡了东三省，随即又有'一·二八'日寇在上海的进攻与十九路军的孤军抗战"。吴玉章和全国人民一样，对蒋介石的不抵抗表示了极大愤慨，他说："全国人民坚强的抗日意志和中国共产党所提出的抗日民族统一战线的号召，促成了1936年'双十二事变'的发生，西安爱国士兵把蒋介石先生及许多要人扣留，坚决要求抗日。我共产党中央以国家民族利益为重，恐处理不当于我党号召的抗日民族统一战线有碍，派周恩来同志急飞西安，保全蒋先生生命，使这事变得以和平解决"。"这是在中国历史上破天荒的一件大仁大义大智大勇的诗史。中国能够精诚团结坚决抗战，迄今已坚持六年之久，就是由于我党这种至诚感人的事实所感召，绝非如《中国之命运》所说，是一个什么伟人'深谋远虑''忍辱负重''委曲求全'等等谎言所能够贪天之功的。如果照国民党的'不抵抗'和'和平未到绝望时期绝不放弃和平'的政策，中国的土地、主权，必至早送尽了。"

对于《中国之命运》中所说的抗战是预定计划的谬论，吴玉章指出："蒋介石先生把一切事情都称为'预定计划'，不仅战事之胜是照'预定计划'进行，即战事之败也是照'预定计划'进行。自以为很巧妙，好像世界上一切的人都不如他聪明，中国之所以能发动抗战，长期抗战，以及日寇国策与战略的变更，都是他的'神机妙算''既定国策'所致。试问：中国大部分的锦绣河山都已沦于日寇之手，是否也是蒋先生的'既定国策'呢？"吴玉章说："中国之命运乃是一最严肃的问题。它不是关于一二人或少数人的盛衰荣辱，而是关于四万万五千万人民的生死存亡。"全世界的反法西斯战争，是"自由主义与共产主义团结在民主旗帜之下，共同反对要把世界拉到野蛮、暴戾、暗无天日的中世纪去的血腥的法西斯主义。这是光明与黑暗的搏斗，这是两条殊途的生死斗争，丝毫不能含糊。中国既然是同盟国之一员，那就不应该反对他同盟的共产主义；而要真正的反法西斯主义。不幸蒋介石先生顽固地以反共为中心，以法西斯的'理论'为依据，难怪《中国之命运》一出，日寇法西斯和汪逆即引为同调，加以赞美和讪笑。例如7月13日同盟社东京电：'《中国之命运》一书，如果说其论述之方向，那是没有错误的。但由日本人观之，它只是重复了已为帝国声明说尽了的大东亚新秩序论，迎合大亚细亚主义，抄袭汪精卫之和平建国论。此书之价值，仅在于顽冥的蒋介石自供了这些东西，以及自己将其对自己不吉的预言书公诸世界。'国民党方面不仅不以为耻，国民党的机关报《中央周刊》，还把蒋先生列在世界六大'伟人'之列，而以希特勒为创造时势的第一'伟人'！"

吴玉章在揭批文章中说："我们是始终坚持团结，反对分裂，坚持抗日，反对内战。我们不仅愿与国民党共同抗战，而且愿与合作建国。我党去年'七七'宣言和屡次宣言已说得很明白。我党素以国家民族为重，对于蒋先生的谬说，不愿硁硁与之较短长。但是，如果国民党少数变相的法西斯主义者及敌人第五纵队的特务走狗等不顾国家民族，硬要发动内战，硬要把黑暗的"中国之命运"强加给人民，我们党和不愿走这条死亡道路的各党（包括真正实行三民主义的国民党）各派及全国广大人民，一定誓死为我们社会发展的正确道路——新民主主义而战！"

吴玉章最后警告说："现在法西斯的祖宗墨索利尼已倒台，希特勒也到了末日，日寇不久也会倒台。胜利是中国人民的。谁敢效法法西斯，谁就必遭毁灭。如其不信，被打断了脊骨的希特勒就是下场。"[①] 历史发展的事实雄辩地证明了吴玉章预言的正确性。

# 三、领导延安的科学文化工作

吴玉章1939年11月回到延安后，除遵照中共中央的安排主抓几所学

---

① 中共四川省委党史工作委员会《吴玉章传》编写组. 吴玉章文集：下. 重庆：重庆出版社，1987：845-866.

校和文字改革工作外，还承担了党中央和陕甘宁边区政府交办的其他文化工作。一些群众组织也热烈地邀请吴玉章参加活动。不论如何繁忙，吴玉章都尽一切努力为抗战、为党、为群众服务。

回延安没有几天，吴玉章接受中共中央安排，在延安各界追悼诺尔曼·白求恩的大会上代表中央致悼词。白求恩是加拿大共产党员，著名医生。1936年德、意法西斯匪徒侵犯西班牙时，他曾亲赴前线为反法西斯的西班牙人民服务。1938年初，他率领一个由加拿大人和美国人组成的医疗队来到中国。1938年4月经延安转赴晋察冀边区，他在那里工作了近两年。他的牺牲精神、工作热忱、责任心，均称模范。1939年11月12日，因医治伤员感染中毒，逝世于河北的唐县。后来，毛泽东写下了深切悼念白求恩的文章《纪念白求恩》，高度赞扬了白求恩，并号召全党向他学习。

1940年2月5日，吴玉章出席陕甘宁边区自然科学研究会成立大会，被推选为研究会执行委员。毛泽东等中央领导亦出席会议并讲话。2月6日，吴玉章在中共中央职工运动委员会召开的二七惨案十七周年纪念大会上发表讲话。7日，吴玉章为《中国工人》创刊题词"劳工神圣"，同时在创刊号上发表《中国工人阶级的特点及其在中国资产阶级民主革命中的作用》一文。同日，吴玉章为《新中华报》周年题词"声教达于四海"。

2月8日，吴玉章出席边区自然科学研究会执行委员会第一次会议，被推选为边区自然科学研究会会长。边区自然科学研究会共有二百九十四名会员，建立了六人组成的兼职驻会干事会，干事会暂设一名专职干事。当时延安的自然科学研究会不是一般意义上的社团组织，从主抓的工作内容来看，这个研究会实际上就是中国共产党在延安建立的科委组织。随着会内会外工作的频繁开展，工作量大增，一名专职人员显然不够，需要尽快设立专门的机构来处理大量的工作。驻会干事会研究决定设立自然科学研究会秘书处作为常设机构，研究意见由干事何纯渤向吴玉章做了汇报。何在回忆这件事时说，他向吴玉章汇报了驻会干事会议的意见，"并呈上了我草拟的报批稿。吴老仔细地阅改了我的稿子。我在稿子上写的是拟成立'边区自然科学会秘书处'。吴老说：'这不对。应该写全名，要写"陕甘宁边区自然科学研究会秘书处"，"研究"两个字不能丢掉。'他强调指出：'文件要一丝不苟，报批的机构一定要写全名，不能简化。随便简化，将来会出问题的。'我在原稿上写的'成立这个机构的目的是为了开展自然科学研究会的学术活动'，他也给改了，改成'⋯⋯为了开展自然科学学术普及与教育和建设科学等活动'（当时边区的报纸上常常使用'建设科学'这个名词）。吴老一边修改稿子，一边不厌其烦地给我解释为什么要这样修改。我眼望着面前这位年迈的老人：他那副老花眼镜的一条腿已经断了，用线绳绑着；握着毛笔的手不住地哆嗦着，费力地在稿子上逐字逐句地修改⋯⋯我不禁深深地感动了。吴老帮我改完稿子以后，又亲自写了一封信，让我递交给当时中央办公厅负责审批的李富春同志，请他'大力帮助'。他为什么要亲笔写这封信呢？原来当时中央正在抓精简机构，吴老担心办公厅审批这一新建机构时会卡住不批。李富春同志看了吴老的信以后立即就批准了"[①]。中央给了自然科学研究会秘书处两个人的正式编制，这在当时是一件非常不容易的事。

　　入会的会员都在研究会建立了详细的档案。会员的生活待遇分三级，除了每人每月三元钱津贴外，一级工程技术人员每月发给90斤小米，二级60斤，三级30斤。吴玉章特别对管理后勤和研究会秘书处的人说：要关心科技人员的生活。"我们要认真贯彻、落实党中央的知识分子政策。现在咱们大家都很困难，按规定分配给他们的小米要及时发到他们手里。在给了这些待遇以后，他们的生活还可能会有困难。你们要及时进行了解，然后提出来。"[②] 在吴玉章的统筹安排下，陆续建立了医药、农学、地质矿冶、生物、机械电机、化学等专门学会。吴玉章和《解放日报》商量，在报上开辟了《科学园地》专栏。为了随时通报自然科学研究会的工作，研究会还出版了内部资料《会讯》。自然科学研究会除联系团结边区知识分子，推动边区经济发展外，吴玉章还以会长的身份给安徽省自然科学界等组织发去了公开信，指出：我们今天总的奋斗目标是为着争取抗战建国的最后胜利，为着完成中华民族的自由解放。我们要加强自然科学运动，掌握与提高自然科学成为抗战中的战争力量，为抗战到底，为加强团结，为力求进步而服务，来配合政治、军事、经济、文化的抗战。我们要运用自然科学的战线，来粉碎敌人的经济封锁，打击敌人的奴化政策。信

---

① 中共四川省委党史工作委员会《吴玉章传》编写组. 怀念吴老. 重庆：重庆出版社，1986：97—98.

② 同①99.

中还提出愿与全国自然科学界同志们提携共进，相辅而完成之。为此吴玉章还与一些国统区科学组织甚至国际科技界建立起联系。

吴玉章深知搞科学的艰辛与难处，处处站在科技人员的立场上考虑问题。关于这方面，何纯渤记忆中有一件印象特别深刻的事。他说："那时候，祁俊同志负责炼制玻璃，搞了两年多时间，边币花费了两万多元，失败了17次。周围的同志对此有很多埋怨和不满。一次，吴老问我是什么态度。我说，钱花了不少，看来希望不大。吴老批评我说：'你这个观点是错误的，不能这样看问题。我们搞科学试验，首先要有失败到底的决心，才会有成功的希望。对科技人员的工作，要多给予方便和支持。不要怕失败，而要帮助他们从失败中总结经验教训，去取得成功。'我们遵照吴老的指示，支持祁俊同志继续试验，终于在第19次试验中炼制出了玻璃。"[①]

1940年3月，中国著名的教育家蔡元培在香港逝世。吴玉章得知老战友、老朋友驾鹤西去，怀着沉重的心情连夜赶写了纪念文章《纪念蔡孑民先生》，于4月5日在《新中华报》上发表。26日，他又在《新中华报》发表吊唁蔡元培挽联："正气长存，文章盖世，尤堪幸组织大同盟力保人权，众话申江思盛德；寇气尚恶，傀儡登场，更可痛纵容宵小辈暗施奸计，我凭延水吊英灵！"[②] 蔡元培，字鹤卿，号孑民，曾任南京临时政府教育总长、北京大学校长等职，与吴玉章共同领导和推动了中国的留法勤工俭学运动。

5月7日，吴玉章在《新中华报》上发表《关于五四运动的报告》。当时，中共中央决定召开一次边区青年的表彰大会，向机关、部队、企业、农村、学校等各条战线发出通告，请他们推荐出优秀青年进行表彰。同时成立了五四中国青年节奖金委员会，组织了评判委员会，吴玉章担任评判委员会会长，另有评判员三十三人。购买奖品的钱由毛泽东捐三百元，周恩来、王稼祥各捐二百元，吴玉章捐一百元，董必武捐五十元，而未在各单位和群众中号召捐款。最后评出的优秀青年，每人奖励一条

---

① 中共四川省委党史工作委员会《吴玉章传》编写组. 怀念吴老. 重庆：重庆出版社，1986：99.

② 中共四川省委党史研究室. 吴玉章年谱. 成都：四川人民出版社，1998：258.

毛巾或一支牙膏等生活小用品。这些有限的鼓励，在青年中产生了非常积极的影响。

8月15日，吴玉章怀着沉痛的心情参加了抗日名将张自忠的追悼大会，并在《新中华报》上发表挽张自忠联：

　　　降志图存，岂让汉奸轻借口；
　　　盖棺论定，只须殉国便成仁。

9月1日，吴玉章与朱德、董必武、徐特立、萧菊如等出席新华化学工业合作社周年纪念及新房落成大会。在参观其产品时，吴玉章兴致勃勃地向大家介绍自己青年时期学习化学的经过，希望大家能进一步研究，争取出更大的成就。11月5日，吴玉章在《中国青年》三卷一期上发表《伟大时代的青年》一文。随后几天他又主持召开了几次新文字工作会议，白天工作和参加会议，晚上又加班写文章或讲演稿。

12月初，吴玉章因累病倒了，被大家紧急送往延安医院。吴玉章病重住院后，延安的中央领导和各界人士闻讯前往看望。12日，《新中华报》刊出特讯：德高望重的革命元老吴玉章同志积劳重病，党政军领袖及各界代表纷往探视，正由本市各著名医师诊治中。……日来，我党中央毛泽东、朱德曾亲自探视数次。洛甫（张闻天）、康生、任弼时、博古（秦邦宪）、陈云、邓发、凯丰、林伯渠、高岗、萧劲光及各机关团体民众代表多人均先后前往探视。王明亲自侍奉床畔两昼夜未得一眠。延安市医学界、中央医务处处长傅连暲、魏敬恒等人均亲自前往诊所。……医科大学纷纷要求输血，经校方再三劝阻，只选出身体强壮的（男四女三）做准备。……同时，在国外和国内为吴玉章同志诊断身疾多年的何穆医生，深悉吴玉章同志多种病源，我党中央已专电西安。何医生正来延途中。经过月余的抢救性治疗，吴玉章的病情得到较大缓解。

这时，传来国民政府聘请毛泽东、吴玉章、王明、秦邦宪、林伯渠、董必武、邓颖超等七人为第二届国民参政会参政员的消息。1941年1月6日，国民党顽固派制造了震惊中外的皖南事变。1月17日，蒋介石发布命令和谈话，反诬新四军"叛变"，宣布取消部队番号，还要把军长叶挺"革职"，交付"军法审判"。

为了坚决回击国民党顽固派破坏抗战的行为，中共中央于1月18日发出《关于皖南事变的指示》。20 日，中共中央革命军事委员会发布命令，任命陈毅为新四军代军长，刘少奇为政治委员。

吴玉章的身体大为好转后，回到工作岗位。2 月 15 日，国民参政会二届一次会议召开在即，为了表明共产党的立场，吴玉章和毛泽东等七名中共参政员致函国民参政会秘书处。函中严正提出共产党参政员不出席会议的理由："关于政府对新四军之处置，我党中央曾有严重抗议，并提出善后办法十二条：如（一）制止挑衅；（二）取消 1 月 17 日的命令；（三）惩办皖南事变祸首何应钦、顾祝同、上官云相三人；（四）恢复叶挺自由，继续充当军长；（五）交还新四军全部人枪；（六）抚恤皖南新四军全部伤亡将士；（七）撤退华中的'剿共'军；（八）平毁西北的封锁线；（九）释放全国一切被捕的爱国政治犯；（十）废止一党专政，实行民主政治；（十一）实行三民主义，服从总理遗教；（十二）逮捕各亲日派首领，交付国法审判等项。请政府采纳，在政府未予裁夺前，泽东等碍难出席，特此达知，敬希鉴察！"① 3 月 1 日，国民参政会第二届第一次会议在重庆召开。中共参政员拒绝出席会议。

3 月 16 日，吴玉章领衔陕甘宁边区文化界电慰洪深并赠五百元接济。2 月 5 日，著名戏剧家洪深一家三口在重庆服药决意自杀。洪深在遗书中说："一切都无办法，政治、事业、家庭、经济如此艰难，不如归去。"郭沫若闻讯带医生驰往急救，洪深一家始脱险。周恩来派员前往慰问，并从经济上予以援助。吴玉章等在给洪深的电文中说："惊闻不幸消息，深为遗憾。抗战三年余，不仅日寇未退，反而亲日派投降派的活动日益嚣张，思想自由剥夺殆尽，先生愤不欲生。凡我士林，莫不同声感喟。延渝遥隔，不能亲往存候，聊递金五百，以寄同情。唯望早日康复，继续为新文化事业奋斗。"②

8 月 2 日，吴玉章出席陕甘宁边区自然科学研究会首届年会并致开幕词，继续当选为陕甘宁边区自然科学研究会会长。27 日，吴玉章与徐特立、林伯渠等发起慰劳延安各直属县小学教师讲习班学员。

在延安生活物资极度匮乏的情况下，经毛泽东等提议，中共中央反复

① 中共四川省委党史研究室. 吴玉章年谱. 成都：四川人民出版社，1998：265-266.
② 同①266.

研究后决定对吴玉章等二十六位老伤病弱同志统一给予特别保健待遇：
（1）每天鸡蛋两个、水果三件；（2）每月五只鸡、十二斤五两肉、一斤五两白糖或油；（3）购买另物之必需费（约合上述五项价格的五分之一）。吴玉章等老同志纷纷给中央去信，在表示感谢的同时，提出在共度困难时期，不能享受如此丰厚的待遇。由于二十六位老伤病弱同志都不去领取物资，中央的这项优待安排最终没有实行。

在抗日战争最艰难的时期，10 月 26 日至 31 日，延安召开了东方各民族反法西斯代表大会。大会决定成立东方各民族反法西斯大同盟，吴玉章和朱德、林伯渠等三十七人当选为大同盟执行委员。10 月 29 日，吴玉章被聘为陕甘宁边区参议员。11 月 10 日，他在《解放日报》上发表《在发展科学方面对于边区参议会的希望》。

抗日战争进入 1942 年，困难局面依然没有太大的改变。中国共产党继续坚持统一战线和全民抗战的方针。2 月 12 日，陕甘宁边区文化工作委员会在延安成立，吴玉章当选为主任。吴玉章立即主持了文化工作委员会第一次会议，研究如何深入开展抗战文化工作。4 月 13 日，吴玉章又主持召开了第二次会议。会议决定由吴玉章等牵头组织文化大众化工作委员会，研究大众化工作方向，以及大众读物之编辑、出版、发行等问题。会议还决定请吴玉章等参加延安国际报道社进行国际宣传。5 月 17 日，吴玉章在"日寇是否要进攻苏联"的时事座谈会上做《严加戒备，以防突然事变》的讲话。5 月 29 日，吴玉章召集边区文委音协、美协、剧协等团体会议。会议决定成立临时工作委员会，实行文化人战时动员，号召大家到部队、地方民兵中去，文武双方配合行动。第二天，吴玉章在延安文化人战时动员大会上致辞，提出编组文化人入伍。7 月到 11 月，吴玉章在《解放日报》《新华日报》先后发表《以思想革命来纪念抗战五周年》《辛亥革命的经验教训》《纪念鲁迅先生逝世六周年》《纪念十月革命二十五周年》等文章。在《纪念十月革命二十五周年》一文中，吴玉章讲到"星星之火"之喻义，认为它是实质的东西。它就是宇宙的正气，它是宇宙的真理，它是革命的理论。群众一旦认识这个真理和理论，他们就会自觉地为保存正气去杀身成仁，舍生取义，成为大仁大勇。在纪念鲁迅逝世六周年的大会上，吴玉章说：鲁迅想以思想革命来建设新思想，想以社会革命来建设新社会，想以文学革命来建设新文学，想以文字革命来建设新文字。这四点正是他的伟大之处。

1943 年 6 月以来，蒋介石先后调集四五十万大军包围陕甘宁边区，并做试探性的挑衅进攻，企图掀起第三次反共高潮。6 月 15 日，吴玉章出席延安军民"动员起来保卫西北"的大会。7 月 9 日，延安三万余民众举行"制止内战，保卫边区"大会。吴玉章在会上发表演说，称"谁要想取消共产党，谁就要自取灭亡！"随后，他又在《解放日报》发表《以民主政治来完成抗战建国的伟业》，严厉谴责国民党大军进攻陕甘宁边区。

在抗日战争的最后决胜阶段，吴玉章继续在文化宣传战线上配合抗日战场。1944 年 3 月 17 日，吴玉章在延安回族及各界代表追悼抗日回族英雄马本斋的大会上讲话。6 月 14 日，吴玉章出席延安各界纪念联合国日和保卫西北动员大会。26 日，吴玉章主持延安文化界和中外记者团座谈会并致欢迎词。参加座谈会的有作家四十余人，吴玉章向记者们介绍了延安的作家。7 月 26 日下午，吴玉章出席欢迎美军观察组第一批人员到达延安的活动。10 月 10 日，出席庆祝中华民国三十三周年集会。11 日至 16 日，主持召开陕甘宁边区文教代表大会，在开幕式上讲话。11 月 1 日，出席饯行南征干部宴会，宴后参加阅兵。7 日，欢迎同林伯渠到延安的胡政之、傅斯年等五位国民参政会参政员。22 日，主持延安各界追悼邹韬奋大会并致悼词，在《解放日报》发表《哀悼为新民主主义奋斗的战士邹韬奋同志》一文。12 月 4 日至 19 日，出席陕甘宁边区第二届参议会第二次会议，19 日在闭幕式上发表讲话。12 月 9 日，出席延安各界青年代表纪念"一二·九"运动九周年集会。18 日，出席中共中央办公厅组织的集体祝寿会。中共中央办公厅为五十六位五十岁以上的同志祝寿，这五十六位同志中有中央领导、中央委员，也有马夫、伙夫等。李富春致开幕词，刘少奇、康生、陈毅致贺词，徐特立代表寿星致谢词。这时，吴玉章差十二天满六十六岁。

1945 年 4 月 2 日至 3 日，吴玉章参加了中共中央组织的对《关于若干历史问题的决议（草案）》的讨论。4 月 20 日，中共六届七中全会通过了《关于若干历史问题的决议》。

吴玉章在尽心竭力为党、为民族争取独立的忘我工作中，迎来了中国共产党第七次全国代表大会的召开。

# 四、参加党的第七次全国代表大会

1945 年 4 月 23 日至 6 月 11 日，中国共产党第七次全国代表大会在延安召开。出席大会的正式代表 547 人，候补代表 208 人，代表全党 121 万名党员。毛泽东主持大会并致开幕词。在大会上，毛泽东做《论联合政府》的政治报告、关于形势和思想政治问题的报告、关于讨论政治报告的结论和关于选举问题的讲话；朱德做《论解放区战场》的军事报告和关于讨论军事问题的结论；刘少奇做《关于修改党章的报告》和关于讨论组织问题的结论；周恩来做《论统一战线》的重要发言。大会系统地总结了党 24 年来领导中国革命的经验，把毛泽东思想作为党的指导思想写入党章，大会通过的新党章规定，以毛泽东思想作为党的一切工作的指针。大会贯彻执行发扬民主、增强团结的方针，对历史上党内的错误，从团结的愿望出发，开展批评与自我批评。对犯错误的同志，采取一分为二的态度，耐心帮助教育，团结他们一道工作。大会选举产生了新的中央委员会。七大是中国共产党在新民主主义革命时期极其重要的一次代表大会，它使全党在马克思列宁主义、毛泽东思想的基础上达到了空前的团结，为党领导人民争取抗日战争的胜利和新民主主义革命在全国的胜利做了重要准备。它以"团结的大会，胜利的大会"载入史册。

吴玉章作为正式代表出席七大，当选为中央委员。在 6 月 11 日的闭幕会上，吴玉章怀着十分舒畅的心情做了发言。在发言中，他首先说："毛主席的政治报告《论联合政府》，朱总司令的军事报告，少奇同志的修改党章的报告，这就是我们建国、建军、建党三个很重要的文件。这些报告都是根据毛主席的思想，就是以马克思主义的普遍真理同中国革命的具体实践相结合而发挥出来的。这种思想是毛主席在很多年的经验中得出来的，这是我们革命中最伟大的收获，这是我们革命成功的基础。"

接着，吴玉章无限深情地回顾了 1905 年同盟会成立以来，亲身经历的四十年的中国革命历程。他说："我们看见很多成败利钝，好几次又成又败、有利有钝的革命。我自己也参加过很多，革命有这样多年，这样多次数。我常常感觉到为什么我们这个革命没有成功？好多年没有得到正确的解答，现在得到了。这就是说，我们缺少革命的理论，没有像今天我们党的领袖毛泽东同志这种思想、这种理论同他的革命策略。以前没有像毛主席这样一种的非常妥当非常中肯的理论，能使我们这些人照着这一个路线去作。现在，革命一定会成功，使人有很大的信心，有把握。因为，以前是没有这样的思想和理论，而现在有了！"吴玉章进一步概括地说："没有革命理论，就不晓得革命究竟要做什么，这个社会性质是什么，究竟走向什么前途，发展到什么方向，发展的信心是什么，都不知道。"旧民主主义革命的最大问题是"思想不统一，行动就不一致了。革命就不会成功，不会找出一个正确路线来的。所以辛亥革命只推翻了清政府，把清政府推倒以后，党马上就瓦解了，同时革命也就失败了"。当时"没有社会科学的方法来分析中国是一个什么国家，革命是什么性质，没有肯定我们中国要发展到一个什么前途，应该做什么事，怎么样做法。更不了解革命的动力是什么。所以那时候的革命只凭热情，没有一定的方向、正确策略，革命的失败是难免的"。回顾 1921 年中国共产党建立以来的历史，吴玉章认为："马克思主义普遍真理没有真正与中国革命的实践相结合，所以才发生了机会主义、教条主义这些错误"。是毛主席"把马克思主义和中国革命实践联系起来，他这个思想和理论不是空的，是从革命经验中，从革命工作中体验出来的"。在回顾党的正确理论诞生的过程时，吴玉章说："我们党有些地方犯过很多错误，但是有毛主席领导的地方是成功的。这种成功是经过很多困难，经过艰苦的斗争，然后才得到。毛主席这个思想方法，真正是马列主义与中国的具体实践结合起来。列宁说：'没有革命的理论，就没有革命的行动。'以前我们怎么样了解？以为把革命的理论，把马克思主义的书多读一点就行了，其实这不能叫作革命理论，革命理论一定要同革命实践联系起来。我们中国应该有中国革命的理论，不能把外国的革命理论搬到中国机械地使用，就算是革命的理论。现在我们应该说毛主席的思想才真正是革命理论。"

吴玉章在发言中，还对整个国际国内形势做出判断。他说："现在我们中国革命到了今天，无论国际国内形势都有利于我们，尤其是我们的党壮大了，我们的思想经过整风是大大地改造了。我们现在有一百二十多万党员，有广大的根据地，有一百万人民的军队，二百多万民兵，这是很大的力量。现在我们是在毛主席的领导之下，在我们这一次大会中，毛主席提出完备的、具体的纲领，把我们现在要做的事，正确地一点一滴地把它指示出来了，毛主席这个报告，无论党内党外人士看了都是佩服的。这是他的天才创造出来的，这使我们更有胜利的把握，更有胜利的信心。我们大会闭会以后，各个同志都要回到各人岗位上去工作，我想大家也同我一样地非常兴奋，非常高兴的，感觉到自己本着这些指示去做事一定能成功。"

在美国对中国的关系上，吴玉章敏锐地看到并指出："美国现在帮助我们中国军火打日本，这很好。美国曾经说过，他们帮助的军火，是不拿来打内战的。我们觉得美国这样的方针很好。但是，大家看最近报纸上，陈诚已经宣布了他要拿美国的军火来打内战。那么，美国人应该采取什么态度？应该采取不给他们军火，应该实行他的诺言，采取反对他们的态度。但是我们看一看，美国的政策怎样？他还是要扶助蒋介石这个法西斯反动的政府。赫尔利公开说不帮助我党，就是说不帮助我们真正打日本的民主力量。他们要使得蒋介石来统治我们，甚至消灭我们。这样一种办法，使蒋介石将来发展的前途是什么？就是在美国帮助下，使这个反动的政府来反人民反共。这不是增进国家与人民的利益与友谊。那时我们要不要反对他？我以为应该反对他。我们有这样大的力量，如果不起来反对他，那么我们中国民族革命战争就要变成帝国主义战争，就恰恰中了日本人讲的那个话：'美国帮助中国打仗，美国就要统治中国。'所以这个危机我们要深深警惕。我们希望美国——我们的同盟国，他们不要帮助反人民的政府，他们应该帮助我们中国人民，能够以平等独立的原则对待我们，这是我们欢迎的，我们愿意配合他们作战，把我们的共同敌人打出去。但是如果他们帮助反动的政府，把他们的武器来对付我们中国人民，中国人民只好全体起来反抗，如同反对日本帝国主义一样。所以我要讲到这点，也就是根据我们历史经验教训，来同同志们谈一谈，这种可怕的前途是可能的，但是并不是一定向这个前途发展。"

假设美国支持蒋介石打内战，我们是有能力打败他们的，这是有充分理由和条件的，也是毫无疑义的。吴玉章说："我们地广人多，不像希腊的容易受人欺负。我们有打破德国赛克特①帮助蒋介石的经验，不怕斯可比②之流的捣乱。尤其重要的是我们党有毛主席正确的政治路线领导，使我们党空前地团结起来，发展起来；使全国人民团结起来，组织起来。只要我们政策搞得好，只要实行毛主席《论联合政府》的一切，把我们全党团结起来，把全中国人民团结起来，团结在毛主席领导之下，团结在我们党领导之下，我们的革命战争一定要胜利。而且现在这个时代，已不是以前的时代，现在世界上新民主主义的潮流是非常汹涌的。而且有苏联这样强大的社会主义国家，不会让这些国内国外反动势力能够在世界上这样凶横的。所以我们有把握，有信心，只要我们党，我们全体同志，大家真正照着毛主席的方针，照着我们七大的决议努力去做，我想我们一定会得到胜利，中国革命一定要成功。"③

吴玉章在七大闭幕会上的讲话，高度评价毛泽东和毛泽东思想，并以他几十年丰富的革命实践经历来说明，只要中国共产党人认真落实七大制定的方针、政策，不论遇到什么艰难险阻，革命的最后胜利都是属于中国人民的。吴玉章理论联系实际的讲话，赢得了参会人员热烈的掌声和高度赞扬。

# 五、解放区战犯调查委员会主任

在吴玉章参加党的第七次全国代表大会前后，世界反法西斯战争继续向着胜利的方向发展。1945 年上半年，苏、美、英在欧洲战场取得彻底战胜德国法西斯的伟大胜利。德、意法西斯的灭亡，使日本法西斯陷入了完全孤立的境地。1945 年 7 月 17 日至 8 月 2 日，美、英、苏三国首脑在德国柏林西郊的波茨坦举行会议。7 月 26 日，中、美、英三国政府联合发表《波茨坦公告》，这是敦促日本立即无条件投降的最后通牒。公告共有十三

---

① 赛克特，德国法西斯分子，系蒋介石在第四次"围剿"失败后聘请的军事总顾问。
② 斯可比，英国人，第二次世界大战后期驻希腊盟军总司令。1944 年 10 月，斯可比率军进入希腊后，曾指使并协助希腊反动政府向长期英勇抵抗德军的希腊人民解放军进攻，屠杀希腊爱国人民。
③ 中国四川省委党史工作委员会《吴玉章传》编写组. 吴玉章文集：上. 重庆：重庆出版社，1987：267—274.

条内容，阐明了中、美、英三国关于日本投降的条件及对日本将采取的措施。苏联对日宣战以后，中共中央立即命令各解放区部队与之配合，对包围的日军给以沉重打击。8月15日，日本天皇裕仁以广播《终战诏书》的形式，宣布无条件投降。

艰苦卓绝的十四年抗日战争，是近百年来中国人民第一次取得完全胜利的伟大的民族解放战争。神州大地，从城市到乡村，都沉浸在狂欢之中。吴玉章和延安人民一道举行了各种不同形式的庆祝活动。在各界人士的要求下，延安的边区政府决定筹办一次各界群众参加的大型庆祝抗日战争胜利的大会。

抗日战争胜利后，全国人民要求和平的呼声日益高涨。国民党当局对与共产党和谈根本没做安排，一心想用自己强大的实力来消灭共产党。同时他们坚信中共中央和毛泽东绝不会赴重庆谈判。陶希圣更是直截了当地说："毛泽东绝不会来重庆，那样的话，我们就可以借此发动宣传攻势，说共产党蓄意制造内乱，不愿和谈。"所以，为应付全国人民的和谈呼声，国民党中央主动地一而再，再而三地致电中共中央，"力邀"和谈。此乃试图将中共一军，如果共产党不来，他们就可以把不要和平的责任全部推到中共身上。真是一箭双雕的阴谋。在蒋介石迫不及待地向毛泽东发出邀请到重庆谈判的电报后，8月16日，毛泽东复电蒋介石：朱德总司令本日曾有一电给你陈述敝方意见，待你表示意见后，我将考虑和你会见的问题。8月20日，蒋介石再次电邀毛泽东赴重庆。8月22日，毛泽东复电蒋介石，决定先派周恩来到重庆同蒋谈判。蒋介石见毛泽东不到重庆，正中下怀。8月23日，蒋介石第三次电邀毛泽东到重庆谈判。中国人请客三次就是最高规格了。如果毛泽东还不接受，国民党就可以将不要和平的责任完全栽到中共身上。这样，蒋介石既赢得了人心，"剿共"计划也可以名正言顺地进行。毛泽东为了实现全国人民的和平愿望与建国大计，戳穿蒋介石的阴谋，迅速在第二天，也就是8月24日，复电蒋介石，他将和周恩来到重庆同蒋直接谈判。听说毛主席将赴重庆，延安的广大军民都为毛主席的安危担心。吴玉章回忆当时的情形说："就在毛泽东同志快要起身的时候，戴老（范文澜同志的爱人）还赶来对我说：'请告诉毛主席，我们劝他千万别去呀！'"在毛泽东出发时，吴玉章等到机场送行。在临上飞机的一刻，吴玉章向毛泽东转告了范老夫妇的意见。"毛泽东同志笑了一笑，说道：'谢谢他们的好意，我注意一点好了。'就这样，毛泽东同志于8月28日下午，由周恩来、王若飞等同志伴随，在千万人民的欢呼声中，到达了重庆。"①

送走毛泽东后，9月5日，延安各界举行声势浩大的庆祝抗日战争胜利大会。吴玉章出席大会，并发表讲话。11月5日，中国共产党领导下的解放区战犯调查委员会在延安成立，选举吴玉章为主任委员，张勃川为秘书长，李克农、伍云甫等二十二人为常务委员。这之后的十几天里，吴玉章除做好本职工作外，还接受党组织安排，参加各种重要集会，发表讲话，经常是深夜还在写讲话稿或文章。吴玉章接下来一个多月的工作安排大致如下：11月6日，在《解放日报》发表《谈苏联十月革命和中苏条约》。文章说：如果中山先生还在人间，他对中苏协议，是怎样热烈地欢呼啊！7日，在延安各界庆祝十月革命二十八周年大会上，以中苏文化协会延安分会会长名义发表演说。15日，主持延安各界追悼冼星海大会并致悼词，毛泽东亲笔题词"为人民的音乐家冼星海致哀"。20日，出席宪法研究会。21日，继续出席宪法研究会。12月6日，下午出席宪法研究会召开的宪法纲要座谈会。9日出席延安各界青年声援昆明学生反内战运动座谈会并讲话。11日，到枣园出席朱德寿宴。

12月15日，就惩办战犯问题，吴玉章以中国解放区战犯调查委员会主任委员身份，在《解放日报》发表谈话。吴玉章说："最近报载，麦克阿瑟续捕日本战犯近卫文麿等数十名。""近卫是'七七'事变的发动者，著名的法西斯头子。建立德、意、日军事同盟，反对英、美，策划太平洋战争，其罪名恶迹，人所共知，这些匪首早就应加逮捕，审判治罪，以抒人民共愤才是。"

在谈到日本帝国主义对亚洲人民犯下的累累罪行时，吴玉章愤慨地说："日本军国主义者横行霸道于东洋数十年，其野蛮残酷的暴行，中国人民首当其冲。在'九一八'以来的侵略战争中，应当惩办的战犯，何止万千。""自盟军占领日本三个多月来，所捕大小战犯不过三百一十八人，这个数目实在微乎其微！并且尚未加以审讯惩办。而最令人愤恨者，至今

---

① 中共四川省委党史工作委员会《吴玉章传》编写组. 吴玉章文集：下. 重庆：重庆出版社，1987：1158.

还有许多重要战犯仍然盘踞要津，继续从事威胁远东和平的阴谋活动。"这里面就有"与中国人民有不共戴天之仇的冈村宁次，现仍安居南京，指挥着武装的日军'维持秩序'。维持什么秩序呢？即维持残杀压迫人民的奴隶秩序。这使一般人不知究竟谁投降谁。真是咄咄怪事！又如日本战争经济的指导者涩泽敬三，却以大藏（财政）大臣的地位维护着财阀的统治势力；军国主义的官僚政客，如丰田贞次郎、宇垣一成、石原莞尔、町田忠治等等"。吴玉章愤怒地质问，是什么人让这些战犯"仍在继续保持军国主义的活动，为什么竟任令这些法西斯匪首逍遥法外呢？"

吴玉章对于战犯的处理是极其不满意的，他说："三个多月的对日管制，对于实现波茨坦宣言条款的目标，相距很远。"谈到保证和平的持久性，吴玉章指出："为了彻底消灭日本军国主义残余，更有效地执行波茨坦宣言条款，惟有以和日本利害关系最密切的中、美、苏、英四国共同管制日本，才能贯彻盟国的约言，保证将来远东和世界的持久和平。"

在谈了惩治日本战犯的意见和提出处理方案后，吴玉章指出：中国解放区战犯调查委员会成立以来积极开展调查，并同时函电各解放区。现在，第一批战犯名单业已拟就，其中一部分将先行发表，汉奸战犯名单也准备发表。同时恳切希望各解放区以至全国开展广泛的控诉运动，彻底揭发敌寇汉奸罪行。

随后，经吴玉章审查，报中共中央批准，延安的《解放日报》发布了战犯名单。

12月15日，吴玉章被中共中央确定为到重庆参加政治协商会议的七名中共代表之一。吴玉章肩负党的重托，为建立新民主主义的中国再赴重庆，又一次与国民党反动派展开短兵相接的斗争。

# 第十章　迎接新中国诞生

## 一、在重庆政治协商会议上

1945 年 8 月 28 日，毛泽东同周恩来、王若飞等由延安登机起飞后，蒋介石才明白毛泽东真的出乎意料地来了。和谈的条款一条也没有准备，蒋介石立即匆匆忙忙召集各院长会议，商讨和中共谈判的方针。8 月 29 日，国共双方正式开始谈判。经过与国民党蒋介石 43 天的谈判斗争，10 月 10 日，双方正式签署《政府与中共代表会谈纪要》，即"双十协定"。但"双十协定"墨迹未干，蒋介石就连续向解放区发动猖狂进攻。在军事上连遭惨败之后，又在国内各阶层人民强烈要求实现和平的压力下，蒋介石只好宣布召开政治协商会议。12 月 16 日，吴玉章随同周恩来为首的中共代表团由延安飞抵重庆，参加政治协商会议。吴玉章再次站在了和国民党反动派斗争的前线。这时，吴玉章是六十八岁的老人了，真是老当益壮，继续为民奋斗。

在重庆，吴玉章同中共代表团的其他成员一样，天天都有活动。吴玉章的活动尤其多，均是围绕政协会议这个主题而展开的。吴玉章先后拜访了国民党代表邵力子、雷震以及各民主党派的代表，与他们座谈并交换意见。1946 年 1 月 7 日，下午 3 时，吴玉章出席政治协商会议全体代表茶话会，就政协会议程序等问题交换意见。接着，中共代表团举行盛大鸡尾酒会，招待中外各界人士。国民政府各院长部长、各民主党派负责人、各界知名人士、各国驻华使馆官员、国际友人、中外新闻工作者等共五百余人到会。1 月 9 日，吴玉章出席重庆文化界招待政协代表的茶话会时指出：文化界对国家民族所尽的责任是极光荣的。文化界过去领导过许多伟大的运动，今天文化界的呼声也是全国人民的呼声。为了给政治协商创造好的条件，中共代表团坚持以停止军事冲突为召开政治协商会议的前提。经多次呼吁和谈判，国共双方于 1946 年 1 月 5 日达成关于停止国内军事冲突的协议。1 月 10 日，双方下达停战令，规定 1 月 13 日午夜，双方军队应在各自位置上停止一切军事行动。这样，战争的确在全国范围内（除东北外）停止了一个时期，经历了长期战乱的中国人民一时燃起了新的希望：内战有可能制止。

1 月 10 日，根据"双十协定"的精神，政治协商会议在重庆开幕。会议邀集各党派代表及社会贤达协商国是，讨论和平建国方案及召开国民大会等各项工作。国民党方面代表 8 人、中共代表 7 人、民盟代表 9 人、青年党代表 5 人、社会贤达 9 人出席了会议。蒋介石主持并致开幕词①。大会就改组政府、起草宪法、施政纲领、军队和国民大会等五方面分别进行了讨论。38 名代表亦相应地分为五个小组。吴玉章代表中国共产党主要参加宪法草案组的工作。

1 月 13 日，吴玉章出席中共代表团全体政协代表、顾问人员会议。会议研究改组政府和施政纲领问题，议定向政协会议提出《和平建国纲领草案》。1 月 16 日，中共代表团在政治协商会议上正式提出了《和平建国纲领草案》。在此前后，中国民主同盟和其他民主党派也对国是提出了他们的方案。同日，中共中央致电中共代表团：改组政府，各方委员应有一定比例，国民党不得高于三分之一。军队要国家化，国民党必须首先做到，应由各党派共同管理军事，不许排斥异党。

---

① 茅家琦，徐梁伯，马振犊，等. 百年沧桑：中国国民党史：上. 厦门：鹭江出版社，2009：471.

　　1月17日，政协举行第七次会议，讨论国民大会问题。国民党代表提出四条意见，张厉生对意见做了说明。其实质是依然坚持国民党抗日战争时期的基本主张，把第一届国民大会的职权限定为制定宪法和决定宪法施行日期，而无权选举政府官吏，无权行使罢免、创制、复决之权。意见同时坚持九年前当选的国大代表有效，仅仅同意"合理增加"一些代表，到第二届国民大会召开时才选举政府官吏。这就是说在第二届国民大会召开前，依然保持一党专政的政治制度，依然保存旧政权，仅增加一些各党派的代表装点一下"民主"门面而已。

　　吴玉章在发言中重申了中国共产党的意见，反驳张厉生说："张先生发言中，说到第一届国民大会的任务，不过是制定宪法，而行宪权则属于依法来实行普选的第二届国民大会，语气似乎把第一届国民大会看得不重要。"吴玉章接着说："宪法是国家根本大法，国家百年大计就根据它来决定，是非常重要的。第一届国民大会是制定宪法的机关，自然也就非常重要了。""第一届国民大会既如此重要，那么它的组织法和选举法也就必须使之能适合中国当前的需要和代表人民的公意。"因此，吴玉章说，第一，国大组织法和选举法以及由此选出的国大代表是九年前在内战情况下产生的，许多地方不曾选举，全国普选更不可能。今天已有了普选的条件，应该实行普选来产生国大代表。第二，九年前没有选举权和被选举权的人，现在已经有了，不应剥夺他们的权利。第三，现有的选举法和组织法是依据国民党一党专政的方针制定的，必须修改。吴玉章进一步指出："就选举来说，当时各党各派都没有合法地位，无法参加选举。人民也没有获得民主权利，不能自由运用选举权，因此选举的结果，自然不能完全代表民意。""如果坚持用旧代表来占取绝对多数，恐怕难于得到人民的信任，亦有害于国家的根本大法。"① 吴玉章的简短发言，击中了要害，深刻揭示了过去国民党一手包办的国民大会是国民党一党专政的产物，指出必须要有民主的纲领和民主的宪法，这样中国的民主才有保障。吴玉章的发言，得到许多代表的支持和赞同。

　　1月19日，政协举行第九次会议，讨论了宪法草案问题。孙科代表国

---

　　① 中共四川省委党史工作委员会《吴玉章传》编写组. 吴玉章文集：上. 重庆：重庆出版社，1987：277-278.

民党对"五五宪草"做了长篇说明，批评了西方议会政治，强调人民有权、政府有能的原则，主张国民大会会期不应太短，职权由立法院代行，强调了总统有直接指挥行政之权、发布紧急命令之权等。国民党仍然遵奉的是五权宪法，主张继续实行"五五宪草"，保持其现有体制，即总统制、五院制、省地权、中央统制、人民依法律限制享有自由等等。曾琦代表青年党提出四项主张：第一，应采内阁制；第二，应采两院制；第三，五院只可保存其精神，不必拘泥于形式；第四，省制应采取均权主义，确定省之自治地位。

吴玉章代表中国共产党对宪法原则问题提出了本质性的重要建议和意见。他首先指出："宪法应保障人民权利，不应限制人民权利"。他又毫不客气地说："'五五宪草'关于人民权利大都规定'非依法律不得限制'字样，换言之，即是普通法可以限制人民权利，这是不妥当的。"

其次是关于中央与地方权限的问题。吴玉章认为应根据均权主义原则，不偏于中央集权亦不偏于地方分权。"'五五宪草'中规定了五院制，但由过去历史证明，五院事权分散，实际上都没有权，而大权独落于元首一身，这容易流于个人专制之弊，而且'五五宪草'中规定总统的权力太大，这些都应予以修正。"吴玉章说：要借鉴先进民主国家的经验，"再依据中国当前实际情况，将中央政权机构重新作妥善的规定"。

再次是地方制度问题。吴玉章认为："我们主张省为自治单位，自下而上的普选，依据中山先生遗教省长民选。省自制省宪。地方性质的事情，交付地方人事办理才办得好。过去中央官吏到地方去，往往对地方无多帮助，甚至有时妨碍地方的发展。这种制度应该改正。"这在当时其正确性是不言而喻的。

最后是在宪法上应明白规定有关军事、文化、经济方面的民主政策。吴玉章指出"五五宪草"中根本未提军事和财政，国民党解释为军事财政是一种政策，要因时因地变更。显然这正说明国民党几百万军队的行动是不受约束的。因此，吴玉章指出："军事政策应该是民主的，不是军国主义的，以民主主义的精神改造军队，使之为人民服务，而不是为一人或一派系服务。""文化政策应该是民主的、科学的、大众的、民族的，而不是压迫统治摧残文化的政策。""经济政策，是民主的，是奖励保护民族资本，使其发展，使国家事业、私人事业、合作事业都同时发展。最重要的要确定扶助农民劳工的政策"。吴玉章最后强调说：这些原则性的建议"都须明白规定在宪法上"①。

吴玉章在宪法草案组提出的建议和意见，其理论基础就是要求以新民主主义原则来制定民主宪法，反对总统权力过大的个人专制，以奠定中国的百年大计。吴玉章的建议大大发展和弘扬了孙中山的民主主义精神。吴玉章除了在大会上提建议，还积极参加小组会，提出了不少具体而详细的意见。政协会议期间，吴玉章得知廖承志②出狱，立即徒步前往迎接。廖承志时为中共第七届候补中央委员，1942 年 5 月 30 日在广东被国民党逮捕入狱。

1946 年 1 月 31 日下午，政协召开第十次会议。全体代表以起立的方式严肃地通过了政府组织案、国民大会案、和平建国纲领、军事问题案、宪法草案案等五项决议后，大会宣布闭幕。

在出席政协会议期间，吴玉章与参加会议的各派代表都有程度不同的交往。无论在会上还是会后，在全体会议上还是分组会上，他都积极活动，广交朋友，并且有原则有分寸地同反动派进行斗争。中共代表团既坚持原则又合理让步，使最后通过的决议案得以相当有利于和平民主，有利于人民而不是蒋介石的反动独裁统治。如国民大会问题，决议原选定的 1 200 名代表继续有效，另增台湾、东北等新区域及职业代表 150 名，另增各党派及社会贤达代表 700 名，总共为 2 050 名。同时又规定"宪法之通过，须经出席代表四分之三同意为之"。又如宪法草案问题，决定组织"宪草审议委员会"，根据政协会议拟定之修改原则并参酌各方面意见，制定"五五宪草"修正案，提供国民大会采纳。又如人民的权利义务，规定"凡民主国家人民应享受之自由及权利，均应受宪法之保障，不受非法之侵犯"。又如地方制度，确定省为地方自治最高单位，省长民选，自制省宪，依均权主义规定省与中央的权限。还确定在"宪草上规定基本国策

---

① 中共四川省委党史工作委员会《吴玉章传》编写组. 吴玉章文集：上. 重庆：重庆出版社，1987：279-280.

② 廖承志（1908—1983），广东归善（今惠州）人。中国无产阶级革命家、杰出的社会活动家、党和国家的优秀领导之一。1928 年 8 月加入中国共产党。参加过长征。1946 年后任中共中央南方局委员、晋冀鲁豫中央局宣传部长、中央宣传部副部长、新华社社长等职。1949 年 3 月，在中共七届二中全会上补选为中央委员。1982 年 9 月，在中共十二届一中全会上当选为中央政治局委员。1982 年 7 月 24 日，发表《致蒋经国先生信》，殷切期望台湾当局捐弃前嫌，以国家民族利益为重，实现祖国统一大业，这封信在国内外产生了深远的影响。1983 年 6 月在北京逝世。

章，应包括国防、外交、国民经济、文化教育各项目"。政协会上通过的文件，是中国共产党在统一战线旗帜下，采取合法斗争形式取得的重大胜利。作为中共代表的吴玉章利用他在国民党内的资深经历，为落实中国共产党在政协会上的原则，做出了自己应有的贡献。

根据政协会议决议案，2月8日成立了宪草审议委员会，由政协代表25人、另聘请专家10人组成。吴玉章与周恩来、董必武、秦邦宪、何思敬等作为中共方面的代表，参加宪草审议委员会工作。

政协决议公布后，国民党统治区人民普遍感到宽慰，以为和平民主的阶段可望到来。谁知，政协会议刚结束，国民党当局在重庆就制造了"较场口事件"、"沧白堂事件"和捣毁《新华日报》营业部事件等有预谋的重大事件。紧接着，3月1日，国民党召开六届二中全会，公开推翻政协会议各党派一致通过的决议。决议对于蒋介石来说是毫无约束力的一纸空文，内战的阴云笼罩全国。

## 二、国统区公开的中共四川省委书记

政治协商会议结束后，吴玉章接连处理了几天后续工作，然后准备回荣县老家看望年迈的夫人和亲属。在向周恩来请假后，1946年2月13日，吴玉章由重庆乘坐卡车当天深夜抵达荣县县城，住在河街银行宿舍。第二天才回到蔡家堰家中。在家的一天时间里，吴玉章接待了来会的中共荣县党组织负责人。第三天，吴玉章被接到荣县县城的北门双溪书阁，出席辛亥革命烈士罗叔明墓落成迁葬典礼，并在仪式上向来宾发表演说。他指出：要出现一个独立、自由、民主、富强的新中国，还要进行严重的斗争，必须提高警惕。第四天，吴玉章在国民党荣县党部会见国民党各派人士。第五天，会见民盟荣县支部负责人谷醒华等人。对他们说，民盟是共产党的好朋友、民主运动的生力军，为新民主主义革命，为和平民主、反对内战而努力奋斗，是我们当前的共同事业。出席民盟荣县支部举行的招待宴会，向座中各位赠送书报。第六天吴玉章由荣县返回重庆。我们可以看到，吴玉章回家探亲，其实只是换了一个工作地点和工作形式而已。

吴玉章回到重庆后，就投入到抗议国民党当局的暴行和落实政协决议的斗争中。这时，在中国共产党和全国人民的斗争下，蒋介石被迫释放了关押五年零两个月的新四军原军长叶挺。3月4日，叶挺到达重庆中共代表团驻地。叶挺在中共代表团驻地，又见到了老朋友吴玉章。两人经常在一起兴奋地谈政治形势，谈新中国的未来，谈整军计划，谈文字改革，谈话涉及当前和未来社会的方方面面。4月8日，王若飞、秦邦宪、叶挺，以及解放区职工联合会筹备会主任邓发和著名教育家黄齐生等十七人乘飞机回延安。途中因气候变化，飞机迷失方向，于当日下午在山西兴县东南之黑茶山遇险机焚，全体遇难。这一重大事件牺牲的同志，后来被统称为"四八烈士"。噩耗传来，吴玉章悲痛异常，想起和他们的深情交往，多次泪流满面。怀着沉痛的心情，吴玉章写下了《痛悼》一文，对王若飞、秦邦宪、叶挺、邓发诸同志及黄齐生先生等表示哀悼，《痛悼》一文在延安的《解放日报》发表。吴玉章又以中共四川省委的名义致电中共中央和"四八烈士"家属，对死难烈士沉痛哀悼，对其家属深切慰问，并表示要学习烈士们为中国人民服务之伟大精神，努力工作，为实现诸同志未竟之事业而奋斗。4月19日，吴玉章出席重庆各界六千余人在青年馆举行的追悼王若飞、秦邦宪、叶挺、邓发、黄齐生等烈士大会。

5月1日，国民党政府颁布还都令，定于5月5日还都南京。中共代表团和中共中央南方局同志也要去南京。为了适应形势发展的需要，中共中央决定吴玉章留在四川，负责接收和领导原南方局的工作与《新华日报》的工作。早在4月19日，中共中央就批准成立中共四川省委，书记为吴玉章，副书记为王维舟。吴玉章毫不犹豫地接受了组织的安排，又一次站在了革命的风口浪尖。4月30日，中共代表团团长周恩来在离开重庆前夕，在中山路驻地举行中外记者招待会，吴玉章的中共四川省委书记的身份由周恩来介绍给记者。5月3日，周恩来率中共代表团离开重庆飞赴南京建立组织，对外称中共代表团南京办事处，对内称中共中央南京局。吴玉章以中共代表团驻重庆联络代表和中共四川省委书记的公开身份驻重庆，全面接过原南方局的大部分工作，领导四川省、云南省、贵州省、西康省党的工作，及《新华日报》的工作。

中共四川省委和省委书记吴玉章虽然经周恩来公开宣布了，但是国民党重庆当局却不予理会和公开承认，省委的活动受到一定的限制。如何打破这种局面，迫使国民党在事实上承认中共四川省委的合法地位，成为省委的一项重要任务。吴玉章利用一切机会，公开以中共四川省委的名义活动，扩大在群众中的影响，但效果不是很明显。他得知冯玉祥 5 月 19 日要在重庆北碚为抗日殉难的张自忠将军召开纪念会时，就事先派人送去一副很大的挽联，上书"已使日寇灭亡，忠魂可慰；再令生灵涂炭，民命何堪？"落款是"中国共产党四川省委员会"，并设法将挽联摆在灵堂中最引人注目的位置。当时有许多新闻记者前去采访纪念大会，便纷纷在报刊上登载此事。特别是这副对联及其落款，引起了国民党当局的注意。国民党重庆市党部打电报询问国民党中央："为什么允许他们公开了？"国民党中央令重庆行营查复。国民党重庆市市长、代行营主任张笃伦跑来找到吴玉章，说："你们公开我们是知道了的，但手续不周到。"吴玉章对张说："第一，蒋介石在政协开幕时说各党派可以正式公开，四项诺言有此一条，我们公开是有根据的。第二，中国共产党是有组织的党，我们有办事处有报馆在这里，有党员，应有党的组织。第三，我们公开，就是在重庆有这个必要，其他地方无组织也不搞组织。我想，理由是很充足的。"张笃伦说："很好，我将以此回复中央。"吴玉章回忆说："这一番压迫无效后，反而在事实上我党之公开似乎官方已正式承认。我们就更大胆公开活动起来了。国民党于是天天造谣言，说什么'川北有匪呀！''王维舟作匪运呀！'……说我们要暴动呀，等等。"吴玉章直接对张笃伦说："你们要注意，我们是不暴动的，他们（指特务）要搞，对地方上是不利的。"吴玉章在接受《民主报》记者弘仁采访时，专门揭露国民党制造"共产党暴动"的谣言是别有用心的，呼吁当局制止谣言。吴玉章说："后来听说国民党各机关曾开会讨论此事，有人提议搞我们，张笃伦说：'没有中央指令，不能搞。'把要搞我们的压下去了。"① 党中央为了王维舟等人的安全和减少不必要的麻烦，决定将王维舟、傅钟、魏传统、程子健等调回延安。张友渔接替王维舟担任省委副书记兼宣传部部长、新华日报社社长。

1946 年 6 月 19 日，中共中央指示四川省委派人去川军、滇军中做联络工作。目的非在瓦解川军、滇军，而是助其反蒋，争取生存，进行反内

---

① 中共四川省委党史工作委员会《吴玉章传》编写组. 吴玉章文集：下. 重庆：重庆出版社，1987：1140.

战活动，达到制止内战、争取和平民主之目的。6月21日，吴玉章与周恩来、董必武、陆定一、邓颖超等联名向蒋介石国民党提出和平建议四条。6月下旬，蒋介石撕毁了"双十协定"，悍然下令大举进攻中原解放区，全面内战爆发。面对内战，中华大地上掀起了声势浩大的反内战民主运动。国民党反动派为了维持其摇摇欲坠的独裁统治，对这场正义的运动进行血腥的镇压。从1946年6月下旬到7月中旬，国民党相继制造了震惊中外的"下关惨案"和爱国民主人士李公朴、闻一多被暗杀事件。7月1日，吴玉章为《新华日报》撰写社论《忠实实行三民主义的中国共产党——纪念中国共产党二十五周年》，以大量事实从各方面阐明，中国共产党是忠实实行革命的三民主义的，国民党统治集团坚持一党专政、个人独裁，才是对孙中山三民主义的背叛，所以遭到人民坚决反对。为了抗议国民党反动派的法西斯暴行，配合整个国民党统治区民主运动的开展，吴玉章立即在重庆发动了一个大规模的反内战签名运动。各界人士踊跃参加，签名者达三千多人，促进了重庆以至整个国统区反内战、争民主运动的开展。

7月中旬，"李闻惨案"发生后，吴玉章立即用中共四川省委的名义，给民盟中央和李、闻两先生的家属发电致唁，表示深切的哀悼。一时间，重庆的政治空气十分紧张、沉闷，有些民主人士感到恐慌。为了打击国民党的凶焰，鼓舞人们的斗争勇气，吴玉章决定召开一个大规模的追悼会。这个追悼会如果由中共四川省委出面发起组织，有些民主人士慑于国民党的威吓，可能不敢参加，吴玉章遂决定由各民主党派和各界人士联合发起。正在这时，得知张群因国民党内部矛盾对国民党的一些人和一些事有所不满，吴玉章便利用这种矛盾，请史良、邓初民、鲜特生出面请张群出来领衔做追悼会的发起人。张群为了装点门面，同意领衔，并做大会主席。7月28日，追悼大会在重庆青年馆举行，参加群众空前踊跃，多达数千人。吴玉章在会上讲话，满怀悲愤地控诉了国民党特务的暗杀行径，批判了国民党反动派压制民主和独裁专制的罪恶，号召人民不畏强暴，坚决起来为民主而斗争。

这次大会，是吴玉章巧妙利用国民党的内部矛盾，在国统区灵活运用斗争策略的范例。追悼大会以后，吴玉章和张友渔又同黄炎培、史良、许德珩、鲜特生、邓初民等以中共四川省委、重庆人民和平促进会、民主建国会、民盟重庆支部等五十余个社会团体的名义，共同发起组织了"陪都李闻惨案后援会"，要求国民党当局彻底调查"李闻惨案"，筹集李、闻遗族生活教育费等。不久，又举行了陶行知先生追悼大会。吴玉章不仅出席，还在大会上讲话，称陶行知先生是一个前无古人的教育家，是一个时代的英雄。经过这几次斗争，重庆的革命空气又活跃起来。

8月18日，成都举行李公朴、闻一多追悼大会，国民党特务为此打伤民盟中央主席张澜。吴玉章立即致电张澜表示慰问。电文说："先生领导民盟，为争取和平民主事业奋斗，已深受全国人民之爱戴，特务暴徒竟敢加辱，显系反动派反民主之有计划行为；自然引起全国人民之公愤，齐为先生后盾。"① 10月初，张澜从成都到了重庆，吴玉章亲往看望。

国民党为增加民主色彩，在内战、独裁的同时，又加紧进行"制宪""行宪"活动。蒋介石在7月3日以国防最高委员会的名义，下令在11月12日召开制宪"国民大会"。信息发布后，立即遭到中国共产党和各界进步人士的坚决反对。与此同时，蒋介石又伪造了一场假和谈的烟幕，企图蒙蔽群众，拉拢当时的"第三方面"参加所谓的"国大"，以达到使中国共产党和其他民主势力孤立的目的。当时，"第三方面"包括为国民党奔走了一段时间的民主同盟。蒋介石发表强硬声明，拒绝中国共产党提出的坚持停战协议、实施政协决议的主张，宣布如期召开"国大"，最后形成僵局。于是，问题的焦点就集中到"第三方面"是否参加"国大"上。亲蒋介石的青年党和民社党早就决定参加"国大"，为掩饰其本质，这时站出来佯称是否参加"国大"要以"民主同盟的态度为转移"，"将与民盟取一致行动"。其真实用意，就是想竭力拉拢民主同盟一块绑在国民党独裁的战车上。在这样的关键时刻，民主同盟是否参加"国大"，在"第三方面"来说，确有举足轻重之势。这时候，民盟内部有少数人发生动摇，蒋介石也趁机加紧对民盟进行分化。面对此种情况，努力争取民盟主席张澜拒绝参加伪国大，就成了关键。

在重庆，吴玉章凭借他与张澜的多年情义，按照中共中央指示，多次拜访张澜并与之长谈。吴玉章向张澜阐述了中共中央的坚定态度，认真分

---

① 中共四川省委党史工作委员会《吴玉章传》编写组. 吴玉章文集：上. 重庆：重庆出版社，1987：285.

析了民盟等致力于调解国共关系活动失败的原因，指出归根到底是由于蒋介石顽固坚持其反人民和专制独裁统治方针不变。经过开诚布公的深入交谈，两人取得共识：坚持还是破坏政协决议，在当前是顺应或者违反人民意志的根本分水岭。坚持政协决议，一切言行对决议负责，势必获得人民的好评，在历史上立于不败之地。反之，跟着蒋介石在彻底否定政协决议的路上走下去，势必冒天下之大不韪，铸成历史的大错。召开伪国大，制定伪宪法，是蒋介石撕毁政协决议的一个决定性步骤。作为对人民、对历史负责的政党，必须信守自己的诺言，断然拒绝破坏政协决议的任何举动。因此，决不能参加伪国大。张澜和吴玉章交换意见后形成共识，握手离别之际，张澜对吴玉章爽朗地拍着胸脯说："你们放心！我敢担保我们民主同盟决不会参加这种国大"①。张澜回到民盟后，召集民盟主要负责人开会，表明民盟不能参加蒋介石举行的伪国大，得到大家的赞同。于是民盟公开发表声明，表明不参加"国大"的坚定态度。

1946 年底，当驻华美军在北平强奸女大学生的"沈崇事件"的消息传到重庆，全市人民无不切齿痛恨。吴玉章决定因势利导，在重庆掀起一个反美抗暴斗争的高潮。他指示各级地下党组织，发动全市人民和学生，组织有各界群众参加的大规模反美抗暴示威游行，不间断地开展反美军暴行的宣传周，并把活动从城市扩展到农村去。抗暴运动持续发展，1947 年 2 月 5 日、8 日，国民党反动派派出大批军警、特务袭击学生抗暴联合会宣传队，造成重大流血事件。吴玉章闻知，气愤异常，他当面指责国民党重庆警备司令孙元良：学生们的抗暴运动是出于爱国至诚，他们的行动是正义的，谁也不应该去制止，而且，制止也是制止不住的。对军警的暴行，他严厉谴责：特务打人，实在无理，你们（指孙元良）只有依法惩办特务，才能平息学生们的愤怒。在中共四川省委的秘密领导下，重庆反美抗暴运动一直持续到 2 月下旬。运动中，吴玉章还指示《新华日报》登载了大量揭露美军暴行的文章，有力地配合了运动的进行。

---

① 中共四川省委党史工作委员会《吴玉章传》编写组. 怀念吴老. 重庆：重庆出版社，1986：142.

# 三、领导《新华日报》

1946 年 5 月初，周恩来、董必武先后率领中共代表团和南方局同志飞抵南京，中共领导整个南部中国革命斗争的指挥中心移到南京。中共代表团迁南京后，在重庆设立的驻渝联络办事处，仍在代表团驻地原址与中共四川省委合署办公，领导西南各省党组织工作，原南方局领导下的《新华日报》仍留在重庆，由吴玉章直接领导，继续出刊。

《新华日报》是国共合作抗日民族统一战线胜利的产物，从 1938 年 1 月 11 日在武汉创刊起，到 1947 年 2 月 28 日在重庆被国民党反动派封闭停刊止，历时九年多。它代表着人民的利益与呼声，始终不渝地坚持正义的斗争。

吴玉章接手《新华日报》工作时，可以说报社面临的斗争形势比以往任何时候都要复杂尖锐。5 月 4 日，吴玉章在《新华日报》发表纪念五四运动的题词："五四运动是中国民主运动的新阶段，时间已经过去了二十七年，专制独裁反变本加厉，民不堪命矣。最近全国人民所渴望的民主的联合政府及民主的宪法，必须于最短时间内促其实现。"[①] 题词表明了吴玉章对民主政治的强烈追求。《新华日报》就是中国共产党在国民党统治区的一件有力武器，吴玉章继续保持了《新华日报》的战斗性。在全面内战爆发以前，《新华日报》着重揭露蒋介石的内战阴谋，抨击他反共反人民的罪行。

全面内战开始以后，全国人民都把希望寄托在人民解放军的胜利上面。吴玉章不失时机地指示《新华日报》，要让国民党统治区的人民知道革命胜利的消息。1946 年 7 月中旬到 8 月下旬，解放军在苏中七战七捷，消灭国民党军队五万多人；1947 年 1 月，解放军在鲁南枣庄、峄县（今山东枣庄峄城区）地区消灭国民党军队五万多人；2 月，又在鲁中莱芜地区消灭国民党军队七万多人。所有这些胜利的消息，《新华日报》都设法广为传播：或发号外，或登消息，或者在极端困难的条件下，就登一个启

---

① 中共四川省委党史研究室. 吴玉章年谱. 成都：四川人民出版社，1998：307.

事。办法是非常灵活的，也取得了很好的效果。国民党统治区的人民从这里得到莫大的鼓舞，尤其是把国民党军被俘军官名单在报上公布，并号召其家属与他们通信，更使得国民党反动派感到沮丧。

国民党统治区的人民运动，是解放战争的第二战场，它对人民解放军的作战，起了很好的配合作用。吴玉章对国民党统治下的农村、城市贫民的生活状况最清楚、最了解，要求《新华日报》在这方面多做报道。因而《新华日报》对广大人民群众的痛苦生活广为报道，代他们发出沉痛的呼声。诸如贪官污吏的作弊、特务党棍的横行以及土豪恶霸和保甲长的种种不法行径，都不时被《新华日报》揭露出来。至于征兵征粮和其他各种横征暴敛中的丑事奇闻，以及人民对这些苛政进行的各种斗争，《新华日报》也都竭力加以刊载。与此同时，《新华日报》还把解放区的各项建设成就和人民的幸福生活，尽可能详细地介绍出来，使国民党统治区的人民看了，益加对反动黑暗的统治感到愤慨。

为了进一步扩大宣传，提高人民政治觉悟，满足人民学习理论的需要，吴玉章组织报馆编辑出版和发行了一批通俗读物。吴玉章自己写的《中国革命的理论与实践》，也被广泛发行，受到读者们的好评。

由于《新华日报》反映了人民的愿望和要求，所以它得到广大人民的爱戴和拥护，并和人民建立了血肉般的联系。一位读者给报社来信说："我们虽然未曾见面，但我敢相信，我们中间已在无形中建立起一种不朽的友谊——远超过任何一种，因为我们是在同一目标之下努力着。"远在滇西的一位读者来信说："为着中国民主的前途，斗争到底。我虽然远在这迤岭滇西，但我们的心是互相联系着的。血腥的统治只能封锁我们的行动言论，而不能封锁每一个不愿做奴隶的人的心。"

《新华日报》就像一把插在敌人心上的尖刀，敌人天天都想拔掉它。特别是全面内战爆发后，反动派对《新华日报》更加痛恨。他们愤恨地大叫："世界上哪有这样的怪事，在打仗的时候，竟允许敌人在自己的区域发宣言、发战报，进行宣传？"① 他们还造谣说吴玉章他们的住处藏有军火，并以此为借口派出重兵在报馆周围安据点、筑工事，甚至设置机关枪阵地，如临大敌一般。与武力威胁同时，敌人对《新华日报》的稿件更加

① 吴玉章回忆录. 北京：中国青年出版社，1978：208.

紧了控制。新华社的稿件不准登，前线的胜利消息不准登，国民党统治区人民反内战、反饥饿的消息不准登，如此等等。吴玉章和大家研究对策，该登的消息还是要登的，但要注意策略。对部分稿件做一些不损害原意的调整，解放战争的胜利消息和解放区的介绍照样刊登，敌人毫无办法。为了混淆视听，国民党特务特地办了许多小报来对抗《新华日报》，其中有一个名字相似的《新华时报》，专门用来对付《新华日报》。这样做的结果反而进一步暴露了国民党反动派的丑恶面目。敌人还用限制发行的手段，经常在一些邮政机关扣留《新华日报》。对于敌人的这一手，吴玉章是有准备的。《新华日报》早就招收和培养了一批工农出身的报童，由他们把报纸直接送给市内和远郊乡村的订户，并在街上销售。销售员们早出晚归，不畏艰险，不怕威胁，不受利诱，既坚贞又机智地去完成光荣的使命。报馆内的工作人员和工人，在编辑、采访和印刷、出版工作中，付出了辛勤的劳动。他们外出时经常被特务盯梢，并有失踪的危险。但他们毫不畏惧，始终坚守自己的岗位。

随着时局的发展，蒋介石在美国的支持下，更加肆无忌惮，倒行逆施。国民党开动了所有的宣传机器，加紧了对共产党的诽谤，直到公开称"共匪"。吴玉章等预感到报纸有被查封、人员有被驱逐甚至被消灭的危险了。这时，中共中央电示，发动要求美军撤退出中国的运动，其口号是要求美军无条件退出中国。吴玉章安排《新华日报》用两个整版的增刊发表《一年来美国干涉中国内政纪要》。为反对美国干涉中国内政，要求美军撤出中国，吴玉章等发动重庆各界举行签名运动，签名者达一万五千三百六十八人。名册汇交美国驻华使馆转致美国总统杜鲁门。

1947年1月1日，吴玉章在《新华日报》上发表《元旦献词》，指出：过去的一年，是新时代在战斗中前进的一年。一年来的事实证明了新时代的潮流是不可阻挡的。谁要阻止它，谁就会自遭毁灭。但是，反动势力还没有死亡，还相当强大。我们的斗争还是残酷的、艰苦的、曲折的。我们毫不松懈，不怕困难，不辞艰险，胜不骄，败不馁，小心翼翼，不屈不挠，依靠广大人民来打倒必须归于灭亡的反动势力。献词的最后，吴玉章充满热情和希望，号召大家要"勇敢！勇敢！再来一个勇敢！"

为了扩大《新华日报》的影响和争取更广泛的群众支持，吴玉章在1947年1月11日《新华日报》成立九周年的时候，特地举行了纪念会和宴会，举办了展览会和游艺晚会。活动邀请了部分关系密切的人士参加，闻讯而来的人竟达 500 多人。来宾中有各民主党派团体的代表，有各报馆同人，有工程师和教授，有戏剧家、小说家和诗人，有地方名流绅士，也有工人、学生、妇女和儿童，一时少长云集，盛况空前。在收到并在报纸上登载的许多题词中，既有党中央领导周恩来、朱德等同志的，也有各民主党派和无党派民主人士郭沫若、沈钧儒、邓初民等人的。吴玉章也题词：千万人民的正义呼声，胜过独裁者的百万雄兵。这些题词，是对《新华日报》的最大鞭策和鼓舞。对于影响很大的纪念会，国民党反动派十分恼怒，大叫"究竟重庆是谁管？真是无法无天了！"[1] 是的，吴玉章等共产党人，在国民党暗无天日的统治下，就是要无法无天。他们既不承认国民党的法，也不承认国民党的天；承认的是人民的天，斗争中争取的也是人民的天。报馆的同志坚信：重庆迟早也要实行人民的法，变成人民的天。

吴玉章为了应付可能发生的突然事变，早已做了精神上和组织上的准备。在此之前，他已经疏散了一批同志，并对留下的同志加强了政治思想教育。为了坚定同志们的信心，吴玉章亲自给大家讲课，对大家进行革命气节教育。他给大家分析时局，讲革命前途和党的斗争史，以及共产党员的修养，还讲历史上许多英雄人物及许多革命先烈英勇斗争、慷慨就义的故事。大家听了很受感动。经过吴玉章的这些教育，省委和报馆的同志们，都立志像在战场上冲锋陷阵的战士一样，准备流血，准备牺牲，并且准备了被捕以后的斗争计划。大家都信心百倍地迎接最残酷的斗争。

# 四、哭祭爱妻游丙莲

正当吴玉章在重庆和国民党反动派恶斗之际，爱妻游丙莲逝世的噩耗传来。游丙莲 1876 年生于四川省威远县新和乡小连冲，是普通农家女子，缠脚，比吴玉章大两岁。1896 年男女双方以媒妁之言，由父母做主结婚。游丙莲未进过学堂，不识字，距离不远的县城也没有单独去过。游丙莲虽然没有文化，但很有智慧，也很勇敢，以她的聪慧、诚实、坚强的毅力撑

---

① 吴玉章回忆录. 北京：中国青年出版社，1978：210.

起吴家的一片天。她克勤克俭，温婉贤淑，具有中国劳动妇女的传统美德。温柔贤惠的游丙莲是乡人交口称赞的贤妻良母，不论在多么艰难困苦的条件下，她都一心一意地守住吴玉章的革命后院。当左邻右舍有人对她说吴玉章太不顾家时，游丙莲也不生气，更不反驳，只是淡淡地回答说：干大事的人是不顾家的。这种回答，表现出游丙莲对丈夫的信任、支持与眷恋。吴玉章在外革命，挣到的钱都拿来办学、办报，或者是资助进步报刊，或者是资助革命事业。抗战期间任国民政府参政员时，吴玉章每月有一百元的补贴。当时城里人月生活费三元左右，一百元可不是一笔小钱。可吴玉章全部拿来交了党费。总之，有钱没钱，吴玉章都没有给家里送过钱、汇过款，而且每次回家还要消耗家里物资招待乡亲或朋友等。当然，吴玉章每次回家，游丙莲都很高兴，都没有一句怨言。她独自承受着长期的孤苦及持家、养儿育女的艰辛，这是一般女人难以做到的。可见游丙莲的内心是何等的强大与忠诚。在这一点上，吴玉章是有深刻感受的。游丙莲一生支持吴玉章的革命事业，牺牲了个人利益。如果游丙莲受不了一个人支撑家庭的痛苦与孤独，回到娘家或者出走，也是人之常情，但对吴玉章及其子女来说就成了最大的不幸。

所以，当游丙莲逝世的消息传给吴玉章时，他是难以相信的。在工作之余，妻子的身影不断出现在眼前。特别到了夜晚，吴玉章经常辗转难眠，和爱妻结婚以来的往事，就像放电影一样在脑海中闪现。1946 年 11 月 17 日的夜晚，夜深人静，凉风习习，曾家岩下的嘉陵江涛声不时传来。吴玉章难以入睡，翻身起床披衣坐在卧室窗前的条形办公桌前，打开台灯，舒展红格竖线稿纸，手执毛笔，眼含泪花，怀着无限的深情奋笔疾书，一气呵成一篇情切切、意深深、感天动地的《哭吾妻游丙莲》祭文。他说："我哭丙莲，我哭你是时代的牺牲品。我们结婚有五十年，我离开你就有四十四年。我为了要打倒帝国主义的压迫、专制政治的压迫、社会生活的压迫，在 1903 年正月，离开家庭到日本，随即参加革命。家中小儿女啼饥号寒，专赖你苦撑苦挣。虽然无米无盐，还要煮水烹茶，使炊烟不断，以免玷辱家门。由于你的克勤克俭，使儿女得以长成，家庭免于贫困。"回顾到此，吴玉章伤心无比地说道："满以为革命功成，将和你家园团聚，乐享太平。料不到四十年来，中国的革命前途虽然走上光明，而迂回曲折，还有一段艰苦的路程。你既未能享受旧时代的幸福，又未能享受新时代的光荣。今别我而长逝，成了时代的牺牲品，能不令人伤心。"吴玉章在这一小段文字中回顾爱妻时，两次用了"时代的牺牲品"来追思，指明了妻子不仅是封建社会的牺牲品，也成了支持他革命的时代的牺牲品。吴玉章为革命牺牲了家庭利益，牺牲了个人利益，也牺牲了爱人的利益。游丙莲为支持吴玉章，为革命而牺牲了整个人生的幸福，她所做出的牺牲，也是对社会、对革命的重大贡献。这是吴玉章对妻子忠诚品德的一个高度评价。

接着，吴玉章回顾了游丙莲对他、对家庭、对子女的卓越贡献。他说："我哭丙莲，我哭你为我养育了一个好女儿，受到人人尊敬。她（指女儿。——引者）中年丧了丈夫，受人欺凌，艰苦奋斗，不愧贤能。终能克服重重灾难，使六个儿女得以长成。更可贵的是她帮助你操持家务，常在你左右，使你这零丁孤苦之人得到安慰，使我这天涯海角之人得到安心。现在使你形影相依的女儿，失掉了慈爱的母亲。"

吴玉章对爱妻培养儿子，也是一片感激深情，他说："我哭丙莲，我哭你为我养育了一个好儿子，学会了水电工程。他十七岁离开你，二十年在外，使你时刻忧心，他秉承了我们勤苦耿介的天性，和为人服务的精神。他有磨而不磷、涅而不缁的操守，不贪污腐化而为社会的罪人。十八岁赴法国留学，毕业后就在法国水电工厂服务八年，苏联国家计划局服务四年，都得到了好评。他为祖国的神圣抗日战争归来，因日寇封锁，机器不能输进，就谋自力更生。他自己设计，以本国器材建成了长寿的水电工程。国营事业的获利，常常是这工厂占第一名。他忙于为国家人民的事业，未能早侍奉你病弱之身，使你得享遐龄，这不能不使他抱终天之恨。"吴玉章的儿子吴震寰，不满三岁时就和吴玉章分开了，没有一点父亲的印象，直到十一岁懂事时，才见到心中思念已久的父亲。在家庭经济极端困难的条件下，儿子到了读书的年龄，游丙莲省吃俭用挪出费用送儿子进入学堂。到十七岁时，儿子离家，后又远走高飞到了国外留学。如果她不送儿子出国读书，儿子就可以侍奉她左右，吴玉章应该也不会有意见。因此，吴玉章回顾爱妻对儿子的培养，也表达了深深的感激之情。

追忆完游丙莲对他、对子女的贡献后，吴玉章又评价了游丙莲对整个家庭的重要贡献。在三兄弟分家时，在没有多少财产分配的条件下，为了感谢哥嫂们对自己的培养和支持，吴玉章拟了一个自己吃亏的家庭财产分配方案，游丙莲毫无怨言地照办，使和顺的大家庭得以维持。为此，吴玉章十分感动地说："我本是一个革命的家庭。我二哥因为倒袁世凯的二次革命失败，悲愤自缢而牺牲。我大哥因为大革命而牺牲。这种种不幸，犹赖你能安慰寡嫂、团结侄辈，使家庭和顺、生齿繁荣。你待人忠厚，做事谨慎，使亲友称誉，得到人人的欢心。你不愧为贤妻良母的典型。"吴玉章回顾了大哥、二哥为中华民族的解放事业献出宝贵生命后游丙莲和两位嫂子对大家庭的全力支撑，这更使吴玉章对爱妻的坚强品格充满无限钦佩之情。

吴玉章三兄弟为争取中华民族独立而参加革命斗争，没有把自己的聪明智慧用在个人的发家致富上。自己的小家在他们三兄弟手上日渐贫困，甚至到了家中的妻儿老小连吃饭都成了大问题的地步。游丙莲在这样的环境中撑持着家庭不散，这是需要何等的勇气和力量啊！当然，吴玉章对家、对妻子的眷恋与忠诚也是感天动地的。他一有时间，就回到家中看望妻子，体现出吴玉章对妻子的浓浓爱意。

所以，吴玉章在哭爱妻的祭文中，十分遗憾，满怀愧疚，深深悔恨，责备自己没有及时回家去看望爱妻。他说："今年六月，我闻你重病，本想率儿媳及孙儿女辈回家一省，使一家人得一团圆，以安慰你多年渴望之心，却因我为公务羁身，环境所迫，不能如愿而行。只得命陵儿（吴震寰又名吴宗陵。——引者）买药归来，寻医治病。后闻病势经过平稳，方以为安心调养，必能获得安宁。不幸噩耗传来，你竟舍我而长逝，能不痛心。"

在祭文的最后，吴玉章带着对妻子深深的歉意和更加坚定的革命家责任感，向远去的爱妻告别说："亲爱的丙莲，我们永别了！我不敢哭，我不能哭，我不愿哭。因为我中华民族的优秀的儿女牺牲得太多了！哭不能了事，哭无益于事，还因为我们虽然战胜了日寇、法西斯蒂，而今天我们受新的帝国主义和新的法西斯蒂的压迫更甚。国权丧失，外货充斥，工商倒闭，民不聊生。而内战烽火遍地，满目疮痍，我何敢以儿女私情，松懈我救国救民的神圣责任。我只有以不屈不挠、再接再厉之精神，团结我千百万优秀的革命儿女，打倒新的帝国主义、新的法西斯蒂，建成一个独立、自由、民主、统一和繁荣的新中国。丙莲！安息吧！最后的胜利，一定属于广大的人民。"① 写完祭文，放下笔，夜已经很深了，这时的吴玉章方才感到愧疚的心灵得到了一丝安慰。

吴玉章结婚以后，妻子游丙莲一直占据着他感情生活的全部空间，吴玉章以马克思和列宁的婚姻家庭为榜样，感恩之心也不允许他做对不起爱妻的事。在延安的六十岁生日会上他就怀着无限的深情说过："我从十八岁结婚以后，真正同居不到五年，到日本留学以来，少则八九年回家一次，多则十四五年回家一次，我是对得住我的妻子的。我之所以这样做，第一，是因为我既从事革命，不能顾及家庭。我有一儿一女，家里又穷，全仗她为我教养儿女。我在日本留学时，家曾断炊数日，终赖她勤俭得以使儿女长成。古人说'贫贱之交不可忘，糟糠之妻不下堂'，何忍负之?! 第二，乡里贫贱之人一到都市，或稍有地位，则狂嫖滥赌，抛弃妻子，另纳新人，往往使可怜的原配孤苦伶仃或饮恨而死，为世诟病。我为挽救此种恶风气，以免青年人受到家庭的阻碍而不让其远行，故以身作则，以塞顽固者之借口。到了我相信共产主义，并听到以共妻来诬蔑共产党以后，我更以共产党的道德，坚强我的操守，以打破敌人无稽的谰言。第三，真正要以共产主义打破人压迫人的制度，除了消灭财产私有而外，还有男子压迫女子、欺负女子的问题。这是一个道德问题，这是数千年习惯的问题，不是空言解放女子、男女平等就可以转移风气，必须有一种坚忍不变、人所难能的毅力以移风易俗才会有效。我觉得我生在这新旧过渡时代，以我个人的苦痛来结束旧的道德，过渡到新的道德，使在我以后的人不至再受这种苦痛，就要建立共产主义的婚姻道德如马克思、列宁的婚姻道德一样，以解放今后世界的女子。"② 长期的孤独生活，吴玉章也是深感痛苦的。他之所以要坚守忠贞爱情的底线，就是因为他知道自己是一名共产党员，想以个人的"苦痛来结束旧的道德，过渡到新的道德"，使它发扬光大符合共产主义的道德。在婚姻和男女关系上，清清白白地做人，在国外、国内都是人民的基本道德要求。对国家公职人员来说，能否正确处理男女关系，也是衡量其政治上是否可靠的标准。吴玉章以革命家的胸怀，在

---

① 中共四川省委党史工作委员会《吴玉章传》编写组. 吴玉章文集：下. 重庆：重庆出版社，1987：1207-1208.

② 同①1266.

婚姻道德上树立了一个光辉的榜样。

# 五、带队安全回延安

　　1947 年初，国民党蒋介石集团在军事战线上和政治战线上都打了败仗。中国革命的发展，比人们预料的还要快。在国民党统治区的四川，以吴玉章为首的共产党人面临着生死考验。2 月下旬，重庆有些民主人士从司徒雷登发表的声明中，知道了国民党要吴玉章等撤退的消息，就专门找吴玉章问。吴玉章回答说："我们是国民党政府请来的，除非它有明文要我们撤退，和我党中央来了命令，我们是绝不会走的。司徒雷登是外国人，他管不了我们国内的事，更无权过问我们党内的事。"吴玉章回忆说："过了两天，《大公报》有人打电话给我说，南京有我们撤退的消息，我同样地回答了他。因此，《大公报》登的不是我们要撤退的消息，而是我的不撤退的谈话。这时，恰好传来了莱芜大捷的消息，我们的报纸特地用大字把它登出来。人们看了这个消息，都异常兴奋。我于是对民主人士说：'国民党的垮台是注定了的，它即使把我们逼走，对它也无济于事。'"①

　　对于可能出现的情况，吴玉章事前已经从各方面做了充分的准备。2 月 28 日凌晨 3 时，国民党反动派派出军警百余人，突然包围了中共在重庆的联络处——曾家岩二十三号（就是以前周恩来、董必武住的五十号办事处）。一阵猛烈的打门声，把吴玉章等从睡梦中惊醒。一时间，荷枪实弹的军警特务极端无礼地冲进大门，翻箱倒柜，到处搜查，形同盗匪。他们强迫大家到楼下客厅集中，然后蜂拥上楼，闯入吴玉章的卧室。吴玉章急忙起身穿好衣服，质问何事。军警们声称：为"保护"你们的安全，要你们撤退。吴玉章问他们"有无公事"。一个处长回答吴玉章说：有。他递给吴玉章一张纸，是孙元良要吴玉章等在 3 月 5 日前撤退的函件。吴玉章当即声明："我党驻京、沪、渝的联络处，是你们政府允许设立的，非有你们政府的明文和我党中央的命令，我们一定要坚守我们的岗位，不能撤退。"旁边一便衣特务插嘴说："你们破坏和谈，称兵作乱，与人民为

---

敌，使人民不能安定……"吴玉章一听就十分气愤，没等他说完就严厉反问他："谁与人民为敌？谁破坏和谈？谁在积极打内战？谁使人民生活不安？你看，我们的对面，就是你们的兵工厂，数月以来，日日夜夜在赶造军火，请问这是干什么的？你们到处征兵征粮，急于星火，把一切交通工具，全作军运，一切都是战争状态，谁要打内战还不明白吗？"吴玉章声色俱厉地谴责，那特务十分狼狈。于是那个处长上前对吴玉章说："请先生把公文看完，如果油印的不清楚，这里还有一份笔写的，上面还有司令愿备车并派人护送回延安等事，请先生不要着急。"吴玉章最担心的是同志们的安全，他平和而严厉地对那个处长说："你们半夜三更来此胡闹，简直无理已极，你们绝对不能捕走我们一个同志！我要去找孙司令、萧参谋长、张市长谈谈，一切谈后再说。"处长对吴玉章说：你的同志们已经集中在楼下客厅里。吴玉章立即转身下楼去看同志们在不在。还好，都在。大家指着军警对吴玉章控诉他们乱抢金钱手表和衣物等等暴行，一时人声沸腾，群情激愤。吴玉章见同志们毫无惧色，便对大家说道："孙元良司令有公事来，要我们撤退。但是，我们非有国民党中央政府的明文，和我党中央的命令，是誓不撤走的。我们要坚持我们共产党人的立场，保持我们革命者的气节。至于军警们不先给公文即破门而入，并且肆意搜查，是完全不对的。我要去见孙司令、张市长，一切等我回来再说，现在我就去打电话。"电话线早被他们切断了，打不通。吴玉章非常生气，那个处长过来对吴玉章说："吴先生年老了，请上楼休息吧！天明后，孙司令就会来的。"吴玉章说："你们如果让我的同志们都回房休息，我就上楼去休息，否则我要和我的同志们在一起。"处长说："他们在此地也可以休息，还是请老先生休息去吧！"这时，同志们也都来劝吴玉章，吴玉章估计同志们的安全暂时不会有问题，才回到楼上房间去。吴玉章思绪万千，根本无法入睡。这时，联络处已经变成了一个临时的集中营，数十名军警和许多便衣特务来来去去，四处逡巡。在这样严重的关头，吴玉章深切地感到肩上担子的分量，必须想出正确的决策，维护党的荣誉和保障同志们的安全是头等大事。后来，吴玉章回忆当时的情景时说："我反复地考虑了当时的整个形势和眼前的具体情况，想到：既然我军在不断地取得胜利，全国的民主运动又日益高涨，有了这样坚强的后盾，还有什么可怕的呢？国民党会不会像在皖南事变时对待叶挺同志和新四军那样来对待我们？一般地说它不敢那样，但也不是绝对地不可能。它会不会把我们全部安全地送回延安？它绝不情愿，但要取决于我们的斗争。最大的可能是：表面上说把我们送回，而又尽可能地来分化瓦解我们。因此我们的同志必须团结一致，坚决斗争！至于我自己的安全，由于年纪大，又是政协代表，条件要比同志们好得多，我必须挺身出来，领导同志们一起战斗。有没有危险呢？当然也会有的。但早年参加革命，即已不顾一切，现在偌大年纪，尚有何可惜……想着、想着，有时眼前忽然浮现出邹容烈士的形象，有时又出现杨闇公同志的形象。这些形象虽然一刹那就逝去了，但是我的斗争决心却更加坚定起来。就这样，不知不觉地便到了天亮。"①

　　上午 10 点左右，孙元良果然来了，他毫无表情地把军警给吴玉章看过的公文内容向吴玉章复述了一遍。吴玉章也把对此事的态度告诉了他，并且严正地对他说："我们要坚守我们的岗位，不怕任何压力。我现在是已近七十岁的人了，从同盟会辛亥革命以至现在，一切革命运动我都参加过。自参加革命以来，生死早已置之度外，我常想得一适当的死所，此地或者就是了。人谁不死？只要死得有价值，死一个人可以激励起千万个人来。我们中华民族的优秀儿女是有不怕牺牲的光荣传统的。我要为革命党人共产党员保持最高尚的人格。现在和谈虽停顿，但门尚未关死，你们此等行动，将最后关死和谈之门。你们知道这种关系吗？"吴玉章越说越激昂，孙元良虽然不想听，但在吴玉章这样的老革命面前，也只好耐着性子听。吴玉章要他撤退监视的军警。孙元良说："为慎重'保护'起见，不得不如此。"吴玉章又提出要去见行营参谋长萧毅肃和重庆市市长张笃伦。孙元良回答说他可以去和他们商量。吴玉章又问他《新华日报》报馆的情形。孙回答说情形"很好"，请吴玉章放心。吴玉章对同志们的斗争精神是放心的；但是在这豺狼横行的地方，对同志们的安全，吴玉章没有见到人之前是放心不下的。于是他提出要和新华日报社的负责同志见面。孙元良无法，只好回答吴玉章说可以转达。孙走后，吴玉章立即致电张群抗议 2 月 28 日的军警暴行，表明坚定的态度，并要他电告重庆警备司令部立即撤退监视人员，让《新华日报》继续营业。此后的等待消息期间，吴玉章又一次向同志们讲革命故事，以激励大家斗争的情绪。在这种情况下讲

---

① 吴玉章回忆录. 北京：中国青年出版社，1978：235-236.

先烈们可歌可泣的事迹，更加感动人心。在吴玉章的讲述中，"不仅我们的同志都凝神谛听，有感奋而泣下者；连那些监视我们的国民党士兵（他们大部分都是青年学生出身），也都慢慢地围拢来听，有的人也似乎颇受感动"①。

由于过度的紧张和激奋，加上没有得到正常休息，吴玉章的身体出了毛病。守卫的人想找医生给吴玉章看一下，吴玉章拒绝了。他提出自己找医生，守卫被迫同意。3 月 1 日，过去就很同情革命的薛大夫来了。他看完吴玉章的病后，故意大声地说："血压高，要绝对的安静！安静！"吴玉章趁机把监视的人赶出房门。午后 6 时许，萧毅肃和张笃伦来了一趟，萧对军警的无礼行为，竟佯装不知。到了晚上，美国驻重庆副领事布德到曾家岩会见吴玉章，送来董必武给吴玉章的电报。电报告：中央已同意留渝人员撤退。布德说，美国将在 3 月 5 日、6 日派出两架飞机，送中共人员回延安。吴玉章说："两架飞机怎么能载得下？必须至少添四架，我一定要同大家一起回去，否则我决不走！"吴玉章最担心的是敌人采取"分割"的办法，以便在途中尤其是在西安谋害我们的同志，因此，坚决要求萧毅肃电告张群，必须准备四架飞机。布德答应了。那些监视吴玉章的军警，特别是当官的，见美国人来了，在表面上都对吴玉章很客气，此后对吴玉章也客气多了。这种没有骨头的奴才习气，吴玉章感到可笑又可气。

和联络处一样，2 月 28 日凌晨 3 时，化龙桥的《新华日报》报馆和在城内的营业部、记者站、宿舍，也遭到国民党军警的包围和搜查。三处的同志们都被他们拘禁在报馆里。同志们和国民党的军警特务展开了英勇的斗争。他们雄壮的歌声响彻云霄，周围的群众听了也感到激愤。由于吴玉章坚持要见《新华日报》负责人，张笃伦和重庆行营被迫同意。3 月 2 日，《新华日报》的负责同志在宪兵和特务的监视下被用车送到曾家岩。《新华日报》经理于刚、总编辑熊复和营业部的刘瞻，来向吴玉章汇报情况。来的同志刚开口说话，一个特务即气势汹汹地说："只许讲四十五分钟！"吴玉章立刻火起，严厉地问道："为什么？我们不是囚犯，难道连讲话的自由都没有了吗？我准备讲三个钟头，要趁我还没有死，把话讲完。"那个特务在吴玉章的怒斥下不敢作声了。来人把报馆的情况汇报完毕后，吴玉

---

① 吴玉章回忆录. 北京：中国青年出版社，1978：236-237.

章对他们说："国民党这次暴行，是它要最后关死和谈之门，决心内战到底。我们要保持共产党员的人格，不怕牺牲。我们在重庆、成都、昆明（那时，除重庆外，成都、昆明尚有《新华日报》分销处）的三百八十人要团结得像钢铁一样，不怕任何压力。我们牺牲一个人，会有一万个人来代替……"吴玉章越讲越兴奋，特务们想来制止，吴玉章更加起劲，讲个不停。同志们也怕吴老累了，劝他不必再讲了。吴玉章对同志们说："我们的报馆是合法存在的，更重要的是我们代表全国人民，全国人民拥护我们，我们像天上的太阳，虽然有时被乌云遮着，但太阳总是要冲破云层，把光明普照大地！"[①] 临别时，吴玉章要来人回去告诉同志们，要团结得像钢铁一样。来的人大声地回答说："我们一定不怕！"态度异常悲愤。所有在场的同志都很感动。

从这一天开始，吴玉章有意向那些监视军警，特别是其中的青年做些工作。吴玉章跟他们谈话、讲故事，并送些书给他们。慢慢地，他们的态度有所转变。他们的一个连长也曾来要求吴玉章题字，吴玉章顺手给他写了一句"为革命而奋斗"。不知这位连长有何感想。

3月8日，孙元良和一个连长同吴玉章坐在一辆小汽车里，他俩一左一右把吴玉章夹在中间"护送"到机场。到机场一看，却只有两架飞机。吴玉章非常生气，坚决不走。这时孙元良很着急，反复保证说第二天一定还来三架飞机。经了解：那三架飞机没来确系临时气候原因，次日一定可到。大家也一齐来劝吴玉章，请吴老不要担心。这样，吴玉章才登上了飞机。

要回延安，吴玉章是非常高兴的。但对重庆，他也仍然有些恋恋不舍。因为它是吴玉章的故乡，是吴玉章最熟悉的地方，它还在被反动派统治和蹂躏。当然，重庆很快就会得到新生。到那时，吴玉章回来时重庆一定是焕然一新的。

吴玉章等到达延安时，受到朱德、董必武、叶剑英、李维汉、杨尚昆等的热烈欢迎和亲切问候。

第二天，吴玉章担心的同志们也都胜利地回到延安。他十分兴奋地赋

---

① 中共四川省委党史工作委员会《吴玉章传》编写组. 怀念吴老. 重庆：重庆出版社，1986：153.

感怀诗一首：

> 坚持党命驻渝州，日报宣传争自由。
>
> 剥开画皮人称快，抗议美兵众同仇。
>
> 出动军警真无理，视同囚犯岂甘休。
>
> 多承周董英明教，全师而退作新谋。

# 六、参加后甘泉宪草的起草工作

在吴玉章的领导下，重庆的同志全部顺利撤回延安。1947 年 3 月 9 日，中共中央在延安兰家坪召开大会，欢迎南京、重庆、上海三地同志平安返回延安。吴玉章在会上报告了从重庆撤回的经过情况，周恩来在会上讲话。后来，吴玉章整理成书面材料《重庆工作的回顾》向中央做了全面汇报。在汇报中，吴玉章没有多说做出了多少成绩，而是谦虚地总结了存在的缺点和错误。他说："如果认为省委及报馆的工作有些成绩，这成绩也是毛主席及党中央领导指示的正确，和同志们的热心努力、不避艰险所得来的，我是未能作较多的实际工作，不敢媲美。如果有许多缺点和错误，我倒要担负责任，因为我负领导责任，不能委卸。我可以告慰毛主席及中央和各位同志的，只是我有坚定的党的立场，不怕牺牲的决心，斗争和危险到来，沉着镇静，不惊慌失措，以革命不怕牺牲的精神去鼓励同志，团结同志。同志们常把我比作一面革命的旗帜，党的一面旗帜。他们说，只要我保持康健，稳坐在那里，不必作工作都是好的。同志们对我太好，因为我年纪较大，参加了几十年的革命，推崇过高，心中经常抱愧。自己总感觉得碌碌无能，惟有一片为党为革命为人民服务的热诚，临危难之时，不为敌人暴力所慑服，而要保持共产党员的人格；我无特别才能，只能接受同志们和群众的意见办事而已。"[①] 一名老共产党员、老革命家的高尚情操和宽阔胸襟真诚地展现出来。欢迎会同

---

① 中共四川省委党史工作委员会《吴玉章传》编写组. 吴玉章文集：下. 重庆：重庆出版社，1987：1154.

日，中共中央任命吴玉章为中央法律委员会委员，参加王明、谢觉哉主持的法律委员会工作。

这时，蒋介石早已撕毁国共签订的停战协议，全面内战爆发。1947年3月初国民党军队集中34个旅约25万人的兵力向中共中央所在地延安和陕甘宁边区发动全面进攻，并调集各型飞机94架对延安及其附近地区进行"战略"大轰炸。3月9日下午，吴玉章等由中央安排先行撤离延安向晋西北转移。3月18日，中共中央的各机关、学校主动撤离延安。但党中央和人民解放军总部仍留在陕北，指挥着全国解放战争。

吴玉章等离开延安后，经过十多天的跋涉颠簸，出雁门关，经清涧、绥德过黄河，抵达临县的三交。此行的目的地山西省临县后甘泉村派来六辆大车接应，吴玉章等中途又换坐牛车才到达甘泉村的后沟。这里住有十几户老百姓，离临县县城有2.5公里。吴玉章所在的中央法律委员会在此地开展工作。从4月至8月，中央法律委员会起草了一个照顾重庆政协协议原则的新宪法草案，即所谓"后甘泉初期宪草初稿"。自8月到10月中旬，又根据形势的发展和中央的指示，丢开政协协议原则，试图起草一个内容与形式皆为新民主主义的宪法草案，即所谓"后甘泉后期宪草初稿"。

在参加宪法起草工作的过程中，吴玉章感到还有一些不甚清楚和明了的地方，对宪法的基本原则和内容也有一些自己的理解和看法。他觉得非常有必要把自己的想法和思路给毛泽东做一次汇报。于是，在10月24日吴玉章就新宪法草案一事致信毛泽东。他阐明了自己关于起草宪法的立场和观点，从六个方面提出了自己的具体意见和建议。第一，吴玉章提出新宪法草案宜及时发表。理由"首先是全国人民知道了我们要建立的是怎样一种民主国家，因为许多人受了反动派的宣传，总以为我们得了政权，一定要如苏联的一党专政，有一个各革命阶级联合专政的宪草，可以使许多人安心；其次是我们解放区也可以有一个比较具体的法则来一律遵循。因为我们的革命是长期的，我们已得的地方要立刻建设一个统一的新的民主政权，一面是要巩固地方，一面是要试行我们的新法治"。因此他说，"所以我主张在蒋介石要崩溃和他正进行伪选举的时候，用解放区人民代表大会筹备委员会，或其他名义，发表此草案，以征求全国人民的意见，是有很大的意义"。第二，吴玉章提出即将诞生的共和国必须"确定为新民主主义共和国"。"宪法的体裁，不仅内容要是新民主主义的，而形式也要是新民主主义的，所以我坚决主张总纲第一条，必须明白写出'新民主主义共和国'而不赞成写为'新民主共和国'（有些同志主张这样写，争论了很久，现在草案虽然写为'新民主主义共和国'，但还是说待毛主席来决定），因为这种写法意义很含混"。第三，吴玉章提出新宪法草案"必须贯彻民主集中制"。"中央与地方的关系，既不是采中央集权制，也不是中央与地方均权制，而是中央与地方都是国家权力机关，各级政府均由人民代表大会选举，实行在民主基础上的集中，集中领导下的民主，并且打破官治与自治对立的恶习惯，从中央一直到乡村都用民主集中制贯彻到底，中间毫无隔阂，使每一个公职人员都是全心全意为人民服务，受人民监督、审查、鉴定，这样不仅肃清了官僚主义，也教育人民，组织人民来参加管理国家"。第四，吴玉章认为"民族自决权应否写出尚须讨论"。吴玉章说："我最初主张必须把民族自决写在宪法上，但大家研究的结果，认为写上民族自决必须是联邦宪法，则其内容与形式均有不同"。第五，吴玉章提出检察机关必须设立，"宪法及法律要有一个严厉监督遵行的执法机关"。只有这样"才能使宪法及法律不成为具文，如果恐怕最高检察长一人权力太大，可同其他机关一样，采委员会议制"。第六，对于应否设总统，吴玉章认为"还须以时势的变化来决定。原来没有总统这一章，为了应付今天国内外的情势，所以添了这一章，如果时局再向前发展，不必多所顾虑时，则仍以不设总统为好，尤其把'总统为国家元首'写在宪法上，我是始终反对的"①。吴玉章以他丰富的阅历和深厚的理论功底，真诚地为即将诞生的新中国勾画着蓝图，所提出的意见和建议，也是他革命实践几十年的最好总结。

10月，吴玉章与王维舟、李维汉、杨尚昆等中央领导一起，出席了中央为准备解放大西南所组织的四川干部训练队的开学典礼。四川干部训练队根据中央安排，计划作为解放大西南的先遣队入川，在山西临县三交镇双塔村成立。干部训练队主要以南京、上海、重庆撤回延安的干部为基础，又从机关、部队抽调一批四川籍老同志组成。在开学典礼上，吴玉章发表了热情洋溢的讲话。吴玉章在这里碰到了不少的老朋友。见四川干部

①　中共四川省委党史工作委员会《吴玉章传》编写组.吴玉章文集：上.重庆：重庆出版社，1987：294-297.

训练队的同志们斗志昂扬，准备参加解放大西南的战斗工作，他也抑制不住内心的激动与兴奋，于 25 日给毛泽东写信，请缨回川杀敌。他在信中说："我于前数日来双塔，参加四川干部训练队开学典礼。这批干部有些是长征来的，大部分是今年三月由重庆、南京、上海等处被迫撤退回来的。以我人民解放军大举反攻，节节胜利，大家的情绪都很高。大约训练一月后，他们即启程前进，我近数月来身体也日益强健，见同志们革命的热忱，时局发展的迅速，也异常兴奋。我虽年已届七十，仍愿请缨杀敌，如能以刘邓陈谢大军之一部，交我与王维舟同志率领，向西南前进，则正在水深火热中之人民，必箪食壶浆以迎，不难在西南各省创造新根据地。此事如何进行？请与恩来同志等熟商决定，示知为幸。"① 吴玉章垂老请缨杀敌，成为解放战争时期的佳话。吴玉章的信辗转半月多才送到毛泽东手上。11 月 18 日，毛泽东收信后，立即给吴玉章回信，对他请缨之事予以高度评价，同时对他对宪法草案提出的建议也做了回复。党中央和毛泽东考虑到吴玉章年事已高，不适宜残酷的战争环境和转战奔波的劳苦。毛泽东在信中祝愿吴玉章"天寒尚望保重身体。敬祝安好！"②

# 七、华北大学校长

　　1948 年，是中国人民解放战争取得全面胜利的一年，也是消灭蒋家王朝关键性的一年。由于人民解放战争的伟大胜利，大片国土得到解放，为了巩固和稳定新解放区，急需大批有文化、有政治素质的干部。中共中央和华北局研究，决定将原属晋察冀解放区领导的华北联合大学和原属晋冀鲁豫解放区领导的北方大学合并，成立华北大学，校址设在河北正定县。中共中央和华北局领导在研究学校领导班子人选时，都不约而同提到教育家吴玉章，吴玉章成为大家心目中的最佳人选。大家担心的是，吴玉章年事已高，是党内最资深的革命家之一，又是 44 名中共第七届中央委员之一，不会屈就来主持华北大学。中央决定由周恩来出面协调此事。1948年5月28日，周恩来亲笔给吴玉章写来协商信："玉章同志：为加强华北大学领导并便号召起见，中央与华北局商定，拟请你担任华北大学校长，范文澜、成仿吾两同志任副校长，不知你愿意接受这一职务否？李德胜（毛泽东）同志已回，在你精神好时，请来此一谈。如来，请先令小鹏（童小鹏）以电话通知，当派车来接。祝好。"①

吴玉章接到周恩来的信后，立即回信欣然表示接受中央的安排，当然也就不需要到周恩来处面谈了，他还表示自己将很快赶到新的工作岗位履职。吴玉章在几十年的革命历程中，对于工作，无一不是站在大局，站在民族和国家利益上来考虑的。他干过或经管的事，不论大小也不论多么危险，哪怕面临的是牺牲，只要是革命需要的，他都能挺起胸膛迎难而上，没有计较过名誉地位与得失。对于中央再次安排他办学，他对身边的工作人员说："办学校，是为了振兴中华，提高民族文化素质，为国家培养人才，这是一个极其光荣而伟大的任务，是国家百年大计、千年大计的大事，它有着重大而深远的历史意义，我一生都乐于办学校，愿为国家培养人才做贡献。"② 吴玉章接受新任务后，决定尽快赶到华北大学报到。当时交通主要靠步行，其次是骑马，汽车非常少，一时派不出。吴玉章急着要走，考虑到他年事高，华北局管后勤的同志，只好找来一辆马拉的木头架子胶皮轮子的车。工作人员很不好意思地给吴玉章说了马车的情况，吴玉章说：要得！7月13日，天不亮，吴玉章就顶着星星出发了，途中又赶上烈日暴晒，直到下午时分才赶到正定县的华北大学。

当天下午，原华北联大的全体师生员工为吴玉章校长举行了隆重的欢迎大会。7月26日，吴玉章召开了两校领导干部联席会议，商定华北大学的机构设置和人事配备事项。当晚还举行了全体人员参加的联欢会。吴玉章在会上讲话，鼓励大家团结一致办好华北大学，在新形势下以新的姿态为解放全中国努力工作与学习。七十高龄的吴玉章以极大的热情，投身到紧张而繁忙的两校合并工作中。他以身作则，和副校长范文澜、成仿吾两位延安时期的老朋友一起，虚心听取广大教职工和干部的意见与建议，迅

① 程文. 吴玉章教育思想与实践. 重庆：重庆大学出版社，1992：162.
② 同①121.

速开展工作。吴玉章身体不太好，主要是老毛病脱肛严重，行动很不方便。病痛的折磨没有阻挡住他对工作的热情与责任心，每天除开会和审批急办文件外，他总是拄起拐杖深入基层，督促检查解决两校合并急需解决的问题。他特别关心师生员工的伙食、被褥、衣服、住宿等生活问题。同时，抓紧制定教学计划和审查、印刷教材，制定学校规章制度和筹划尽快举行开学典礼，等等。他亲自为即将正式成立的华北大学撰写校歌，歌词是："华北雄壮美丽的河山，是我们民族发祥的地方，争得了人民战斗的胜利，新民主主义的道路无限宽广。我们是新文化的先锋队，要掌握最进步的科学艺术，学习马列主义毛泽东的思想。我们忠诚团结、朴实虚心、意志坚强；要把新时代的革命潮流更推向高涨。勇敢、勇敢，我们要表现人类创造的力量；勇敢、勇敢，我们要表现人类创造的力量！"[①]

经过月余的紧张筹备，开学的条件成熟了。1948 年 8 月 24 日下午，华北大学举行隆重的开学典礼，正式宣告华北大学成立。参加开学典礼的中央领导和华北局、华北人民政府的领导有谢觉哉、胡乔木、周扬、蓝公武等。"在大会的会场上，同志们出于对吴老的尊敬，由美术系画了一幅油画，这幅油画的画面是：在飘扬着学校校旗的华北绿色草原上，和蔼可亲的吴老领着一个结实的小孩在学步——向前迈进。当年已七旬的吴老，兴致勃勃地步入会场时，一见此画，就立即向党旗和毛主席像恭恭敬敬地行了一个军礼，表示培养青年人的成就主要归功于党中央和毛主席。大家对吴老的这种谦虚美德，同声称赞"[②]。在大会上，吴玉章及来宾先后讲话。在三天的开学庆典期间，穿插着演出话剧、歌剧，放电影，举办展览，进行球赛等活动，气氛十分隆重、热烈。

吴玉章在开学典礼上讲话指出："华北大学今天举行成立典礼，我要说一说我们大学的方针和目的。华北大学是一个革命的大学，是中国新民主主义革命过程中所产生的大学，它要培养新民主主义的革命与建设的干部，为完成中国新民主主义革命而奋斗。"在建设人才培养上，要有"掌握新生活、新时代最进步的各种科学艺术"和"掌握机器化电气化的人

---

①　中国人民大学前身时期校史读物编委会. 迎接新时代的曙光：华北大学：1948—1950. 北京：中国人民大学出版社，2017：23.

②　成仿吾. 忆吴玉章//中国人民大学校史研究室. 纪念吴玉章同志逝世 40 周年：15.

才"。针对一些人不愿意当教师的想法，吴玉章指出："这是不对的。……我们无论在哪个岗位工作，都是为革命服务，为人民服务，所以无论怎样艰难困苦，我们既是先进的知识分子，就要把教育工作作好。教育工作是一种非常可敬可爱的工作，孟子说'得天下英才而教育之，三乐也'。我们决不能把教育人的工作看轻了，我们的祖国从来都对教师很尊重的。"①在讲话中，吴玉章第一次明确提出华北大学要"以马列主义的理论与中国革命的实践之统一思想——毛泽东思想为教学总方针"②。

华北大学实行校长制，建立校务指导委员会（为学校领导的咨询机构）和校务会议（为学校的最高行政会议）。校部设秘书室、教务处和总务处。图书馆归教务处领导。华北大学下设四个部，一部、二部、三部为教学组织，四部为科研组织。此外还设有工（业）农（业）学院。除专业课外，各部、院的共同必修课为社会发展史、辩证唯物论与历史唯物论、新民主主义论、中国革命史等。

10月2日，吴玉章为华北大学党委主办的刊物《新时代》作创刊词，提出"《新时代》创刊的目的就是要：提高理论、加强纪律，鼓励生产、培养干部。新时代的新任务就是要把我们的党在政治上和组织上提高一步，使之从适应于地方性的比较分散、比较单纯、比较迟缓的农村的工作和比较小规模的战争，转变为适应于领导全国范围的、轰轰烈烈的、千头万绪的、日新月异的大革命和大战争"③。

华北大学以培养为新中国服务的政治、经济、文化、教育、工业技术等方面的专门人才为目的，教学方针是讲授、自学辅导、集体互助、理论与实践相联系，学校生活实行集体化、纪律化。吴玉章处处做表率，严于律己，对教师的教学工作随时检查，指出不足。不论工作多忙，一有时间，吴玉章就要带着身边的工作人员，到教师、干部、学员、工人的宿舍及教室、阅览室、食堂等地方仔细察看，了解情况，及时解决问题。吴玉章对大家的体贴和关心，使大家心情舒畅，精神振奋。全校师生对吴玉章老校长的崇敬之情油然而生。

---

① 中共四川省委党史工作委员会《吴玉章传》编写组. 吴玉章文集：上. 重庆：重庆出版社，1987：384-390.

② 成仿吾. 忆吴玉章//中国人民大学校史研究室. 纪念吴玉章同志逝世40周年：15.

③ 同①393.

华北大学开课以后，吴玉章认真贯彻党的教育方针，把培养合格的专门人才和党的干部作为头等大事来抓。他经常深入教学第一线去听课，还召开教员、学员的座谈会，听取大家对教学工作的意见和建议。他也深入班、组去参加讨论，对掌握的情况及时研究处理对策。吴玉章亲自给党员上党课，给学员讲中国史、世界革命史，讲中国近五十年来民族与民主革命运动史。他的《中国最近五十年民族与民主革命运动简史》，可以说是中国最早的比较全面的对中国革命的总结性论述。

1948 年 12 月 30 日，华北大学的全体师生员工隆重集会，庆贺吴玉章七十大寿。这是解放区为吴玉章举行的第二次祝寿活动。祝寿会场设在正定县一个天主教堂的小礼堂内，布置得十分庄严、朴素。寿堂入口正对的墙壁上挂着一个用棉花做成的、十分醒目的大"寿"字，"寿"字周围用松柏枝装饰。两旁柱子用红布包扎后挂了一丈多长的贺联，左边是"学习老寿星革命精神"，右边是"高举新中国文化旗帜"。党中央发来的贺信称赞他"自青年时代起，即致力于中国人民的解放事业，四十年来，在中国革命的历程中，你总是站在革命队伍的前列"。寿堂四周挂满了中央领导、华北局、华北人民政府、华北大学各处部院和各科室及各班送来的贺电、贺信、贺幛、贺词几百件。刘少奇、朱德、刘伯承、陈毅、聂荣臻、董必武、徐特立、谢觉哉、薄一波、滕代远、刘澜涛、黄敬、杨秀峰、周建人、楚图南、胡愈之、范文澜、傅连暲、成仿吾等同志通过贺电、贺信、贺诗、贺幛向吴玉章表示衷心的祝福，对吴玉章革命的一生给予高度评价，充满了对吴玉章的崇敬之情。刘伯承、陈毅的贺信说："你现在在华北大学主持教育，成千成万的青年更要在你培养之下变成新的干部。"谢觉哉赠吴玉章的诗说：况有三千诸弟子，东西南北立功勋。这不仅是对吴玉章的热情赞颂，也是当时的真实写照。蒋南翔回忆道："那一代学员当中，许多人现在已成了各条战线的领导骨干。"[1] 副校长成仿吾、范文澜也在祝寿大会上发表热情洋溢的讲话，成仿吾称赞"吴老有高度的革命热情"，"为了革命事业、革命利益，奋不顾身地去斗争"。"吴老对革命事业无限忠诚"。"吴老做了很长时间的教育工作。他诲

---

① 蒋南翔. 纪念无产阶级教育家吴玉章//中国人民大学校史研究室. 纪念吴玉章同志逝世 40 周年：21.

人不倦，态度'温和'二字，对教育工作者很重要。吴老是最好的教育家"①。华北大学文工团专门排演了一个话剧，赞颂吴玉章的革命功绩。

在祝寿会上大家以热烈的掌声欢迎寿星讲话，吴玉章充满激情地发表了题为《永远随时代前进》的讲话。讲话中，他无限深情地回顾了中国革命半个世纪以来的历程，也回顾总结了自己半个世纪的革命经历。他高兴而自豪地说："现在我已七十岁了，是近代中国革命中更老的一代，但我还是随时代前进，绝不做时代的落后者，我愿意和年轻的同志们一道更加努力学习马列主义和毛泽东思想，努力做革命工作，彻底打倒敌人，为新民主主义新中国的实现而奋斗。我更相信：我将看到中国由社会主义到共产主义的实现，并和年青的一代又一代共同来享共产主义的幸福！"② 志在千里的吴玉章充满乐观主义的兴奋情绪和不断革命的讲话，赢得了一阵又一阵的热烈掌声。

1949 年 3 月 5 日至 13 日，吴玉章作为中共第七届中央委员，出席了中共中央在西柏坡召开的七届二中全会。11 日吴玉章在第六次会议上发言，介绍华北大学情况，并谈了与民主党派的关系问题。会议结束的第二天，吴玉章就匆匆忙忙地赶回学校，在校领导会上传达了毛泽东在会上的报告和全会精神，和大家一起制定了全校学习贯彻七届二中全会精神的安排与计划。

随着解放战争的顺利进行，中共中央决定，华北大学迁往北平。学校搬迁，有一大摊子的事要做。吴玉章又开始日夜操劳，多次召开会议研究制定详细的搬迁计划。4 月 1 日，召开了在正定的最后一次各部、处、院负责人会议，搬迁计划细化到出发时间、各级领导分工、行军事项、火车汽车装载物资的安全等等。4 月 4 日，吴玉章率领校部各单位抵达北平，校部设在东四六条三十八号。正定原址仍保留设立分校。

华北大学一迁入北平，党中央就指示，为了迎接全国解放，急需补充大批干部到解放区，华北大学须在平津地区尽可能多招收青年学生进行短期培训。由于学生的大量扩充，不但人力、物力、管理上存在困难，在吃

---

①　成仿吾. 忆吴玉章//中国人民大学校史研究室. 纪念吴玉章同志逝世 40 周年：15–16.

②　中共四川省委党史工作委员会《吴玉章传》编写组. 吴玉章文集：上. 重庆：重庆出版社，1987：303.

住方面的困难更大。师资缺乏，干部缺乏，住房紧张，是当时华北大学最主要的困难。吴玉章动员全体师生共同想办法。在大家的努力下，终于完成了党中央扩大招生的计划。当时迁到北平的华北大学，其师资队伍、干部队伍、学员人数之多、办学规模之大都是全国首屈一指的。学校还先后邀请朱德、徐特立、谢觉哉、薄一波到学校做形势报告。

新中国诞生后，百废待举，教育要先行。党中央决定在华北大学的基础上，合并华北人民革命大学、中央政治干校，筹建中国人民大学。吴玉章又投入到华北大学的善后安排和中国人民大学的筹建工作中。1949 年 12 月，华北大学完成了它的历史使命而光荣结束。

华北大学从创办到结束，将近一年半的时间，在校长吴玉章的主持下，艰苦创业，为中国人民解放事业和新中国的建设事业培养各类干部共约一万九千名①，并为一批新型高等院校的建立奠定了基础。曾任高等教育部部长的蒋南翔在怀念吴玉章的文章中指出，吴玉章是中国新型高等教育的开拓者，他"为革命战争、政权建设、经济建设和文教建设，培养了好几代干部。他的教育活动，时间长，方面广，经验多，成就大，可以说是当代中国革命文化教育事业的杰出的代表"。"吴玉章同志既是一位革命家，又是一位教育家，而他之所以成为卓越的无产阶级教育家，正因为他首先是一位无产阶级革命家"②。

# 八、参加共和国的筹建

1949 年 1 月 31 日北平和平解放后，吴玉章随华北大学进入北平。吴玉章离开这里二十多年了，这里的街道、市容和布局都没有大的变化。吴玉章到北京大学等地进行了考察，睹物思人，往事浮现，多少重大事件仍然历历在目。最使他刻骨铭心的是他在北京由自己的三位学生介绍，经李大钊批准加入中国共产党。1927 年 4 月 28 日，李大钊在北京被北洋军阀

---

① 中国人民大学高等教育研究室，中国人民大学校史编写组. 中国人民大学大事记：1937 年 7 月—1992 年 2 月：93，97.

② 中共四川省委党史工作委员会《吴玉章传》编写组. 怀念吴老. 重庆：重庆出版社，1986：158－159.

秘密杀害。为了追思、缅怀、纪念心目中的英雄，吴玉章写出《纪念李大钊同志光荣殉难的二十二周年》一文，于 1949 年 4 月 28 日发表在《人民日报》上。文中告慰李大钊说："我人民解放军百万大军南渡长江，南京已获得解放，国民党反动政府宣告灭亡，革命即将在全国完全胜利，半封建半殖民地的中国，很快就要完全变成新民主主义的新中国，李大钊同志所企求的'青春中国之再生'已经实现"①。同日上午，吴玉章还与党政军及各界领导人去西山万安公墓祭扫李大钊墓。

　　北平解放后，原来处于秘密状态或者只在解放区活动的一些群团组织进入北平后，先后召开了全国代表大会。5 月 4 日，中华全国青年代表大会第一次会议在北平召开，成立中华全国民主青年联合总会。吴玉章应邀出席会议并在开幕式上致辞。他说：今天的大会是中国革命青年奋斗几十年的结果。今后青年们仍应努力，尤其是知识青年要和工农青年相结合，帮助他们提高文化技术；同时青年们必须学习马列主义毛泽东思想，团结一致，为建设新民主主义的中国而努力。在随后召开的中华全国第一次自然科学工作者代表大会筹备会开幕式上，吴玉章在讲话中鼓励并告诫代表们说："帝国主义的势力驱逐出中国，可以说中国是站起来了，得到独立了。但必须在中国的工业发展了，中国在经济上不依赖外国了，才有全部的真正的独立。中国要实现经济上的真正的独立，还需要经过很长时间的艰苦奋斗，这个伟大的工作就落在我们科学工作者的身上了。"他还表示，在我们这样经济十分落后、一穷二白的国度里，一定要"很快地有计划、有步骤、有重点地发展我们新的经济建设"。还有，我们要学习国外的先进东西，以刻苦钻研的精神，"要掌握世界上最新式的科学技术，无论它是资本主义国家美国所发明的也好，社会主义国家苏联所发明的也好，只要它有益于国计民生，我们都要去学会来应用"②。在闭幕会上，吴玉章被选为筹委会常委，并做《把智慧贡献给人民》的闭幕词。

　　5 月 4 日，吴玉章在《人民日报》上发表了《纪念"五四"三十周年

---

①　中共四川省委党史工作委员会《吴玉章传》编写组. 吴玉章文集：下. 重庆：重庆出版社，1987：1213.

②　中共四川省委党史研究室. 吴玉章年谱. 成都：四川人民出版社，1998：354-355.

应有的认识》。从 6 月 8 日起，吴玉章所著的《中国历史教程绪论》在《人民日报》连载。5 月，吴玉章在《中国青年》上发表《五十年来英勇奋斗的中国青年》一文。

6 月 15 日至 19 日，吴玉章出席新政协筹备会在北平召开的第一次全体会议。参加此次会议的有中国共产党和各民主党派、各人民团体、各界民主人士、国内少数民族、海外华侨等 23 个单位的 134 人。会议通过了《新政治协商会议筹备会组织条例》和《关于参加新政治协商会议的单位及代表名额的规定》，选出了筹备会常务委员会，推选毛泽东为主任，周恩来、李济深、沈钧儒、郭沫若、陈叔通为副主任。

新中国即将成立，吴玉章感到有些焦虑，占总人口 80％ 以上的文盲，将会严重地拖累经济建设。摘掉中国文盲大国的帽子，是吴玉章几十年来的梦想，他在苏联、延安的文字改革工作已经取得了一定的经验。吴玉章在华北大学先后召开了三次中国文字改革协会发起人会议，又在华北大学举办中国新文字、中国文字改革的展览，完整地展示了中国文字改革运动的历史进程。对文字改革的事，吴玉章有些急不可待，想早日把它提上国家战略发展的重要议程。8 月 25 日，吴玉章就新文字和扫盲的问题致信毛泽东。他说："我们所拟的原则：一、根据文字应当力求科学化、国际化、大众化的原则，中国文字应改成拼音文字，并以改成罗马字的也就是拉丁化的拼音为好。不要注音字母式拼音与日本假名式的拼音；二、各地方、各民族，可以拼音文字拼其方言，但同时要以较普遍的，通行得最广的北方话作为标准，使全国语言有一个统一发展的方向；三、整理各种汉字的简体字（约二千多可用的），作为目前通俗读本之用。至于大报纸和重要书籍文件，仍照旧用繁体汉字。" 8 月 29 日，毛泽东复信吴玉章说："玉章同志：来信已悉。当付郭（沫若）、茅（盾）、马（叙伦）三先生审议，提出意见。现已接复信，特付上，请予考虑。并请回答你对于他们的意见之赞成，或反对，或修改的意见。如果你同意的话，请付范文澜、成仿吾、黎邵西（锦熙）三位一阅，或者座谈一次，以集体意见见告为盼！"① 新中国成立后，文字改革和扫除文盲成为中国共产党建设国家的重要组成部分。

---

① 中共四川省委党史研究室. 吴玉章年谱. 成都：四川人民出版社，1998：256-257.

9月17日，吴玉章出席新政协筹备会第二次全体会议。会议听取周恩来报告三个月来的筹备工作，一致通过将新的政治协商会议正式定名为"中国人民政治协商会议"，原则通过《中国人民政治协商会议组织法（草案）》《中国人民政治协商会议共同纲领（草案）》《中华人民共和国中央人民政府组织法（草案）》。会议决定9月21日正式召开中国人民政治协商会议第一届全体会议。

9月21日至30日，中国人民政治协商会议第一届全体会议在北平（9月27日改名为北京）召开，吴玉章等代表共662人出席会议。他们代表着中国共产党、各民主党派、各人民团体、各地区、人民解放军、各少数民族和国外华侨及其他爱国分子。因人民代表大会制度没有建立，所以，这届政协会议代行全国人民代表大会职权。会议通过《中国人民政治协商会议组织法》《中华人民共和国中央人民政府组织法》，通过起临时宪法作用的《中国人民政治协商会议共同纲领》，选举产生中国人民政治协商会议第一届全国委员会，决定了中华人民共和国国旗、国歌、首都和纪年。大会选举产生中央人民政府主席毛泽东，副主席朱德、刘少奇、宋庆龄、李济深、张澜、高岗。吴玉章等五十六人当选为中华人民共和国中央人民政府委员会委员。

10月1日下午2时，吴玉章出席中央人民政府委员会第一次会议。会议由毛泽东主持，一致通过决议接受《中国人民政治协商会议共同纲领》为中央人民政府施政方针；选举林伯渠为中央人民政府委员会秘书长；任命周恩来为中央人民政府政务院总理兼外交部部长，毛泽东为中央人民政府人民革命军事委员会主席，朱德为人民解放军总司令，沈钧儒为最高人民法院院长，罗荣桓为最高人民检察署检察长。会议不到一小时就结束了。

下午3时，毛泽东、朱德、周恩来、刘少奇和吴玉章等党和国家领导人，一道登上天安门城楼出席开国大典。这时，北京30万军民早已齐聚天安门广场。

毛泽东站在天安门城楼上向全世界庄严宣告："中华人民共和国中央人民政府今天成立了！"接着，他按动电钮升起了第一面五星红旗，随后，广场上礼炮齐鸣。

中国人民从此站起来了！人民万岁！

这声音以开天辟地的豪迈气概，像响雷震惊寰宇。

新中国的成立，正式向全世界庄严宣告了半殖民地半封建社会的旧中国结束了！也宣告了帝国主义奴役中华民族的时代一去不复返了！

# 九、向四川人民的广播讲话

吴玉章近半个世纪争取民族独立的奋斗目标实现了。解放区的天是明朗的天，解放区的人民好喜欢。然而在祖国的大西南，国民党蒋介石的残兵败将百余万人退守在云、贵、川、康四省，四川又是他们困守的重点。吴玉章深知，此时的家乡四川，多灾多难的人民一定是在水深火热之中。的确，新中国成立前后的四川政治混乱，人民贫困，物价飞涨，民不聊生。"据 1948 年 8 月 16 日成都的报纸刊载，当月成都的大米价格为抗战（指全面抗战。——引者）前 1937 年 6 月底的 157 万倍，棉花价格为 364 万倍，猪肉价格为 132 万倍。当月，国民党政府被迫宣布废止法币，发行金圆券。但随即金圆券又急速贬值，9 个月后的 1949 年 5 月，要 500 万元金圆券才能与 1948 年 9 月的 1 元金圆券等值；要 14.3 万亿元金圆券才能与 1937 年 6 月的 1 元法币等值"[①]。在 1949 年 3 月，"寄一封平信邮费是五万元，五月份一封平信的邮费就涨到四十八万元"[②]。恶性通货膨胀造成了经济的全面崩溃，四川各地的工厂、商号、钱庄纷纷倒闭，工人大量失业，民怨沸腾。人民是多么盼望早日获得新生，获得解放啊。中共四川地方组织领导的武装起义，大部分都在强敌的镇压下失败了。四川人民莫不希望解放军快点到来。

开国大典后，中央安排吴玉章对四川人民做一次广播讲话。吴玉章在上一年和川干队回四川的愿望没有实现，这次也算是一种补偿。吴玉章欣然受命，怀着万分激动的心情，连夜撰写对四川父老乡亲的讲话稿。吴玉章不仅在四川地方实力派的上层中有广泛的人脉关系，而且在广大的群众中也享有很高的威望。1929 年 6 月，吴玉章到苏联已经快两年了，但在川

---

① 杨超，等. 当代四川简史. 北京：当代中国出版社，1997：6.
② 吴林泉. 向西北西南进军. 成都：四川人民出版社，1985：243.

的国民党二十八军第七混成旅代旅长、共产党员旷继勋①率 3 000 多人起义，成立四川工农红军革命委员会时，为便于号召群众，就宣布以吴玉章为革命委员会主席。可见吴玉章在四川各阶层中具有的广泛影响和号召力。

1949 年 10 月 3 日，吴玉章在北京的中央人民广播电台发表了《对四川人民的广播讲话》。吴玉章首先以亲切的口吻向四川人民问好，然后把中国人民政治协商会议召开和新中国在北京成立的消息相告，并将一年来的解放军战绩向家乡人民做了汇报，对于蒋介石残酷统治下的罪行进行愤怒的揭批。他十分兴奋地鼓励和告诉家乡父老："现在我人民解放军已四面八方向四川前进了！希望我多年受苦难的四川人民，全体动员起来，支援人民解放军。一方面是人民各地烽起，自己武装起来，如辛亥革命时保路同志会一样；把全川沸腾起来，使蒋帮寸步难行，如赵尔丰困死在衙门中一样；军队则举起义旗，杀死反动长官，如端方在资州的被杀头一样。一方面工人则团结起来，组织起来，保护工厂、矿山、铁路、公路、桥梁、机器，不许蒋帮破坏国家财产。农民则团结起来，不许抓兵征粮。学生教员则团结起来，保护学校，宣传人民共和国的法令与政策。自由资产阶级和工商业家则安心地照常营业，不许蒋帮扰乱，不捐款，不纳税，多方支援人民解放军。游击队员们，你们在敌前方则欢迎解放军，支援解放军，在敌后方则扰乱敌后，拉住敌人的后腿。"

最后，吴玉章无比骄傲地说："我们四川人民是有革命的光荣传统的。辛亥革命时，反对满清把川汉铁路出卖给美国，全川人民团结起来，组织起来，使满清在四川的官吏全部灭亡；因而武昌起义，满清也随之灭亡了。袁世凯称帝，四川人民在四川打垮了袁氏大军，袁氏灭亡了。其后段祺瑞、吴佩孚侵入四川，都遭到了四川人民的无情打击，以至于灭亡。这次蒋介石集团的残余窜入四川，也一定要遭受四川人民的痛击，而彻底、干净、全部的消灭它。"

吴玉章在激情昂扬的广播讲话结束时，再次向家乡人民呼吁道："起

---

① 旷继勋（1895—1933），贵州省思南县人，中国工农红军著名军事指挥员之一。1929 年 6 月在四川率川军 3 000 余人起义，起义失败后到上海，被中央派往洪湖革命根据地任中国工农红军第六军军长。不久任工农红军第四军军长，鄂豫皖苏区委副主席。红四方面军创建川陕革命根据地后，任川陕省革命委员会主席。1933 年 6 月，被张国焘秘密杀害。1937 年，中共中央在延安为他平反昭雪。

来，四川的同胞们；作一最后的战争。把这个美帝国主义的走狗，卖国的奴才蒋介石集团消灭得干干净净!"①

在收音机极其稀少的当时，只有少部分有钱人和一些上层人士收听了吴玉章的广播讲话，一些中共四川地方组织的地下工作者将吴玉章的讲话在群众中广为传播。

10月19日，吴玉章出席中央人民政府委员会第三次会议，被任命为政务院政治法律委员会委员。21日出席政务院政治法律委员会第一次会议。政法委员会隶属政务院，任务是指导内务部、公安部、司法部、法制委员会、民族事务委员会的工作。吴玉章还受毛泽东、周恩来的委派，指导与联系最高人民法院、最高人民检察署和人民监察委员会工作。

对于解放大西南，中共中央在解放军横渡长江、扫清东南之敌时，就已经开始部署解放大西南的战役。1949年11月初，刘伯承、邓小平指挥人民解放军第二野战军主力和第四野战军一部，在千里战线上，发起了川黔战役；12月初，贺龙、李井泉、王维舟指挥人民解放军十八兵团和第一野战军一部由北面陕西越过秦岭入川。月余时间，国民党盘踞在川的近百万军队，或起义，或投降，或被歼灭。蒋介石和他的儿子蒋经国等部分国民党高级官员，先后从四川狼狈地逃奔台湾。

家乡解放了，人民欢喜了。一个不幸的事件无情地向71岁的吴玉章扑来。吴玉章的独生儿子吴震寰，因病在成都华西医院的手术中不幸遇难。吴玉章得此消息，如五雷轰顶，一下子瘫坐在椅子上久久难以接受噩耗。吴震寰从小随母亲成长，坚强的母亲送他读书。在18岁的时候，吴玉章安排他勤工俭学到法国恩鲁布尔电科专门学校去读书。他学习成绩优秀，在法国大水电工厂做了五六年工程师。1927年夏，他应父亲的召唤回国搞建设，到了上海。谁知风云变幻，大革命失败。吴玉章参加南昌起义，正在上海的吴震寰为父亲的安危日夜焦虑，后来听说父亲安全抵达上海，悬着的心才放下来。27岁的他十分想见久未谋面的父亲，但由于革命任务和纪律的约束以及安全的需要，吴玉章放弃了和儿子见面的机会。在吴玉章离开上海约一个星期后，年轻的吴震寰也悄悄离开上海重返法国。

① 中共四川省委党史工作委员会《吴玉章传》编写组. 吴玉章文集：上. 重庆：重庆出版社，1987：311-312.

1930 年，吴震寰加入法国共产党，1933 年到了苏联，13 年后才再次见到父亲。因交通不便，他的党的关系一直都没有从法国转到苏联。他 1937 年同父亲到法国做国际抗日宣传活动，1938 年和父亲一道回国到了武汉。回国后，吴震寰曾向党组织提出过组织生活的事，当时的王明等觉得吴震寰是一个专门技术人员，不正式加入组织比较好活动，所以就没有批准他的请求。东奔西走的吴震寰一直是单身一人，40 岁时，由吴玉章委托在重庆的周恩来、邓颖超并在他们的主持下结婚成家。以后，吴震寰专注于水电建设，为中国的水电事业做出了重要的贡献。

在中国的传统中，有所谓人生三大最不幸：一是少年丧父，二是中年丧妻，三是老年丧子。三大不幸的事都被吴玉章碰上了，而且还多了一个少时丧母。培育他成长、支持他革命并参加革命的两位兄长也离他早去了。新中国曙光初露时，夫人游丙莲离他而去。家庭中的一连串不幸，对吴玉章的打击是很沉重的，经过精神上的激烈斗争，吴玉章最终用革命的理智和坚强毅力战胜了亲人不断离去的痛苦。为了不给党和国家增加麻烦和负担，吴玉章决定把儿媳和年幼的孙子们接到自己身边，用自己的收入来养育孩子们成长。

喜气洋洋的中国人民进入到一个崭新的时代，吴玉章也把丧妻、丧子、丧亲人之巨痛深深地埋在内心的最底层，把刚强的姿态展现在人们面前，以饱满的革命热情投入到新中国的各项伟大建设事业之中。

# 后　记

　　《吴玉章传（上卷）》是中共四川省委党史研究室申报，经上级批准的四川省重大课题，课题委托四川省吴玉章研究会具体承担。吴玉章在延安时期，中共中央就称他是一部活的中国革命史的缩影。鉴于吴玉章有着传奇而丰富的革命经历，在其传记分段定位问题上，四川省吴玉章研究会经过反复研究，认为吴玉章传分为上、下卷比较合适一些，以旧民主主义革命和新民主主义革命时期为上卷，以新中国成立后为下卷。上、下卷的设计方案，报中共四川省委党史研究室同意后，又得到中国人民大学的赞同。具体分工为：四川省吴玉章研究会承担上卷的写作，中国人民大学承担下卷的写作。根据安排，四川省吴玉章研究会成立了《吴玉章传（上卷）》编辑委员会。四川省吴玉章研究会前任会长李吉荣和时任会长黄工乐任编委会主任，中共四川省委党史研究室、四川省社会科学院、四川师范大学派出人员共同组成编辑委员会。为了使上卷准确地展示吴玉章争取民族独立的奋斗历程，经过多次协商人选，编委会请出主持编辑过《吴玉章文集》《吴玉章年谱》等重要著作的杨世元为《吴玉章传（上卷）》的执笔人。杨世元搜集了大量材料，进行了辛勤写作，在写至全面抗战时期的

1938 年时，突然因病逝世，《吴玉章传（上卷）》的写作工作陷入停顿状态。编委会在研究杨世元写成的传稿时，考虑到其写作风格文学创作色彩较浓，因此，决定调整写作方式和思路，请邓寿明牵头按人物传记要求写作《吴玉章传（上卷）》，又请对党史有一定研究的徐丛花参加部分编写工作，侯成亚、戴忠东、宋键参与书稿具体工作。邓寿明等在继续征集资料和写作过程中，得到了杨世元之女杨蓁蓁的热情配合与支持。经过几年的努力，《吴玉章传（上卷）》终于成稿。2018 年 6 月，初稿出来后，在较为广泛地征求意见的基础上，又进行了多次修改审定。

本书主要依据的材料为正式出版的《吴玉章文集》《吴玉章年谱》《吴玉章回忆录》《怀念吴老》等著作和相关的回忆录、报刊资料及与此联系紧密的其他参考资料等。执笔人还到延安等吴玉章长期工作过的地方搜集资料，力求根据丰富而可靠的资料，写出吴玉章争取民族独立的信史来。

《吴玉章传（上卷）》在写作过程中，得到中共四川省委党史研究室的有力支持。中共重庆市委党史研究室，中国人民大学，中共陕西省委党史研究室，延安大学，中共延安市委党史研究室，中共自贡市委宣传部，中共自贡市委党史研究室，中共南充市委党史研究室，中共达州市委党史研究室，延安大学档案馆，中共荣县县委、县政府，中共荣县县委宣传部和县文化局、县委党史研究室，吴玉章旧居陈列馆等，都给予了大力支持并无偿提供了有关吴玉章的资料。

本书中使用的照片全部由吴玉章旧居陈列馆提供，由吕远红选定，戴忠东编排。对以上单位和个人给予的支持，在此表示衷心的感谢！

《吴玉章传（上卷）》编辑委员会
2018 年 10 月

图书在版编目（CIP）数据

吴玉章传. 上卷，1878—1949 / 中共四川省委党史
研究室，四川省吴玉章研究会主编. -- 北京：中国人民
大学出版社，2023.4
ISBN 978-7-300-31573-7

Ⅰ. ①吴… Ⅱ. ①中… ②四… Ⅲ. ①吴玉章（
1878—1966）-传记 Ⅳ. ①K827＝7

中国国家版本馆 CIP 数据核字（2023）第 055915 号

中国人民大学校史文库

**吴玉章传　上卷（1878—1949）**

中共四川省委党史研究室
四川省吴玉章研究会　　主编

Wu Yuzhang Zhuan　Shangjuan（1878—1949）

| | | |
|---|---|---|
| **出版发行** | 中国人民大学出版社 | |
| **社　　址** | 北京中关村大街 31 号 | **邮政编码**　100080 |
| **电　　话** | 010 - 62511242（总编室） | 010 - 62511770（质管部） |
| | 010 - 82501766（邮购部） | 010 - 62514148（门市部） |
| | 010 - 62515195（发行公司） | 010 - 62515275（盗版举报） |
| **网　　址** | http://www.crup.com.cn | |
| **经　　销** | 新华书店 | |
| **印　　刷** | 涿州市星河印刷有限公司 | |
| **规　　格** | 170 mm×240 mm　16 开本 | **版　　次**　2023 年 4 月第 1 版 |
| **印　　张** | 20.75　插页 12 | **印　　次**　2023 年 4 月第 1 次印刷 |
| **字　　数** | 330 000 | **定　　价**　76.00 元 |